渡辺勝義

神道

日本精神文化の根底にあるもの

Shinto: What lies in the depth of Japanese mentality

海鳥社

筆者近影（平成21年３月）

Shinto:
What lies in the depth of Japanese mentality

Preface
（「序」英訳）

This book is a genuine study of Shinto and is not one of those studies of conventional Shintoism at Shinto shrines. Asked what should be written under the title of *Shinto*, the answer will be that the content must include discussions of the right relations between deity and man based on actual perception and knowledge of the existence of deities. This is because how deity-man relations should be is the essence of Shinto. One cannot talk about Shinto without discussing the essential question of being in direct contact with deities and asking their will.

Shinto studies so far have rarely considered the essence of Shinto, and they have merely been circling around its central questions. There is unfortunately no work that addresses the essential Shinto question of deity-man relations: no work has given detailed discussions of the questions, for example, of: (1) the spiritual relations between the deity/deities and the priest, and *mitamashizume-no-nori* (the calming of the soul) as a basic Shinto practice for coming in direct contact with deities, which two are essential to Shinto rituals/ceremonies; (2) *kamugakari-no-waza* (the technique of going into trance/possession by a deity) to ask the deity's will; and (3) *saniwa* (the interpreter of the divine will) who judges the identity of the deity/deities. (The absence of *saniwa* who judges whether deities are genuine or not, is the biggest cause of confusions in modern society.)

The questions of *uji-gami* and *ubusuna-no-kami* (tutelary deity of one's place of birth) that are fundamental to Shinto have also been discussed in unclear ways so far. *Uji* has traditionally been understood only as a group with blood ties, but it needs to be understood rather that it was actually a religious group of people who shared special relations with a certain deity. Here the fundamental relation between deity and man for Japanese manifestly appears, and without understanding this, Shinto and Japaneseness may eventually be lost. One may see this kind of confusion in today's discussions where *uji* and *kabane* (one's surname or clan) are treated as basically the same. These two terms show a distinct difference in pronunciation, and they must have meant quite different things. To make the difference clear will be the clue to the understanding of Japanese culture and also the first step towards the essence of Shinto.

Rev. Kiyoshi Hiraizumi, the Taisho-Showa period historian and chief priest of Heisen- ji Hakusan Shrine, has the following to say regarding Shinto studies:

> In this field few people quest for the deep and divine, and there are few works to refer to. Though there are histories of shrines, they are limited to outward observations; there are researches on rituals and ceremonies, but they will remain comparative ethnological studies. If one is to reach the essence of Shinto, one must enter the realm of inspirations from deities and divine responses. Without them, studies will simply be shams and senseless talks.[1)]

So-called Shinto studies so far have mostly been histories of shrines and outward observations, and few of them have approached the essence of Shinto, so they cannot be called real studies of Shinto. Rev. Hiraizumi sternly warns that to truly reach the essence of Shinto, one must come in direct contact with deities.

Thus, what Shinto aims for should not be anything other than the way to perceive divine existences, and the foundation of Shinto should be such a way. Yet, has there been a single book that has entered the realm of divine inspirations and responses within the country or without? No, it should be clear that people have not treated deities with enough respect and neglected to listen to their voices. As Rev. Hiraizumi aptly said, although there are many books about Shinto, they clearly end up being histories of shrines and guidebooks for travelers, and at best moral guidelines for people to follow. Have there been works written according to deities' will?

This book is written looking straight into these questions and with a view to asking deities' will. (The English translation of Chapter 2 on *matsuri* festivals is attached as an appendix at the end of the book.)

Descended from deities
Our countrymen are
So never forget
The ancient practice
Of worshipping deities. (Emperor Meiji)

Countries overseas, methought,
Were all our friends;
Why in the world
Should there be winds
And waves rising? (Emperor Meiji) [2)]

After prayers
To *ubusuna* deities,
Only then
Should heaven and earth deities
Be worshipped. (from *Ubusuna Hyaku-shu*)

Only with permission
From *ubusuna* deities
Should there be nods
Of approval by *ametsuchi-no*
Heaven and earth deities. (ditto) [3)]

Those fools

Who knew not deities

Banded together

Near the Emperor

And defiled the country! (from *Goshinka-shû*) [4]

Notes

1. Tani, Shôgo, *Saishi to Shisô* [Ceremonies/Rituals and Thought] (Kokusho Kankô-kai, March 1986), p. 453.
2. Odamura, Torajirô, *Rekidai Ten'nô no Gyoka* [Emperors' Poems] (Nihon Kyôbun-sha, November 1973), pp. 359 & 370.
3. Honda, Chikaatsu, "*Ubusuna Hyaku-shu*" [One Hundred Poems for *Ubusuna* Deities], *Honda Chikaatsu Zenshû* [The Collected Works of Honda Chikaatsu] (Sanga-bô, June 1976), pp. 1-10.
4. Muta, Kôzô, *Goshinka-shû* [Poems for Deities] (the present author's work *Nihon Shinto no Higi* [Esotericism in Japanese Shinto], Meicho Shuppan, November 2003), p. 336.

序

本書はあくまで神道の研究であって、決してこれまでのような神社道などといった類の書ではない。『神道』というタイトルで何が書かれるべきかといえば、それは神霊の実在を体感し、「神と人とのあるべき姿」について語る——ということを抜きにしてはあり得ないであろう。なぜなら「神と人とのあり方」こそが神道の本質であるからである。神と直接して「神意を伺う」という、この根本問題を抜きにして神道は語れないのである。

従来の神道研究はその本質について触れたものはほとんどなく、それらはあくまでも神道の周辺を巡る論以上のものではなかった。従って、神と人とのあり方に関する、即ち最も神道の本質に関わる重要な部分について触れた書はなく、例えば神祇祭祀に最も不可欠な霊統の問題や神霊に直接するための基本的な神道行法としての鎮魂法《みたましづめののり》、神意を問うための帰神《かむがかりの》(神懸り)術《わざ》、神霊の正邪を判ずる審神者《さにわ》の問題などについて本格的に論じた書はこれまで全くなかったといってよい(そもそも本物の神か否かを見分ける審神者の不在こそが、現代社会の混乱の最大の原因なのである)。

また、氏神や産土神《うぶすなのかみ》など、神道にとって最も基本的な問題でありながらも、これまで全く曖昧に議論されてきた。氏《うぢ》は従来、血縁集団とのみ思われてきたが、実は特定の神との霊統を分有する人々の祭祀集団であったと捉え直す必要がある。ここにこそ日本人にとっての神と人との基本的な関係が如実に現れているのであり、この点を抜きにしては神道というもの、また、日本的なるものが見失われてしまう恐れがある。現に氏にしても姓《かばね》にしても今日、何となく同じもののような議論に終始している姿を見ても分かるであろう。この両者は明確な発音の違いを示しており、本来、全く違ったものであったはずである。それを解き明かすことが日本文化を知る糸口であると同時に、神道の本質に近付く第一歩となるものである。大正・昭和の国史学者で平泉寺白山神社宮司であった平泉澄先生は神道研究に関して次のように述べておられる。

斯の道に探玄の士は多からず、参究の書は少ない。神社史はあるが、外形の観察に止まるものが多く、祭儀の調査はあるが、比較民俗の立場を離れないであらう。若し真に神道の本質を究めようとならば、必ずや神々の霊感、冥応にまで参入しなければならぬ。それなくしては、模擬であり、戯談であるに過ぎない。(1)

(傍線、引用者)

これまでの神道研究と称するものは、そのほとんどが神社史であったり、外形の観察に止まるものばかりで神道の本質に迫る研究はなく、それらは決して神道研究というものではない。真に神道の本質を究めるためには神霊と直接するより他にはないと平泉先生は厳しく戒めておられるのである。

斯様に、神道がめざすものは神的な実在を感得する道をおいて他にはないはずであり、神道のよって立つ基盤も神霊の実在をまざまざと感得するところにあるというべきである。だが、国の内外を問わず「神々の霊感、冥応にまで参入し」ての神道研究書が、果たしてこれまで一冊でもあっただろうか。否、神をないがしろにし、その御声を聞こうともしないできたことは明白な事実である。平泉先生がいみじくも言われた如く、あまた存在する、いわゆる神道関係書を見れば明白なように、結局、神社の歴史や観光紹介、百歩譲って人としての生き方についての訓示程度のものしか書かれてはいない。一体、そのどこに神意を受けて著されたものがあっただろうか。

本書はこれらの問題を正面に見据えて単刀直入に神意を伺おうとするものである。

わがくには　神のすゑなり　神まつる　昔のてぶり　わするなよゆめ（明治天皇御製）

よもの海　みなはらからと　思ふ世に　など波風の　たちさわぐらむ（明治天皇御製[2]）
産土《うぶすな》の　神祈りして　その後《のち》に　天地《あめつち》の　神は祈るべきなり（『産土百首』）
産土《うぶすな》の　神許《みゆるし》ありて　天地《あめつち》の　神は諾《うべな》ひ　給ふべきなり（『産土百首[3]』）
神を知らぬ　愚か者等が　御座近く　群《む》れてみ国を　汚《けが》し果てけり（『御神歌集[4]』）

【注】
（1）谷省吾『祭祀と思想』国書刊行会、昭和六一年三月、四五三頁。
（2）小田村寅二郎『歴代天皇の御歌』日本教文社、昭和四八年一一月、三五九・三七〇頁。
（3）本田親徳『産土百首』（鈴木重道編『本田親徳全集』山雅房、昭和五一年六月）一～一〇頁。
（4）牟田耕蔵『御神歌集』（拙著『日本神道の秘儀』名著出版、平成一五年一一月）三三六頁。

本書の概要

本書は分かりやすく端的に言うならば、従来の西欧を中心としたいわゆる西欧目線での日本研究や神道研究書とは異なり、記紀古典をもとに日本人本来の目線に立ち返って「日本」及びその根底に存する「神道」の見直しを図り、考察し直したものである。

神道に関する書は世に無数にあるが、本書はそうしたこれまでの研究姿勢とは全く一線を画するものであって、本研究の基礎には神道のエッセンスとも言うべき神霊と直接するために必須の霊学が存しており、古典に基づいた神道行法（鎮魂法・帰神術）を根底に見据えての日々の厳しい行法実践の中から成立した研究書であることを最初に付言しておきたい（平成五年に上梓した本格的な神道行法の書『古神道の秘儀』とは表裏をなしており、いわば姉妹編ともいうべき書である）。

本書は大きく第一部と第二部から構成されている。第一部は現象面より見た神道について述べており、第一章～第五章でなっている。また、第二部は第一章～第六章からなっており、神道の本質について、また日本とは何か、神道における覚りの極致、宗教の本質について論及している。

それぞれの章の概要は次の通りである。

第一部　現象面より見た神道

第一章「『聖なるもの』の訪《おとな》ひ」は、日本人の古い伝統や文化の根底に流れている宗教的思惟、特に見えざる神・先祖と人との深い関わりについて、正月と盆の二つの行事を中心に論じたものである。

古くから、日本人はその伝統的精神や文化を理屈や理論よりも「型」を通して現してきた。正月飾りや門松、鏡餅にしても、また、おせち料理やお雑煮を食べる祝い箸の一つ一つに至るまで、大晦日から正月にかけての諸行事はすべて「神と人」、「先祖と子孫」とが一つに結び合い、その絆を深め合うと共に、お迎えした年神から新しい年の清新な生命力を賜るという「神と人との関係性」の更新と維持強化を願う意味を持たないものはなく、そこには日本人の宗教的思惟や神道の本質が如実に現れている。斯様に正月やお盆は日本文化の特質が濃厚に現れる時であるということができ、「年取り」の意味や「正月神」の性格、盆行事の起源についても考察する。また、大晦日から元日にかけて死者の「御魂《みたま》祭り」が行われていたことや、昔は死者の御霊が年に六回も来訪していたことを古典をもとに明らかにする。

第二章「『まつり』考」は、神道の根幹をなす「まつり」の本質構造に関する研究である。本来、「祭り」は「まつる」という行為を通してしかその本質は理解され得ない。つまり「まつり」研究は動詞の「まつる」という営為において捉えるべきものである。

ところが、従来の「祭り」研究はそのほとんどが名詞の「まつり」の研究であり、いずれもエドマンド・リーチの祭論(「時間とつけ鼻」)やヴァン・ジェネップの『通過儀礼』説など西欧型発想に引きずられてのものであった。殊更に「まつり」の全体構造を無視し、あるいは恣意的に「まつり」を「神祭」と「祝祭」に分け、「祭りの本質は祝祭にあり」とし、あるいは「神祭」・「直会」・「宴会」などに分割してその一部のみから全体を規定しようとする方法論的な欠陥・不備があった。これでは「まつり」の本質は決して理解されないだろう。重要な視点は「まつる」→「まつり」を全体として解明する点にあり、本章は神道の本質を真に理解するために従来の研究の見直しを図り、「まつり」に関する新たなモデルの構築を目指したものである。

第三章「『穢《けが》れ』考――記紀古典が意味するもの」は「穢れ」の本質について論じたものである。「穢れ」の本質についての解明は日本人の、また、日本文化の中心をなす重要なテーマであり、神道研究においても決して避けて通ることはできない大きな問題である。

本章では西宮一民氏の優れた語源研究の成果を概観しつつ、再度古典に立ち返り、『古事記』が語るその全体の世界像を構造的に読み解くことを通して「穢れ」というものの本質について論究している。確かに記紀神話の文字面だけを見れば、「死」・「死体」あるいは「死者」が「キタナシ」、「ケガレ」などと記されている箇所もあるが、それは実は世界の秩序・世界のあるべき姿について語られているのであり、それら自体が穢れている、ないしは穢れそのものだとは決して語られていない。『古事記』はその全体像を、語り伝えんとする全体像をシッカリと捉えて理解することなしには決してその神意は摑み得ないのである。

私たちは肉体あるが故に、どうしてもこの肉体の中に「私」という本質が自己完結してあるものと誰もが錯覚し思い込んでいるが、本来の私は決して「私」個人の中に閉ざされて存在しているものではなく、むしろ「外なる私」として世界に開かれて存在しているのである。ところが私たちが肉体の感覚だけに頼って生きていると、この世界に開かれた「外なる私」の存在に気が付かない状態に陥る。この状態をいわゆる「疎外」というのであるが、この疎外を自覚できないままのあり方では、「私」は生命の泉を断たれた状態になって枯渇していくしかない。そのことに対する漠然とした畏れ（不安）から逃れるために、人は必死で「内なる私」だけにしがみつくようになる。この時、その自分を支えるために、ただただ外部刺激を求めるようになるが、それはますます「真の私」を枯渇させることになる。実はこの誤った生き方こそが穢れの本質なのである。

第四章「霊魂《たま》の行方」は記紀古典に見える「たま」と「たましひ」や本田親徳翁の霊魂観（一霊四魂説）を紹介しながら、人間死後の霊魂の帰趨について述べたものである。魂《たま》は他者性を有しており、この他者としての「たま」を鎮めることによって自分の「ひ」が現れる、つまり自己が絶対的な秩序の中に位置付けられるといった霊《ひ》と魂《たま》との構造について、また、古典に基づいて「たましひ」の語源について検証し、「タマシヒ」の語構成は「タマ」＋「シ」＋「ヒ」であり、即ち「魂之霊」であるとする言語的な解釈、そして死後は墓に鎮めるより他にない魄《はく》（体）や産土神《うぶすなのかみ》についても論じている。

第五章「怨親《おんしん》平等の鎮魂」は、これまで日本人が真に誇りとし、この上なく大切なものとして後世に語り伝え、語り継ごうとしてきたものは一体何であったのかについて、『八幡信仰史の研究』で著名な中野幡能《はたよし》博士と作家・長谷川伸先生（『日本捕虜志』）という二人の高潔な先人の生き方と作品を取り上げ、「日本人の誇りの本質」について論及したものである。

古来から、私たち日本人の生き方の根底には「誇り」や「気高く生きる」という文化コードがあって、たとえ戦場にあっても対等な相手として敵味方の区別なく「勇敢な者は互いに褒め称え合う」という真の武士道精神があった。たとえやむなく敵同士となって相戦うことがあっても、戦い済んだ後は敵味方の区別なく、相手方の戦死者の御霊《みたま》であっても善悪を超えて手厚く祀《まつ》り、慰霊供養を決して怠らなかったことは奈良時代から戦国時代にかけての日本人の古くからの風習であり、自然の情であった。こうした気高くうるわしい精神こそ、私たち日本人がこれからも決して忘れてはならないものである。

日本人の精神文化の深層には、「お天道様」や「お月様」、「世間様」、「ご近所様」などといった言葉が如実に示すように、人は皆自分を取り巻く一切のものとの深い絆《きずな》や繋がりを持っており、あらゆるものへの感謝の心を忘れることはなかった。私たち日本人には誰でも大自然や神、先祖への畏敬の念、神と共にあることの喜び、親を拝む心や、「敵ながら天晴れ」、「武士は相身互い」、「苦しい時はお互い様」といった「すぐれた者を優れた者として褒《ほ》め称《たた》える」という素直な生き方、無類の優しさ、憐憫《れんびん》の情、気高い精神という誇るべきものがあり、日本人の心の深層に滾々《こんこん》と湧き出し、今日まで脈々と継承されてきた、うるわしい、清らかな精神性の発露があった。今こそこうした気高い日本精神を取り戻すことが、明日の日本を切り開く第一歩なのであり、人としての正しいあり方は人間がただ心素直に「神に向かう」ということでしかない。

第二部　神道の本質論 ── 宗教の本質をめぐって

第一章「死者からのまなざしと鎮魂」は自己という存在を存在たらしめている生命《いのち》の根源に対する畏敬と感謝の心を取り戻すことの大切さ、西洋近代の「私」認識の誤り、「人はなぜ心病《や》むのか」、「本当の自分との出会い」などについて論じている。

現代社会の特徴を挙げれば、まず第一に「神の実在観の否定」、つまり「聖なるもの」（神仏や親先祖の御霊《みたま》）への畏敬《いけい》の念の喪失、第二に、あらゆるものとの「絆の断絶」が挙げられるであろう。「こんなことをすると天に罰せられはしないか」という、聖なるものへの畏れこそがそもそも日本人の倫理の根幹をなしていたはずである。

昔は「お天道さまが見て御座る」とか「ご先祖様に顔向けできぬ」、「天地神明に誓って不正はなさぬ」、「そんなことをしたら神罰が下る」などといった言葉をよく耳にしたものだが、今日、神や親先祖への畏敬の念や感謝の心をスッカリ見失い、誰もが自己を見つめる尺度をスッカリ喪失してしまった。

その挙句は、誓うべき対象がないために「何でもありの世の中」、「上手《うま》く言い勝った方が勝ち」といった吾《わ》れよし人間が増え、人としての品性の欠片《かけら》さえもない、傲慢かつ劣悪な人間が増え続けて、どちらを向いてもまるで上を目指して岩山に群がる猿のように己の肩書きや社会的地位、既得権益にしがみついて離さないといった、実に浅ましく醜悪な、卑しい人間ばかりに成り下がってしまった。今こそ私たちは人主義（人間中心主義）の行き方を排して、神主義に立って人としての真の尊さに目覚めるべき時が来たのではないのだろうか。

第二章「実存的不安と託宣」は「智」があれば誰もが考えざるを得ない実存的不安の問題について改めて考察したものである。人々が近代教育に毒される以前は、世界に神々を感じ取り、神と共にある喜びと畏敬の念を忘れずに生活してきた。

ところが神への畏敬の念をスッカリ喪失した現代人が至上とする近代特有の「知」のあり方といったものがど

んなにか誤っており、人間の理性や合理的なものが如何に無力であるかということに私たちは少しでも早く気付かなければならない。また、実存的不安と立ち向かうには人間がただ神霊に素直に向かうということでしかない。何よりも物質主義に毒された自我意識を捨てて、実在の開示に立ち会うという、真摯な生き方を選ぶところにある。

この世界は決して人間のご都合主義的な計らいには納まっていないこと、無意味さの克服、人はなぜ精神を病むのか、「近代」が忘れ去ったもの、人主義と官僚の功罪について、また、何事も神意を第一とした古代の「神と人」との関係性、自己の確立、修行の本質などについて述べている。

第三章「帰神（神懸《かみがか》り）術と審神者《さには》」は、神霊と直接し神界と感合するための帰神《かみがかり》術の実際と、神主に憑《かか》ってきた神霊の正邪・真偽を的確に判別する重要な審神者の宗教的役割について、筆者自らの体験をもととして詳細に論じたものである。これによって、世にあるシャーマニズム論などといったものがいかに噴飯ものであり、かつ何の役にも立たないものであるかが判明しよう。

第四章「鎮魂《みたましづめ》の法——神性発揮の道」は存在の本質即ち神霊の実在や神界の厳存を確認し、自己の内なる神性を輝かしめる法としての鎮魂行法、具体的には幕末・明治の神道学者「本田親徳《ちかあつ》」翁が遺した鎮魂石を用いての鎮魂修法の実際について述べたものである。「人は神の子、神の宮」といわれる如く、人間（霊止《ひと》）は誰しも生れながらに産霊《むすひ》の御神霊《かみ》の御分霊《わけみたま》をいただく尊い存在である。

従って、この神授の霊魂を鎮魂法によって不断に練り鍛え磨き上げて、その鍛えた「鎮魂力」を以て肉体の桎《しつ》梏《こく》を解き放ち、自己の意思のままに自己の精神（魂）を自在に運転活動させることができ得るならば、霊魂の故郷《ふるさと》ともいうべき存在の本源（宇宙創造の産霊の神気赫々として充満する神界）へ帰還することも可能となる道理である。

本章では鎮魂行法を修するための鎮魂石の準備、鎮魂印、修法の衣服・場所・時間、諸注意事項、鎮魂法の極意についても詳しく述べているが、霊学の修行は当初優れた師について学ぶことの大切さを知らねばならないことはいうまでもない。

第五章「始原への回帰――神道における『覚《さと》り』の極致」は、人間がその生命の本源（主体）である神授の霊魂《みたま》の存在に目覚めると共に、たましひの本源《ふるさと》へと帰還する道筋、また、神道にとってなぜ「修行」が必要であるかを明らかにしたものであり、これは著者が生涯をかけて一貫して求め続けて来た最重要課題（テーマ）でもある。

「精神と物質」といったヨーロッパ的二項対立図式では一般に、「物質は精神を疎外する」といわれる。特に近代思想の中でカント以来「疎外」ということを言い、精神と身体（質量）をデカルト以来の手法に従い相互排他的な二分法で捉えるようになった。現代の科学主義的な世界像の中では、自分の「肉体は物質に属している」という世界像の中に、自分の（弛緩した）精神があると頑なに信じており、その世界像に縛られて通常の意識レベルが成立している。そこでは個人の中に精神があって、その肉体に縛られており、そこから出ることはできないと諦めている。近代人の思想はこの「諦《あきら》め」の上に成り立っているのである。もし、真に自由があるとすれば、この「諦めからの自由」こそが真の自由なのであり、そういった意味では歴史を通じて大多数の人、特に近代人には残念ながら全く「自由」というものが存在しておらず、皆、囚われの身であると言い得よう。悲しいことに「自分が囚われの身である」という、そのこと事態でさえ誰一人として自覚できる者はいない。誰もが「自分は自由である」とスッカリ錯覚した生涯を送っているのである。

ところが、本田翁の鎮魂石による「鎮魂法《みたましづめののり》」に熟達すると、「人間としての肉体のみに精神が存在する」という近代人の合理的世界観が全否定され、人間としての存在自体が精神的存在という確固たる状況を確立することができるようになる。肉体の中にしか精神が存在できないという桎梏から全存在が開放されて、精神が「真の自由」を獲得し、「全宇宙と一体となる」ことができ得るようになり、全宇宙、全歴史そのものの中に立ち現れることが可能になるのである。端的に言えば、自分が今ここにいながら光と同じように時間・空間を超えていつの時代、いずこの場所へも自由に行ける（存在し得る）ようになるのであり、実はこれこそが精神の本来のあり方であって、この自由な魂の状態こそ、すべての存在（塵一つまでも）が回帰を願う真の状態なのである。

本田親徳翁の鎮魂法・帰神術はこの絶対的な精神的自由を体験するという、神道の覚りの極致を体現できる尊貴な、そして唯一の神法・神術である。真理は「霊と肉」という単純な二分法で考えても決して分かるものではない。本田翁の霊学は「霊と肉が同時に無限に充実する」ということを通してしか「神の世界」に回帰できないのだと説くのである。

「修行する」ということの唯一の正しい方向は、この「神への回帰」を目指すことに他ならず、それは存在が存在の真の故郷に回帰する喜びを表すものであり、真の福利というものも実はここにしか存しないのである。

第六章「『産土神《うぶすなのかみ》』考――『日本』とは何か」は、真に日本的なものとは何か、人が神に仕えるとは一体どのようなことか、また「霊統《れいとう》」というものの重要性、神道（宗教）の本質構造について論じたものである。

今日、世界は土地を領《うしは》ぐ神霊の存在を喪失し、諸民族が互いの宗教の違いから無益な戦争を繰り返しているが、仮にも宗教を論ずる者にとっては、この「土地の聖性」についての考察は決して欠かせない大切な課題である。

わが国において、土地を領ぐ神霊即ち氏神（産土神）信仰は神道信仰の根底をなし、本質的で大きな課題の一つである。初めに問題提起として、各々生きた時代は異なるものの、神霊と直接し神意を体して生きた二人の人物、即ち幕末・明治の動乱期に生きた本田親徳翁と終戦直後の混乱期を生きた牟田耕蔵氏を取り上げて「神と人との有り様」について論じている。

造物主と被造物といった西欧一神教社会の「神と人とが断絶した関係」とは全く異なり、二人の先人が遺した『産土百首』と『御神歌集』という作品中には「神と人」との関係がまるで嬰児《みどりご》を胸に抱く母親同様、神と人とがうるわしい「親子の関係」として一貫して語られており、日本的なるものの原型ともいうべき古代以来の「神と人」との有り様と同じ構造が現れている。そもそも、この神と人との密接不離のあり方こそが神道の本質であり、また、宗教の本質と言えるものである。

また、「氏」「姓」「産土」の語に関する従来の国語学的解釈について厳密に検討すると共に、記紀古典に立ち返って日本人本来の「神と人」との正しいあり方についても考察している。「氏神」は本来、居住する土地の神霊を意味し、また「氏」とは本来、土地の神霊との「霊統」を共有する巫覡《ふげき》を中心とした神祀り集団であって、それは氏意識で繋がっているのであり、氏という実体が存在するのではない。氏は決して血縁共同体なのではなく、聖性の共同体と考えるべきであると述べている。

以上が本書のあらましである。

なお、外国人研究者あるいは留学生の「神道」ないし「日本・日本文化」研究者たちの研究の要に資するために、筑紫女学園大学文学部英語学科の石井康仁教授のお手数を煩わせて序文及び第二章「『まつり』考」の英訳をお願いして、各々、巻頭と巻末に掲載した。

神道——日本精神文化の根底にあるもの

目次

第一部　現象面より見た神道

第二部　神道の本質論――宗教の本質をめぐって

第一部

現象面より見た神道

第一章　「聖なるもの」の訪《おとな》ひ

一　はじめに

春は木の芽や花のつぼみが芽吹き膨らんで生命が張《は》ることから生じたというが、まだ春も来てはいないのに新年が明けて手にする年賀状には「初春」、「迎春」、「賀春」、「新春のお慶びを……」と誰もが書くのが近年の慣わしである。二四節気ではまだ大寒の入りにもなっておらず、これからいよいよ一段と寒くなるというのにである。このように季語と実際の季節感とにズレが生じていることに違和感を感じる人も多いことであろう。こうした理由は、明治五年（一八七二）一一月九日の太政官布告（明治五年一二月三日を明治六年一月一日とする）により、従来の太陰太陽暦（天保暦）を廃止して太陽暦（グレゴリオ暦）に切り替えてしまったためである。古くは一日の始まりは日没（夜）からであり、元旦即ち一年の始まりは正月の満月の夜であった。新暦に替えて以来、このように実際の季節感とのズレが生じてしまったのである。

ところで普段めったにないようなうれしいことが重なったり、あまりにも忙しい出来事や仕事などが重なった場合に「まるで盆と正月が一緒に来たような……」と言うことがあるが、年中行事[1]の中でもこの正月と盆とはまさにわが国の二大行事であるといってよい。正月行事では大晦日に年神様（正月様・歳徳神）が各家々に来訪するおめでたい日とされ、煤払い[2]をして家中を祓い清め、また門松を立て、注連縄を張り、正月飾りをし、鏡餅をお供えし、おせち料理[3]を作って神棚に供え、家族全員が慎んで年神様を手厚く饗応する。

また、お盆は家々の先祖の御霊《みたま》が帰ってくる日とされ、お墓参りをしたり、盆棚に野菜や果物、菓子、ほおずきなどを供え、迎え火を焚いて親先祖の御霊を真心込めて饗応し、盆明けには送り火を焚いて送り出すといった、両儀礼ともに一定の形式・順序に従った象徴的な行為の体系が見られる。こうした神や祖霊など聖なるものを迎え、これを地域や一家がこぞって饗応し、また共食することによって神と人、先祖と子孫とが一つになり、また家族や地域がその絆を深め、社会的な連帯感を強化する……といった行事は巡る季節や生活の節目節目、折り目折り目に欠かさず長い歳月執り行われてきたもので、人々の生活の中に根を張り根強く伝承されてきたものである。もちろん、南北に長く伸びた日本列島であるために、この二つの行事にも地域性が見られ、個々の儀礼内容に関してはかなりの地域差があることはいうまでもない。だが、先祖の御魂祭りがお盆だけでなく、古くは正月にも行われていたのだと言えば、今日、意外に思われる人もいるのではなかろうか。

新年が明けてものみな改まり、年が改まるというのは、誰もが覚える何ともいえぬひときわ新鮮で瑞々しい感覚である。元旦は何もかもが新鮮で若々しく生き生きと生命に満ちて輝いており、朝の空気さえもが昨日までのそれとは全く違っていることを感じ、そして新しい世界が開けたことに心が躍動するのを覚える。正月はまさに繰り返し行われる生命の更新の時、生命のよみがえりの時であるといえよう。人々が儀礼を通して感じるこうした生命《いのち》の高まりはなぜなのだろうか。盆や正月など決まった時期に一定の期間、神や先祖の御霊《みたま》など「聖なるもの」を迎えるとはどういうことなのか。そのことで私たちの住むこの世界に一体何が起こっているのだろうか。年中行事の中で特に正月やお盆に訪れる神や祖霊など、こうした霊魂に関することは関係性の問題であり、人間と神との関係の中で位置付けられる。また、関係性にある限りにおいてはモデル的には社会科学的な問題であるといえよう。

本論では民間で行われている年中行事の中でもっとも本質的な部分が現われていると思われる宗教儀礼(4)、特に正月行事と盆行事とを中心に、神・祖霊などの聖なるものと人との関わりや儀礼の構造について考えてみたいのである。

二　正月儀礼と「聖なるもの」の訪ひ

正月儀礼が意味するもの

正月（一月）は日本人の文化的・宗教的心意というか、その本質が一番濃厚に現れる月であるといえる。歳神様をお迎えするために家中大掃除をし、正月飾りが作られる。松迎えといって、大抵一二月二七日前後に年神の依代《よりしろ》である門松や飾り松を北の方角の山から迎えてくる。門松は神の宿る依代であり、常緑樹であれば榊でも栗でも楢でも使われた。佐藤幸治氏は門松について、次のように述べている。

この門松の習慣こそがほかならぬ正月が祖霊供養の側面を持っていたことを示している。すなわち、日本人は死んだのちに山中他界へ出向くと信じられ、山の象徴である常緑樹を正月に飾ると祖霊となった山の神が訪問しやすいと考えたのである。(5)

松飾り・注連《しめ》飾りは暮れの二四、五日頃から注連縄ないが始まり、三一日までにこれらを終わらせる。暮れの二七日から三〇日までに鏡餅を搗《つ》き（二九日はクンモチといってこれを嫌い、また三一日に搗くことを避けている）、これを神棚に供え、おせち料理を準備し、一家や地域の人々が神を迎えるための潔斎と忌み籠りに入る。大晦日の夜には全国的に新しい火を焚く習慣がある。これをもってしても、正月は元日の朝に始まるのではなく、大晦日の夜に始まるということができる。暮れの三一日をトシトリ（年取り）、トシヤ（年夜）、オオドシ（大年）と呼び、年取りの膳につく。(6)かっては年取りの夜の宮参り、宮籠りは各ムラで見られるごく自然な風景であった。また、「道具の年取り」といって、日常使ってきた各種の道具にも正月飾りをして祝い、あるいは「ネズミの年取り」といって鼠《ねずみ》にさえも供物を供えて、新しく迎える年を共々祝おうとしたのである。

正月の初詣の古い形は鎮守様、産土《うぶすな》様に参って村里全体の幸福を祈るというもので、これが永い伝統の正月の心であった。社《やしろ》とは生まれた土地の神の意で産土神（氏神）のことである。今日のように、個々人だけの幸せを祈るといった考えではなかったのである。[7]

地域によっては、昔から菩提寺の先祖墓にまず新年の挨拶をするという伝統を保っているところもある。また、昔は「年を取る」という意味も、現在のような個々人がそれぞれの誕生日《バースデイ》に年齢を加えるという満年齢とは違った感覚であり、正月には同一地域に住む同年者たちが一斉に年を取るといった数え年の感覚（同齢感覚）があって、家人や隣人とが相互に繋がりを持ちながら共に変化を続けるという意識がその根底にはあった。また、地域によっては、先祖からのしきたりで門松を立てないというムラや家も各地に見られる。

オツイタチ（元旦）には若水汲み、水垢離《みずごり》、初火、宮参り（初参り、若宮参り）、歯固め、雑煮餅、年始回り……と一連の行事が続く。宮参りから帰ってくると、歯を丈夫にし健康増進と長寿の願いを込めて、正月棚に供えてあるイナダキ（干し柿、栗など）を一口ずつ食べて歯固めをする（正月三カ日に鏡餅、栗、豆などを食べる行事）。

これら年末年始の儀礼を含んで「正月」に行う様々な儀礼が意味するものは、強いて言えば「神と人との関係性の更新・強化」であると言えるであろう。過ぎ越した一年の間に、私たちが知って知らずに犯した様々な罪・穢《けが》れを綺麗に禊《みそぎ》し祓い清めて、あるいは氏神様のもとで忌み籠り慎み、心身ともに清浄潔白な状態となって、地域住民や一族一家の幸せの元である「年神（歳徳神・正月様）」をお迎えし、真心込めて饗応する。そして人々もまた年神と共に同じ飲食物（年神にお供えした神饌物・おせち料理）をいただく（「神人共食」）ことによって、新しい年神さまの恩頼《みたまのふゆ》（神霊の御力徳・年魂・新しい生命の力）を身に賜り、「神と人」とが、あるいは「先祖と子孫」とが、家族全員がお互いの絆《きずな》をより一層深め合い、固く一つに結び合う。そして「新しく迎える一年間がどうか皆仲良く恙無《つつがな》く、誰もが健康で幸せに暮らすことができますように」との切なる願いが正月行事のすべてに込められていると言える。

正月と盆

正月		盆	
大正月	一月一日（朔日《ついたち》）	釜蓋朔日	七月一日（朔日）
竈神様の年取り	一月三日の夕		
六日年	一月六日（若菜打ち）		七月六日
七日正月	一月七日（七草粥《ななくさがゆ》）	七日盆	七月七日
田打ち正月・鏡開き	一月一一日		
小正月・望《もち》正月	一月一四・一五日	盆の中日	七月一四・一五日
女の正月・仏の正月	一月一六日		
ハツカ正月・骨正月	一月二〇日	ハツカ盆	七月二〇日
蔦《つた》の正月	一月三〇日（晦日）	灯籠卸《とうろうおろ》し	七月三〇日（晦日）

今日、大正月・小正月といった呼び方さえ聞かれなくなったが、以前には旧来の正月の方を小正月（望《もち》の正月・花正月）といい、大正月の門松に対して、小正月には豊作の予祝行事として餅花・削り花などを飾るために花正月ともいうところがある。元旦の元とは「はじめ」の意であり、旦とは初日の出、朝を意味する。三元即ち年月日の初めの朝を元旦（元朔、元朝、正旦、歳旦）といい、元旦から始まる正月を「大正月」「男の正月」「神の正月」と呼んでいる。先にも述べたように、南北に長く伸びた日本列島であるから、一口に正月といっても昔は決して同じ日ではなく、正月の行事も地域によって様々に異なるものであった。

そして正月も盆も前の月の晦日から始まっている。正月は一二月の大晦日に新しい年の火を囲炉裏に焚き、翌元旦に若水を汲んで新しく生命を蘇らせる。盆の方は六月晦日が夏越の節句で、半年の汚れ穢れを茅の輪などと共に水に流して清新な心身に返る。一年を二つに分けて冬から春に転換しようとする時に正月を、夏から秋へと転換しようとする時に盆を設けて、新しい季節の儀礼として、清新な生命力を得ようとしたのである。

小野重朗氏によれば、正月と盆とは半年を間に置いて対応しており、互いによく似た共通した要素が見られるという。両者を対比したのが右の表である。正月には年棚を作って供え物をするのに対して、盆には精霊棚を設けて供え物をする。また正月には門松迎えやトンドや鬼火といった火祭りがあるのに対して、盆には盆花とりがあり、迎え火・送り火、柱松といった火焚き行事がある……といった具合に、この二つの行事には一見、かなりの対応が見られるのである。

だが、小野氏はさらに次のようにも言っている。

　このような正月と盆との対応や類似にもかかわらず、この二つを同質同性格のものとするにはなお問題が残る。正月は季節の転換の祭り、農耕予祝の祭り、さらに祖霊の祭りといった総合的な性格を持っているのに対して、盆は祖霊・精霊の祭り中心で性格が単純であり、二つを同じ性格と論証するのが困難なことによるのである。(8)

民俗学では一年間を二つの年に分ける考え方があり、前半は正月に始まるとし、後半は七月に始まるとする半歳周期説である。これは一年間に二度稲の収穫ができる地域には当てはまる説かもしれない。だが、日本列島は南北に長く伸びており、従って、こうした説があらゆる地域に当てはまるものとは考えにくい。各地域の様々な行事は時代の推移と共に次第に整理され、また統合されることもあったことは十分考えられよう。

正月神そのものの性格

正月に家々に訪れる祖霊は、年神、歳徳神、正月様などと呼ばれ、穀物の豊作をもたらす農耕神とされてきた。稲も年も稔もみなトシと読むように、「とし」という語が時間の区切りを意味するだけでなく、稲の実りを意味する神がトシガミであり、正月の神でもあった。

正月前後に来訪するものは、大晦日の夜に訪れるトシドン(年殿・年爺サン。鹿児島、甑島《こしき》)、六日年に訪れるクサイモン（福祭文。鹿児島、種子島、屋久島）、正月一四日の夜に訪れるカセドリ、カセダウチ（東北地方、九州）、トロヘイ（中国地方）など様々である。

『年中行事図説』[9]を見ると、小正月の来訪神（一四・一五日）は青森県の「しかたはぎ」、「パカパカ」、「かぱかぱ」、秋田の「ナマハゲ」、「ナモミハギ」、石川県の「アマメハギ」、「アマミヘギ」、宮城県の「イワイマショウ」、岡山の「ホトホト」、「コトコト」など、各地域ごとにその呼び名が異なっており、ざっと数えただけでも六〇種ほどの名が挙がっている。

また、正月来訪者の分布には一定の法則があるとし、小野氏は、

> 大晦日の夜に訪れる例や、六日年・七日正月に訪れる例が国の南の端にあるだけでなく、能登半島にもみられ、それらはみな怖ろしい姿をして訪れ、それで人々に年餅を授けたり教えを垂れていく[10]。

と述べ、さらに大晦日の夜に訪れるものの方が古く、小正月来訪者は後になって盛んになったものだという。氏の説では古い順に言えば、大晦日の夜―六日年・七日正月―一四日・一五日の小正月だというのである[11]。

このように正月に訪れる神たちが「みな怖ろしい姿をして訪れる」という点は重要であろう。地域の住民たちや家族は誰もこの来訪神（聖なるもの）には決して逆らうことも抵抗もできず、全く「なされるがまま」である。粗相《そそう》のないようにと家ごとに一家の主人が襟《えり》を正し羽織袴の正装で酒食を用意して迎え、来訪神を殊《こと》の外《ほか》丁重にもてなし、その家族はまるで一時も早く嵐が過ぎ去るのを一心に祈りながら待つかのように、ただただ何事もなく来訪神がお帰りいただくことを願ってやまない。そうすることで、その家族や地域に新しい年一年間の幸せと豊穣が約束されるのである。

E・デュルケムの儀礼論（消極的儀礼・積極的儀礼）[12]によれば、聖なるものは超自然的な恐るべき力を有する存在であり、そのため普段の時は不用意に近付くと危険な聖との接触を禁じているという。聖にも俗にも様々なタブーがあって、聖と俗の不用意な接触や混交を戒め、両者はきちんと分離されるという点に消極的儀礼の本旨

がある。この聖なるものの持つマナ的な力に預かるには、神社に籠もったり、水垢離をとったり、火や塩で清めたりして、俗界の埃を払拭し、穢れを祓い清めて後でなければ接触することはできない。

そのように考えて正月儀礼を見直してみると、『古事記』上巻の黄泉の国訪問譚が髣髴としてくる。伊邪那岐命は妻に逢いたい一心でウッカリ黄泉の国を侵犯し伊邪那美命と接触したばかりか、「見るな」のタブーを犯してしまった。そのため悪霊邪鬼に襲われるという大変な危機的状況がもたらされたが、命からがら逃げ帰って黄泉比良坂に千引石を引き塞いだ後、筑紫の日向の橘の小戸の阿波岐原で身に受けた穢れを必死に禊ぎ祓いして清浄の極みに達した時、天照大御神以下いわゆる三貴子の誕生を見た。即ちもとの世界秩序が回復したばかりでなく、伊邪那岐命はそれまで以上に世界をより活性化させ、新しく世界を創造する力を得たのである。「よみがえり」(再生)という言葉は死の危機に瀕した者が再び生命を復活させるという意味であるが、まさに「生命《いのち》の黄《よ》泉返《みがえ》り」が語られている(13)。

正月に訪れる神は私たちに聖なる力、即ち一年間の新しい生命の息吹(年魂《としだま》)を授けるためにやって来るところの、普段は私たちが絶対に接触してはならない分離されるべき恐るべきマナ的力を持った「聖なるもの」なのであった。誰もが、新しく迎えた年の聖なる幸せ(豊穣)と活性化(健康・繁栄)を約束する、新しい生命(年魂)を賜ったのである。だからこそ、元日の朝はもの皆新しく、心身共に清められた新鮮な感じがし、世界のすべてが瑞々しい生命の躍動に満たされていることを誰もが感じるのである。

この生命の喜び、魂《たましい》のあらたまりという恩寵に浴するまたとない一時を、私たちだけが享受して良いはずがない。なぜなら、先祖と子孫とはいつも共にあるからである。祖霊も共に新年を寿《ことほ》ぎ、喜びを分かち合っているのである。

このように考えると、私たちは遠い昔から今に至るまで、『古事記』神話に語られている神的秩序世界の再現を長い歳月、繰り返しているのだと言っても過言ではあるまい。

三　御魂《みたま》祭り――大晦日に帰って来る死者の霊魂《みたま》

平安期の魂祭り

年越しの夜を「魂祭り」と称し、今は亡き人の霊を迎え、これに供物を供えて慰め喜ばせて互いに交歓し合い、両者の絆を強化することは即ち、家族の無病息災を約束するものでもあっただろう。

平安前期の日本最古の仏教説話集である『日本霊異記』上巻を見ると、次のような記事がある。

「人畜《ケモノ》に履《ふ》まるる髑髏《ヒトカシラ》救ひ収められ、霊《めづら》しき表《しるし》を示して現に報ずる縁　第十二」

　高麗の学生道登は、元興寺の沙門なり。山背の恵満が家より出づ。往にし大化二年丙午、宇治橋を営り往来する時に、髑髏奈良山の渓ニ在りて、人畜の為に履マル。法師悲しびて、従者萬侶をして木の上に置か令む。同じ年の十二月の晦《つごもり》の夕に迄りて、人、寺門に来たりて曰さく「道登大徳の従者萬侶といふ者に遇はむと欲ふ」とまをす。萬呂出でて遇ふに、其の人語りて曰はく「大徳の慈を蒙り、頃平安の慶を得たり。然して、今夜に非ずは恩を報いむに无《な》し」といふ。輙《すなわ》ち萬呂を将て其の家に至り、閉ぢたる屋よりして屋の裏に入るに、多く飲食《おんじき》を設《まう》く。其の中己が分の饌《ヨキクラヒモノ》を以て萬呂と共に食ふ。[14]（以下略）

即ち、奈良山の渓に埋葬されずに風雨に曝《さら》されたままで、人や獣に踏みつけられているしゃれこうべがあった。通りかかった元興寺の沙門である道登は、それを見てあまりにも哀れと思い、従者萬侶に命じてそれを木の上に安置したのであった。ところがその年の一二月の大晦日の晩になって、寺門に「道登大徳の従者萬侶という人に逢いたい」という者が来た。萬侶が出てみると、「大徳のお慈悲をいただくことができて、やっと心の平安を得ました。何とかしてこの恩返しをしたいのですが、私にとってはどうしてもこの大晦日の夜でないと恩返しができないのです」とその者が言う。萬侶はその者に連れられてある家の中に入り、その者はたくさん供えられた供物（飲食物）の中から自分のために供えられた分を取り出して萬侶と一緒に食べた……というのである。いわゆる死者の霊が助けられた恩返しをする話であるが、この話から分かることは大晦日から元日にかけて魂祭りが行われていたということである。

また同書下巻（第二七）にも白壁の天皇（光仁天皇）の御世に、備後の国の品知牧人《ほむちのまきひと》が正月の物を買いに深津の市に向かう途中の宿で、夜通し「目痛し」と叫んで救いを求める髑髏《ひとかしら》の目の穴に突き通っていた笋《タカンナ》を抜いてやったところ、その恩に報いるために「今月の晦の夕、吾が家に臻《いた》れ。其《そ》の宵《よる》に非《あら》ずは、恩に報いるに由無し」とて、死者の霊が自分に供えられた馳走を牧人に譲り饗《あへ》して共に食う……といった記事が見える。(15)

この『日本霊異記』は淳和天皇の弘仁一四年（八二三）、僧景戒によって成立した書であるが、今見た説話は文中に大化二年（六四六）頃の話として記されているから、恐らくはこの頃には魂祭りがすでに行われていたのであろう。以下、山中裕氏の『平安朝の年中行事』を参照しながら、平安期の魂祭りについて見ていこう。(16)

平安中期の公卿である小野宮右大臣藤原実資《さねすけ》の日記『小右記』を見ると、

長保元年十二月廿九日、戊寅、御魂今年於染殿奉拝、入夜依例解除、但着服、不奉幣、子始刻許上儺(17)

とあって、「染殿」と称する藤原良房の第（貴族第）の例が記されているが、七月の盆祭りと同じように、亡き人がこの夜帰ってくるという信仰に基づき、一二月の晦日に御魂を奉拝することが行われていたことが分かる。また、同じく『小右記』の寛仁元年十二月卅日、甲午の記事として、

入夜解除奉幣諸神、次拝御魂、皆是例事也、亥刻追儺(18)

とあり、この頃は内裏・貴族第共に恒例行事であったことが知られ、山中裕氏は「この儀は七月の盆祭とほぼ同じことをおこなうのであって、亡き人がこの夜帰るという信仰からはじまったものらしい」と述べている。

一二月の大晦日はゆずり葉を敷いて供物を供え亡き人の魂を迎える御魂祭りの時でもあった。清少納言の『枕草子』四〇段には、

ゆずり葉の、いみじうふさやかにつやめき、茎はいとあかくきらきらしく見えたるこそ、あやしけれどをかし。なべての月には見えぬ物の、師走《しはす》のつごもりのみ時めきて、亡《な》き人のくひものに敷《し》く物にやとあはれなるに、また、よはひを延ぶる歯固めの具にももてつかひためるは。(19)

と見える。また、吉田兼好の『徒然草』第一九段には、

晦日《つごもり》の夜、いたう闇《くら》きに、松どもともして、夜半すぐるまで、人の門たゝき走りありきて、何事にかあらん、ことごとしくのゝしりて、足を空にまどふが、暁がたより、さすがに音なく成（り）ぬるこそ、年の名残も心ぼそけれ。亡《な》き人のくる夜とて玉《たま》まつるわざは、この比《ごろ》都にはなきを、東《あずま》のかたには、なほする事にてありしこそ、あはれなりしか。(20)

とあり、この頃になるとすでに京都では魂祭りの行事は行われなくなっていたらしいのである。関東の方ではまだ魂祭りをしていたのを見て、まことに感慨深かったといっている。

『曾根好忠集』には、

靈《たま》まつる年の終《おは》りになりにけり今日《けふ》にやまたもあはむとすらむ(21)

とあって、この頃には魂祭りが広く行われていたことが分かる。

また、和泉式部は「しはすのつごもりの夜よめる」と題して、

なき人のくる夜ときけど君もなし我が住む宿や玉なきの里(22)

と詠んでいる。この当時には今日の盂蘭盆《うらぼん》と同じように、亡き人の御霊が大晦日の夜に家に帰ってくる日とされ、魂祭りが行われていたことが偲ばれる。

その他、『蜻蛉日記（かげろふの日記）』下にも、

助の朔日の物どん、また白馬にものすべきなどものしつるほどに、暮れはつる日にはなりにけり。明日の物、おりまかせつゝ、人にまかせなどして、おもへば、かうながらこえつゝ、今日になりにけるも、

あさましう、みたまなどみるにも、れいのつきせぬことにおぼゝれてぞ、はてにける。
京のはてなれば、夜いたうふけてぞ、たゝきくなるとぞ。本に[23]

宮廷女房社会はもとより、この著者の母がその当時住んでいた京の東北の果ての中川の畔でも御魂祭りが行われており、夜が更けると疫鬼を追い払うために門を叩きながら追儺《ついな》がやってくるのだと記している。

山中裕氏は『平安朝の年中行事』において『徒然草文段抄』を引いて、亡霊の去来する日が次のように幾日か記されているのだが、これは「報恩経」の思想から来ているものであると述べている[24]。

十二月晦日にも聖霊を祭ることとなり、報恩経云、二月十五日寅時来、次日午時帰、五月十五日卯時来、次日巳時帰、七月十四日卯時来、次十六日午時帰、八月十五日辰時来、次日申時帰、九月十六日未時来、次日申時帰、十二月晦日午時来、正月一日卯時帰也、右亡霊之来去之日也、

こうして見ると、死者の霊が家に帰ってくる時期は何と年に六度もあったということになる。しかもこれを見て気がつくことは、二月、五月、七月、八月、九月はいずれも月の半ばの満月の頃に亡き霊が去来するのであり、望《もち》の日（陰暦の一五日）に神や祖霊を祀るという古い神祀りの習慣と合致する。ところがなぜか一二月・正月だけが大晦日から一日にかけて去来するというのである。この「報恩経」については調べてみたがどうもハッキリしない。あるいは中国で作られた偽経ではないかとも思われるのである。

ミタマノメシ

小正月を仏の正月と言ったり、ミタマサンと言ったりして、盆から暮れにかけて先祖の御霊《みたま》をお迎えして、ミタマノ飯《めし》を年棚や床の間、仏壇に置くタママツリの風習が東北や信州、東海地方などに散見する。この大晦日の晩に供えられる「ミタマ」の風習について、少し見ておきたい。

ここでいう「ミタマ」とは「ミタマノママ」「オミタマ」「ミダマノメシ」とも言われているが、「ミタマメシ」

（御魂の飯）、つまり祖霊のまつりに供えられる飯ということである。今ではもっぱら、七月中旬のお盆行事を指すが、古くは年末から正月にかけても祀られていたのであって、これは文献上でも明らかである。

「ミタマ」は何のために供えるのかというと、小野寺氏の調査報告によれば、宮城県北東部地方では事例の半数が「仏さまにあげるのだ」と言っているのである。[25]

さらに、正月行事と盆行事の性格について小野寺氏は次のように言う。

本来、正月行事も盆の行事も、同一性格のものであり、それは、祖霊を迎え祭る行事であった。わが国に仏教が渡来したことによって、次第に、性格を異にする行事に分かれてしまったのである。「ミタマ」の風習こそは祖霊祭における供物の遺風をとどめているものである。仏教などの影響によって、祖霊を祭る行事は盆行事としてまとめられた。そして、本来、正月行事の主役であるはずの「ミタマ」の祭りが、正月行事からはずされて、従的なものに転落してしまったのである。[26]

本来、正月は祖霊の御霊を迎える大切な時であったものが、仏教の影響によって、祖霊を祀る行事は正月行事から外されてしまい、盆行事としてまとめられることになってしまったというのである。

次に、ミタマを供える役割りの者と供える場所についてであるが、小野寺氏によると、このように述べている。

「ミタマ」を何処に供えるかは種々であるが、恐らくは、御年徳神の傍に供えていたのが古い姿であり、それが従的な立場に転落して行くに従って、納屋、台所や裏座敷などと言う、祖霊を迎えるにはふさわしくないような場所に供えられるようになったのである。これは、「ミタマ」を供える者が、祖母と年男によってなされていると言う事例からも暗示されることである。正月の行事はすべて、年男によって司祭されて来たのであるが、「ミタマ」の風習だけが、その家の女性の手に渡されて、年男の手から離れているのは、明らかに、正月行事と区別しようと言う意図が見られるのである。[27]

また、供物の内容であるが、新しい箕（農具）に紙を敷き、その上に御飯や餅、布海苔、納豆、豆、箸など様々な供物をあげるが、その基本となるものは飯であり、また、仏の箸といって栗の箸を添える所もあるという。

そして、お供えする時期については、

「ミタマ」が供えられる時期は、大晦日の晩と言うのが、ほとんどであるが、元日に備える所や正月一四日の晩に供えているところもある。（中略）大晦日の晩に「ミタマ」を供えると言うことは、かって正月行事は大晦日の夕刻から始まっていたことと合致することであろう。(28)

と述べ、「ミタマ」が供えられている期間は、正月三カ日間とする所、一四日まで供える所、正月中供えているという所と、大体三通りになるという。

四　盆行事と先祖の魂祭り

これまで見てきたように、祖霊は正月と盆の年二回訪れるということで魂祭りを行っていたのであるが、のちに仏教が入ってくると盆が魂祭りの日になっていく。

お盆（盂蘭盆会《うらぼんえ》）は旧暦七月一五日を中心に行われ、先祖の霊を祀る一連の行事を言う。お盆には地獄の釜のふたが開き、死者の霊が出てくるとか、ご先祖様が帰ってくるとして、家庭では、盆の精霊（死者の霊）を迎える盆棚（精霊棚、魂棚、先祖棚）を七月一三日に作り、盆花や初物の果物、野菜などの供物を供え、また先祖代々の墓に参り、夕方、門前で麻幹《おがら》を燃やして精霊を招く迎え火を焚く。七月一五日には、僧侶を招いて棚経をあげてもらう。前年の盆以降に新たな死者が出た家では、「新盆」といって新仏の供養を手厚く行う。七月一六日の夕方は、門前で精霊を送るための送り火を焚き、霊を送る。そして盆棚の供え物を海や川に流して、盆の行事を終える。

盆の期間は地方で異なり、一カ月遅れ（八月一三～一六日）や旧暦で行う地方もある。祖先の霊を慰めるために、八月一三日の夕方から三日三晩、数々の供え物をして報恩感謝の念を表す。

盆の迎え火、送り火は門火ともいい、祖霊の通る道筋を明るくするためと説明されている。迎え火は精霊を家へ迎え入れるためのもので、七月一三日に行われることが多い。また送り火は、霊を再び送り出すもので、普通は七月一六日に行われる。送り火と合わせて盆の飾りを海や川に流すこともあり、これは精霊流しとも呼ばれるが、灯籠流しはその変形である。また盆灯籠は門火の変形であり、大文字焼きも送り火の変形したものである。

さて、五世紀の南北朝の頃に中国に『盂蘭盆経』がインドから入ってきたとされるが、それ以前の中国の古典には盂蘭盆という言葉は存在しなかった。中国では梁の時代の紀元五三八年を端緒にして、唐代に至って七月一五日に先祖を祀り、さらに生存している父母や尊長者に祝物を贈ったりしており、これは中元の贈答儀礼として今日の日本に残っている。

そもそもインドでは生きとし生ける者は六道を輪廻転生する以上、先祖を供養することに意味はなく、葬式も火葬で転生した後の空っぽになった肉体を焼くだけの話である。ウラボンという言葉は先祖供養というよりは、農耕儀礼に発する言葉であろうという研究者もいる。

このように、仏教の教えは本来、四九日すれば人間は輪廻して空になってしまうと考えるために、先祖崇拝というものはなかった。そのため、迫害を受けた仏教側が何とかして大陸に仏教を定着させるためにはどうしても先祖を大切にする必要があっただろうということは十分考えられ得る。先にも述べたところだが、果たして『盂蘭盆経』がそもそもインドにあったのか、それとも中国に仏教を流布させるために、漢民族が持っている先祖崇拝の意識を仏教側が利用して作ったものかは意見の分かれるところである[29]。

わが国においては「盂蘭盆会」の文献の初見は推古天皇の一四年であるが、道教の中元の季節祭と祖霊感謝祭が仏教行事と結合して成立したといわれている。

この盂蘭盆の語の起源については二説があり、一つ目の説は梵語（古代インドの文語であるサンスクリットの称）のウランバナ（大変な苦しみ、倒懸《とうけん》＝逆さ吊りの意）から来ているとする説である。釈迦の弟子である目連尊者は、亡母が慳貪《けんどん》（ものを惜しみ、むさぼること）の罪で地獄の餓鬼道に落ち、逆さに吊されて苦しんでいるのを見て、釈迦にどうしたら母を救うことができますかと聞いた。釈迦は七月一五日の夏安居の終わりの日に、百味の飲食《おんじき》を衆僧に供養して七代前までの父母を供養すれば、その功徳によって苦しみから逃れられると教えた。これが仏典に見られる盂蘭盆の由来といわれるのである。

もう一つは岩本裕氏の説である。

盂蘭盆の語の起源はサンスクリット語のulambana（ウランバナ）、即ち倒懸にあるとの説に対して、岩本裕氏は盂蘭盆の語の起源を西域ソグド語のurvan（ウルヴァン）つまり霊魂にあるのではないかと説く。ソグド語ウルヴァンは、アヴェスタ語のウルヴァラーという、植物・栽培植物を表す語に語源的に関係があり、死者の霊と収穫祭を結びつけるキーワードとして考えられるとしている。岩本氏は、

> ソグド人を含めてイラン人の宗教の中に、死者の霊魂を祀る祭祀であると同時に収穫祭であるウルヴァンという祭祀が、ソグド人とともに中国に将来され、畑作農業地帯の収穫祭として中元と結合し、これを仏教徒が自恣の日を中元に結びつけたことによってウラボン会の原型が成立したのではなかったか[30]。

と述べるのである。

この岩本氏の「ウルヴァン」説を紹介しつつ坂本要氏は、

> その後中国では、七月十五日は地下の霊や鬼がくる日として盛大に供物を供える日になったが、日本では祖霊、それも亡くなって一年たたず、初めて盆にまつられる新仏《にいぼとけ》の戻ってくる日として定着をみたのである。このようにインドの鉢和羅飯の行事にまで関連する盆行事も、西域を経て中国・日本と伝播する間に様々な信仰なり思想なりをになって流入してきたことがわかる。日本においては祖霊祭祀的な面が強められていると思われるが、施餓鬼の語にあるように、餓鬼に食を施すという観念も強く、無縁仏など往生できないとす

る霊を各家でも祀っている。盆に幽霊がでてくるのもその例であるが、中国における鬼を迎えるという観念と通ずるものである。(31)

と述べている。

日本では民間に魂祭りがあって、生御霊《いきみたま》（生見玉・生身魂）あるいは生盆《いきぼん》（しょうぼん）と言った。魂祭りとは死者だけを弔うのではなく、生存している父母・尊長者に祝物を贈ったり、または饗応したりするものでもあった。そこに仏教が入ってくると、生きている者の御霊よりも、次第に死んだ者の御霊が中心になっていく。仏教が入ってきた平安初期に彼岸会が始まったが、この頃頻繁に生じた天変地異の理由を強死した死者の霊魂の祟り、怨霊の為せる業《わざ》としたのである。いわゆる御霊信仰の始まりである。こうして御霊会などの大きな法会が執行されるに至った。

仏教の影響で御魂ものちに精霊となっていく。仏教的儀礼としての盆は中世の室町時代以後は次第に七月の一五日を中心の数日間に集中するようになる。室町時代には一四日から一六日、江戸時代には一三日から一六日であったが、近年には一三日から一五日となる傾向にある。

坂本氏によれば、

自恣斎とはインドの仏教行事の一つ、鉢和羅飯といわれるもので、雨期に一か所に集まって修行した僧たちが、その三ケ月に及ぶ夏安居の明けに家々を勧化して得た施物を衆僧が配分する行事で、その際、目乾連他の仏弟子の塔（ストゥーパ）に詣でて供養するというものである。一方、インドには目連尊者が餓鬼道に堕ちている衆生を救うとか、摩利支天世界にいる母に会うというなど、自らの呪的力によって他界を往来するという説話があった。(32)

という。

インド暦の夏安居明けの日をそのまま中国暦に移すと必ずしも七月一五日とはならないのであるが、それを七月一五日としたのは、中国でこの日が中元の日に当たるからであるとされる。中元とは正月一五日の上元、一〇月一五日の下元に対しての中元で、正月に天官を、一〇月に水官を、そして中元には地官を祀るものと道教で決められているものである。この中元節の成り立ちにはいくつかの説があるが、祖先祭祀とは関係がなく、そもそもは地霊とも地下の神ともいわれるものを祀る行事であった。中国ではこの日は鬼の来る日といわれ、また水陸会とも習合し、水辺に蓮花灯を流す行事もあったという。

わが国では欽明天皇の御代に仏教が伝来したが、それまで固有の信仰習俗がなかったかというとそうではなかった。従来の固有の宗教が仏教と接触することにより、仏教とは違うということで初めて、それまでの固有の宗教を「神道」（神の道）と称するようになった。仏教が伝わる以前には、今日見るような神社の本殿に「神が常在する」などという観念はなく、祭りの度ごとに忌み清めた一定の祭りの場（斎場）を設け、そこに供物を供え、身を清めて、一心に神の来臨を祈請し、神霊をお迎え（降神儀礼）して神教（神託・託宣）を請い、終わったらまた神を送る（昇神儀礼）という方法で、各地の部族共同体は常に斎《いつ》き祀《まつ》る神の神意を第一としてまつりごとに誤り無きを期したものであった。霊《たま》迎えや霊送りの習俗は最も古い日本人の心情であり、盆の迎え火や送り火も決して仏教の影響だけではなかった。七月一五日の望《もち》の日（満月）に神祭り（祖霊を含む）をするという日本古来の魂祭りの習俗があったのであり、柳田國男の『先祖の話』にも見る如く、祖霊の御霊を迎え祀るお盆行事は決して仏教からだけのものではなかったのである。

五　記紀神話と儀礼の構造

本書の第一部第三章「『穢《けが》れ』考――記紀古典が意味するもの」（八六～一一〇頁）において、記紀神話、特に『古事記』上巻に見る（一）黄泉の国訪問譚（伊邪那岐命と伊邪那美命との出会い）と（二）天石屋戸の変（須佐之男命と天照大御神との出会い）の両神話の構造理解を通して、穢れの本質について論じている。重複するが、ここでその要点を述べてみよう。

（一）の黄泉国訪問譚は概略次のようである。伊邪那岐命は哀惜の念から神避った伊邪那美命に逢おうとして黄泉の国に侵入し、すでに黄泉戸喫《よもつへぐひ》して黄泉の国の者となっていた伊邪那美命の「我をな視《み》たまひそ」との禁忌を犯して一つ火をともして見てしまう。伊邪那美命の身体には蛆虫がたかり、八柱の雷神が取り巻いているのを見て驚いた伊邪那岐命は黄泉醜女や黄泉軍の追跡を振り払って、黄泉比良坂の坂本まで逃げ延びて、そこに千引の石を引き塞《さ》へて互いに事戸《ことど》の度《わた》し（生と死の分離）をする。両世界が相互に侵入・接触を禁止するために境界線を引き渡したのである。その後、伊邪那岐命は筑紫の日向の橘の小門の阿波岐原で御身を漱《すす》ぎ、黄泉の国での穢れを禊ぎ祓うことになる。そして禊ぎによる御身の清まりの果てに三貴子（天照大御神・月讀命・建速須佐之男命）が生成する（世界の秩序が現れる）ことになり、それまで危険に曝《さら》されていた世界秩序が立派に元に回復した……というストーリーである。世界の秩序を顕わにする手続きが禊ぎであり、それによって伊邪那岐命と伊邪那美命の世界がその本来の状態に復したことを意味する。また、伊邪那岐命は世界を創造する力を得たのである[33]。

伊邪那岐命の世界（生）と伊邪那美命の世界（死）とはどちらもが聖なる世界（聖の二重性）であり、この両者が確然と分かれていることが意味を持ち、それぞれがその使命（生成化育の産霊《むすひ》の神業）を持ち分け、互いに役割を正しく果たすことで世界全体の秩序が保たれているのである。従って、ひとたび分離した聖なるもの同士が再び出会い接触するということは極めて危険を伴うものであり、この両者は日常は厳しく分けられていなければならないものである。伊邪那岐命がその禁を破って伊邪那美命の世界に侵入接触し、領界を侵犯したことによって、世界崩壊の危機的状況が発生したわけである。また反面、伊邪那岐命は黄泉の国に侵入し、伊邪那美命と接触したことで非常に高いエネルギーを獲得したということにもなる。なぜなら伊邪那美命と出会うことによってしか、天照大御神・月讀命・建速須佐之男命の三神は生成し得なかったからである。

以上見たように、『古事記』神話は、一方で「死」、また一方で「生」という、神話全体がこうしたダイナミックな構造になっており、こうした描き方をすることによって、神々の生成化育の神業の真の意味や世界の秩序の保ち方、世界のあるべき姿を語っており、また、「世界は生きている」ということを語り伝えようとしているのである……と述べておいた[34]。

また、(二)の天石屋戸の変は、(一)の神話に続いて、父神・伊邪那岐命から海原《うなばら》を治めるようにと委任されたにもかかわらず、建速須佐之男命はそれを果たさずに母(伊邪那美命)がいる妣《はは》の国・根の堅州《かたす》国に行きたいと泣いてばかりいるので、ついに父神・伊邪那岐命から「この国に住むべからず」と追放されてしまう。そこで建速須佐之男命は真っ直ぐに妣の国・根の堅州国に往けばよかったのだが、何と姉神に報告してからにしよう……と天照大御神が統治する高天原に参上《まいのぼ》ることになる。高天原への侵入を「我が国を奪《うば》はむと欲《おも》ふにこそあれ」と姉神に疑われた建速須佐之男命は天照大御神と「各宇気比《うけひ》て子生まむ」とそれぞれ天安河を中において互いに交換した物実《ものざね》から五男三女神を生むに至る。身の潔白が証明された建速須佐之男命は勝ちに乗じて乱暴狼藉を働き、そのため見畏みて天照大御神はついに天石屋戸に刺し籠られてしまい、高天原は常夜《とこよ》往く状態となる。その途端に萬《よろず》の妖《わざはひ》が悉《ことごと》くに發《おこ》り、高天原世界はまさに崩壊の危機に瀕してしまった。結局は八百万の神々の熱誠により、石屋戸から天照大御神のお出ましをいただいて、世界秩序はもとに回復することになる。神々の協議によって建速須佐之男命は罪穢れを祓い贖《あがな》わせるために千位《ちくら》の置戸を負《おほ》せ、また髯《ひげ》を切り、手足の爪も抜かしめて高天原から追放してしまう……というストーリーである。天照大御神の統治する高天原世界に伊邪那美命の世界に属すべき建速須佐之男命は入ってはならないために、ここで再度「分離」の話が出てくるのである[35]。

繰り返しになるが、父神・伊邪那岐命からの事依《ことよ》さしによって、天照大御神は高天原を、月讀命は夜の食国を、そして建速須佐之男命は海原を……というように、各々世界の持ち分けが決定され、三神分離して各々の領界を分担統治することになっていた。ところが建速須佐之男命だけが自分のなすべき役割を放棄したばかりか、他の領界を侵犯するに至る。天照大御神が統治する高天原に侵入・接触したことから高天原世界の秩序は乱れ、世界は崩壊の危機に瀕するに至った。そして結局はまた須佐之男命は高天原から分離・排除されることになるが、この絶えず「分離させる力」というものがこの世界を秩序づける原動力（モニュメント）となっていること、またこの分離を一部解除することで世界が活気付き豊穣が齎《もたら》されるのだ……ということを「穢れ」論で述べておいた(36)。

ここで忘れてならないのは建速須佐之男命はこの後、五穀の起源神話にも重要な働きをして豊穣をもたらしたばかりか、櫛名田比賣を助けて大蛇退治までもなした英雄として語られていることである。建速須佐之男命は「危険」に属するけれども、豊かなものを生み出すという点を見落としてはならない。須佐之男命が不浄であるとか悪神であるなどとは『古事記』には決して一言も語られていないのである。

以上に述べた『古事記』神話の（一）伊邪那岐命が伊邪那美命の世界に入る話と、（二）の建速須佐之男命が天照大御神の世界に入っていく話とはちょうど逆のパターンになっているが、『古事記』はこうして生成発展という全体がダイナミックに動くように語られており、これは今の量子力学と非常によく似てはいないだろうか。

この現世は陽子・中性子の世界で成り立っているが、実は世界はこれだけですべてが成り立っているのではなく、これプラス陰子・中性子の組み合わせで成り立った世界があるのであり、これは絶対に接触不可能である。しかし、この陰子の世界に銀河など様々な物質が存在するのはかって陰子と陽子の世界が接触した痕跡なのであり、現在でも実は接触というものがあると考えられている。それをブラックホールと呼んでいる。それはすべてのものを飲み込んでしまう危険なものだという認識があったけれども、最近分かったことはここを通して豊穣な物質が生み出されてきているということなのである。陰子の存在は絶対に直接には捉えられないから「ハッキリとある」ということにやっと科学という人類の知が近付いてきている。やっと『古事記』の世界に近付きつつあるというわけである。と同時に根源的な知はいずれここに至らざるを得ないのだということを暗示している。実はこの量子力学という学問はヨーロッパがアジア的な知を学んで得た世界観なのである。

伊邪那岐命が伊邪那美命に出会うことを通してしか、豊穣の世界は現れなかったのである。しかし、両者が出会うということは極めて危険を伴うものであり、従って日常は厳しく分けられていなければならない。そのために「ケガレ」、「ケガラハシキモノ」としてその危険性を『古事記』は語っているのである。従来の「穢れ」論で語られてきたような「死」が、あるいは「死体」が、もしくは「死者」が、「死者世界」が「穢れている」、「穢れそのもの」だなどとは『古事記』には決して一言も語られてはいないのである。

今回、本論で考察する年中行事についてもこの『古事記』の世界で語られていることが、意識するとせざるとにかかわらず、繰り返されて現在に至っているのである。これらの点を踏まえて、年中行事である正月と盆の両儀礼について検討してみよう。

正月や盆行事などの年中行事だけでなく、誕生や結婚式など生命のリズムが一際高まる時に行われる人生儀礼の際にはすべてが聖化されて、日常の時間・空間とは異なる聖なる時間・空間が開けるように感じられる。デュルケム流に聖と俗との分離と結合という視点で単純に言ってしまえば、正月儀礼も盆儀礼も聖なる世界を俗なる世界に取り込む儀礼であり、俗なる時間が聖なる世界（空間・時間）に入ることでこの世界が活性化し、充実するのだと解されよう。

民俗学の世界ではデュルケム的な前提を利用した民俗的モデル、例えば唐突に「ケ」は日常である……とか、「ケ」という生命の満ちた状態があって、これが枯れていくものとして「ケガレ」を捉えており、「生命が失われる＝危機」だ……等々、何の説明もなしに主張している。こうしたデュルケムの聖俗対立論をベースにしたアナロジーとしての「ハレ」とか「ケ」とか民俗の固有語をそのまま科学的な操作概念として用いるのは、非常に危険である。彼らは単にレトリックを労しているだけで、そこには何ら新しいものが語られていない。つまり、枠組み自体は何ら変わっていないのであり、本論ではこの際、議論の対象外とする。

デュルケムによれば日常（俗）は人間的意味の奪われた状態、初めからエネルギーの悪い状態と設定されている。そして「聖」は人間的意味に満ちて生命の爆発的に躍動する状態であり、だからこそ俗とは接触してはならないというのである。もしエネルギーを失うとすればそれは「聖（ハレ）」のみであって「俗」からは失われることはない。

このデュルケムの聖俗二分法についてはここで一考しておく必要があるだろう。つまり聖俗二項対立は教会権と皇帝権・王権を対立するものとして見なしてきた西欧キリスト教文化圏に固有の枠組みなのであり、その世界像が投影された思考法であるということをまずもって知っておかねばならない。例えば、自然（聖なるもの）と社会（俗なるもの）とか、〈文化〉としての人間と〈自然〉としての人間、生と死、善と悪などがそれなのであるが、これらが果たして原初的二項対立と言えるだろうか。

今日、これを基本コードとして諸概念（例えば神話）を構造分析することが今や自明の手段となった感があるが、これは甚だ疑わしいものであると言わねばならない。ある個物を認識するという行為そのものが根本的な二分法であり、差異性を明確にするための線引きの行為である。私たちは物自体など認識できはしない。私たちが認識できるのは現象なのであり、記号によって対象化された世界に限られている。世界は個物を意識すること抜きには存在し得ない。個物の認識とは何物かの存在に対して記号を投げかけることで存在に差異性を与え、世界を構成しようとする人間的営為の謂《いい》である(37)。

さて本論の主題に入るが、儀礼についてデュルケムは（一）消極的儀礼（タブー）と（二）積極的儀礼の二類型を提示している。消極的儀礼とは「何々してはならない」という否定的禁止を中心とした、聖と俗との分離を重視した儀礼のことであり、これにも（イ）聖からの分離、即ちうっかり近付くと危険な聖との接触を禁止するものと、（ロ）俗に対する禁止、つまり聖との結合を前提としての俗との接触を禁止するものとの二種がある。それに対して、積極的儀礼とは、積極的に聖と俗との結合を図ろうとする儀礼であり、俗なるものが聖なるものに接触して自ら聖化されることを意図した儀礼である。デュルケムはこの代表的なものとして供犠を挙げている。供犠は神に供物を捧げる奉献と、その供物を神からのお下がりものとして皆が共に分け合って食べる共餐の二つの契機からなり、それによって聖なる幸せに預かるとするもので、神と人、また共同体成員同士間に血の絆が生まれ、社会的連帯が生まれるという[38]。

「聖なるもの」はマナ的な力、超自然的な恐るべき力を有しており、その力は両義的というか相反する二面を有しており、接触・対応の仕方如何によっては人間に対して吉にも凶にもはたらくという、非常な危険性をはらんだ恐るべきものである。こうした二面性を持った聖なるものに対して人間が対処する場合に、危険を未然に回避するためにそれを分離する方向と、逆に聖なる力に預かろうとしてそれと結合する方向との二方向があるとデュルケムはいうのである。

（一）消極的儀礼――聖と俗との分離を意図する儀礼
　（イ）聖に対する禁止儀礼
　（ロ）俗に対する禁止儀礼
（二）積極的儀礼――聖と俗との接触・結合を意図する儀礼

ただし、（一）の消極的儀礼の第二形式である（ロ）のタイプにしても、俗との接触を断つとはいえ、その後に聖に近付くことが許される（可能になる）というものであるから、結局は聖への結合を志向していることになろう。脇本平也氏によれば「聖と俗との不用意な混交をいましめて両者をきちんと分離する、という点に消極的儀礼の本旨はあると思われる」と述べている[39]。

正月儀礼で見ると、年末には煤払いをして家中を祓い清め、門松や正月飾り、鏡餅などを用意し、年男（家長）は氏神様におこもりをし、家族はみんな身を清め、衣服を改めて、忌み慎みの状態に入る……というのも、普段の俗なる生活からの分離であり、家中すべてが俗への接触を禁止することでもある。そうして厳重な潔斎の後に初めて聖なるもの（年神・正月様・歳徳神）を迎え入れることが許され、準備した心尽くしのおせち料理や御神酒などの供物を捧げて饗応しお仕えして、その神に供えた供物のお下がりをごった煮にして家族みんなで共食するのがお雑煮である。神が食したものと同じ食物を家族が一緒に食べ合うというのは神と人、先祖と子孫、家族同士がその絆を深め合い、聖なる幸せに預かるということと同義である。これを地域的に広げて解釈すれば「人間生活の幸福や繁栄を促進し強化するために営まれる」強化儀礼とも言えよう。(40)

こうして見ると正月儀礼は消極的儀礼でありながら、また、積極的儀礼でもあるともいえる。それは盆の行事にしても同様であろう。

六　おわりに

毎日、テレビや新聞などで伝えられる出来事は、喜ばしいことよりは暗澹たる気持にさせる暗いニュースばかりである。昔にはおよそ考えられないようなことが「これでもか」とばかりに繰り返し報じられている。まさに現代は日本人としての誇りや自信を喪失してしまった時代と言えるであろう。こうしたことの根本には日本が欧米列強に倣って近代化を推し進めた結果、それまで日本人が大切にしてきた日本精神をスッカリ見失ってしまったことがある。現代の特徴を一言で言えば「あらゆるものとの絆《きずな》の断絶」である。例えば、大自然の懐に抱かれ、誰もが自然をこよなく愛し、自然と共に生きてきたのであったが、今や自然を神（聖なるもの）とは見なくなってしまった。水俣病など河川汚染や大気汚染など様々な公害に泣かされてきたのがその証である。また、自国の歴史や伝統、文化との断絶がある。神仏、祖霊との断絶もある。こうした聖なるものへの畏敬と感謝の念を喪失し、家族や社会など他者との密接な繋がりや関係性を見失ってしまい、地域共同体の信頼の絆が今まさに壊れようとしているのである。

先人が長い間大切に保存し語り伝えてきた古い伝統や文化を、またそれらの根底に流れる日本人の宗教的思惟や心意、物の見方や考え方、心のあり方というものを前の世から受け継ぎ、後世に語り伝えることの大切さを真摯に訴える時が来たのではないだろうか。

正月儀礼がそうであったように、私たちは地域住民の価値の中心・幸せのもとであり、精神的紐帯である鎮守の杜《もり》の神々（氏神・産土神）への尊崇と感謝の念を取り戻さなくてはならない。そのためにこれまで村や町の住民が四季折々にこぞって斎き祀ってきた祭りを通して確信し付与されてきた神と共にある喜びや安心を、相互扶助と地域連帯の絆を取り戻さなくてはならない。

大自然は神であり、人間はその自然の一部であり、私達人間のみならず一切の生きとし生けるものは大自然の懐に抱かれ、生かされて生きているという厳粛な事実を見誤ってはならないのである。大自然の豊かな恵みや身の回りの一切に対する敬虔な感謝の心、水や火への感謝、神仏や親・先祖といった生命の源《みなもと》に対する畏敬と感謝、社会の恩恵に対する感謝の心が何よりも大切なのではないだろうか[41]。

【注】

（1）年中行事とは一定の時期に毎年慣例として行われる儀式や催し物であり、古代日本人の生きるための智恵ということができる。年中行事の語の初見は「年中行事御障子文」であろう。時の摂政藤原基経が当時の儀式としての宮廷年中行事の名目を作り献上したもので、清涼殿の広廂《ひろびさし》にあった衝立障子に書かれていたというが、もちろん年中行事はそれ以前から宮廷や民間で行われていたことは言うまでもない。「師光年中行事」引用の「宇多天皇御記」を見ると正月一五日の七草粥や三月三日の桃花餅など民間で古くから行われていた風習が、天皇の命によって宮廷に採用され、年中行事となったものがあることが分かるが、実際にはその逆のものや、また唐から入った行事が宮廷に採用され宮廷行事となったもの、その折衷のもの……など様々である。

（2）煤払い（一二月一三日煤掃《すすは》き）── 一二月一三日は冬の土用に当たる。陰陽五行の土の気は、万物の終わりと始まりの間にあり、真中である。それで旧年を去らせ、新年を迎えるために掃除をした。土用にちなんでこの日に事始めを行う所もある。芸事の世界、特に京都祇園の井上流の事始めは有名である。煤払いは、家屋と神棚を清める正月の準備作業である。「煤取節供」といわれるように、単なる掃除ではなく、神聖な清めの儀式で年神様を迎え入れる大切な準備である。歳神様をお迎えするために篠竹《しのたけ》の箒《ほうき》や小さなシュロの箒で家中大掃除をし、正月飾りが作られ、門松を立て、藁《わら》でこしらえた注連縄《しめなわ》をしっかり張り、鏡餅を搗き、神棚に供え、おせち料理を準備し、オツイタチ（元旦）には若水汲み、水垢離、初火、宮参り（初参り、若宮参り）、歯固め、雑煮餅、年始回り……と一連の行事が続く。

　煤払いが済んだ後は入浴して身を清め、神棚にお供えをし、そのお供えを家族全員で食べた。煤払いに使った道具には呪力があるといわれ、これを「煤梵天」と呼ぶ。現在は「年神を迎える」といった信仰上の考えは薄れ、どこの家庭でも大抵暮れ近くになって大掃除することが多くなった。

（3）お節料理 ── 節句は正しくは「節供」であり、節の供御の意である。一年の折り目や節目になる日、つまり節日には神饌を供えて神を祭り、宴を開いたものであったが、それがやがて正月に振る舞われる御馳走だけをおせち料理と言うようになった。一年を竹の節のように区切り、普段と異なった日を設けたのが盆であり正月である。中国の唐の時代にはこれを「節」と呼び、日本でもこれに習って節日の会食のことを「節会《せちえ》」、節会の食べ物を「お節《せち》」と言った。正月料理のことを「お節料理」と言うのも、ここから来ている。

　おせち料理は本来年神にお供えするもので、それを家族全員が仲良く揃って相嘗《あいなめ》にあずかる（「神人共食」）ことによって神の恩頼《みたまのふゆ》（霊威）を身に賜り、また「神と人」、「先祖と子孫」、「人と人」とが皆一つに結び合い、その絆（仲間意識・連帯感）をより一層深め固め合う意味がある。また、無病息災と子孫繁栄の願いをもって仲良く分かち合って食べるものである。おせち料理は家の格式や地方によって内容は様々に異なるが、普通は「蒲鉾、伊達巻、金《きん》団《とん》、黒豆、数の子、蛸、田作り（ごまめの別名）、玉子焼き、鰤《ぶり》、鯛、海老、蛤、昆布巻き、白膾《しろなます》、菊花蕪《かぶ》、酢蓮根、人参、牛蒡《ごぼう》、筍、里芋、百合根、蒟蒻《こんにゃく》、湯葉、椎茸」などといったものが代表的な料理である。

（4）宗教儀礼とは宗教的な目的を実現するために一定の形式・順序に従って行われる象徴的な儀礼の体系のことである（脇本平也『宗教を語る』日新出版、昭和五八年九月、一六〇頁）。
（5）佐藤幸治『文化としての暦』創言社、平成一〇年九月、二一二頁。
（6）年取り――暮れの三一日をトシトリ（年取り）、トシヤ（年夜）、オオドシ（大年）と呼んでいる。家族揃って年取りの膳につく。年取りの夜の宮参り、宮籠りは各ムラで見られる。
（7）そもそも村や町の社《やしろ》（鎮守の杜《もり》）はそこに生活する人々の統合の象徴として存在し、地域共同体の生活を守護する神を祀るものであった。町や村には人々の生活の中心となる見守りの神が鎮座し、それはその土地の産土神とも鎮守様とも、氏神とも呼ばれていた。
（8）小野重朗「正月と盆」（日本民俗文化体系九『暦と祭事――日本人の季節感覚』小学館、一九八九年四月）一二七～四七頁。
（9）柳田國男監修、民俗学研究所編『年中行事図説』岩崎書店、昭和二九年。
（10）小野重朗「正月と盆」（前掲書）一五五～五六頁。
（11）小野重朗「正月と盆」（前掲書）一五六頁。
（12）E・デュルケム「主要な儀礼的態度」（古野清人訳『宗教生活の原初形態』下巻、岩波書店、昭和六二年九月）一一七～三〇九頁。
（13）倉野憲司・武田祐吉校註、日本古典文学大系1『古事記祝詞』岩波書店、昭和五四年三月、六三～七三頁。
（14）日本古典文学大系70『日本霊異記』岩波書店、平成二年四月、一〇三～〇五頁。
（15）同右書、三九七～四〇一頁。
（16）山中裕『平安朝の年中行事』塙書房、昭和六三年三月、二七三～七六頁。山中裕『平安朝の古記録と貴族文化』思文閣出版、昭和六三年五月、三七七～四六七頁。
（17）史料大成1『小右記』内外書籍、昭和一一年一一月、一六四頁。
（18）史料大成2『小右記』内外書籍、昭和一〇年八月、一六六頁。

(19)日本古典文学大系19『枕草子・紫式部日記』岩波書店、昭和四三年四月、八九頁。
(20)日本古典文学大系30『方丈記・徒然草』岩波書店、昭和四三年一〇月、一〇六頁。
(21)「好忠集」(日本古典文学大系80『平安鎌倉私家集』岩波書店、昭和六三年六月)九六頁。
(22)「和泉式部集」(同右書)一七六頁。
(23)「かげろふ日記」下(日本古典文学大系20『土左・かげろふ・和泉式部・更級日記』岩波書店、昭和三二年)三三七頁。
(24)山中裕『平安朝の年中行事』塙書房、昭和六三年三月、二七五頁。「報恩経」は『本化聖典大辞林』によれば、「『十法界明因果鈔』『千日尼御前御返事』等に出づ。『因果鈔』の報恩経は方等部の経で、具には大方便佛報恩経といふ」とある(『本化聖典大辞林』下巻、国書刊行会、昭和五八年一月、二八三二頁)。
この「報恩経」に関しては鎮西学院高等学校の教諭で、寺住職である内田老師に御教示いただいたことをここに記して、感謝の意を表したい。
(25)小野寺正人「宮城県北東部の『ミタマ』の風習について」(赤田光男編、民衆宗教史叢書第六巻『祖霊信仰』雄山閣出版、平成三年一一月)三四二頁。
(26)同右書、三四二頁。
(27)同右書、三四二頁。
(28)同右書、三四二頁。
(29)近藤啓吾・井之口章次「先祖の祭り」(『悠久』第六〇号、桜楓社、平成七年三月)三九~四一頁。
(30)岩本裕『目連伝説と盂蘭盆』法蔵館、昭和四三年、二四二頁。
(31)坂本要「農耕儀礼と佛教 —— 盆・祖霊・まれびと」(日本民俗文化大系第九巻『暦と祭事 —— 日本人の季節感覚』小学館、平成元年四月)二四一~四二頁。
(32)同右書、二四二~四三頁。
(33)日本古典文学大系1『古事記祝詞』前掲書、六三~七三頁。

(34)本書第一部第三章「『穢れ』考──記紀古典が意味するもの」。また、拙著『神道と日本文化』現代図書、平成一六年四月、一一七～四四頁。
(35)日本古典文学大系1『古事記　祝詞』岩波書店、昭和五四年三月、七三～八五頁。
(36)本書第一部第三章「『穢れ』考──記紀古典が意味するもの」。また、『神道と日本文化』(前掲書)一一七～四四頁。
(37)笠井正弘「聖俗二分法の再検討 ── 日本文化への適用の限界について」(『西日本宗教学雑誌』第一八号、西日本宗教学会、平成八年三月)一～一二頁。
(38)E・デュルケム「主要な儀礼的態度」(古野清人訳、前掲書)一一七～三〇九頁。
(39)脇本平也『宗教を語る── 入門宗教学』日新出版、昭和五八年九月、二六四頁。
(40)同右書、二六六頁。
(41)拙稿「鎮守の杜(森)の復権」(『日本神道の秘儀』名著出版、平成一五年一一月)一三七～四六頁。

第二章　「まつり」考

一　はじめに――「まつり」の先行研究

宗教現象としての「まつり」の本質構造は一体どのようなものであろうか。

「まつり」といえば私たちはすぐに神社や寺院の祭りを想起するが、その他にも実際には祭りとは呼べないような「祭り」、例えば洋服まつり・ネクタイまつり、ガソリンスタンドのタイヤまつり、また学園祭・体育祭など、数え挙げるのも大変なほど「まつり」ということばが多用されていることに気付かされる。「まつり」とは一体、何であろうか。

「まつり」に関しては従来、民俗学や歴史学・人類学・神道学・神話学など種々の分野からの研究があり、上田賢治氏のことばを借りれば「恐らく宗教学の視点から、近年最も顕著な展開を見せているのは、祭祀研究の分野であると言って良いだろう[1]」と言われるように、宗教学においても「まつり」現象は重要な研究対象であり、これまでにも柳川啓一氏や薗田稔氏らの研究業績がある。

しかしながら、それでも「今日までだれもが認めるような祭りの定義は残念ながらない[2]」と森田三郎氏は「まつり」研究の現状について述べ、さらに同氏は定説がない最大の理由について「時期や文化のちがいをこえておこなわれている祭りや祝祭、そのほか類似概念によって示される具体的現象が、あまりにも広範であると同時に多くの異質なものをふくんでいるためである[3]」という。ことばの問題一つを取り上げても、土居健郎氏が日本語の「甘え」ということばの翻訳が難しいと指摘されたのと同じように、「まつり」ということばは西洋のセレブレイション（celebration）やフェート（fete）、フェスティバル（festival）、リチュアル（ritual）などの語とどのように共通し、またどこが違うのか、一体、翻訳可能なのであろうかとさえ思えてくる。まつりの定義にしても、現在のいわゆる消費社会において行われている祭り現象を見て、しかもどちらかといえば祝祭（フェスティバル）部分にウエイトを置いて解釈されてきた。しかし、私たちは現在行われている現象のみにとらわれずに、視点をもう一度祭儀（リチュアル）・神事部分に引き戻して、「まつり」の原義から再定義し直す必要があるのではないだろうか。

　日本の祭りに関して第一に挙げるべきは、民俗学者、柳田國男であろう。「まつり」について柳田は、

　「籠る」といふことが祭の本體だったのである。即ち本來は酒食を以て神を御もてなし申す間、一同が御前に侍坐することがマツリであった。さうしてその神にさし上げたのと同じ食物を、末座に於て共々にたまはるのが、直會《なほらひ》であったらう。(4)

と述べている。氏の祭論は物忌み・精進して神を迎え、これを饗応し、神と人、人と人とが一つになり、神の霊威を頂戴すること、「神と人との繋がり」、それも個人ではなく集団で行われるもの、との理解であり、まつりに祝祭性が見られることは承知してはいたが、まつりの本質は「神祭」にありとする考えであった。

　この柳田説に対して、柳川啓一氏は「柳田国男の祭論からは、卑猥、暴力などという大さわぎの面は落ちている。というよりは意識的に排除している」(5)と批判し、「まつり」研究が従来見落してきたところの祝祭部分に「卑猥・こっけい・性の解放」などの事実があることを切り捨ててはならないと強調した。(6)柳川氏は、祭りは「祭儀」と「祝祭」（薗田稔氏の用語）の二つの部分の複合体であるとし、祭儀の面については、

　厳粛、荘重な行事である。祭に入るまでに、精進、潔斎を行なって心身を浄化し、細部にわたって伝統的に定められた式典に列する。ただこうした行事は、神職、氏子総代、長老、地域の代表など、その土地の権

力、権威構造が反映している。〈家〉の連合としての〈氏子〉組織がそのままにあらわれている。[7]と述べている。また、祝祭の部分については、

みこし、山車がくり出し、歌と踊りの芸能、饗宴など、陽気に行なわれる。行事を担い盛り立てるものは、村町内の一般の〈氏子〉である。ふだんの社会構造においては下位にある、子ども、青年、ときには女性が主役を演じ、上下の関係は逆になる。日常の、〈家〉の関係、また〈家〉の内部における関係が、一時的に停止されることになる。祭の反構造性、また、無構造性はこれを示している。[8]

とし、各部分について見たままを述べている。[9]

「まつり」にこうした祭儀と祝祭といった、二つの要素部分が見られるとしても、ではなぜ二つとも祭りには必要なのか、二つの部分に分けて見ることはそもそも正当であるのか、その両者の要素間の関係はどうなのか、祝祭部分に見られるという地位の逆転はすべてにおいてそうなのか、あるいは極めて部分的・選択的にしか逆転してはいないのではないか、こうした逆転や、祭りの反構造性、無構造性は一体何を意味するのか、それがまつりの全体構造とどう関わるのか、まつりの奥に内在する原理は何か、などといった点についての明確な説明は残念ながら見られないのである。

ここで視点を変えて、柳川氏が「祭の構造の研究にとって画期的な内容である」という、イギリスの人類学者、エドマンド・リーチの祭論を見てみよう。リーチはドイツ生まれの民族学者・宗教学者であるヴァン・ジェネップがその著『通過儀礼』[10]で提示した「分離」・「移行」・「合体」（再結合）という儀礼の三分法を祭りの構造分析に援用し、時間を振子のように「繰り返し現われる対立の不連続」と見なして、まつりの構造をデュルケム派的に俗の時間から聖の時間へ、聖の時間から俗の時間へといったプロセスとして捉え、図1のように三局面を設定した。[11]即ち、A－形式性（formality）、C－乱痴気騒ぎ（masquerade）、B－役割転倒（role reversal）の三つの矛盾し合うように見える局面である。Aは公の形式が増えていくような面であり、人々は正装し、社会的地位が

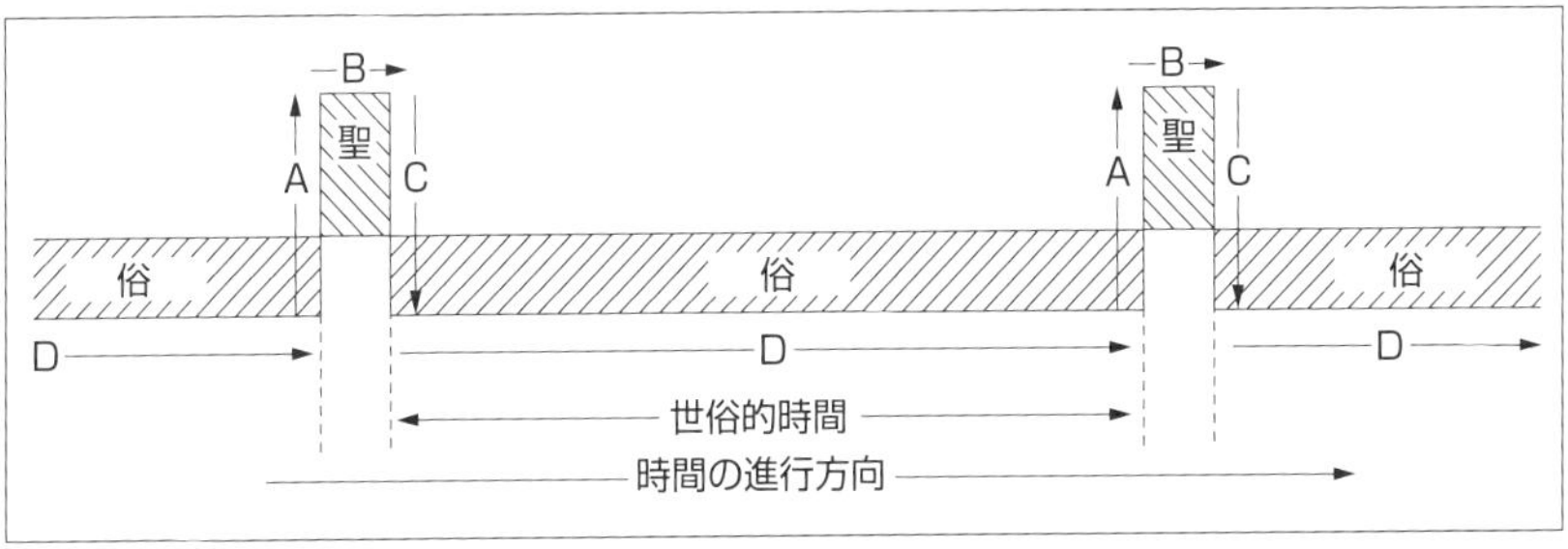

図1：エドマンド・リーチによる祭りの構造分析

A：形式性、C：乱痴気騒ぎ、B：役割転倒

はっきりと示され、論理規律は厳格にまた誇示されて守られる。CはAと対照的に仮装舞踏会型の祝祭であり、仮面舞踏会や乱痴気騒ぎであり、社会的地位などは隠され、仮面の世界を生じて日常の守るべき規律や秩序が忘れられる。そしてAからCへの移行の過程で現出するBは聖なる時間が演じられる時であり、役割が逆転し、乱痴気騒ぎの極端な形が存し、男は女を演じ、女は男を演じ、王は乞食になり、召使は主人になり、近親相姦、姦通、王位簒奪、冒涜、大逆罪などすべての悪業が、その祭日における自然秩序として行われるという。

これら三局面は密接に関連し合い、形式性から始まった儀礼はたいがい乱痴気騒ぎで終わり、乱痴気騒ぎで始まった時は、公式的な厳粛さをもって終わるといい、こうして祭りに存する矛盾的対立が収拾されるとする。

リーチの「時間とつけ鼻」という短いエッセイで示した祭論は、まつり研究者に示唆するところが多かったと見えて、よく引用されるが、残念なことに単に時間の経過に沿って祭りの構造分類を試みただけであり、なんら祭りの本質構造は解明されていないのである。

このE・リーチのプロセス論や、イギリスの人類学者ヴィクター・ターナーのコムニタス論[12]などを巧みに取り纏めて、薗田稔氏は祭りの一般構造を作業仮説的に次のように定義した。

祭りとは――、劇的構成のもとに祭儀《リチュアル》と祝祭《フエスティビティ》とが相乗的に現出する非日常的な集団の融即状況《コミユニタス》の位相において、集団の依拠する世界観が実在的《リアル》に表象するものである。そして、その表象された世界像のなかで、集団はその存続の根元的意味を再確認し、成員のエトスが補強される。要すれば、祭りは集団の象徴的な再生の現象である。[13]

森田氏の指摘を待つまでもなく、この定義に見られる祭儀と祝祭とがそれぞれリーチの言う形式性（A）と乱痴気騒ぎ（C）とに対応し、非日常的な集団の融即状況が役割転倒（B）の見られる聖なる時に対応していることは明らかである。

薗田氏が言う「祭儀と祝祭とが相乗的に現出する非日常的な集団の融即状況」は、実際のまつりの中では一体どこに現出するのであろうか、祭儀部分にであろうか、祝祭部分にであろうか。リーチ流に時間に沿って、まつりを祭儀→祝祭という進行状況で見る限り、この両者が相乗的に現出する融即状況といえば、祭儀と祝祭の間の接線ということになりはしないか。氏は「集団表象として瞬間的に現れても、すぐに硬直し構造化して消えてしまう」という融即状況《コミユニタス》こそが祭りのめざすものであり、それによって祭りが完成するものだと説く[14]のであるが、祭りを外部観察して分かり難い聖犯部分、了解不可能な点を、その本質構造が解けないために「融即状況」と呼んでみたに過ぎないのではないかと思われる。また、「まつり」に見られる「ハメ外し」の行為が、なぜ「祭り」の時には公然と許されるのかが、氏には未だ明瞭に解かれてはいないのである。[15]

薗田氏が定義した祭論は、祭儀面との関連に注意しているとはいえ、やはり祝祭部分に比重を置いた研究といえよう。氏はこの定義に基づいて日本の祭り事例を見ているわけであるが、上田賢治氏は薗田氏のこの仮説に対して、「一つの試論に留まるものとはいえ、やはり西欧型発想に誘引されすぎたきらいがある」[16]とし、また「調査実証主義の陥りがちな現在態に意味を求めすぎる傾向を示して、宗教を as if の世界に追放したかの感がある」[17]と指摘している。もっともな指摘ではなかろうか。

上田氏が述べた「西欧型発想……」に関しては、柳川啓一氏もハーベイ・コックスやフィリップ・スレーターの祭論を紹介しながら、「祭に犠牲、サディズム、死、悲しみ、個人が呑み込まれる恐怖を連想する欧米人は、われわれの感覚と異なっている。かれらの理論をまともに受けて日本の祭もふくめた一般理論を作ることは、差し控えてほしい[18]」と注意を促しているように、十分警戒すべきことである。上田氏の「現実態に意味を求めすぎる傾向……」との指摘については少し後で述べよう。

さて、薗田氏のまつりの定義の前半部分に関して森田三郎氏は、「祭儀と祝祭、AとCとを、非日常的状況、Bにいたるという目的を実現するための手段とみなしている。はたしてそうであろうか[19]」と疑問視し、祝祭とCはむしろBに近いのではないかと解して、「祭りとは――祭儀、Aを手段として、祝祭、C、Bのなかであらわれる聖なる時、非日常的状況を実現することをめざしている――と修正するべきであろう[20]」という。森田氏は「聖なる無礼講の世界こそ、祭りが目的としているもの[21]」と言い、結局「祭りの本体は直会、饗宴をふくむ祝祭にあり、祭儀、神祭りは祝祭を実現するための不可欠の手段である[22]」と結論する。「聖なる無礼講」、つまり「無秩序」にこそ「まつり」の本質がある、というのであり、祭りの本質は神事にありと考える柳田国男の祭論とは全く正反対の説である。

以上、柳田国男、柳川啓一、E・リーチ、薗田稔、森田三郎氏らの祭論について概観してきた。ここで先に触れた上田氏の「薗田氏の祭論」に対しての二番目の指摘、「調査実証主義の陥りがちな現在態に意味を求めすぎる傾向……」という点について述べ、次いで以上の諸氏の祭論を踏まえて本論で検討すべき問題提起をしよう。

柳田国男は「祭から祭礼へ」(『日本の祭[23]』)の中で、祭りと綺麗な御輿の渡御・行列といった祭礼[24]とを区別し、その推移を概略以下のように述べている。――本来「神の御幸」は暗闇祭などに見られるように夜分行われ、「それを見たものは死ぬ」とまでいわれ、当時刻は家々の灯火を消さしめて、誰にも見られぬようにして御渡りを仰いだものが、中世以降は都市興隆に基づく見物と称する群の発生によって、できるだけ多くの人に拝ませるようになるという大きな変化が生じた。「神の御出入」といった祭りの中核部分は陰の行事になってしまい、本来、夕から朝まで夜通し行われた一続きの神祭りは、「神の御幸」が昼間の行事になったために「祭日」が二つに分けられ、後の半分だけを本祭と呼ぶようになり、この原因は全く行列の風流のためであった。夜半の零時を以て一日の境としたり、一日は朝日の昇る時からなどといった考え方が行われてから、一夜を徹しての祭りを自然に二日の祭りと解する人が多くなったのも大きな変化だった――というのである。

柳田の「祭りから祭礼へ」のこれらの指摘は、「見るまつり」・「見られるまつり」を前提としてきた従来の「まつり」研究者にとって無視し得ないことではなかろうか。というのは、私たちが普段あたりまえのこととして見聞きする騒がしい、きらびやかな祭りは、実は祭りの退化した姿、変化した祭りの姿なのであり、祭りは本来、集団が全員参加し、夜を徹して神を祀ることであり、「見る祭」・「見られる祭」・「見物人・観客」などといったものは元来なかったものであり、また、あってはならぬものであったとさえ解されるからであり、この大きな変化を見落とすことはできない。強いていえば、祭りはその集団の神に捧げるものであり、これを見るものがいるとすればそれは「神のみ」ということになろう。この部分、つまり神の座に「観客」という見物人が入り込むことによって、祝祭部分が肥大化したと考えられるのである。

「神みそなわす」といった宗教的心意によって、年ごとにまつりが繰り返されてきたもの[25]が、「観客の要求に従い迎合して祭り手が動いてしまう」といった、本来あってはならぬ現象が生じる契機ともなり、祭りが質的変化を来したと推察される。また、より重要な点は本来「まつり」が一続きのものであったとすれば、これを祭儀部分と祝祭部分の二つに分けてみたり、「祭りの本質は祝祭にあり」といった解釈が、いかに祭りの全体構造を見落とした、狭い部分解釈であるかということにもなるのである。

こうした点についての配慮なしに、現在行われている祭りを観客の立場で外部調査し、粛々と執り行われる神事部分を軽視して、派手で騒々しい祝祭部分を人間の営みの最も現出した部分と見、ここに研究の主力を注ぐ、といった研究方法・研究態度は考え直すべきではないのか。上田氏の指摘は以上のようなことであったと思われる。

まつりの変遷について、ここで柳田の説をすべて取り上げることはできないが、飯島氏の要約があるので、少し長いが引用して、これに代えたい。

　マツリとは元来迎えた神に侍坐《じざ》することを意味し、「籠《こも》り」が本体であった。しかし、祭りが華やかで美々しく大勢の群衆でにぎわう「祭礼」へと移行するにつれて、大きな変貌をとげた。参籠《さんろう》から単なる参拝へ、村落から都市へ、春・秋の祭り（祈年《きねん》祭・収穫祭）から夏の祭り（祇園《ぎおん》祭など）へ、信仰を共有する氏《うじ》子《こ》の祭りから信仰を共にしない見物人に見られるものへ、夜から昼間へ、室内から屋外へ、籠りや侍坐から御輿《みこし》の渡御《とぎょ》や美しい行列へ、一定の催《もよお》しから風流《ふりゅう》へ、仕えるものからながめるものへ、目に見えない祭りから目に見える祭りへ、篝火《かがりび》や松明《たいまつ》から提灯《ちょうちん》やロウソクへ、依代《よりしろ》（常緑の木）から幟《のぼり》へ、などというように、祭りが素朴で厳粛《げんしゅく》なものから派手《はで》で楽しい祭礼へとその中心を移すにつれ、われわれの祭りに対する印象や夜（闇）についての感覚も、だいぶ以前とはちがったものになってしまった。[26]（以下略）

　さて、以上見てきた諸氏の祭論から、本論が取り上げ検討すべき問題点として次の四点が指摘される。まず第一に、祭りに祭儀部分と祝祭部分といった二つの「互いに相反する行動志向をもつ対極的な様相[27]」が見られるとの、こうした見方は果たして正当か、その二つは互いにどういう関係にあり、また「まつり」全体の構造とどのように関わるのか。第二に、時間論との関係で祭りの構造を祭儀→祝祭といった二つの矛盾する局面の併存・進行と説くのは正当か、あるいは「聖と俗」といった不連続の対立として時間を認識し、祭りを分析することは正当か。第三に、まつりに「観客」が存在することの現象学的な意味、あるいは「見る」（視線を投げかける）という営為は現象学的にどのように解されるか。最後に第四として「まつり」とは何か、一般論として祭りはどう定義されるか、などである。以下、こうした点につき述べてみたい。

二　「まつり」の構造

「まつり」の語源

「一　はじめに」で挙げたいくつかの問題点を検討するに先立ち、「まつり」の語源について少し見ておこう。

岩波書店の『古語辞典』を見ると「まつり」は、「【奉り・祭り】神や人に物をさしあげるのが原義」であるとし、「①潔斎して神を迎え、神に食物その他を差し上げもてなし交歓し、生産の豊かなこと、生活の安穏、行路の安全などを求める。②さしあげる。たてまつる」と語義について記し、語源については「マツ（待）という動詞に関係づける説は、アクセントと意味の点からみて成立困難[28]」という。

ここで古典に立ち返って「まつり」の語源を見ると、『古事記』中巻、崇神天皇の段に、

是に天皇大《いた》く歓《よろこ》びて詔りたまひしく、「天下平らぎ、人民《たみ》栄えなむ。」とのりたまひて、即ち意富多多泥古《の》命を以ちて神主《かむぬし》と為《し》て、御諸《みもろ》山に意富美和《おほみわ》の大神の前をⒶ拜《いつ》き祭りたまひき。又伊迦賀色許男《の》命に仰《おふ》せて、天《あめ》の八十毘羅訶《やそびらか》此の三字は音を以ゐるを作り、天神地祇《あまつかみくにつかみ》の社《やしろ》を定めⒷ奉《まつ》りたまひき。又宇陀《うだ》の墨坂《すみさか》神に赤色の楯矛《たてほこ》をⒸ祭り、又大坂《の》神に墨色の楯矛をⒹ祭り、又坂の御尾の神又《また》河の瀬の神に、悉に遺《のこ》し忘るること無く幣帛《みてぐら》をⒺ奉りたまひき。此れに因《よ》りて役《えやみ》の氣《け》悉に息《や》みて、國家《あめのした》安らかに平らぎき[29]。

という記事がある。傍線箇所を抜き出そう。

Ⓐ　意富美和の大神の前を拜《いつ》き祭りたまひき。

Ⓑ　天神地祇《あまつかみくにつかみ》の社《やしろ》を定め奉《まつ》りたまひき。

Ⓒ　宇陀《うだ》の墨坂《すみさか》神に赤色の楯矛を祭り

Ⓓ　大坂神に墨色の楯矛《たてほこ》を祭り、

Ⓔ　坂の御尾の神又《また》河の瀬の神に……幣帛《みてぐら》を奉りたまひき。

本居宣長は『古事記伝』（二三之巻、水垣宮巻）[30]で、ⒶⒸⒹの「祭り」は「まつり」と訓み、Ⓔの「奉り」は「たてまつり」と訓み、Ⓑの「奉り」は「まつり」と訓んでいる。

語意については宣長はⒷの「奉り」について、「奉《マツリ》は祭《マツリ》の意なり」と解釈し、Ⓒの「祭り」については「祭《マツル》は、奉《マツル》なり、此《コレ》もと同言なれば、楯矛を奉《タテマツリ》て祭《マツ》る意にて、祭ノ字は書るなるべし[31]」と解しており、ⒹもⒸと同じとみなせよう。「祭《マツル》」と「奉《タテマツル》」とは同言であると宣長は言うのである。

この点について、西宮一民氏は「『同言』を『同源』と改めると、より正確になる[32]」として、アクセントの面についても言及して宣長の説を補強している。観智院本『類聚名義抄』を見ると、マツリのアクセントについては「マツ《(高)(高)》リ」（祭）、「マツ《(高)(高)》ル」（祀）、「マツル《(高)(高)(低)》」（祠）ということがわかる。[33]アクセントの「高・低」を「上・平」で表記し直し、西宮氏に習って「タテマツル」と比較すると、次のようになろう。

（一）マツリ（祭）「上上×」（法下三）
マツル（祀）「上上×」（法下三）
マツル（祠）「上上平」（法下二）

（二）タテマツル（奉）「平上上上平」（仏下末二四）
タテマツリイル（献納）「平上上上平上平」（仏下本一二九）
タテマツリモノ（供給）「平上上上上上上」（法中一三四）

（一）のマツル（祭）の第一音節のマのアクセントは上声（高い）であり、（二）のマツル（奉）の第一音節のマのアクセントも上声であり、両者はアクセントにおいて一致するのである。

かくして西宮氏は「神に物を献ることがすなはち、神を祭る」ことであり、祭祀の基本は「神に物（御酒《みき》・御《み》食《け》・幣帛など）を献る」こと、それが「神を祭る」ことであったという。

神
貴人
に物を献る《タテマツ》（奉）

神を祭る《マツ》（祭祀する《マツル》）
貴人に服ふ《マツラ》（服従する《マツラ(ロ)フ》）[34]

そして西宮氏は「まつり」の同類語を検討して、「神ヲイツク」とは特定の人物や氏族が神聖な行いとして特定の神に仕える（神を祭る）ということ、「神ヲイハフ」とは人間が神を祭ることとし、「神ヲイノル・神ヲコフ・神ヲノム」などはマツリの中の一つの行為ではあっても、マツリそのものではないと述べている。

西宮氏は「神を祭《マツ》る」ということは「献《マツ》る」「斎仕《イツ》く」「斎《イ》ハフ」の総称であるとの結論を導き出した後で、結果として出てきた「マツリ」のイメージが「斎仕《イツ》く」とか「斎《イ》ハフ」といった「厳しさ」、「四六時中潔斎してごこかかけ離れてしまうことにとまどい、「マツルと言へば厳粛な祭式を思ひ、マツリと言へば賑やかな祭礼を思ふので、疑問に感じる[35]」と、出てきた学問上の結論に対して首を傾げている。この理由を求めて氏は、「これまで検討してきたのは、主としてマツルといふ動詞についてであった」からであろうか。しかし、「マツリは四段動詞マツルの連用名詞形である。従って、動詞の意味と隔絶してゐるはずがない。しかるに、マツルとマツリとは何か印象が離れてしまふ」、「動詞マツルが〈厳しさ〉の印象で、名詞マツリが〈賑やかさ〉の印象である、といふのも妙なことである[36]」という。

この西宮氏のとまどいは、氏の研究方法の正しさを証明しているのであり、「まつり」研究者に一つの重要なメッセージを伝えているのではないだろうか。

西宮氏は「まつり」（名詞）と「まつる」（動詞）を総合的に捉えようとしているのであり、そもそも「マツり」ということばは、動詞と名詞と両方相俟って全体性が開示されるからである。

宗教現象としての「まつり」に関する従来の研究者は、多くが名詞の「まつり」の研究であった。名詞はすべて対象として立ち現れた結果の描写であり、本質的存在として前提されてしまっている。また、そこには実存や生命というものが完全に欠落しており、いわば現象の形骸のようなものということができよう。従って、名詞の「まつり」のみの研究ではその本質に迫ることはできない。「まつり」研究は動詞「まつる」の研究を欠くことはできないのであり、強いて言えば「まつる」という行為を通してしか、「祭りの本質」は理解されないともいえる。動詞の「まつる」というレベルは瞬間瞬間であり、私たちが生きているという以外の何者でもない。「まつり」研究は動詞の「まつる」という営為において捉えるべきだと思われるのである。西宮氏の研究の結果出てきた結論に対する悩み、とまどいというものは、氏の研究姿勢の側にあるのではなくして、人類学や宗教学などで行われてきた「まつり」研究の不備に根本原因があるのではないか、あくまでも全体構造で捉えるべきことを示唆するものと解されるのである。

神祭と祝祭

これまでの「まつり」研究では、「まつり」の中に神事部分と祝祭部分との相反する二つの位相が、あるいは「神祭・直会・宴会」の三つの構成要素が先見的に存するものとして語られてきたが、こうした見方は果たして正当であろうか。また、それら相互の関係や、まつり全体との関係はどのように解すべきであろうか。まつりの本質が祝祭部分にあるとか、コミュニタスがまつりの目的であるといった従来の祭論は「まつり」の本質構造を正しく摑んでいるのであろうか。

まず、柳川氏や薗田氏らが言うところの「祝祭」部分に見られる「聖犯」、つまり乱痴気騒ぎや半ば公然と犯されるハメ外し、度の過ぎた暴飲・暴食、下品な冗談や野卑な悪態、喧嘩や放埒、性的逸脱などといった破戒行

出雲大社の御饌井祭（出雲大社提供）

為、日常の節度のぶちこわしが、すべての祭りに普遍的に見られるかというと、そうではない。

例えば、出雲大社における本社・摂社・末社を含めた年間七二回の祭祀は、春秋の大祭を除けば、すべてが千家《せんげ》国造が執り行う極めて厳粛な神事のみであり、祭儀に当たっては、千家国造即ち宮司は御内殿を背にし、「神として神饌を受ける」といった古儀を長年月の間、固守し、そこには「観客」もオルギー的な要素を含む「祝祭」も見られない。八月一五日の御幸祭では、御幸の途中でもし人に会うと「汚《けが》れたり」として再び大社に戻り、神幸の出直しをするため、大社町内の人もこの夜はとりわけ早くから門戸を閉ざし、謹んで外出をしないことにしている[37]。また、国造の奉仕する年間の祭りにおいて最も重要な意義を有する「古伝《こでん》新嘗祭[38]」は、出雲国造が大国主神となり、大国主神が祭っていた神々を祭るのであるが、国造以外の者は約二時間の間、一言も発せず、ずっと平伏したままなのであり、大社の御饌《みけ》を炊ぐ用水の祭り「御饌井《みけい》祭」は大社創剏《そうそう》とともに始められた古い祭りであるにもかかわらず、「ひっそりと執り行われるこの祭りを参拝者でそれと気づく者もきわめて少なく、たまに立ちとどまって見ている者も、祠官のうち鳴らす琴板や国造の百番の舞を、不思議そうにながめているだけ[39]」であり、祭りがいつ行われているのかさえ、一般の人々は知らないのである。

伊勢神宮はもとより、その他の全国の大半の神社においてもこの状況は変わらない。

薗田氏は、聖犯といえるにふさわしい徹底した反秩序の事例が現在においてほとんど見られない理由について、

「おもに社会の近代化の名の下に禁圧されてしまったものも多いであろうし、何よりも近代文明における祭りの評価が何時しか質的に変化したことに由来するのかも知れない[40]」と苦し紛れに述べている。

そうした点もあるいはあるかもしれないが、柳川氏も述べるように、近世以降「見物人」が登場し、祭りを行う者と祭りを見る者に分化した経緯を考えれば、祝祭部分はむしろ肥大化しているのであるから、聖犯（反秩序）の事例が昔は多く見られたが、現在は少なくなったのだ、とはいい切れまい。[41]

祝祭なき、「神祭のみ」のまつりはあっても、神祭即ち「神事なき」祝祭のみのまつりはなく、それはイベントというべきである。つまり、「まつり」の本質は「神祭」にあり、[42]「祝祭」部分にはない、ということである。従って、「まつり」研究に祝祭部分の研究は不要だというわけではないが、祝祭にこそ祭りの本質があるなどといった、まつりの全体構造を押さえずに、祝祭という部分を重視した従来の「まつり」研究は、「まつり」現象の一部を語っているに過ぎず、再考の余地がある。

次に、「まつり」を「神祭」（あるいは祭儀）と「祝祭」との二つに、あるいは「神祭・直会・宴会[43]」の三つに分けて見ることは果たして正当であろうか。例えば折口信夫は「大嘗祭の本義」の中で、「昔は、正式な祭りが済んでも、猶、神が居られた。そして、祭りの後で、豊かな氣分で宴席に臨んで、くだけた饗應を享けて歸られたのである」と言っているが、直会も宴会も神の御座のもと行われるものと解すれば、それらはすべて「神祭」というべきである。

祭りは本来、神祭・祝祭などに明確に分けられるものであろうか。私たちは絶対受動の世界に投げ込まれて生きているということを日頃全く意識していないために、本来「時間」などないはずであるのに、先見的に客観としての時間というものがあるかのように思い込んでいるのではなかろうか。例えば昼と夜とは時間という「間」を引くことによって生じるのであり、初めから唐突に昼と夜というものが実体として明確に存在するのではない。昼と夜、あるいは朝・昼・夜など、分けようと思えばどのようにでも分けられるのである。大事なことは何をどう分けるか、どういうルールで線引きをしているか、ということである。具体的行為の本質は、分類することによってかえって分からなくなる恐れが往々にしてあることに注意すべきであろう。要は、私たちは現象の中で生きているために時間という表現をとることが多いし、時間の展開によって表現されたものを、とかく真実と思い込みやすいのである。「全体」は全体として解くより他にないのである。

「まつり」現象を見ると、「神祭」（神事）において、長期間の種々の準備と厳しい物忌[44]・精進・潔斎の後に、献饌物を供え、神を迎え、これを歓待し、託宣によって神意を直に伺い[45]、神の霊威を頂戴した後に、神を送る。その間、集団は全員で厳密に定められた規則・役割分担に従い、例えば神主（本来は「神そのもの」[46]）の役、物を運ぶ役、楽を奏する役、囃《はや》す役などの種々の役割を一挙手一投足に至るまで厳格にかつ意識的に演ずることが強制され、個人の主体的意識・感情はそこでは極度に抑えられている。これは一体、何なのか。そこでは何が演じられているのであろうか。

結論を先取りしていえば、その帰属する集団の神的秩序世界の秩序性・絶対的価値体系（価値の中心）が開示されているのである。神主や楽人や、その集団全員が神と一つになり、整然たる秩序世界の典型的な姿を可視的に演じていると解されるのである[47]。そこにおいて、人は「世界」の意味を理解し、「人間の価値」の大切さを確認し、族的結合の強化がなされるのであろう。

では「神祭」と「祝祭」とはどのような関係にあるのであろうか。

まず、「祝祭」概念についてであるが、柳川氏は「一　はじめに」で見たように、本来「神事部分」に属する御神幸や饗宴にオルギー的要素をも含めて「祝祭」としており、森田氏も直会・饗宴や無礼講などを含めて「祝祭」とし、薗田氏は「祝祭と聖犯」の中で、「聖犯の場面を祭りにおける二つの対極的な様相の一方に対応するもの」といい、即ち「祝祭＝聖犯」と捉えているなど、彼らの「祝祭」に対する考え方は各自異なっており、従って、分析概念としては使えない。だが、ここでは「祝祭」を柳川氏にならって神事部分とは対照的な部分として、オルギー的要素をも含めての謂《いい》としておこう。

祝祭は一言でいえば「秩序性の強調」であり、「神祭」で演じられ、開示される秩序世界をより際立たせ、秩序あらしめるために、一見、無秩序と見えるような役割を模擬的に演じているだけに過ぎない。ちょうど、光をより際立たせて描くためには闇を描くこともあるように、本質部分を際立たせて演出させるための表現の仕方に過ぎない。従って、その表現の具体的内容は各々の文化によって規定される恣意的なものであって、多義的であるといえよう。

祭りの本質部分である「神祭・神事」（秩序）を際立たせるために、祝祭部分であたかも対立するかのように演ずることによって、全体が開示されるのであるとも解される（図2）。

以上のような理解によって、薗田氏が「祝祭と聖犯」で投げかける疑問、即ち「信仰の祈りがあって争うよりも、争うこと自体を目指して争うのではなかろうかと思えてくるのである」[48]、「何故あれほどの反秩序的振舞いを若者たちが公然と企ててそれが許されるのか」[49]といった、あまりにも不自然で理解し難い行為の謎が自ずから氷解しよう。彼らはハメ外しと見えるような役割、即ち無秩序という秩序を演じているのである。もちろん、真剣に演じるうちには模擬であることを忘れて、シナリオを逸脱した行き過ぎも起こり得る。

出雲大社の古伝新嘗祭に関わる一連の神事の中で「亀太夫神事」といわれる特異な儀式がある。熊野大社から「火燧《ひきり》臼・火燧杵」を受け取る時の重要な神事であるが、その際、出雲（杵築）から熊野大神に献るための餅一対を持っていき、熊野大社の社人亀太夫に渡す時に、亀太夫はこの餅の出来栄えについて口喧しく色々と苦情を言い、なかなかスンナリとは火燧臼・火燧杵を渡してはくれない。これは一種の悪態祭りであろう。

また、出雲の安来市の清水寺では節分の夜、参拝者の間で相互に悪口のやりとりがあり、相手に言い勝てば神が願いを聞き入れてくれて豊作（年占）・幸運に恵まれるという信仰があるために、そのやりとりは真剣で「喧嘩祭」とも呼ばれている。悪態をついて相手をやり込めても、やり込められた方は決して手出しはしないという

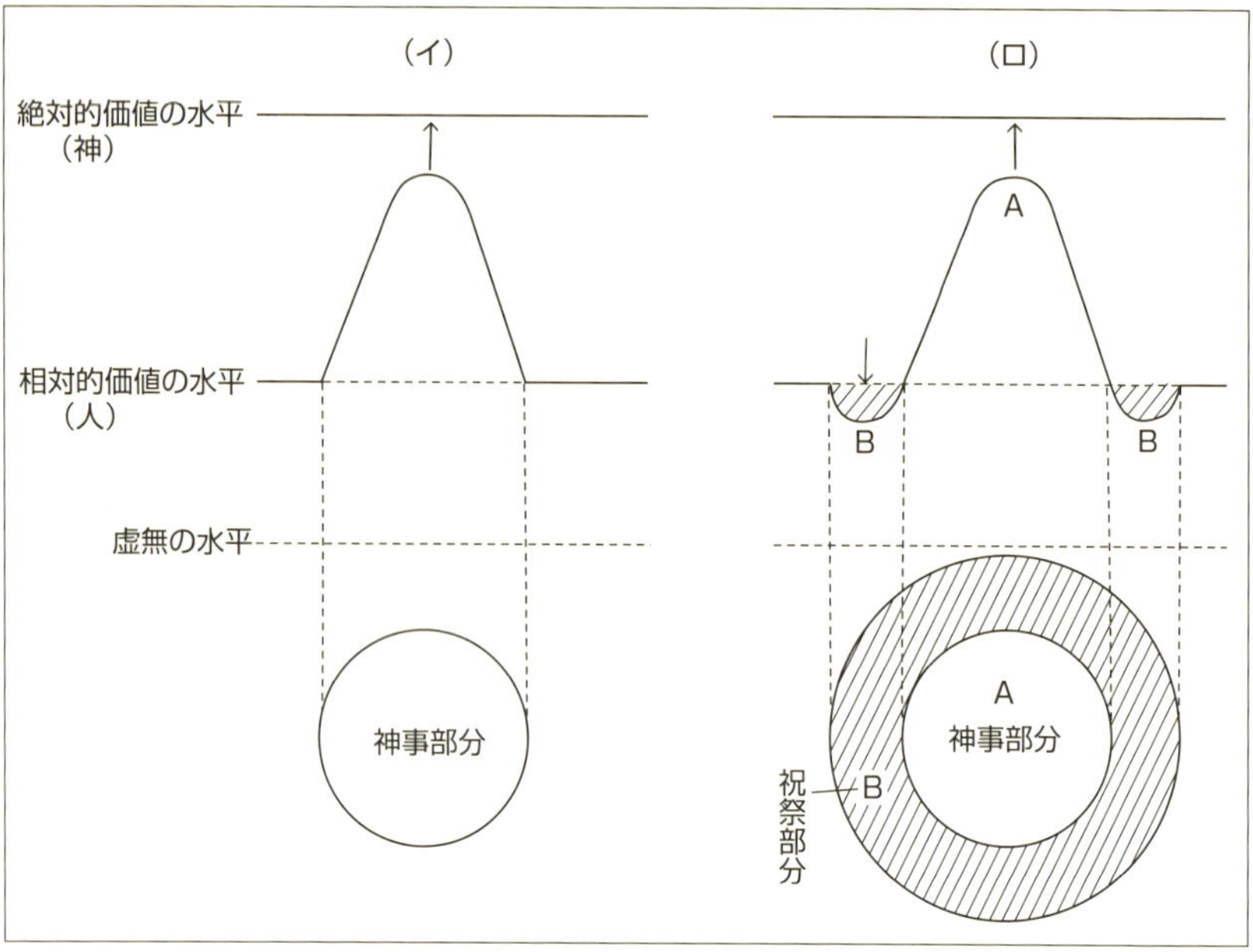

図２：神祭と祝祭の関係

（イ）のバリエーションとしての（ロ）図。神祭Ａの部分をより際立たせるために、祝祭Ｂのベクトルが演じられる（あくまでも、神祭と祝祭の関係を分かりやすく、便宜上、図示した）

ことになっており、祭りが済めばお互いに「今年の悪口はきつかった」と言って談笑する様は祝祭の本来的性格がよく出ている。彼らは悪口・喧嘩を真剣に演じているのである[50]。

　これまで「まつり」研究者が観察してきた、祝祭部分の「ハメ外し」と見えるような行為や「馬鹿騒ぎ」と見える行為も、彼らはあくまで演じているのであり、部分を見て「ハメ外し」、「馬鹿騒ぎ」と見てはならないのである。まつりはその全体を捉えて見るべきであり、構成要素に分けて、その要素部分のみを見てまつりの本質を解こうとするのは誤りである。

「まつり」と生活のリズム

「一　はじめに」や前項（「神祭と祝祭」）においても「時間」について少し触れたが、Ｅ・リーチは「時間とつけ鼻」というエッセイで、時間に関する最も基本的で最も原初的な考え方は、振子のように前後に「繰り返し現われる対立の不連続」という概念であると述べ、デュルケム流の聖・俗二分法を取り入れて、「まつり」の営為を時間的に構造化して、①形式性《フォーマリティ》（俗から聖へ）、②乱痴気騒ぎ《マスカレード》（聖から俗へ）、③役割転倒《ロール・リヴァーサル》（俗から聖への完全な移行。正常の時間が休止し、聖なる時間が転倒して演じられ、死が誕生へと切り換わる時）の三局面に分けて捉えている（このリーチのプロセス論がヴァン・ジェネップの「分離・移行・合体」といった儀礼の三分法によることは「一　はじめに」ですでに述べた）。

リーチの祭論は「一　はじめに」で見たように、「まつり」の全体の具体的構造を解かずに「分離・移行・合体」といった線型時間に還元し、「まつり」の持つ具体的な意味内容を不当に抽象してしまっている。時間は聖と俗といった対立の不連続というようなものではなく、強いていえば時間はあくまでも波（連続の対立）であり、単に連続の中にある脈動に過ぎないと考えるべきではなかろうか。実際の「まつり」は振子のようには行われてはいないし、また「まつり」する人は日常を「俗」などとは思ってもいない(51)。

原田敏明氏は「村の祭と聖なるもの」の中で祭りについて次のように述べている。

> 神を祭り、神とともに生活する村人にとっては、日常の生活そのものが、神との生活であり、あえていうならば、神への奉仕の生活、すなわち、神を祭る生活でなくてはならない（中略）氏子の一員としての日常の生活を送ることが、神への奉仕、すなわち神を祭ることであって、この意味で氏子にとっては、氏子全体の生活が、そのまま神を祭ることになるのである。村人自らが意識すると否とにかかわらず、氏子全体が年中常に神を祭るということは、村人が氏子として生活するということにほかならない(52)。

つまり、もともとは日常生活のすべてが祭祀《まつり》であるというのであり、ここからは「日常」が「俗」であるというような考え方は出てこない。強いていえば、前に述べたように、連続する波の対立、つまり「まつり」と「まつる」（日常）との対立であって、「聖と俗」との対立というようなものではない。私たちはとかく「日常」と「まつり」とを区分できるように思ってしまうが、「まつり」も日常の一形態であり、他の何かとの対立ではない。

基本的に私たちは絶対受動の世界で生きており、換言すれば「神の計らい」の中で生かされて生きているのでもあり、日常・非日常という分節でもって語れるような世界には住んでいない。「生きている」ということは、「人生」という舞台の上で私たち人間は神によって、神のシナリオを演じさせられているとも解され、人が瞬間瞬間に「生きている」ということは、原田氏が述べるように、表現として「まつり」を行っているともいえるのである。

人は定期的に「世界の意味」、「人はなぜ生きているのか」、「人間の尊さ」などを確認するためにまつりを行うものである。まつりは「秩序世界」を開示するために多大な消費を伴うものであるから、その準備のために、「まつり」（表現）とその「準備」（「まつる」という営為）という生活のリズムを絶えず繰り返しているのである。当然のことながら「準備期間」も「まつり」を行っているわけである。従って、「まつり」は終わった時に始まってもいるのである。

肥後和男氏は「祭の種類――祭儀にあらはれた神」の中で、次のように述べている。

> 例へば祭はすべて特定な目的を有するか否かが先づ以て問題となる。かの各社共に行はれる例祭といふが如きに至っては必ずしも特定の目的を有することなく、ただ何といふこともなく年々に繰返して行はれるのであって、それが祭の中の最も大きなものである。これに反し雨乞祭の如きは目的は極めて明瞭であるが、その規模に於て例祭とは比すべくもない[53]。

つまり、例えば「家庭（族）を営む」ということが「○○のために」として存在しているのではないように、本来「まつり」はあること自体が目的であり、それ以外に何かある特定の目的のための手段ではないと考えられる。本質として人間は神であるとも解されるが、実存がそれを許さない。病いがあり、苦悩があり、死があるのである。だからこそ「人は神である」と演じる必要があり、従って「まつり」は「我々は神である」ということを確認する行為でもあるといいえよう。いい換えれば、私たち現象としての人間は確かに死ぬが、本質部分で死な

ない自分がいると思っており、それを体で表現するのが「まつり」である、ともいえる。(54)
典型的な機能的まつりの例として、病気平癒のためのまつりを検討してみよう。霊治療の病因論では、病気は神と人との関係が一時的に乱れることであると解されている。そこで両者の関係を糺《ただ》し、あるべき本来の秩序を取り戻すために「まつり」のリズムを援用することになる。ここに「〇〇のために」祭りをする、という「機能」が入ってくる。このためにすべてのまつりを機能で分析できるというように思うのは注意すべきである。機能的まつりは、まつりの本質構造を援用しているのに過ぎないのであり、従って、機能的まつりを分析しても、まつりの部分的理解にとどまり、まつりの本質構造そのものには迫れないのである。

「見る」ということの現象学的理解

「見る」という行為、対象に「視線を投げかける」という行為は現象学的にはどのように解すべきであろうか。近代という高度消費社会の中で「観客」が主役の座を占めるようになり、「まつり」は完全に観客が支配するところとなっている。その結果、まつりの過剰な祝祭化現象を見るに至った。(55)

「一　はじめに」で柳田國男の祭論を見たが、柳田が指摘したように「まつり」は本来、「まつる」営為のみであって、「見る祭」・「見られる祭」というものはなかった。唯一、それを見る者がいるとすれば、それは「神のみ」であったろう。出雲大社の瑞垣に「観祭楼」という楼殿があり、出雲国造（宮司）はこの楼殿に昇り、瑞垣の外で執り行われる舞楽や神事相撲を、「神として」観たという。(56)「神みそなわす」が故に、人は「まつり」を神に捧げ尽くすともいえるのである。

では「見る」(57)とは何か。「見る」とは視線を「投げる」ことであり、対象を超越すること、支配すること、創造することである。「見る」とはあくまでも「何もの」かを見るということであり、目を開けたら光が入ってくることとは異なる。私たちはこの「何もの」かを「見る」ことによって、世界を創造している。この「何もの」

かは、ことばによって構成されており、ことばを投げかけることによって、「見る」という営為が成り立っているのである。つまり、「何もの」かを見るということは「ことば」を投げかけることなのである。

「見る」とは本来、神の側に属するものである。創造を伴った視線こそが本来の「見る」ということばの意味であるが、現象としての人間の視線は弱く、何の力もなく、「見る」といっても本当は目を開けた瞬間に見せられているに過ぎない。「見る」ことで塵一つ生み出すこともできない存在なのである。人が現実にできるのは「創造」ではなく、せいぜい所有することに過ぎない。

「見る」ということについて、一つだけ古典の中から例を引いてみよう。記紀の天孫降臨条を見ると、ニニギノミコトが天降りせんとする時に、天の八衢《やちまた》に、上《かみ》は高天原を光《てら》し、下《しも》は葦原中国《あしはらのなかつくに》を光《てら》す神がいて、この神が正神であるのか邪神であるのか、その正体を明らかにするために、八十萬神が立ち向うが、「皆目勝《みなまか》ちて相問《あひと》ふことを得ず」とあるように、全く歯が立たない。相手の目の威力に敗《ま》けて、相手の神の名を問うことすらもできないのである。そこで、かの天石屋戸の変で天照大御神を石屋戸から誘い出した、霊力殊《こと》の外《ほか》優れた天宇受売命の登場となる。「汝《いまし》は手弱女人《たわやめ》なれども、いむかふ神と面勝《おもか》つ神なり」（記）、「汝《いまし》は是《こ》れ人に目勝《まか》つ者《かみ》なり」（紀）といわれるほどに眼力優れたアメノウズメは、ついに相手の神に名を問い、自ら「猨田毘古神《さるたびこのかみ》なり」と名を名乗らせ、正神であること、一行を出迎えにきた神であることが分かった。アメノウズメはサルタヒコノカミの名を顕した功により、以後は猨女君《さるめのきみ》として名を負《お》うことになる。

「見る」ということ、「ことば」を「何もの」かに投げかけることによって、対象の名前を自ら名乗らせ、正体を顕わにするということは、対象を超越すること、支配することであるということが分かる。実名を知られることは支配されることである。『万葉集』を見ると、「吾がせこがその名告らじとたまきはる命は棄てつ忘れたまふな」（巻一一、二五三一）、「玉かぎる石垣淵の隠《こも》りには伏しもち死なむ汝が名は告らじ」（巻一一、二七〇〇）とあるように、自分の名を名乗ること、相手に名を知られることは相許すことを意味するのであり、従って、命にかけてもその秘密を守ろうとしたのである。

以上によって、人はなぜ「見る」ことにあこがれるかが判明しよう。それは対象を「超越すること」、「支配すること」、「所有すること」だからである。「所有」ということは「見る」ことである。見ることは創造の代償であり、見たらその人のものになるとも解される。逆から表現すれば、「支配する」とは自分の視線を他人に強要することであり、この「視線」を奪う力、強請する力が「権力」というものであろう。

近世以来、神（超越者・支配者）のみが「まつり」を見ていたその立場に何と、「見物人」が座を占めるようになったのである。人間は本来、「まつり」でしか神にまみえることはなかった。ところが今日、私たち日本人の八割近くが中流意識を持つ状況になると、極論すれば人は神になったかの如くに振る舞い、本来神に捧げられるはずの「まつり」が、「観客」という人間の神に捧げられることになったかの如くである。元来、「まつり」はホテルやマンションの二階・三階から「見る」ようなことは決してしてはならなかったし、まして「御神体」に目を向けることは「目がつぶれる」といわれて絶対にしてはならなかった。それが、ホテルに泊まった観光客が上階のホテルの窓から「まつり」を頬杖をついて見下ろしたり、カメラに撮るといったことが平然と行われるようになってしまった。神の視線によってだけでなく、観客が個々に個人の感情・意志を表出し、観客の視線に引きずられ支配されて、観客の視線の要求したものに「まつり手」が従って動いてしまう（観客を楽しませる）といった、かつては絶対にあってはならぬことが生じている。

このように「観客・見物人」の登場は、「まつり」を「見る」ものと「見られるもの」とに分け、本来は「神」がみそなわすべきまつりを、神ならぬ「人」が見るまつりへと変えてしまった。ところが従来の研究者は、この変容した「現代のまつり」のみに焦点を合わせ、しかも観客と同じ視線から見て、「まつり」の本質を摑もうとするために、まつりの本質の理解をかえって不透明なものにしているのである。

三　おわりに――「まつり」の定義

私たちが普段、うれしいとか悲しいとかいっては喜び、悲しむ、この個として持っている自分の感情や生理的反応・価値判断などは、実は無意識裡に社会制度の枠によって規定されているということを知らねばならない。私たちが帰属する社会集団には、その社会の絶対的な価値秩序の構造（価値の中心）があり、この価値の構造は無意識に個人の感情生活と対応しており、これによって私たちは泣いたり、笑ったり、怒ったりしているのである。より正確にはこの価値の構造によって泣かされ、笑わされ、怒らされているというべきかもしれない。私たちは価値の世界に生きているということをあまりにも当然のこととして忘れてしまっているが、個人の感情はこの価値から出てくるのであり、感情そのものが制度なのであるといえる。

「まつり」の時には、その社会の絶対的価値秩序の構造（価値の中心）を、これを共有する人々が全員で各々役割分担して、約束事《ルール》として決められた通りに少しの狂いもなく身体で演じ分けているのである。帰属する社会集団の価値秩序の中心（あるべき秩序、あるべき生き方）はここなのだということを、誰にもわかるように、ハッキリと可視的・意識的に表現するのであり、誇張されて過剰にリアルに演ずる必要があるのである。日々の「生の充実感」というものは、「まつり」によって開示される、その社会の絶対的価値秩序の体系によって支えられているのである。

「まつり」の時には、個人の主体的意識や感情は極度に落とされ（無化され）、ないかの如くにされ、あらゆる意識としての充足は排除される（自我《エゴ》の完全な疎外）。そして、普段、無意識に社会制度によって規定されている個人的感情を逆に意識的に義務として決められた通りに行う（演ずる）ことを強制される。価値の中心（秩序）を描くために、厳しいルールが強制され、意識的に様式化した定型的行為を決められた通りに行うところに価値があるのである。価値の中心を描くために「周辺部分」を描く場合もあるが、そこに価値があるのではない。そこでは一見特殊に見える構造をとることがあり、例えば地位が逆転して見えたりもするが、それは逆転ではなく、「強調」なのであり、すべてが集団化・意識化されているのである。

以上、「まつり」についての筆者の考える点はほぼ述べたので、荒削りではあるが試論として「まつり」の定義をし、本章の結論としたい。

「まつりとは――個人生活において無意識に受け入れられている、その集団の絶対的価値体系を、定められた規則《ルール》に従い、意識的に演じることである」

本章はあくまで「鎮魂祭」研究の理論的枠組みを提示せんがために、「まつり」の一般理論を構築しようとしたものであり、全体の構成に主力を注いだため、個別の問題に関しては最小限の表現にとどめた。その個々の詳細については別稿で改めて詳述したい。

【注】

(1) 上田賢治『神道神学――組織神学への序章』大明堂、昭和六一年一〇月、四一頁。
(2) 森田三郎『祭りの文化人類学』世界思想社、平成三年二月、一二七頁。
(3) 同右書、同頁。
(4) 柳田國男「物忌と精進」(『定本柳田國男集』第一〇巻『日本の祭』筑摩書房、昭和四二年八月)二一九頁。
(5) 柳川啓一「祭にひそむ二つの原理」(『祭と儀礼の宗教学』筑摩書房、昭和六二年二月)八六頁。
(6) 同右書、八七頁。
(7) 同右書、六八頁。
(8) 同右書、六八頁。

(9) 上田賢治氏は柳川氏のこの部分について以下のように批判している。「祭り全体の構造から言えば、祭儀と祝祭は不分離であって、祭儀部分に一般氏子が直接参加していないから関係がない、或いは参与していないとか、祝祭部分に神職や村役が企画立案、実行々為の面で積極的な役割を果していない故に参与していないと考えるのは、明らかに間違っている」(上田賢治、前掲書、注〔1〕四六頁)。
(10) アルノルド・ヴァン・ジェネップ著、秋山さと子・彌永信美訳『通過儀礼』思索社、昭和六二年七月、一六〜一七頁。
(11) エドマンド・ロナルド・リーチ著、青木保・井上兼行訳「時間の象徴的表象に関する二つのエッセイ」(『人類学再考』思索社、平成二年一月)二二三〜二三一頁。
(12) ヴィクター・W・ターナー著、冨倉光雄訳『儀礼の過程』思索社、昭和六三年五月。ターナーは中央アフリカのンデンブ族の儀礼を調査研究して、ヴァン・ジェネップの通過儀礼の三分法を踏まえ、第二段階の「移行」部分に着目し、世俗的社会構造を超えた「反構造」の次元において全人格的な自由・平等な人間の交流が果たされる瞬間的状況があることに気付き、これをコムニタス(communitas)と名付けた。
(13) 薗田稔「祭り——表象の構造」(『祭りの現象学』弘文堂、平成二年八月)六四頁。
(14) 同右書、六二〜六三頁。祭りの中に見られる「怪しからぬ冒涜的な狼藉や犯罪的なぶちこわし」をフランスの文化社会学者のR・カイヨワは「聖犯」と呼び、祭りの全体に対して対応させているのに対し、薗田氏は祭りにおける二つの対極的な様相の一方、つまり祝祭部分に対応すると考えている点を考えると、「相乗的」といったあいまいな表現をしているが、氏は、「融即状況」を祭儀部分にではなく、祝祭部分に見ていると解される(「祝祭と聖犯」〔前掲書、注〔13〕〕九四〜九五頁)。
(15) 薗田稔「祝祭と聖犯」(前掲書、注〔13〕)八九〜一一七頁。
(16) 上田賢治「方法としての神学」(前掲書、注〔1〕)四三頁。
(17) 同右書、四三頁。
(18) 柳川啓一「祭研究のあゆみ」(法蔵選書48『宗教学とは何か』法蔵館、平成元年一一月)一八八頁。

（19）森田三郎「祭りの構造と機能」（前掲書、注〔2〕）一五五頁。
（20）同右書、一五六頁。
（21）同右書、一五六頁。
（22）同右書、一五八頁。
（23）柳田國男、前掲書、注（4）一七六～九二頁、及び「神社のこと」四六七頁。原田敏明『村祭と座』中央公論社、昭和五一年一〇月、二三七頁参照。
（24）倉林正次氏は「祭礼」の用語例について、奈良末期、宝亀元年（七七〇）に、「私祭礼」（『寧楽遺文』）の語が見られるといい、この場合の祭礼は祭りの儀式といった意味に用いられるとし、現在用いているのと同じ内容をもって用いられた例としては『興福寺略年代記』の永仁元年（一二九三）条に見られる春日大社の「若宮祭礼」、『二十二社註式』が引く嘉禎三年（一二三七）一一月二九日の宣命にある「若宮之祭礼者、当社之壮観也、殊凝二叡襟一天可レ奉二官幣一」、また『平家物語』に「日吉の祭礼」とあり、従って、鎌倉時代以前からあったのだという（倉林正次「祭礼」〔講座・日本の民俗宗教1『神道民俗学』弘文堂、昭和五四年一二月〕一五六頁）。京都の上・下賀茂神社の例祭である葵祭《あおい》・御阿礼《みあれ》祭は斎王はじめ勅使や東宮・中宮などの御使の行列があり、その華麗さに観衆が集まるが、斎院がおかれたのが嵯峨天皇弘仁元年（八一〇）であるから、遅くとも平安中期以降には今日見るような祭礼があったといえよう。
（25）上田賢治、前掲書、注（1）四三頁。
（26）飯島吉晴「祭りと夜――闇のフォークロア」（大系日本歴史と芸能第一巻『立ち現れる神――古代の祭りと芸能』平凡社、平成二年七月）一一〇頁。
（27）薗田稔「祝祭と聖犯」（前掲書、注〔13〕）九五頁。
（28）『古語辞典』岩波書店、昭和五五年一二月、一一九五頁。
（29）日本古典文学大系1『古事記祝詞』岩波書店、昭和六〇年七月、一八一頁。
（30）本居宣長『古事記伝』（『本居宣長全集』第一一巻、筑摩書房、昭和五一年六月）一五～三一頁。

(31) 同右書、二九頁。
(32) 西宮一民「マツリの国語学」(『上代祭祀と言語』桜楓社、平成二年一〇月)一〇頁。
(33) 笠間索引叢刊45『類聚名義抄』四種声点付和訓集成、笠間書院、昭和四九年三月、五〇四頁。
(34) 西宮一民、前掲書、注(32)一三〜一四頁。
(35) 西宮一民、前掲書、注(32)二五〜二八頁。
(36) 西宮一民、前掲書、注(32)二五〜二八頁。
(37) 千家尊統『出雲大社』学生社、平成四年五月、一二四〜二九頁。『出雲大社由緒略記』出雲大社社務所、平成三年一二月、三一〜三五頁。「出雲大社年中行事」(神道大系・神社編三七『出雲大社』神道大系編纂会、平成三年三月)三〇七〜一五頁。
(38) 千家尊祀《たかとし》『出雲大社』講談社、昭和五五年三月、一八一頁。
(39) 同右書、一七七頁。
(40) 薗田稔「祝祭と聖犯」(前掲書、注(13))一一二頁。
(41) 柳川啓一「群の宗教学」(前掲書、注(5))七一頁。「儀礼の空間　儀礼の時間」(前掲書、注(5))一九八頁。
(42) 桜井徳太郎氏は「マツリの原点」において、「祭りは神事と祭事と両方あるというわけでありますが、もちろん神事が祭りの中核であります。今日のように神事を全部ドロップして、ただ愉快に遊ぶというところの祭事に全領域をおいているということは、もちろん近頃の傾向でありまして、以前は神事が重要でありました。神事があったからこそ祭事というものができてきたということになるわけです」と述べている(桜井徳太郎『日本祭祀研究集成』第二巻、名著出版、昭和五三年一月、三八三〜八四頁。傍線、引用者)。
(43) 折口信夫「大嘗祭の本義」(『折口信夫全集』第三巻、古代研究・民俗学篇2、中公文庫、昭和五〇年一一月)二三九頁。折口は「平安朝に固定した大嘗祭」を「供饌の式」・「直会の式」・「宴会《ウタゲ》の式」の三つに分けた。この折口の三分説をそのまま受け継いで、倉林正次氏は「神祭—直会—宴会」の三部構成は「祭りにおける基本的形式であり、その祭りの規模の大小に関わらず、あい共通して発見される基本構造なのである」という(「祭りの基本形式」(『祭りの構造――饗宴と神事』日本放送協会、昭和五八年五月）九八頁）。こうした「まつり」の構成要素に着目して単に三分割してみる倉林氏らの説に対し、櫻井勝之進氏は『古事記』履中天皇の条の「大嘗に坐して豊明したまひし時に、……」との一文に注目し、大嘗祭を済ませてから、それから豊明をしたとは書いていないとし、大嘗祭と節会、饗宴というものを一続きのもの、一体のものとして解すべきであろうと述べている。首肯される説ではなかろうか（桜井勝之進「天皇と即位儀礼」（『日本神道論』学生社、一九九〇年九月）二六九～七三頁）。

(44) 井之口章次氏は「物忌みが厳重に守られていた時代には、物忌みを守らない者などは、共同体の中で生活することができなかったのであろう。鳥取県気高郡青谷町の神前神社の無音祭《おいみさん》などは、今も素朴な感覚に支えられている。オイミさんは怖ろしい尊い祭りで、オイミさんに参る松明を見た氏子は、三年たたず死ぬと言い、当日は誰もが戸を閉め、いっさい外に出ない。便所たご（桶）も家の中に入れておいて用を足すほどである」と述べている（井之口章次「物忌みと精進」（講座日本の民俗宗教Ⅰ『神道民俗学』弘文堂、昭和五四年一二月）九八頁）。

(45) 萩原龍夫氏は、今日でも依然として神意の表示としての託宣をまつりの本分としている地方があるといい、「中国山地の村々（例えば大元神楽など）には慎重な準備のもとに数か年に一度の盛大な、託宣を伴うまつりを執行しているところがあり、福島県山間部にもそうした例がある。そう思ってみると、まつりは本来は神と人間との意志を交わす機会であったことに気付く」と述べている（萩原龍夫「祭りの見方・理解のしかた」（日本祭祀研究集成第二巻『祭祀研究の再構成』名著出版、昭和五三年一月）一六二～六九頁）。

(46) 原田敏明氏は「神主というのは本来神に仕えるものをいうのでなくて、むしろ神そのものを意味するのである」という（原田敏明「神社の変遷」（『神社』至文堂、昭和四一年一一月）四二～四四頁）。他に、「人が神になる」ということについての参考となる書としては、原田敏明「神そのものから神に仕えるものへ」（『村の祭と聖なるもの』中央公論社、昭和五五年一〇月）七～二五頁や、「一年おきに神になる」という若狭国一の宮の歴代神主家のことについて述べた堀一郎氏の「神とあらはれる人」「神に扮する人」（『我國民間信仰史の研究』創元社、昭和二八年一一月）七〇九～三七頁、神と交通し、また神懸りして「神になる」美保の「一年神主」について述べた和歌森太郎氏の「美保神社の研究」（『和歌森太郎著作集』第三巻、弘文堂、昭和五五年九月）一〇五～〇六頁、特定の童男が御祭神と同一視され、「人即神」とされた諏訪の「大祝《おおほおり》」について述べた、三輪磐根氏の『諏訪大社』（学生社、昭和五三年一〇月）一二六～一三八頁、などが挙げられる。

（47）森田三郎氏が「不自由で面倒なそしてしばしば退屈な祭儀における過剰なる規則」（前掲書、注〔2〕一五六頁）といい、また柳川啓一氏が「実際に祭を観察して、祭の一部始終をみとどけようとすれば、きわめて退屈に感じるようなところが多い。参加者も見物人も興奮に達するのは、一部面のヤマバであって、多くは辛抱のしにくい単調さがある。退屈さをさそうのは、同じことのくり返しという面がある。（中略）祭にあずかる人は、人に見せるためにやっているのじゃないというだろうが、それでは何のために、この部分は祭全体からいえば何にあたるのか」と疑問を呈している（「祭にひそむ二つの原理」〔前掲書、注（5）〕九一～九二頁）。こうした疑問が出てくるのは、「単調な繰り返し行われる神事」の意味が外部観察者に分かり難ければ分かり難いほど、「そこにはその集団の価値秩序が如実に示されている」のだということが摑めないからである。「祭り」を見て「退屈な……云々」としか思えないのは「観客」として「まつり」を見ている証拠であり、それでは祭りの本義には至れないであろう。「まつり」する人々は唯々、やるべきことを規則通りにやっているのであり、外部の見物人には決して分からないものであろう。

（48）薗田稔「祝祭と聖犯」（前掲書、注〔13〕）九七頁。

（49）同右書、一一四頁。

（50）千家尊祀、前掲書、注（38）一八二頁。

（51）柳川啓一氏は「祭にひそむ二つの原理」の中で、祭りに現れたシンボルが、あいまい性、アンビヴァレントな性格をもっていることを指摘した「バフチーン」の祭論を紹介しながら、「この説の暗示するところは、これまでの祭理論――社会人類学者も、薗田説をもふくめて――の弱点であった『非日常』解釈のあいまい性と、さらに、時間論との関係において祭のなかの矛盾の併存をみとめようとした多くの説の不十分さを明らかにする。これらの説を克服できる積極的な理論というよりは、これまでの説の不完全さをあらわにする」と指摘している（前掲書、注〔5〕九〇頁）。また、柳川氏はデュルケムの聖俗論に触れて、神聖なものを「隔離され、禁止された事物」と定義しているが、「俗」のカテゴリーについてははっきりとこれを規定していないことを指摘している（前掲書、注〔5〕四三頁）。

(52) 原田敏明「潔斎について」(『村の祭と聖なるもの』中央公論社、昭和五五年一〇月) 一一八～一九頁、及び、「村祭の変遷」(『村祭と座』中央公論社、昭和五一年一〇月) 二七二～九八頁。
(53) 肥後和男「祭の種類 ── 祭儀にあらはれた神」(『神道学』出雲復刊、第六号、昭和三〇年八月) 二～三頁。
(54) エドマンド・ロナルド・リーチ著、青木保・宮坂啓造訳「基本的宇宙観」(文化人類学叢書『文化とコミュニケーション』紀伊國屋書店、昭和五九年一月) 一四七頁参照。E・リーチは本論において「問題の核心は、人間が死すべき運命にあり、病魔が人間を死へ脅やかすことを、われわれが認識していることにある。あらゆる宗教教義の中心問題は、死によって個人の主体がそのまま滅びてしまうことを否定することである」と述べている。
(55)『国史大辞典』第一二巻 (吉川弘文館、平成四年四月) 一八四～八六頁の「まつり」(祭) の項を見ると、桜井徳太郎氏が「のちには饗宴や歌謡・舞楽・芸能・競技などの祭事に関心がうつり、付属的な風流や興行のショー的傾向が高まった」、「都市の祭りは市民の嗜好に迎合し、いたずらに饗宴や余興・パレードのパフォーマンスに力をいれるショーへと翔んでゆき、本来の神儀からますますかけ離れるのを止めることができないでいる」と指摘している。
(56) 千家尊祀、前掲書、注 (38) 三七頁。
(57) 白川静『字統』(平凡社、昭和五九年一二月) 二五五頁の「見」の項を見ると、「見るという行為は、対手に向かって霊的な交渉を持つことを意味する」、「〔万葉〕に『見ゆ』『見れど飽かぬ』という表現が多い。見ることによって、その霊は『現《あらは》れる』のである」という。

第三章　「穢《けが》れ」考——記紀古典が意味するもの

一　はじめに

本論ではタイトルにケガル（ケガレル）・ケガラフ・ケガラハシなどの語を一括して「穢《けが》れ」という語形で表記させていただいたことをまずお断りしておきたい。

「ケガレ」「ケガレル」についてまず『大辞泉』を引いてみると、

「けがれ」【汚れ・穢れ】

①けがれること。清潔さ、純粋さなどを失うこと。また、失われていること。

「けがれる」【汚れる・穢れる】

①清らかさ、純粋さ、神聖さなどが損なわれて、よごれた状態になる。よごれる。

②名誉や誇りに傷がつく。

③女性が貞操を失う。

④死・出産・月経などにかかわって忌むべき状態になる。(1)

とあり、その語源的意味はともかくとして「ケガレ」という語の持つ意味はおおよそ分かったかに思える。ところが「その本源的意味は？」と問われると、決して明確ではないのである。

「ケガレ」に関するこれまでの研究は「事象的研究を主とし、語源研究と遊離していたので、ケガレに対する本源的意味が把握できていない」と厳しく指摘するのは西宮一民氏である。

この「ケガレ」の問題は日本人の、また日本文化の中心をなす最重要テーマであり、神道学や宗教学、民俗学、文化人類学、国語国文学・国史学など、様々な学問分野を横断する最も重要な課題でありながら、従来文化人類学者エドマンド・リーチやメアリー・ダグラスらのポリューション理論など、国外の理論を単に当て嵌めて憶測するなどといった全く取るに足らぬ説[2]が横行し、結局のところケガレの本来の意味は曖昧模糊としたまま不問に付されて今日まで明瞭に解き明かされることがなかった。これは一体どうした訳であろうか、どこにその根本原因があったのであろうか。

「ケガレ」に関する資料としては、わが国最古の文献である『古事記』や『日本書紀』の神代巻（黄泉国神話）がよく知られている。しかし、古典からだけでは神祇信仰における「穢れ」を普遍化させることはできない……などといった国史学などからのもっともらしい説もあるが、これは記紀神話が語り伝えようとした構造世界を正しく読み取れなかったための言い訳にしか過ぎない。『古事記』の文中に「ケガレ」に関して全く一言も語られていないというのならばともかく、そこに明瞭に「ケガレ」に関する精神的・宗教的世界観が語られている以上は、私たちはこれを第一級の資料として取り扱うべきではないだろうか。記紀神話をもとにして古代に参入し、それをどう読み取るか、その語り伝えようとした古代人の精神構造をこそ正しく捉えるべきではないのか。

記紀神話において「ケガレ」は非常に象徴化して語られているので、このようなテーマを研究する場合には従来の研究者にありがちな事象的説明や語句解釈に終始するのでなく、主体が語っている精神構造から捉えられるべきではないかと思うのである。

こうした研究は現実に語られている記述を踏まえなければ無意味な論理の積み重ねになってしまう恐れがあり、従って国語的解釈、つまり記号的側面の可能性をできる限り検証可能な状態にしておくことが必要であろう（もっとも記号はあくまで記号であり、結論は出ないかもしれないが）。一方で記紀の中でそれが具体的にどのように出てきているか、神話の全体像を解くことで『古事記』の語る記号の意味内容が明らかになるであろう。

また、平安期には穢れ意識が法制化する（触穢制度）が、この平安時代という特殊な状況では「ここは穢れている」とか「ここは穢れていない」などといった、本来「世界」に関わる問題が「対象物」にすり替えられてしまい、あたかも「対象そのもの」が穢れであるかのようになってしまう時期である。御霊《ごりよう》信仰などにも見られるように、氏社会が崩壊して人間が〈個化〉される時代である一方、遊離魂思想など海外からの様々な思想文物が流入した時代でもあり、従ってこうした大陸からの大きな影響を受けた平安期の史料をそのまま使うのは非常に問題があり、この時代を決して一般化してはならないのではないだろうか。森田康之助博士は、例えば今市の報徳二宮神社（ご本殿の真後ろに尊徳翁の円墳墓がある）などの諸事例を挙げて、「果たして日本人はイミとかケガレとかを厳しく言い立てたのでありましょうか[3]」と、平安期以来尾を引いてきた今日のケガレ観に対して注意を促しておられる。

本論では西宮一民氏の優れた語源研究の成果を概観しつつ、従来の「ケガレ」に関する諸説を批判検討する。その上で西宮氏の語源説（「怪我」説）を紹介し、またそれに関する自己の語源的見解を述べる。そしてもう一度古典に立ち返り、『古事記』が語る全体の世界像を構造的に読み解き、以て「ケガレ」というものの本質に迫ろうとするものである。

二　古典に見る「ケガレ」の用例

西宮氏はその著『上代祭祀と言語』（「ケガレの語源[4]」）の中で、上代文献の用例を見る限り「ケガレ」についての仮名書きの事例はなく、そのすべては正訓字で表記されているものであり、つまり正訓字が「ケガレ」と訓まれているものに過ぎず、しかも常に「ケガレ」とのみ訓まれているわけではないのだ……と指摘し、記紀・風土記・『日本霊異記』などの諸文献から用例を抜き出して正訓字と訓の「ケガレ」との関係を検討しておられる。『古事記』では「ケガレ」と訓む例は「死関係」で一例(汚垢)のみであり、他はすべて「キタナシ」(穢・邪・穢汚・穢死・穢邪・不義)と訓んでおり、「死関係」を「キタナシ」と訓む場合が三例、「不潔」を訓む例が一、「反逆」を訓む例が三例あると述べている。それに比べて『日本書紀』の古訓では「キタナシ」(死関係・不潔・反逆各一例)よりも「ケガレ」系の付訓が多く、死関係(四例)・不潔(一例)だけでなく「凶悪・病・不道徳」(各一例)を「ケガレ」と訓んでいるほかに、「神聖冒涜(三例)・貞操陵辱(一例)・身体損傷(一例)」を「ケガス」と訓んでいる例があることを指摘している。そして「ケガレ」と「キタナシ」とは「類義語として扱い得るものである」が、「神聖」との関係において「キタナシとケガレ・ケガスとは意味上の差」があり、ここに「ケガレ」の無視できない特性があるのだと述べている。[5]

次に「ケガレ」の具体的内容を知るために、「ケガレ」という語形が明瞭でその用例が物語の文脈中に見出し得る『蜻蛉日記』や『宇津保物語』、『落窪物語』などの王朝前期の仮名文学作品の検討を西宮氏は試みている。その結果、「ケガレ」の語源を考える際のポイントとして「ケガレ」には意味的に次の(イ)〜(ハ)の重要な三点が浮かび上がったという。即ち、以下の通りである。

(イ)ケガレは、基本的に「不浄・よごれる・きたない」と観念されるものや事柄で、それは「忌み嫌はれる」感情が作用する。

(ロ)「月経」の如く、「にはかに」といった突然性が考へられる。

(ハ)「清浄汚損」「名誉毀損」とかの如く、「損ずる・そこなふ・傷つく」といふ「よごれ」がある。[6]

しかし、例えばこの(ロ)の場合、それは周期的なものであって決して予測不可能なことでもないと思われるが、これを果たして氏が言うような「にわかに」といった突然性のもの……と考えてよいものであろうか。

三　従来の「ケガレ」語源説の検討

さて、「ケガレ」に関する説は様々にあるが、西宮氏は従来の説の代表的なものとして三音節ある「ケガレ」を「ケ＝カレ」といった語構成で考えた次の三説、即ち、

（い）「気枯れ」説（『新井白石全集』第五巻、谷川士清『増補語林倭訓栞』上）
（ろ）「毛枯れ」説（山岡俊明編輯『類聚名物考』）
（は）「褻《け》離《か》れ」説（岩波『古語辞典』）

を挙げ、これらの説について一つ一つ批判を試みている。

まず（い）の「気枯れ」説であるが、西宮氏は、

> 「気枯れ」がなぜ「穢れ」（不浄・よごれる・きたない）の意味になるのか、私にはよく分らない。或いは「生気が枯れる」とは「ひからびる」ことで、だからきたないのだ、というつもりなのであらうか。例へば、「出産」や「月経」について、そのやうな意味が考へられるであらうか。やはり無理であらう。[7]

と言い、アクセントからの検討を試みている。

『類聚名義抄』によって声点を「平」「上」で示すと、ケガル・ケガラハシ・ケガスはともに〔平上平〕となり、「ケ」は平声である。ところが「気枯れ」の「気《け》」が「気配」や「塩気」のケの如き「様子・感じ」の意とすれば、ケブリ（煙）の「ケ」やカヲリ（香）の「カ」と同じで「ケ・カ」共に上声であり、「気枯れ」説は古代アクセントの上からも成立が困難であるという。また、もし「気枯《けが》る」だとするならば、ケガスは「気枯《けが》す」であるはずである。ところが「枯《か》る」はあっても「枯《か》す」はなく、「枯《か》らす」であり、この語源説は成立しないという。[8]

この点は（ろ）の「毛枯れ」説においても同様であり、西宮氏は次のように批判している。

「毛枯れ」とは、田中の雑草によって稲は自ら枯れるといふのであるが、要するに「穢」の字義に「蕪穢《ぶあい》」（田が荒廃する）といふのがあって、それに基づいた考へである。しかし、この説はケガレの事象と意味の根源の説明とはなり得てゐないのである。さらに、（い）説において不成立の理由にした、「枯《か》る」に対する「枯《か》す」がないといふ点にも抵触するのである。[9]

次に（は）の「褻離れ」説についてであるが、褻とは日常・普段のことを意味し、「褻離れ」即ち褻を離れるとは「死」や「出産」、「月経」など常と異なる異常な状態、触れるべきでない不浄とされた状態になるということだという考えであるが、

さうなると、冠・婚・祭（歌舞音曲を含む）・旅（天皇の行幸・国見も旅である）・狩等の、非日常的行為もケガレという語で包摂される観念となってしまうであらう。一般的に、すなはち我々の常識に照らしても、ケガレといふ言葉は、「不浄・よごれる・きたない」ことに対して用ゐられるのであって、その反対の事象については用いないのである。[10]

と西宮氏は批判する。さらに、

この「褻離れ」説の困る点は、「離《か》る」に対して「離《か》す」がないといふ点である。従って、ケガスといふ語は、「褻離《けが》す」といふ語で考へる余地がなく、強ひて見ても意をなさぬ欠点がある。[11]

として、この三番目の説も成立し得ないという。

この他に「ケガレ」に関する説としては、例えば文化人類学者のメアリー・ダグラスやビクター・ターナー、エドマンド・リーチらの「リミナリティー」な汚穢論やエネルギーの枯渇・衰退論を単に当て嵌めただけの全く取るに足らぬケガレ観念の解釈的説明なども横行しているが、西宮氏はそれらについて「ケガレといふことの説明のしかたの一つであって、ケガレといふ言葉の、まして語源の説明ではない[12]」と諸説を否定し、さらに、

ケガレがエネルギーの枯渇といふことで説明し尽せるかといふことになると、甚だ疑問で、奈良朝以降今日まで用ゐられている日本語のケガレは依然として「不浄・よごれる・きたない」が基本的な意味をもち続けてきてゐるが、それだけに精力源、活動源の枯渇といふやうなエネルギーを意識させるやうな意味もまた機能ももちあはせてゐないと考へられるのである[13]。

と述べ、「語学的きめ手を欠けば、日本語は人によって如何様にも解される自由さをもつ[14]」と厳しく批判しているのである。

ケガレに関して西宮氏が指摘してきたことは方法論上の基底に関わる問題なのであり、つまり従来のエネルギー論的論述はシニフィエ（所記―言語記号によって意味される内容）からシニフィアン（能記―言語記号の音声面）を規定しようという試みに過ぎなかった。それは研究者の妄想をことばの意味に押し付ける作業以外の何物でもなく、全く無意味で破綻した、言い換えれば妄想を共有しているものの間だけで成立する幻覚に過ぎない。私たちはシニフィアンからシニフィエという方向へと分析を進める必要がある。西宮氏の仕事はその意味で極めて重要な手続きをはらんでいるといえよう。

以上、西宮氏の研究成果をなぞりながらいくつかの語源説を見てきたが、アクセントの対応（金田一法則）から「気枯れ」や「毛枯れ」など従来の説はともに不適格（「褻」は古代アクセントが不明なため本法則は適用できず。観智院本『類聚名義抄』の〈褻ケ「平」〉が「褻」の誤写であれば低起式）であり、「枯る」、「離る」に対応する他動詞として「枯す」、「離す」が存在しないという語構成上の事実も、旧来の説を否定するに十分であると言えよう。

四　西宮氏の語源説（「怪我《けが》」説）とその検討

前項において見てきたように「ケガレ」に関する従来の語源説は、西宮氏によればそれらがいずれも「ケ＝ガレ」とする語構成観に立つ故に「アクセントの点、文法の点、意味の点から不成立」となった。では「ケガレ」に関する西宮氏の語源説はどのようなものであるかを見てみよう。

ケガレという言葉の用例の検討

西宮氏はまず「ケガル」類と「ヨゴル・キタナシ」類とを品詞の上で対応させて示し、

ケガル（ケガレル）―ヨゴル（ヨゴレル）
ケガラハシ（ケガラハシイ）―キタナシ（キタナイ）
ケガス―ヨゴス

とあるように、これらが見事な対応を示す（ケガラフに対応する現代語はない）ことから、この二類は決して同義語ではなく、意味的に差があることを物語っているのだとする(15)。

次にケガレを表す正訓字は穢・汚・垢・濁・不浄など、一見キタナシと訓まれる文字で記されているという特徴があるとし、ケガレかキタナシかいずれに訓むべきか迷う例も多く、例えば黄泉国が「穢国」と表記されていれば「ケガラハシキ国」と訓めばよいはずだが、神代紀上の訓注には「枳多儺枳《きたなき》之処」と表現されている例があるということを挙げている。そしてこれは「書紀の伝承者ないし述作者の表現上の差としか言ひやうのないものである」と述べ、つまり「ケガレ」も「キタナシ」もこれはどちらも類似した意味であるがゆえにどちらを用いても内容的に大差を齎さなかったことから、訓読に「ケガレ」と「キタナシ」の二系統の訓を同時に持ちあわせることになったのだ……と氏は指摘する。さらに、両語は決して全同ではなく差があって、キタナシの方がケガレより意味が広く、キタナシは汚《きた》ないこと一般であり、そしてケガレは或る限られた事象について言はれる言葉」(意味領域が限られるという意味)であるとし、次のように(イ)ケガルの意味のみ、(ロ)ケガルとケガスの二つの意味を持つものとして二類を挙げている。

(イ)死・出産・月経

(ロ)近親相姧・婦女強姦・聖域汚損・神聖冒涜・名誉毀損・賤人・犯罪人・悪疾者・失火

そして法令書(平安期)の記載などを例示して、「ケガレ」は社会的な制裁を受ける事象であるが、「キタナシ」にはそのような規制はないという点が両者の最大の差であると述べている。

「キタナシ」と「ケガレ」の差についてはさらに次のようにも説明している。

キタナシにはケガレの如き「不意に・思はず・はからずも受ける損傷」といった、〈不気味さ〉がないのである。ケガレはこの〈突然に襲はれる、その意外さの醸出す不気味さ〉によって、忌み嫌ひの感情が起こり、それが社会的に伝染してゆくことを怖れ忌むといふことになった訳である。(16)

西宮氏の「怪我」説

氏は「ケガル」・「ケガス」の両形から考えて「ケガ」を語幹とし、ルとスはその活用語尾であると考え、それは例えば「ナガル」・「ナガス」(流)の語幹が「ナガ」(長)だというようなものだという。つまり、「ケガレ」・「ケガル」と「ケガ」の関係は「ナガ(長)」を例として引くことによって説明がつくというのである。

そこでまず「ナガ(長)」について考えてみよう。「ナガ(長)」は派生により次のようなグループを構成する。

(イ)ナガ(長)……アクセント〔低高〕

長い様を表す情態言(形状言)。名詞と結合して複合名詞を作るほか、形容詞性活用語尾「シ」と結合して形容詞「ナガ・シ（長）」を作る。また、動詞性活用語尾「ラフ」と結合して動詞「ナガ・ラフ（長）」を作る。

（ロ）ナガ・ル（流）……アクセント〔低低下降〕

ナガ・ス（流）……アクセント〔低低下降〕

情態言「ナガ」に動詞性活用語尾ル・スが結合した動詞。液体などが（を）を移動し（させ）て長い軌跡を作るという意味を表す。また、連用形「ナガレ（流）」「ナガシ（流）」の形で名詞となる。

（ハ）ナグ（投）……アクセント〔低下降〕

長い軌跡を作って物を移動させる意を表す。情態言「ナガ」との先後関係は不明。

派生に伴う意味変化により、一見すると「ナガ（長）」と「ナガ・ル（流）」、「ナガ・ス（流）」、「ナグ（投）」は意味上の繋がりが薄いように見えるが、「長い軌跡」という点でこの三者は意味的にも繋がっているのである。加えて、アクセント的にもすべて低起式になっており、（イ）から（ハ）までが一グループを形成していることは明らかである。

また、氏の説に従って「怪我」の語をグループ分けすると、

（A）ケガ（怪我）……〔低低〕（方言アクセントによる推定）

肉体の思いがけぬ損傷を意味する名詞。また、動詞性活用語尾「ラフ」と結合して「ケガ・ラフ（汚）」を作る。「ケガ・ラフ（汚）」は更に形容詞性活用語尾「シ」と結合して形容詞「ケガラハ・シ」を作る。

（B）ケガ・ル（汚）……〔低高低〕

ケガ・ス（汚）……〔低高低〕

肉体的に、また社会的に思いがけぬ損傷を受ける（与える）意を表す。また、連用形「ケガレ（汚）」

の形で名詞となる。

となり、これには「ナガ（長）」の派生のうち、（ハ）のナグ（投）……低下降（長い軌跡を作って物を移動させる意）に相当するものがないが、大体において対応していると言えよう。また名詞「怪我」が存在するのになぜ名詞「ケガレ」が必要なのかという疑問が生じるが、これについては派生に伴う意味変化により両者が指す意味内容に違いが生じたから……と考えるべきであろうか。直接肉体的な損傷を指す（A）から、その損傷により有形無形の形で本人及び社会が得たダメージを指す（B）へと意味が分化していったのではないか……と考えることもできるかもしれない。

西宮氏が立てたこの「怪我」説は、旧来の説ではうまく説明できなかったケガル（自動詞）・ケガス（他動詞）の存在を説明できる……という点では大変優れた説であるというべきであろう。

肝腎のアクセント対応の点については、「怪我」の古代アクセントが不明なため、直接的には適応不可能であり、この点は氏も述べておられる通りである。強いて現代方言のアクセントから帰納するとすれば、「怪我」のアクセントは〔低低〕である可能性が高く、「ケガル」の古代アクセントは〔低高低〕であるから語頭アクセントは共に〔低〕ということになり、アクセント法則的にも矛盾はない……と言えなくもないが。

西宮説で特に問題なのは「怪我」の古い用例が存在しないということである。「怪我」の用例を調べてみると、最も古い用例でも室町時代のもの（狂言や抄物のような口語資料）しかなく、「ケガル」・「ケガス」・「ケガラハシ」の語が平安時代のごく初期から文献に登場するのとは大違いである。「怪我」が「ケガル」以下の語よりも成立の古い語であるならば、少なくとも平安期にはその用例が見えて然るべきなのではないだろうか。ところがそれが見られないということは、「怪我」ということばは「ケガレ」の語から派生した、かなり新しい言葉であるということも考えられ得るということである。

なお、「ケガ」の意味であるが、西宮氏はケガとは「思ひがけず傷がつくこと」の意であるとし、次の（イ）

と（ロ）の二種類のケガレについて、

（イ）「死・出産・月経」のケガレ――「不意に、思ひがけず、はからずも受ける傷」

（ロ）「近親相姦・婦女強姦・聖域汚損・神聖冒涜・名誉毀損・賤人・犯罪人・悪疾者・失火」のケガレ――

「清浄や倫常（これは公平・清潔なものでなければならない）が思ひがけなく損はれることの不気味さ」

であると解し、「両者ともに、傷《きず》・怪我《けが》の意であることが言へるから、ケガレの語源はケガだと言へると私は考へるのである」という。(17)

語構成的に関して見ると「ケ・ガル」・「ケ・ガス」は「カル」・「カス」が説明できないため、「ケガ・ル」・「ケガ・ス」の方が自然であろう。似たような語構成を持つ「ヨゴ・ル（汚）」と「ヨゴ・ス（汚）」、また「ミダ・ル（乱）」と「ミダ・ス（乱）」、「ノガ・ル（逃）」と「ノガ・ス（逃）」などの語根「ヨゴ」・「ミダ」・「ノガ」の追究が現状では不可なように、語根「ケガ」もこれ以上の追求は国語学的には不可ということになるのであろうか。

西宮氏の「怪我」説の問題点といえば、必ずしも「けが（怪我）―〈派生〉→けがす・けがる（穢）」といった派生方向に推移するという言語学的な必然性は特になく、また文献に「けが（怪我）」の古例が存しない……という点である。

谷川士清（『倭訓栞』）が「ケガ」の項でケガを「穢れの略也」と述べているように、西宮説とは反対に語の派生方向は「けがす・けがる（穢）―〈派生〉→けが（怪我）」であったという説も成り立ち得るのであり、またこの方が時系列的にも妥当ではなかろうか。

結局、「ケガス・ケガル」の語源は不明ということになり、また振り出しに戻ることになってしまう訳であるが、ここで私は試論だが、まず次のように提示しておこう。「ケガス」・「ケガル」という言葉は古代からあって、当初は動詞形であったと思われる。「ケガレ」のもとの意味は存在に関わる実存的な「危険」あるいは「危険性」

を意味するものであり、それは「ケガレル」とか「ケガル」・「ケガス」としか言いようのなかったものであった。それから中世になって「ケガ」が派生し現代に近付いてくるのである……と。

五　『古事記』が語る「穢れ」の本来的意味

従来の「ケガレ」に関する説を類型的にパターンで見るとまず、①感覚的に肉体が腐敗していくという、体験がケガレという観念を生んだとするものである。これは、言わば感覚の世界から見た自然科学的な類型であると言えよう。死体との接触がケガレへの畏怖の念を生み出すという事象自体は決して間違ってはいないけれども、あくまでも「ケガレ」論に踏み込むための入り口でしかなく、その限界もまたあるということを知っておくべきである。これは正確に言えば、ケガレという観念がある結果なのであって、原因ではない。論証すべきことを証明に使うのはディレッタントの常に陥る罠である。

次に、②『古事記』に見られる如く、伊邪那岐命が、黄泉の国に往ってしまった愛する妻「伊邪那美命」にどうしても逢いたいというような、現代流の言い方をすれば、愛の一念に偏し過ぎた動きに注目する把握の仕方もある。四魂のうちの一魂（幸魂）の過度な働かせ過ぎがバランスを崩させ、精神活動を崩壊させるのだ……とする説（本田親徳説[18]）は、そのような把握様式の典型である。それは神霊の視点から見た形を採っているが、伊邪那岐命の伊邪那美命に対する関係に注目しているという点では社会科学的な次元の類型と言えよう。

また、③精神的なメカニズムから見た文化科学的な次元の類型などのタイプもある。しかし、これらは皆同じ一つの事象を次元を違えて語っているだけであり、実は同じことだということである。

①に関してはこれ以上の説明はいらないであろう。

②について付言すれば、「ケガレ」の問題は霊魂に関わる関係性の問題であり、根本にあるのは「神と人との

関係」の中で位置付けられているということであり、関係性にある限りにおいては、モデル的には社会科学的な問題であるといえよう。それに対して③の如く精神の次元で捉えようとした時、それは「私の私に対する関係」にまで還元されることになる。これはもはや社会科学の次元ではなく、最も本質的な問題への入り口に立ったことになるのである。『古事記』に立ち返って言えば、伊邪那岐命の一人称に還元して考えることによって穢れの本質を捉える次元である。

コミュニケーションとは一体何か……それは「私と他」との関係のように見える。しかしながら、それは言わばインターコミュニケーションであり、一般的にはいわゆる社会科学の次元である。それに対して、もっと本質的にコミュニケーションというものを考えると、イントラコミュニケーションというか、「私の内なる私」、「私の外なる私」との間のコミュニケーションということを考えなくてはならない。つまり、ここがシッカリしていないと、「話す」という営為を通して人間性が高まるという事実が説明できなくなるのである。とどのつまりは、ただ他人の声を反射しているだけの現代人に共通する、全くもってつまらない会話しかできないことになる。

先（②）にも述べたが、ケガレ論の中ではこの過度の精神の傾きに対する問題を、さらに③まで踏み込んで考える必要があるだろう。伊邪那美命との関係の中で伊邪那岐命が穢れたというけれども、その本質は実は伊邪那美命の側にあるのではない。伊邪那岐命の精神活動の中に決定的に本質が存在しているのである。だからこそ極めて危険な状態が発生する。しかし反面、世界の創造そのものにも深く関わっているのである。この両面を『古事記』は非常にうまく捉えている。伊邪那美命に出会うことによってしか、三貴子つまり天照大御神・須佐之男命・月讀命という三神もその他の神々も生成し得なかったからである。

『古事記』神話は、一方で「死」、また一方で「生」……という、神話全体がこうしたダイナミックな構造になっており、こうした描き方をすることによって、神々の「生成化育」の真の意味や世界の秩序の保ち方、世界のあるべき姿を語り、また、「世界は生きている」ということを語り伝えようとしているのである。

ところが従来の穢れ論はこうした『古事記』が生き生きと生きている世界を語っているのにその全体像が把握できないために、その真意を理解することができなかったのである。

さて、『古事記』黄泉国神話を見ると、概略次の如くである。

「この漂へる国を修め理《つく》り固め成せ」との天つ神諸々の命を受けた伊邪那岐命・伊邪那美命二神は大八島の生成、神々の生成という産霊《むすひ》の神業を進めていくが、火の神「迦具土神」を生んで伊邪那美命はついに神避ることになる。伊邪那岐命は伊邪那美命に逢いたさに黄泉国に追いかけて行き、まだ生成化育の神業は終わっていないのだから還ってきて欲しいと頼む。ところが伊邪那美命はすでに黄泉戸喫《よもつへぐひ》した後であり、還れるか否か黄泉神と交渉するのでその間どうか自分の姿を見ないように……と約束させ殿内に入って行く。だがあまりにも長い間戻ってこないため、待ちかねた伊邪那岐命は禁を破って一つ火を灯して見る。そうすると、伊邪那美命の身体には蛆虫がたかり、全身に八柱の雷神が取り巻いていた。驚いた伊邪那岐命は黄泉醜女や黄泉軍が追ってくる中、やっとの思いで黄泉比良坂の坂本まで逃げのびてそこに「千引の石《いは》」を引き塞えて、伊邪那美命と事戸《ことど》を度《わた》す（絶妻之誓）。千引石を挟んで各々對《むか》い立ち、まず伊邪那美命が「愛《いと》しい吾が夫《せ》の命《みこと》よ、あなたがこんなことをするのなら私は貴方の国の人草を一日に千頭《ちがしらくび》絞り殺さむ」と言うと、伊邪那岐命は「愛しい汝妹《なにも》の命よ、そなたがそうするというのなら、私は一日に一五〇〇の産屋を立てて見せる」と言う。この故に一日に必ず一〇〇〇人死に、一日に一五〇〇人生まれるようになった。そこで伊邪那岐命は「吾はいなしこめしこめき穢《きたな》き国に到りてありけり。故、吾は御身の禊為《みそぎせ》む」と言って、筑紫の日向の橘の小門の阿波岐原で禊ぎ祓いをする。そして身に著《つ》けた物一切を脱ぎ捨て、御身を滌《すす》ぐ間に様々な神々が生成する。最後に伊邪那岐命が本来の清浄の極みに達するに至り、左の御目を洗った時に天照大御神が成り、右の御目を洗った時に月讀命が成り、御鼻を洗った時に建速須佐之男命が成り、即ち三貴子《みはしらのうづのみこ》が生まれた……というのである。[19]

ここで注意しなければならないのは、先にも述べたように「穢れ」の原因を作ったのは当の伊邪那岐命なのであり、決して伊邪那美命ではないということである。つまり、『古事記』が語る構造世界を簡単に述べると次の通りである。

(一) 伊邪那岐命はたとえ逢いたさ見たさにとはいえ、行ってはならない伊邪那美命のいる黄泉国に自ら侵入し、領界侵犯をした（世界が危険に陥る）ということ。

(二) すでに黄泉戸喫して黄泉国の者となった伊邪那美命に対して、「還ってくるように」とその世界のルール破りを懇願したこと。

(三)「見るな」のタブーを犯したこと。

(四) 伊邪那岐命は決して前もって存在した千引石に出会ったのではなく、この時に自らが千引石を引き塞いだ。そしてその後で禊ぎ祓いを行ったのであり、ここにケガレというものに対する認識の基本構造が語られている。

(五) 禊ぎ祓いをしたのは伊邪那岐命なのであり、決して伊邪那美命ではないということ。

伊邪那岐命がこれらの禁忌を自ら冒したということが神話の表層部分には記されており、たとえいかに妻に逢いたいからと願っても伊邪那岐命が黄泉の国に出向きさえしなければケガレを生じることは決してなかったのであり、またさらに伊邪那岐命が黄泉の国に行ってケガレなければ禊ぎ祓いをすることもなかった。従ってまた、伊邪那岐命が自らの御鼻や左右の御目を洗いたまうことなしには三貴子も、特には天照大御神さえも生まれることはなかったのである。

裏を返せば、伊邪那美命に出会うことによってしか、天照大御神・須佐之男命・月讀命以下の神々は生成しなかったのである。実は「世界は生きている」ということを『古事記』はこのような描き方で語っているのである。伊邪那美命との関係の中で伊邪那岐命がケガレたというけれども、その本質は実は伊邪那美命の側にあるのではないということが分かるであろう。伊邪那岐命の精神活動の中にこそ決定的に本質が存在しているのである。

記紀神話の文字面のみを見れば肉体の腐るケガレや死者、死の世界を「ケガレ」と記している箇所もあるが、それは実は世界の秩序、あるべき姿について語られているのであり、『古事記』はその構造を、語り伝えんとする全体像を「世界と私」（実は「私と私の関係」）という関係性においてシッカリと捉えて理解することなしには、決してその真意は摑み得ないと思うのである。

『古事記』が語るこの構造は、同じく天石屋戸神話においても見られる。

（イ）伊邪那岐命　　伊邪那美命（黄泉国）
　　　　　　↕╳↕
（ロ）須佐之男命　　天照大御神（高天原）

今日の量子力学の世界と非常によく似て、神々の生成化育の産霊《むすひ》の神業・生成発展というもの全体がダイナミックに動くように『古事記』には語られている。

（ロ）の神話においては、父神・伊邪那岐命から海原《うなばら》を治めるように委託されたにもかかわらず、どうしたものか須佐之男命はそれを果たさずに母神・伊邪那美命に会いにいこうとする。途中、姉神・天照大御神に別れを告げるために高天原に昇天したことから、誰も知る「石屋戸の変」が勃発する。須佐之男命の乱暴狼藉を見畏《みかしこ》み大御神は石屋戸に籠ってしまわれ、そのために高天原は「常夜往く」ことになって萬《よろず》の災《わざわ》いがことごとく発生するという大事変が起こり、まさに世界は崩壊寸前の危機的状況となる。結果的には天照大御神の出御となって世界は元の秩序を取り戻し、須佐之男命は高天原から追放されることになる……というストーリーである。

父神・伊邪那岐命からの事依《ことよ》さしによって三柱の神々はそれぞれ世界の持ち分けが決定され、三神分離して各々領界を分担することになったのであり、各自が使命を果たしていれば世界の秩序が保たれて何の問題も起こらなかったはずである。ところが須佐之男命が「海原を治める」という己が使命を果たさずに、しかも姉神が秩序正しく治めている高天原世界を侵犯してしまったばかりに、この侵入・接触によって秩序が乱れ、世界は崩壊の危機に瀕した。そして結局はまた分離・追放されることになるが、実はこの絶えず「分離させる力」というものがこの「世界」を秩序付ける原動力《モニユメント》となっているということ、またこの分離を一部解除することで世界が活気付き豊穣が齎される……ということを知るべきであろう。

一旦分離された聖なるもの同士が再び出会い接触することは極めて危険を伴うものであり、日常は厳しく分けられていなければならない。そのために「ケガラハシキモノ」、「キタナキモノ」としてその危険性を『古事記』は語っているのである。ここで見落としてならない大切なことは、須佐之男命が決して不浄であるとか悪神として語られてはいないということである。それどころか天照大御神との宇気比にも勝ちを収め、また、五穀の起源神話にも重要な働きをして豊穣をもたらしたばかりか、櫛名田比賣を助けるために大蛇退治までもなした偉大な英雄として『古事記』には語られているのである。そしてまた、須佐之男命は決して境界性に住むものでもないということである。

これと同様に、伊邪那岐命が領界を侵犯し黄泉国に侵入することによって世界の秩序を乱し、結果的にケガレが生じたが、『古事記』はそれを決して「悪い」とは全く捉えていないことに注意すべきである。

問題は、このように記された『古事記』神話のコード部分（意識の構造）は一体どういうものであるかであり、『古事記』は全体として一体何を私たちに語り伝えようとしているのかを絶えず見失わないようにすることが重要である。さらに見ていくとしよう。

（六）伊邪那岐・伊邪那美命二神は天つ神々から生成化育の神業を委託された神々であり、どちらも「聖なる存在」であることに変わりはない。伊邪那岐命の世界（聖）だけでなく伊邪那美命の世界（聖）、即ち黄泉の国にも明確なルール（規律）があり、「秩序ある世界」なのだということが語られている。岐・美二神の世界、分かりやすく言えば、つまり「生（者）の世界」と「死（者）の世界」の両者が千引石によってハッキリと分かれているということが大切であり、これが人間世界に秩序が保たれ、「秩序」があるということの証なのである。境界線は絶対に曖昧にしておいてはならないのである。黄泉国神話はパロルレベルでは、一見この世の者とあの世の者というように対立的に語られているようであるが、両者は共に聖なるものであり、『古事記』には二重聖性の原理こそが語られているのである。

（七）岐・美二神が天つ神から委託された生成化育の神業は、例えば「生者」の世界のみでなく「死者」の世界も含めての謂《いい》であり、この世界は一方で絶えず「生命の誕生」があれば、もう一方で絶えず「生命あるものの死滅」があるのがこの自然界の法則（掟）なのであり、これを岐・美二神が分担し持ち分けておられることを『古事記』は語っているのであり、精神的な次元を通して全体を統一的に見るという視点が何より大切である。原理的に言うと、死者の世界は「内なる私」の世界であり、生者の世界は「外なる私」の世界であって、この両者は画然と別れていることが意味を持っているのである。つまり、ケガレの問題は突き詰めて考えていくと自分自身に帰ってくる。ケガレは本来こちら側の問題であるものをあえて対象に投げかけて、それを意識化しようとするためなのである。

（八）千引石を隔てての岐・美二神の事戸度しは生（の世界）と死（の世界）の分離を意味し、しかも「死」よりも「生」の側に光が当てられ、生の永遠性ともいうべき積極的な生に対する価値が認められる。と同時に根本的にそこには存在への畏敬の情が存し、生者と死者との絶ち難い想いも込められている。生と死とは本来不可分のものであり、その生命の神秘をあえて侵すことは忌み慎しまなければならないのである。

つまり、ひとたび分離された聖なるもの同士、つまり伊邪那岐命（の世界）と伊邪那美命（の世界）が再び出会い、接触することの危険性を「ケガレ」と言っているのであり、私たちはそれを現実に「汚いもの」、「よごれたもの」、「怖ろしいもの」として認識することで、「避ける」という行為を生み出しているのである。千引石によって明確に分離されなければならない両者が、千引石を越えて伊邪那岐命の世界へ、あるいは伊邪那美命の世界へ一方から他方へと侵入し現れてくるのを「ケガレ」と呼んでいるのだと解するのである。「死」そのものがケガレであるとか、「死体」そのものがケガレであるとか、あるいは「黄泉国」や「伊邪那美命」そのものがケガレであるというものではない。そうした理解しかできないのは『古事記』神話の構造を摑んでいないからである[20]。

伊邪那岐命が黄泉国から自分の世界に戻っての禊ぎ祓いの果てにその本来に復し、後に高天原の統治者となる天照大御神はじめ三貴子の誕生を見た、即ち世界を動かす力を創造したということは、そこに再び世界の秩序が現れたということなのであり、伊邪那岐命と伊邪那美命の両世界が、そして全体世界がその本来の状態に復したことを如実に示すものである。伊邪那岐命の世界と伊邪那美命の世界とが千引石によってシッカリと閉じられ、互いに領界を侵犯し合わず、各々世界を分担し保ち合っていることが即ち、生成化育の産霊の神業が未来永劫にわたって絶えることなく不断に行われているということを何より示しており、私たちのこの存在世界は弥栄《いやさか》（安泰）であるという訳なのである。そして禊ぎ祓いこそはその本来のあるべき秩序を回復し、世界の秩序を顕わにする重要な手続きなのだと言うことができる。

六　おわりに

以上、「ケガレ」について考察してきた。これまで見てきたように、記紀神話の文字面のみを見れば、死が、あるいは死体が、もしくは死者が、死者世界が「キタナシ」・「ケガレ」などと記されている箇所もあるが、それは実は世界の秩序、世界のあるべき姿について語られているのであり、それらがケガレている、ないしケガレそのものだとは決して語られてはいないのである。『古事記』はその構造を、語り伝えんとする全体像をシッカリと捉えて理解することなしには決してその真意は摑み得ないと思うのである。

私たちは肉体あるが故に、どうしてもこの肉体の中に「私」という本質（本当の自分）が自己完結してあるものと錯覚している。だが、「本来の私」は決して私自身（個人）の中に閉ざされて存在しているものではなく、むしろ「外なる私」として世界に開かれて存在しているのである。然るに肉体の感覚だけに頼って生きていると、この世界に開かれた外なる私の存在に永遠に気付かない状態に陥る。この状態をいわゆる「疎外」という。疎外を自覚できないままのあり方では、「私」は生命の泉を断たれた状態になって枯渇していくしかない。そのことに対する漠然とした畏れ（不安）から逃れるために、必死で「内なる私」だけにしがみつくようになる。この時、その自分を支えるために、ただただ外的刺激を求めるようになるが、それは益々真の私を枯渇させることになる。この誤った生き方こそがケガレの本質なのである。本当の自分が真の存在として、あるいは神霊として外にある、つまり「世界に開かれている」という本来の道筋に立ち返るために、枯渇への道（キェルケゴール流に言えば「死に至る病」）を断ち切る祈りこそが祓いの本質である。それは疎外されているという人間本来のあり方を踏まえた上での、存在への回帰への真摯な祈りであると言えよう。「私が外にある」ということはほとんど誰も気付いていないものだが、『古事記』や『日本書紀』などの古典の凄さはそれが実に見事に描かれているということである。

『古事記』を紐解き、その語りかける世界に想いをいたす時、身体的・直感的な顕れであるこのケガレがいかに世界をも崩壊させるに至る深刻なものであるかが分かる。たとえ深浅の差はあろうとも、また神仕えするとしないとにかかわらず、誰にも魂が存する故にことばを介さずとも無意識裡にこの実存的な危険性（ケガレ）を敏感に感じ取り察知するものである（例えばそれが不可視の存在者やあるいは誰か他の人との接触によってであっても、とある場所での接触であっても）。本人が意識するとしないとにかかわらず、無自覚ながら「ケガレ」、即ち生を脅かす危険性を瞬間に（魂に）感じ取ることがあって、それを当初はその人の身体（魄《はく》）で受け止めることになるが、その時に伊邪那岐命が小戸の阿波岐原でされたように、厳重な禊ぎ祓いによって清浄の極みに達して完全に元の秩序を回復し得なければ、それは現実に現象として生理的な次元・身体にまでもあらゆる形で生々しく現象化し、その人に悪しき影響（危険性）を及ぼさずにはおかない。結局、大抵の人はそのハッキリとした原因が把握できず、メッセージが正しく理解できないために、元の状態に復すまでの間、人知れず悩み抜き、身体的にも苦しみが付き纏《まと》うことになる。これは理屈や理論ではなく、その人の「魂のはたらき」としか言いようのないものである。身魂浄《きよ》めの「行《ぎょう》」というものがいかに大切なものであるかとされる所以であろう。

【注】

（1）『大辞泉』増補・新装版、小学館、平成一〇年一二月、八二五頁。

（2）「ケガレ」は決してポリューションの翻訳語ではないのであるから、ケガレの研究は日本語のケガレから入っていくべきであろう。

これまで何ら批判されることもなく巷に放置されてきたケガレ説の一例を挙げると、例えばこの社会を唐突に「ハレ」と「ケ」に二分し、日常は「ケ」であると一方的に決め付けるばかりか、日常は高いエネルギーを持ち、それが時間が経つと減っていくので、下がってきたエネルギーを「ハレ」の力で再度注入し直す……などといった、何とも訳の分からぬエネルギー消失論や、更には了解可能なものと了解不可能なものとに分けた場合に、了解不可能なものが境界（あいまいなもの）でケガレなのであり、そこにエビスが存在している……とか、境目のケガレのエネルギーを用いて「ケ」をもう一度活性化させるのだ……等々といった説々である。

大切なのは「日常」の位置付けなのであり、「ケ」を日常と言っているだけでも論外である。「ケ」ということばと「日常」とを同じであるなどと一体誰が決めたのか。「ケ」（日常？・俗？）がエネルギーに満たされているなどという根拠はどこにもなく、少なくともデュルケムはそんなことはただの一行も言ってはいないのである。また、境界があるとすれば了解可能と了解不可能との間にあるのではないのか。また、それとケガレと一体何の関係があるのだろうか。

民俗学では訳もなく唐突に祭りの日が「ハレ」であり、日常が「俗・ケ」などと説かれ、あるいは「ハレ」と「ケガレ」とを対立させて説いたりしており、それが未だにまかり通っているという始末であるが、笠井正弘氏によれば、これらはM・ウェーバーの「日常性・非日常性」という対概念やE・デュルケムの「聖・俗」概念を無批判に当て嵌めてレトリックを労しているだけであり、実はこうした聖・俗二分法が、西欧キリスト教世界の世界像が投影された思考法であることすら気付いてもいないのだと鋭く指摘している。日本文化においては、かくの如き普遍妥当性を持たないところのヨーロッパ的な意味での聖・俗二項対立図式は適用できないのである。「自然」と「文化」、「生」と「死」などを原初的二項対立とみなして、それを基本コードとして諸概念（例えば神話）を構造分析することが今や自明の理とされた感があるが、こうした説はすべて疑ってかかるべきである。

聖俗二分法に関しては、笠井正弘「聖俗二分法の再検討 ― 日本文化への適用の限界について」（『西日本宗教学雑誌』第一八号、西日本宗教学会、平成八年三月）一～一二頁を参照されたい。

（3）森田康之助「顕と幽との相関相即 ― 神道哲学への試論」（『神道古典研究所紀要』第五号、神道体系編纂会・神道古典研究所、平成一一年三月）一～一七頁。なお、同森田博士著、伝統文化叢書五『日本の史眼 ― 顕と幽との相関相即』（平成一三年四月、錦正社）を併せて参照されたい。

（4）西宮一民「ケガレの語源」（『上代祭祀と言語』桜楓社、平成二年一〇月）一一一～一三八頁。

（5）同右書、一一一～一二一頁。

（6）同右書、一二一～一二五頁。

（7）同右書、一二七頁。

（8）同右書、一二八頁。

（9）同右書、一二九頁。

（10）同右書、一二九頁。

（11）同右書、一二九頁。

（12）同右書、一三〇頁。

（13）同右書、一三一～一三二頁。

（14）同右書、一三二～一三三頁。

(15) 同右書、一三四頁。
(16) 同右書、一三七頁。
(17) 同右書、一三七頁。
(18) 人間は一霊四魂プラス体（魄）を有するが故に喜怒哀楽の情を持ち、そのためにそれらの情が過度に働けば罪穢れを犯す（「私心私欲の萌すを「穢れ」といい、それが行動にあらわれるを「罪」という）もとになるとする考えである。拙著『古神道の秘儀』（海鳥社、平成五年三月）一六八頁を参照されたい。
(19) 倉野憲司・武田祐吉校注、日本古典文学大系1『古事記祝詞』（岩波書店、昭和五四年三月）参照。
(20) 故上田賢治博士は平成三年度祭式講師研究会「日本人の死生観をめぐって——神道の死生観」という基調講演において、「死を絶対否定価値として考へてゐるのではない」、「生の世界に死が堂々と割り込んでくることを穢れとして捉へてゐるのだ」、「肉体の腐る穢れと死の世界を穢れとすることとは、同一の意味と理解することに問題がある」と、注目すべき見解を述べておられる。ケガレの問題はここが出発点というか、ここから考えないといけないのではなかろうか。拙論中にも述べたように、実は「世界の秩序」、「世界のあるべき姿」について語られているからである。博士の優れた神道神学を真に継ぐ者がいないということはまことに残念なことである。続いて博士はまた、「生死の境はタブーなのです」、「日本人の考へてゐる永遠といふのは、死と生の断絶と継承の中にある」と述べ、「命の危機、生死の分かれ目、それは死の時も生まれる時もさうですが、命の最も大切な時で、神の御所為に属するところ」であるとし、さらに、

美夜受比賣と倭建命が見合ひました時の伝承に、裳裾に月がついてをり、それについての相聞歌がわざわざ『古事記』に出てくるのです。そして見合ひをしてをられます。女性のメンスレィションといふのは女性個人の生死に関はるだけではなく、新しい命の生死とも繋がってゐる。やはりある意味で神の支配したまふ時を意味してゐるからこそ、倭建命はその時を選んで見合ひましたと考へられる。だから血のケガレといふお産のケガレとかメンスレィションのケガレといふのは、神道本来の考へ方で汚いといふ意味の穢れではなくて、慎み忌み籠もることを意味してゐる。

と述べ、「女性神職がメンスレィションの時に祭りを遠慮するといふのは、忌み籠もりの時であるから遠慮するのであって、汚れてゐるから排除されるといふ考へ方ではないのだ」、「神のしろしめす時なのですから、そのことが障りにはならなかった場合もあったと考へられる」と述べておられる（上田賢治「日本人の死生観をめぐって」〔神社本庁教学研究所活動報告『神道の死生観 ―― 脳死問題と神葬祭』神社本庁教学研究所、平成四年五月〕一〇九～一三七頁）。

※　本章の「ケガレ」の語源説に関しては、九州大学大学院時代から多々御教示を賜っている畏友、鹿児島大学法文学部准教授の内山弘先生の御指導をいただいたことをここに記し、感謝の意としたい。なお、本章は拙稿「古事記要説」（大阪國學院、神道古典「古事記」、前期末テスト「講評と解説」、平成一二年一〇月、一～三頁）をベースにしてさらに考察し直したものである。

第四章　霊魂《たま》の行方

一　はじめに

人は死んだら一体どうなるのであろうか。或る人が「死んだ」と認識された時、人々はそれを通文化的に「逝《い》った」、「往った」あるいは「隠れた」などと表現するが、死体から離れて「往ったり」、「隠れたり」する「何者か」があり、そしてその「何者か」が即ち「死者」なのである。死に関する従来の諸説はいずれも皆、死体と死者を混同した説ばかりであったが、「死者」と「死体」とは決して同義ではなく、この両者は注意深くその差異性を検討すべきであると論じたのは笠井正弘氏であった[1]。

では「死」ぬことですべてが終りではないとすれば、その人の死後は死者あるいは死者の霊魂は一体どこへ往くのであろうか。古代から日本人本来の確たる霊魂観がなく、霊魂に関する神学が一向に成熟していない現下の状況においては、「死後霊魂の帰趨」に関するこの問題は未だに古くて新しい大きな課題なのである。例えば記紀が語る他界について見ると、高天原・黄泉国・妣国根之堅州国・常世国・綿津見神之宮・日之少宮等々この中つ国の他にいくつもの他界が見られるけれども、死後霊魂はどこへ往くのだ……と決して確定的に語られているわけではない。『古事記伝』を著した国学者、本居宣長はその黄泉国の段で「貴きも賎きも善《よき》も悪《あしき》も、死ぬればみな此夜見国に往ことぞ」と述べ[2]、かつまた「なお此世にも留まりて、福《さきはひ》をも、禍をもなすこと、神に同じ」とも述べている。宣長没後の門人平田篤胤もその著『霊之真柱』、『古史伝』で、罪ある魂は大国主神の神判を受けて黄泉（月世界）に追放されるのだと言い、また「常盤にこの国土に居る」とも言い、「亡骸は何処の土になりぬとも、魂は翁のもとに往かなむ」と詠んでいる。この歌の「翁のもと」とはもちろん篤胤の師たる宣長翁の眠る山室山を指していることはいうまでもない。斯様《かよう》に日本人の霊魂の行方は決して一カ所と固定的に定まってはおらず、正直なところ漠としていると言うべきであろう。

かと思うと、同じく江戸期の神道学者、橘三喜《みつよし》の歌には「生れ来ぬ先も生れて住る世も死にても神のふところのうち」とあり、中西直方は「日の本に生れ出にし益人は神より出でて神に入るなり」と詠んでおり、また、出雲大社教初代管長千家尊福公は「幽冥の神の恵しなかりせば霊魂《たま》の行方《ゆくえ》は安くあらめや」とも詠んでいる。これらの歌ではどれも皆、日本人本来の、より狭義に言い換えれば神道における死生観、霊魂の行方というものは即ち、「人間の霊魂は神から授かったものであるからには、死してこの世を去る時には霊魂は当然のことながらその霊魂を授けてくれた親なる神のもとに帰っていくのだ」と言っていることが分かる。だが、死んで神のもとに行くのは一体何なのか、「霊魂」なのか、「霊《ひ》」のみか、あるいは「魂《たま》」が行くのか、「魄《はく》」はどうなのか、遺体（亡骸）はどうなのかと問われると、これまた漠として分からない。

また、民俗学の柳田國男は民間に伝わる葬制を通して窺える特徴について、人間死後の状況について人は「死してもこの国の中に、霊は留まって遠くへは行かぬ」と思ったこと、「顕幽二界の交通が繁く、単に春秋の定期の祭りだけで無しに、何れか一方のみの心ざしによって、招き招かるゝことがさまで困難で無いように思って居た」ことを述べ、死後の霊がこの地に留まり此の世の子孫との交流が可能であることを説いた。(3) そして霊が留まり居る所は子孫の生活の場と繋がる小高い山上であったり、また海の地平線上に推定される根の国、常世郷であるとも考えた。また、折口信夫は海上他界こそが古代日本人の有した観念であると述べているものの、これまた漠としていてハッキリしないのである。

こうした点は日本人の伝統的な生き方というものが、この中つ国を中心とする現世中心主義、即ち現実のこの世の生を充実することの中にその意義を見い出していたからなのであろうか[4]。先に紹介した笠井正弘氏は「生と厳密に対立しているのは〝非生〟である」と言い、また、私たちは「死それ自体が存在する」と考え、生と死とを明確に判別できると思っているが、しかし死は生との関係概念に過ぎず、生の自明性に依拠した概念であって、生との関係抜きに死を考えることはできないとし、「一般人の死のイメージの極端な貧困さは、この概念が否定という消極的な概念だからである」ともいう[5]。確かに霊魂・魂というものは実体論的に実体として五感で捉え得ない存在であるし、私たちが「死後何処に行くかを確実に知る手だてはない[6]」が故にこそ、これまで何ら納得し得る答えを出せないできたのである。であれば、霊・魂・魄・遺体（亡骸）がそれぞれ死後どうなるかと問うてみたところで、実際のところ誰にも分かるはずもない[7]。

　そのように諦め決着してしまったのでは論が進まぬため、本論では順序としてまず記紀などの古典から霊魂に関する用例を概観して「たま」、「たましひ」のあり方を検討する。続いて、厳しい行法によって幽冥に通ずる神法を体得し、積年培った鎮魂力を以て霊肉分離の境地に入り、本来「隠《かく》り身《み》で不可視の神霊」と直接して神教を賜り、また人間の霊魂の状態を霊的五感（神眼・奇魂《くしみたま》の活らき）を以てまざまざと感得し、つぶさに見得た人物、霊学中興の祖とまで称された幕末・明治の偉大な霊学者・神典学者、本田九郎親徳《ちかあつ》の霊魂観に基づく「人間死後の霊魂の行方」について見ていくこととする。日本人本来の死後霊魂の行方といっても、その道の実地の体験なき一般人には到底理解し得ることではなく、かつまたわが国には千年にわたる仏教の伝統、またその影響大なるものがある故に、本章では分かりやすく日本神道における霊魂の行方と解して受け止めていただければ幸いである。

二　古典に見える「たま」と「たましひ」

記紀に見られる「魂」

霊魂《たま》の行方に関する書のいくつかに目を通してみると、それらのほとんどすべてが結局は「身体の行方」を語っているのであり、人間死後の「霊《ひ》」や「魂《たま》」の行方について、あるいは「霊」・「魂」・「魄」というものが死後においてどうなるかということについて明瞭に語られているものは残念ながら見当たらない。筆者は以前に『鎮魂祭の研究』において、この祭儀の鎮めの対象たる「魂」が一体何を意味するのかを知るために古典（『古事記』、『日本書紀』）から「魂」字及び「霊」字の用例をすべて抜き出して調べたことがあった。この項では先の研究成果をもととし、要点のみを引用しながら記紀などの古典におけるその用例を外観しておくことにしたい(8)。

さて第一に気付く点は、記紀共に「魂魄」あるいは「魄」字の用例は見当たらないということである。また、『古事記』では「神」の魂の場合はすべて「魂」字に「御」を付して「御魂」とし、天皇（死せる大長谷つまり雄略天皇）に対しては「霊」字を用いていることである。この点は『日本書紀』でも大筋は変わらないが、しかし「神祇の霊」、「神の霊」とも見られる如く、神に対しては「魂」字だけでなく「霊」字も併用していること、また、皇祖や当代の天皇に対しては「霊」字（「皇祖の霊」、「天皇の霊」）だけでなく、「霊」字の上に「神」字を付して「神霊」とも表記していることである。但し、死せるヤマトタケルノミコトの霊に対して「神霊」と表記はしているが、「ミタマ」でなく「ミタマシヒ」と訓んで差異性を引いている点は注意すべきである。そして重要な点は、皇祖に対しては唯一の例（天武紀「皇祖の御魂」）以外は「魂」字を用いた例がないということ、さらに重要なことは、記紀を通じて言えることであるが、当代の天皇に対して「魂」字は一例も用いられていないということであった(9)。

また、「神の魂」や「葦原中国の八十魂神」、「我が御魂」などとある点を勘案すれば、記紀に見る存在者たる人格的な神々はいずれも「魂」という聖性・霊威を有していることを表現しており、神々はミタマとして活動し、またミタマとして祭祀されるものである。個性をもって現れてくる複数の神々を規定している最も根本的なるもの、存在者たる神を神たらしめているより本質的なもの、それが「魂」であり、「魂」は「聖なるもの」の全体性の表現であり、従って魂は集合的単数であるということができよう[10]。

「たま」と「たましひ」

ここで『日本書紀』の訓に注目して「たましひ」と訓んだ事例をいくつか見てみよう。

Ⅰ　識性（みたましひ）…………『日本書紀』巻第五、崇神天皇即位前紀
Ⅱ　識性（たましひ）……………『日本書紀』巻第七、景行天皇四〇年七月
Ⅲ　神霊（みたましひ）…………『日本書紀』巻第八、仲哀天皇元年一一月
Ⅳ　神色（たましひおもへり）……『日本書紀』巻第一四、雄略天皇一三年八月
Ⅴ　精神（こころたましひ）………『日本書紀』巻第一四、雄略天皇二三年八月
Ⅵ　神（たましひ）………………『日本書紀』巻第一九、欽明天皇二年七月
Ⅶ　性識（ひととなりたましひ）…『日本書紀』巻第二五、孝徳天皇大化二年正月

こうして『日本書紀』の用例を見ると、たとえ写本の訓みが平安期以降のものであっても、やはり「たま」と「たましひ」とは明確に使い分けられており、また、「たましひ」の訓に「魂」字は全く当てられていないことが分かる。笠井正弘氏は「中世日本社会における新仏教運動と霊魂観念」の中で、

「タマ」が抽象的存在であるのに対して、「たましひ」は個別的存在である。「たましひ」は「たましい」と記述されていないことに注意せねばなるまい。「たましヒ」と記述されている場合も多い。これは明らか

に「ヒ」を意識して用いていることを示している。[11]
と述べているが、重要な指摘であろう。

ではこの「たましひ」の語源はどのように解されようか。その語源説は『日本国語大辞典』によると、何と一三種もあることが分かるが、西宮一民氏は次の三説、つまり①「玉奇日」説（契沖『和字正監要略』）、②「玉之日」説（谷川士清『和訓栞』）、③「活用する力・働いてゐる力」説（折口信夫「霊魂の話」）を列挙してこれに批判を加え、結局、西宮氏は「たましひ」を「たま」+「しひ」（甲）の語構成で考えるのが最も自然であるとして、「しひ」に注目した。[12]「シヒ」は『和名抄』を見ても「盲、米之比・聾、美美之比・瘤、之比祢」とあるなど、すべて「痺ひ」即ち「しびれる、機能を失う」の意であるところから、たましひを「魂痺」の意と解した。金田一法則では複合語についてはアクセントは先部要素で考慮するべきであって、後部成素をもっては論証不可であるとされている。[13]ところが西宮氏は「タマシヒ」や「メシヒ」・「シヒネ」・「シヒナセ」などの「シヒ」、いわば後部要素の検証を以てアクセントの面からも問題なしとし、結局は『令集解』（令釈）の鎮魂解釈と結びつけて「タマの麻痺」とは「あるべき場所（身体の中府）に魂魄がゐなくなってしまふ」、「まともな魂魄でなくなってしまふ」=「遊離魂」であるとし、「タマ」と「タマシヒ」とは魂魄のあり方に基づく命名で、両者には差があるのだと言う。

「タマ」と「タマシヒ」はそもそも語形が違うのであるから「両者には差がある」という点には異論はない。だが、「痺ひ」（「しふ」は四段動詞で連用形は甲類=感覚・機能を失ふ）たる「タマ」の状態・ことを意味するのであれば、「シヒタマ」あるいは「シフタマ」というのが自然であろう。「多麻之比は朝夕に多麻布礼どあが胸痛し恋の繁きに」（『万葉集』三七六七）の「タマシヒ」は「メシヒ」や「ミミシヒ」などのいわゆるサマ名詞・コト名詞ではなく、モノ名詞と解されるからである。「タマシヒ」を「タマ」+「シヒ」といった語構成で捉えるのは現代人の語構成意識であって、問題がないわけではない。

筆者は「たましひ」の語構成は「タマ」＋「シ」＋「ヒ」であると考え、『神道大辞典』第二巻の「タマシヒ」の項にあるように「言語的には魂之霊であらう」[14]と解する。西宮氏は取り上げなかったが、「魂之霊」（タマシヒ）の「霊」（ヒ）は甲類であり、「多麻之比」の「ヒ」が甲類であるのと一致する。

では「たま」（魂）と「たましひ」（魂の「霊」）、即ち「たま」と「ひ」とはどのような関係にあるのであろうか。本質論としてはこの両者は決してハッキリと切り分けられるものではないが、表現形式としては明確に「自己（ひ）」対「他者（たま）」として語られ、他者としての「たま」を鎮めることで、自分の「ひ」が現れる、つまり自己が絶対的な秩序の中に位置付けられるという関係にあると言うことができる。「たま」を鎮めることによって、同時に「ひ」の本来の能力が発揮・活動を開始するという関係である。すでに述べたように、「たま」は集合表象であるが、「たましひ」は個体表象であるといえよう。「たま」は総称的単数であるが、個々人は「ひ」という固有名をもって存在しており、この「ひ」はそれぞれの自己においては「たましひ」という存在形態でしか存在し得ないのである。個々人がお互いに正しく「ひ」を保ち合っている時、つまり各自が世界の秩序の中で「与えられた能力」を十分に発揮している状態にある時に、世界は目的と意思を持った有機的秩序とみなされ、この状態が「弥栄《いやさか》」という状態であると言うことができよう[15]。

三　本田親徳の略歴

幕末・明治の神典学者であり、霊学中興の祖とまで称された本田九郎（親徳）は、士族本田主蔵（典医）の長男として文政五年（一八二二）一月一三日、川辺郡加世田郷武田村（現、鹿児島県南さつま市）に生まれた。幼少より資性鋭敏にして六、七歳の頃より藩校において漢学を学び、また剣道修行をよくしたという。青年期には風雲の志を抱き、また剣を持って立たんとして武者修行のために藩を出て京に上った。のちに天保一〇年（一八三九）頃、水戸に遊学し、当時令名天下に名高き水戸学の会沢正志斎の門に入り、そこで約三年余り熱心に学問に没頭し、皇学・漢学など和漢の学を修め、当時最先端の科学・哲学をも学び、将来の学的基礎をなしたという。宇宙の森羅万象ことごとく霊的作用によるに違いなしとの考えに至り、古典を正しく理解するには神霊に直接して神の教えに依拠するより他になしとの確信を得たものと思われる。

記紀などの古典を真剣に読めば読むほどに、わが国においては古代より何事も神意を第一とし、一朝事ある時には神懸りによって「神意」を伺い、神誥を受け賜り、その神霊の御心を以って政治《まつりごと》に事なきを得た幾多の事例のあることを知って、深く感じ入るところがあったに相違ないからである。天保一〇年の頃といえば、英米仏露など諸外国の船がわが国と通商条約を結ぼうとして頻りに来航してきた時期であり、世情騒然としていた時である。古典にも多く見る如く、例えば仲哀天皇・神功皇后紀における神懸り事例のように真に神意の存するところを知ることが可能であるならば、いかなる国難に際しても何の恐れることがあろうか。ところが御神霊の御神意を問うという、この尊貴な神懸りの神法が中古以来スッカリ廃絶してしまったのである。国難とも言うべきこの大事に際して、神の御心を知ることもできず、その術《すべ》もないという現今の情けない有様を、どれほど憂慮し嘆かれたことであろうか。

また本田翁は、この間に、晩年の平田篤胤（天保一四年没）の「気吹舎」にも出入りし、彼の学説を傍聴したともいわれる。もしそれが事実であるならば、仙童寅吉を通しての篤胤翁の幽冥研究に関する講義も聞き知っていたに相違なく、いよいよ深遠玄妙の境地に思いを馳せることもあったであろうことは想像するに難くない。後に本田翁は『難古事記』、『古事記神理解』で篤胤の説のことごとくを手厳しく駁撃することになるのであるが、それも篤胤の思想・学問をよく聞き知っていたからこそでき得たことなのである。

その後、会沢先生のもとを辞して京都藩邸にいた折（天保一四年）に、京都伏見に狐憑きの少女（一説には七歳の少年）がいて歌をよく詠むという噂を耳にして、自ら訪ねて憑霊実験を試み、霊が幼児に憑依して人語を語る有様を実地に見聞した。その時の様子は以下のようであった。本田翁が狐憑きの少女（少年）に「お前は何か憑いていて巧い歌を詠むそうだが、どんな歌でもすぐに詠むことができるか」と訊くと、その幼児の面差しは見る見るうちに変わり「どんな歌でも詠む」と答え、墨を磨りながら「題を与え給え」と言う。時あたかも一〇月の冷たい雨が降っており、庭には哀れにも紅葉が雨に打ち落とされていたので、「この庭の景色を詠んでみよ」と言うと、直ちに筆を取って「庭もせに散るさえ惜しきもみじ葉を朽ちも果てよとふる時雨かな」と詠んで、すぐに外に遊びに出ていってしまったというのである。このことが契機となったものか、本田翁は心中深く悟るところがあって、爾後《じご》世俗の一切の名利を打ち捨て、深山幽谷を跋渉《ばつしょう》し、あるいは諸社霊窟に参籠して、中古以来途絶したままの「神霊と感合する道」を求めてまさに命懸けの修行を開始したのである。

本田翁の著書『難古事記』巻六によれば、

> 此の神懸のこと本居平田を始め名だたる先生達も明らめ得られざりし故に、古事記伝、古史伝ともに其の説々皆誤れり。親徳拾八歳皇史を拝読し、此の神法の今時に廃絶したるを概歎し、岩窟に求め草庵に尋ね、終に三拾五歳にして神懸三十六法あることを覚悟り、夫れより幽冥に正し現事に徴し、古事記日本紀の真奥を知り、古先達の説々悉く皆謬解たるを知り弁へたりき。[16]（傍線、引用者。以下同）

とあるように、苦行功を奏してついに安政三年（一八五六）頃には神懸りに三六法あることを覚り、慶応三年（一八六七）頃には帰神（神懸り）の神法を確立している。神伝によって幽冥に正神界と邪神界の別あること、また各々一八一階級あること、憑依した霊にその種類、上中下の品位（等級・働き）あること、それらを判別する「審神者《さにわ》の法」、邪霊を縛るところの「霊縛法」などを明らかにし、見事にわが国古代以来の神懸りの神法を体得・確立されたのである。この本田翁が確立した霊学を後世「本田霊学」と呼んでいる。

明治の御世になり、一時鹿児島の郷里に帰ったらしく、明治三年に三島通庸の著になる石峯神社再興創建の記事中に、不明であった御祭神の御名が本田翁の帰神によって明らかになったと記されている。明治五年、備中沼名前神社の宮司に任ぜられたが、上司と激論して幾許もなく辞したと伝えられている。明治六年頃上京し、西郷隆盛の紹介で副島種臣とも親交があって、正式に師弟の縁を結んだ。副島邸にて帰神を修したこともあり、後に『真道問対』（問者副島種臣、対者本田親徳）がなっている。明治一六年一二月、元鹿児島藩士奈良原繁氏が静岡県知事になった折に同藩の誼《よしみ》もあって本田翁を招聘し、二カ年あまり学莚を開き、多くの有志を指導した。

明治二一年、自己の御霊は岡部の神《みわ》神社に鎮まることを言い置き、翌二二年四月九日、川越の木村辰右衛門宅にて逝去した。享年六七歳であった。

主な著書には『道之大原』（一巻）、『真道問対』（一巻）、『霊魂百首』（一巻）、『産土百首』（上・下巻）、『産土神徳講義』（上・下巻）、『難古事記』（一〇巻）、『古事記神理解』（三巻）等々がある。また、副島種臣伯爵の他に本田翁と師弟の縁を結んだ者として、「駿河の聖人」とまで称された月見里《やまなし》神社宮司の長澤雄楯翁がいるが、その長澤翁は本田翁について次のように述べている。

霊学というのは神典と国史とを根拠とし、専ら神懸の法則に随って修業し、神霊の実在を徴証してその尊厳を体得し、我国神典の世界無比なる所以を諒解し、茲にはじめて宇宙成立の原理、地球の組織、顕幽の分界、天孫降臨の所以を解釈し皇祖天神の御威徳を感銘し、我が皇室の尊厳なる所以と神社存在の理由を解釈し得べきものであるのだ。然しながらこの霊学は神典学と両々相俟つもので神典を精研し神霊の存在を体験して始めて御威徳を知るべきものであって、古来の学者の如く古訓の解釈のみで神典の主旨の玄妙なる所以原理を了解し得るものではないのぢゃ。神懸の法に因る神霊の実在の体験を得て始めて我が神界の幽遠微妙なる原理を了解し、古来先哲の難解として居たものも解釈し得られるのだ。——この霊学は維新前、薩摩の藩士本多親徳通称九郎によって儒佛渡来以降廃絶していた神懸の法則が再建された事によって興ったもので、全国を遊歴する事四十年、困苦惨憺竟に克く之を大成されたので今の世に神懸の法あるは翁の力である。（中略）明治の世、神典学者で千古不抜の卓越の説あるは、この翁一人のみぢゃが惜い哉世に少しも知られていない[17]。

また、本田翁が確立した鎮魂法と帰神術の神法については、

親しく其行う所を見るに神霊を人に憑依せしむること自在のみならず、亦克く無形神懸の自感に熟したると審神者として疑わしき憑霊を訊問するの精密にして厳粛なる毫も遺漏なく、邪霊を責罰するに霊縛するの速なる等、他人の追及する能わざる者なりし。此霊妙な神懸の効用は神霊厳存を実証し、古今哲学の疑問を解決し、神典歴史の解釈の誤謬を訂正せし等、其学術を裨補し世道人心に関係ある少なからざりしも、神懸は秘して容易く人に教えざる。博聞宏記にして玄妙の理に通ずるにあらざれば其の蘊奥を窺う能わざるとの故を以て、之を知る者稀なり[18]。

と述べている[19]。

四　本田霊学に見る霊魂の行方

本田翁の霊魂観

「霊魂の帰趨」について述べる前に、本田親徳翁の霊魂観が一体どのようなものであるかということについてごく簡単に触れておきたい。

その著『道之大原』によれば、

上帝は四魂一霊を以て心を造り、而して之を活物に賦す。地主は三元八力を以て体を造り、而して之を萬有に与う。故に其の霊を守るものは其の体、其の体を守るものは其の霊。他神有りて之を守るに非ざる也。是れ乃ち神府の命にして、永遠に易らず[20]。

と述べている。また、

人心也は大精神の分派なり。故に生無く死無し。之に依りて制御する所と為す。(21)

と記しているように、人間は大精神（天御中主神のこと。広義には天地を創造された天御中主神・高御産霊神・神御産霊神のいわゆる「造化御三神」を指す）たる産霊《むすひ》の大神から小精神たる霊魂、即ち産霊大神の分霊《わけみたま》を賜っているのであり、故に生なく死なく、現象的に言い換えれば「生き通しのもの」であると述べ、また、「霊」、「魂」、「体」を明瞭に区別して説いているのである。このような本田翁の霊魂説は従来の諸説とは大いに異なるものであり、一線を画すべきものである。

また『神傳秘書』(22)中には、

一、霊魂は神界の賦与にして即ち分霊なれば、自ら之を尊重し妖魅等の為に誑かさるゝ事勿れ。

とあり、同著「審神者の覚悟」の項には、

五、荒魂和魂幸魂奇魂を知らずば有る可らず。

と記しており、即ち「四魂」とはこの「荒魂《あらみたま》・和魂《にぎみたま》・幸魂《さきみたま》・奇魂《くしみたま》」を指す。もちろん、これらの魂は実体論的に捉えるべきではなく、あくまでも機能魂として理解しておくのがよかろう。これらの魂の個々の機能（働き）についてはここには詳述しない(23)。

また「一霊」については『道之大原』に、

荒魂は神勇。和魂は神親。奇魂は神智。幸魂は神愛。乃ち所謂霊魂にして直霊《なおひ》なるものは之を主宰す。俗学識らず。荒和を以て心の体と為し、奇幸を以て心の用と為し、直霊の何を為す物たるを知らず。(24)

とあり、また、翁の高弟である副島種臣の一一四項の発問に対し、本田翁自身が幽斎の法によって一つ一つ回答したものをまとめた『真道問対』には次のように述べられている。

直霊は各魂の至精至微の名にして、決を直霊に取れば善を善とし美を美とする也。(25)

さらには、

過《あやまち》を改むるは義なり。直霊は過を未だ萌《きざ》さざるに消すものなり。各魂各用にして直ちに其の中に在り。是れ直霊なり。直霊は時のものに非ず。(26)

とある如く、人間が過ちの心を発生させぬように、そうした心が萌芽する直前に常に消し去ろうとする働きを四魂それぞれになしており、その魂のはたらきを主宰しているものが直霊《なおひのみたま》であり、「顧霊」(顧みる霊)とも言われる。

このように、一霊とは直霊のことであり、四魂即ち荒魂・和魂・奇魂・幸魂の至精至微の名であるとし、かつ直霊はこれら四魂を主宰し統括するものであると説く。また、『真道問対』に、

問　人の祖は神の特に意《こころ》して造れるか。

対　然り。其の然る所以は霊魂を賜う、是れ其の証なり。(27)

とあり、宇宙の活物(動物・植物・鉱物すべて)は「四魂」を授かり有しているが、「直霊」は人間にのみ授かっているのであるというのである。いかなる人であれ、生まれながらに宇宙創造の産霊《むすひ》の大神の「分霊《わけみたま》」を賜っているということは何と素晴らしいことであろうか。人は「万物の霊長《たまのおさ》」と言われる由縁であろう。

なお、本田翁は「霊魂」の語義については『古事記神理解』に次のように述べている。

人の霊魂《タマシヒ》を霊《ヒ》と云う。(タマシヒのタマは天賚ノ義、シは助音にて即ち天賚霊也。)直霊、荒霊、和霊、奇霊、幸霊、是なり。(28)

つまり、「タマシヒ」は「賜《たま》いし霊《ひ》」であると解しているのである。

なお、本田霊学では人間の体は「魄」と解しており、人は誰であっても一霊四魂を賜るが故に神の子であるが、祖先に繋がる体があるために人は心ならずも「私欲の念」を起こして穢れを生じ、また罪を犯すに至るものである。

以上をまとめると、人間は体のみでなく一霊四魂をいただいて生まれ出てくるのであり、その一霊即ち「直

霊」は天津神（大精神・産霊大神）より賜うものであり、四魂は国つ神より賜い、そして肉体（魄）は大国主神が司《つかさど》るとする（『産土神徳講義』には、「死んで仕舞いても産土様の御体中に葬らるる事」とある）。

霊魂の行方

さていよいよ本田翁の説く「霊魂の行方」についてであるが、翁の著書『産土百首』上巻及び下巻の各第一首目に次のように詠んでいる。

産土《うぶすな》に生まれ出でつつ産土に帰る此の身と知らずやも人

産土の神いまさずば吾が霊《たま》を神府《かみのみかど》に誰か送らむ(29)

即ち、人間は生前・死後を司る産土の神の御世話でこの世に生まれ出て、死せばまた産土の神のもとに帰っていくものであるというのである。以下、霊魂の帰趨に関する歌をいくつか列挙してみよう。

霊魂《たましひ》に瑕《きず》つけずして産土の神に帰すぞ人の道ぞも

霊魂の道の行末は産土の神の宮辺ぞ初《はじめ》なりける

眼前《めのまえ》に産土の神立ちまして魂の善悪《よしあし》見給うものぞ

霊魂の帰り着くべき産土の神を神とも知る人の無き

産土の皇神《すめかみ》置きて吾が霊《たま》の帰り着くべき八十隈は無し

善し悪《あし》き霊の審判《しらべ》を産土の神府《かみのみかど》は定め給へる

産土の神いまさずば愚かなる此の吾が魂を誰か救はむ

前の世も現世《このよ》も後《のち》の世の事も産土神ぞ主宰《つかさど》ります

また、『霊魂百首』（去就）の項を見ると、

神去りて後の行方は八雲立つ出雲の宮ぞ其の初発《はじめ》なる

霊魂の往くも来たるも出雲なる大国主神の神定《みさだめ》
善き霊を持ち帰りなば幽世《かくりよ》の吾が大神は愛《は》しく見まさむ
悪魂《まがたま》は既に我れ知り然後《しかのち》に幽世の神討《かみう》ち罰《きた》めます
幽世の神の賜ひし霊魂に疵《きず》をな付けそ天下人《あめのしたびと》(30)

と詠んでおり、即ち、人は死ぬとその霊魂《たま》はまず産土神のもとに往き、それから産土の神に引き連れられて出雲の大国主神により霊魂の善し悪しを見定められ、悪しき霊魂は厳しく打ち据えられるというのである。

『真道問対』を見ると、

問　人の能く天禀を全くする者蓋し鮮《すく》なし。而して神たるを得るか。
対　善神は神たるを得。真勇にして死すれば勇魂之を率い、真智にして死すれば智魂之を率い、真愛にして死すれば愛魂之を率い、真親にして死すれば親魂之を率ゆ。故に徳全からずと雖も必ず一神たるを得。(31)

とあって、悪魂でない限りはたとえその人が徳において全《まった》からずといえども、勇・智・親・愛の働きのうちで一つでも長じているもの（魂）があるならば、必ず神となり得ると説いている。では、それすらもない時にはどうであるのか。

問　人魂は神と為りて自ずから高下勝劣あるか。
対　全徳を上と為し、三徳を中と為し、二徳を下と為し、一徳を最下と為す。一善記《しる》すべき無き者は草莽の間にあり。(32)

とあるごとく、そうした人は「草莽の間」にある、つまり巷を彷徨することになるというのである。

一般に今生におけるその人の生き方の善悪の審判があるとすれば、それは死後にと考えるのがほとんどであるが、『道之大原』には、次のように述べている。

人皆以為《おもへら》く、審判は死後にありて賞罰は生前に有らずと。故に生を軽んじ死を重んず。是れ即ち神誅を蒙るの原。天獄に繋るの因なり。神眼赫々固《もと》より幽顕無く、死生理を一にす。何ぞ之を二とせむ[33]。

神の側から見れば、幽も顕もなく、死も生もないのだというのであり、これ以上の説明を要しないであろう。

以上、本田翁の霊魂観をもとに霊魂《たま》の行方について見てきたが、これをまとめるならば、専門外の人に理解していただくためにはどうしても便宜上実体論的な説明にならざるを得ない。即ち、

一、人間死すれば「一霊（直霊）」は直ちに神界（天つ神）のもとへ行き、融合一体化（消滅ではない）する。

二、「四魂（荒魂・和魂・奇魂・幸魂）」は「産土神（国つ神）」のもとへ帰り、一魂でも優れた働きの魂あれば、その魂は氏神あるいは産土神の眷属として活動する。

三、「魄（遺体・亡骸）」は生前よりの穢れあるために鎮めるより他なく、産土神の命により墓場に鎮まる（大抵は荒魂が付着していることが多い）。

ということになろう[34]。

先に紹介した笠井論文によれば「葬送儀礼は死体から死者を分離し、生者のカテゴリーに組み入れる行為」なのであるが、一霊（直霊）はともかくも、四魂の一部（特に荒魂）は死体から完全に分離し得ないことがあり得るから、年月をかけて産土神が祓い清めていくものである。従って、これを散骨などすることの是非は、ここで改めて言わずとも自ずから知られよう。また、浄土系の集団では開祖以来、魄（身体）に全く価値を置かない思想を持つが、これはあたかもヨーロッパのプロテスタントの世界観（天国一元論）と見紛うばかりである。確かに身体から霊魂が抜け出た後の肉体は亡骸《なきがら》というわけであるが、だからといってそれは決して一般の「物」と同じではない。生ごみとして出すわけにはいかないのである。

祖霊が宿っていた尊い肉体であつたのですから遺体には慎みの感情と敬愛の心をぬぐい切れないのです。霊魂の不滅を信じて「みたままつり」を仕える人にとっては、たとえ物となつた遺体でも、それを路傍の石ころと同じとみなすことは出来ません。この心をもって埋葬祭を行うのです[35]。

この心を忘れたら、もはや人（霊止《ひと》・霊処《ひと》）ではなく、従って一霊（直霊）を持たぬ四魂のみの動物以下に成り下がってしまうのではなかろうか。二マイナス一は一、一マイナス一はゼロということには決してならないのである。

さて、往々世間では、神より授かった霊魂と身体とをでき得る限り汚し疵《きず》付けぬように清浄潔白にして、正しく生き抜き、かつまた才能もあり、また徳義もあるというのに、なぜか報われぬ人がいるものだが、こうした人の霊魂は死後は一体どうなるのであろうか。これに対する本田翁の学説を紹介して、本論の結びとしたい。

本田翁はこの問いに対して『産土神徳講義』（上巻）に次のように述べている。

此の現世の幸福なき者にして、死して霊魂は無比の神霊となり、産土神に召し連れられて国魂の沙汰を受け、国魂の神より天日巣の宮、即ち所謂出雲の杵築の大社に召出されると、此の大社の大神の和魂とお坐す大和国の大三輪の社に鎮座する大物主神、大地球上の人魂を悉く御主宰遊ばし、御上天在らせられ、天の高市と云う所に参上の上御届仰せ上らるると、天津神御出張あらせられて、其神等を悉く其の程々に位次を御決定遊ばし、萬代無窮に存在する事である(36)（以下略）

五　おわりに

人間死後の「霊魂の行方」について日本文化研究者の立場から調べようと思い立ったものの、さて参考となる文献を探そうとしてみると、求める書籍が全くないことに気付かされることになった。これほど重要な課題はないはずであるにもかかわらずである。

学問において真理とは一体何であろうか。今日の学問は科学的認識が大前提となっており、普遍的な法則性の発見にやっきとなっている。つまり、繰り返し起きる現象しか扱えないわけであるが、ところが例えば学問的真理においても一回起性の、つまり「一度しか起きない」という現象がある。そしてその「一度」の中に、すべての真実がある可能性を大いに秘めている。だから科学を知ることも大切であるが、それを徹底的に相対化する力がなければ実際は学問の端緒にもつけないというのが真実である。実存、言い換えれば存在に一歩踏み込んでこそ真実というものが見えてくる、即ち現象世界が相対化できることになるのであり、本章の重要なテーマの如く、人間死後の「霊魂の帰趨《たま》」に関して何事か論じようとする時には、実存（存在）というものが理解できない者には解決の糸口すら見つけ得ず、到底無理な話だということにもなる。A＝B・C・D……という時、いかにB・C・D……を知ったからとて、そのような間違った方法でB・C・D……についての知識や情報をどんなに頭に詰め込んだからとて、それで「A」そのものが分かるということは決してない。「A」そのものを知るには、自ら「A」になりきらずしては真実は決して扉を開いてはくれぬであろう。

学問には論理性と事実性の二本の大きな柱がある。その一つの柱である論理性がどこで試されるかというと、それがどこまで事実性の吟味に耐え得るかという点にある。また、もう一つの柱である事実性についてだが、例えば宗教学において「事実性」といえば、それはどこまで実存（神霊）に関わっているか否かということより他にないであろう。

「霊魂の行方」を知りたければ、それがいかに困難な道行きであろうとも、本田翁に倣って幽冥貫徹せずんば止まずとの強固な覚悟と信念・情熱をもって、優れた師に就き、自ら日夜の厳しい行を積み、倦まず弛まずの霊的修行・鍛錬を経て後、霊肉分離の高き境地を体験自得し、瞬時にこの現象世界を離れて己が霊そのものとなりきって実存（存在・神霊）世界に入り得てこそ、霊は霊に通じ、今までは到底分かり得なかった幽冥の事情もよりよく了解し得ることになる……ということなのである（「霊対霊の原則」）。

【注】

（1）笠井正弘「日本文化における死者の意味付けの多義性について」（『西日本宗教学雑誌』第一五号、西日本宗教学会、平成五年三月）一四〜二六頁。

（2）本居宣長『古事記伝』（『本居宣長全集』第九巻六之巻、神代四之巻、筑摩書房、昭和五一年六月）二三九頁。

（3）柳田國男「先祖の話」（『定本柳田國男集』第一〇巻、筑摩書房、昭和四四年三月）一二〇頁。この点は「葬制沿革史料」においても「依然として祖霊は故郷の娑婆を訪問して居た所を見ると、国内普通の信仰に於ては後生は別に有ったということ迄は言へそうである」と述べている（柳田國男「葬制沿革資料」〔同右書、第一五巻〕五二一頁）。

（4）平井直房「神道の人間観と世界観」（岩本徳一監修『神道への理解』浪速学院、昭和四五年四月）一九〇〜九一頁。

（5）笠井正弘、前掲書、二三頁。

（6）上田賢治「他界観の問題」（『神道神学』第五章「存在世界の理解」、神社新報社、平成五年四月）八六頁。

（7）東京都神社庁教化委員会第二部会において東京都の本務神社の宮司（四〇七人）を対象に「神葬祭アンケート」を行った結果、回答は二七〇、回答率六六・三四％であったそうだが、その中で霊魂観に関する設問があった。その問いとは「霊璽に遷霊した後の遺骸、火葬に付した後の遺骨に、霊魂は存するか」というものであった。それに対して、「遷霊した後も、遺骸に霊魂は存し、火葬後の遺骨にも、霊魂は存する」と回答した者が六一・四二％と全回答者の六割強を占め、「遷霊後の遺骸は単なる骸であり、火葬後の遺骨にも霊魂は存在しない」とした者が三〇・七一％、その他が一・一二％、無回答が六・七四％であったという。このうち、遷霊後の遺骸や火葬後の遺骨にも霊魂は存在しない……と回答した者も、決して死後霊魂の存在を全否定するのではなく、遷霊という祀りによって、故人の主要な御霊が遺骸から霊璽に移される……との考えからであったのだろうと、このアンケート結果についての発表者は述べている（宮崎和美「神葬祭アンケートについて」〔神社本庁教学研究所活動報告『神道の死生観 —— 脳死問題と神葬祭』神社本庁、平成四年五月〕三三〜三五頁）。神葬祭を奉仕するからには、神職が御霊の存在を前提としているのは当然といえば当然のことであるからである。

（8）拙稿「『魂』という概念に関する一考察」（『鎮魂祭の研究』名著出版、平成六年一一月）六三〜九五頁。この第二項では拙著の研究成果を中心に述べている。
(9) 同右書、六四～六五頁。
(10) 同右書、六六～六七頁。また、「霊魂」の語は中国文献では『楚辞』に見えるが、わが国の文献資料においては平安末の成立になる『玉葉』まで表れてこない点もここに付言しておきたい。
(11) 笠井正弘「中世日本社会における新仏教運動と霊魂観念」(『西日本宗教学雑誌』第一六号、西日本宗教学会、平成六年三月)一一頁。
(12) 西宮一民「上代日本人の霊魂観」(『上代祭祀と言語』桜楓社、平成二年一〇月)三二～三九頁。
(13) 金田一春彦「国語アクセント史の研究が何に役立つか」(『金田一博士古希記念　言語・民族論叢』三省堂、昭和二八年五月)三二九～三五四頁。ことばにおけるアクセントはそれ自体にことばの意味の示唆機能を備えており、ことばの弁別にとって有効な指標である。この機能に注目して国語アクセントにおける「高起・低起に関する式保存の法則」を発見・提唱したのが金田一春彦氏であり、これによって語源解釈は客観的な基準を得た。これを「金田一法則」という。
(14)『神道大辞典』第二巻、臨川書店、昭和五三年一一月、四五四頁。
(15) 拙著(前掲書)七一～七六頁。
(16) 本田親徳『難古事記』巻六(鈴木重道編『本田親徳全集』山雅房、昭和五一年六月)二二四頁。
(17) 長澤雄楯『神社人異色鑑』(『創立四〇周年記念叢書』第三編)一九〇～九一頁。
(18) 長澤雄楯『惟神』(昭和元年、大本教事件に関して大審院の委嘱を受けて鑑定書を起草し、昭和二年に提出したが、その一部を長澤門下生の研修のためにタイプ刷りしたもの。月見里神社)二五頁。
(19) 本田翁の略歴については拙著「現代の鎮魂」(『古神道の秘儀』第一部第四章、海鳥社、平成五年三月)一三七～四一頁を参照されたい。
(20) 本田親徳『道之大原』(鈴木重道編、前掲書)三六頁。
(21) 同右書、三六頁。

(22)『神傳秘書』は本田親徳がその門人に印可の証として授けたものである。
(23)拙稿「本田霊学の基礎知識」(『古神道の秘儀』第一部第四章、海鳥社、平成五年三月)一四九～七四頁を参照されたい。
(24)本田親徳『道之大原』(鈴木重道編、前掲書)三八頁。
(25)本田親徳『真道問対』(鈴木重道編、前掲書)六三頁。
(26)同右書、六三頁。
(27)同右書、六七～六八頁。
(28)本田親徳『古事記神理解』(鈴木重道編、前掲書)二五二頁。
(29)本田親徳『産土百首』(鈴木重道編、前掲書)一頁及び六頁。
(30)本田親徳『霊魂百首』(鈴木重道編、前掲書)三三～三四頁。
(31)本田親徳『真道問対』(鈴木重道編、前掲書)六三～六四頁。
(32)同右書、六五頁。
(33)本田親徳『道之大原』(鈴木重道編、前掲書)三九頁。
(34)拙稿「死後霊魂の帰趨」(『古神道の秘儀』前掲書)一七二～七三頁、及び同著「質疑応答」(三五六頁)を参照されたい。
(35)『みたままつり――神葬祭のこころ』出雲大社教祖霊社、平成一〇年一〇月、二六～二七頁。
(36)本田親徳『産土神徳講義』上(鈴木重道編、前掲書)一六～一七頁。

第五章　怨親《おんしん》平等の鎮魂

一　はじめに

今日、地球上を隈《くま》なく見渡してみると、世界は至る所で未だに自国の利権を求めて争い続けており、それぞれの宗教や信奉する神の名のもとに、飽くことなく無用な殺戮《さつりく》を繰り返して一向に止む気配がないが、これまで犠牲となった多くの死者及び死者の御霊《みたま》は一体どのような状態にあり、また実際にどのように取り扱われてきたのであろうか。

わが国においては、愛しい人が不幸にも戦争や事故などで亡くなった場合には、その直後であっても、あるいは数十年経た後であっても、戦死した場所あるいは事故の現場に赴き、遺族が死者の御霊に対して花を手向けたり、線香を焚《た》いて読経し追悼するなどのことが今日においても実際に行われている。また一方では死者の命日やお盆、春秋の彼岸などには、靖国神社や各地の護国神社、寺院においても戦死者の遺骨のあるなしにかかわらず慰霊供養が行われており、かつまた各家々の先祖代々の墓所においても亡き人の御霊を偲び、家の神前や仏前においても真心込めての慰霊や供養が執り行われている。つまり、戦地であれ社寺であれ墓地であれ家の仏壇であれ、亡き人を心から偲び慈しむ人が真心込めて慰霊供養し祀る場には、どこであっても、死者の御霊は立ち現れる――というのが、わが国民間における霊魂の帰趨と処遇に関する偽らざる心情であり、また生きた信念であって、かつありのままの姿であるといえる。親先祖の御霊はいつも私たち家族を「草葉の陰から見守っている」とよく言われるように、亡き人の御霊は小高い丘の上など私たちの生活を見下ろせる身近な所にいて、家族や親族の祀り迎える真心に感じて立ち現れるのであり、民俗学者の柳田國男も『先祖の話』他で述べているところである[1]。

ここ数年、先の大戦において国のために尊い命を捧げられた二百数十万柱もの御英霊を祀る靖国神社への総理大臣の参拝に対して近隣諸国から内政干渉ともいうべき様々な批判が噴出している現状である。そしてそれらはまた政治外交の駆け引きのための格好の具とされている感さえある。この問題の背景には、日本の宗教と他国の宗教との本質的な考え方の違いが大きく横たわっており、また何とも説明不可能な部分ですらある。本来、神道はこの日本列島に住む人々の間に自然発生的に生まれ育った民族宗教であって、キリスト教や仏教その他の宗教と違って、教えの開祖や確たる教義・戒律もなく、日本人の天地自然を尊び「神のまにまに」の生き方や生活習慣そのものであるといってよい。ましてカルヴィン派とかルター派などといった一宗派ではない。神道を宗教団体にするということ自体が、もともと無理な話であった。戦後、それをGHQの占領政策によって無理矢理政治的に一宗教団体にしてしまったために、それ自体が混乱に拍車をかけてしまったのである。

また政教分離という考え方についてもわが国では誤って受け入れられている。この政教分離の出発点になっているのは一六四八年のウエストファリア条約[2]であり、この条約は「三〇年戦争」の災禍にキリスト教の宗派の利害が深く絡んで事態を深刻化させたことに鑑《かんが》み、政治に宗派の利害を絶対に反映させないとする反省が出発点となっている。そこで政教分離の対象となっているのは宗派なのであり、キリスト教そのものではない。実際、キリスト教圏では戦死した兵士の追悼がキリスト教式で執り行われていることによっても明らかであろう。国家の命令により、国家のために生命を捧げた戦死者は、国家が国の宗教（一宗派ではない）でもって手厚く追悼のまことを尽くさずして何としよう。世界のいずれの国々においてもそうしているのである。政教分離は正確に言えば、宗派と政治を分離するという意味であって、一宗派の利害に政治が歪められないように規制をかけるものなのである。ヨーロッパ人にとってキリスト教そのものが政教分離の対象ではないのと同様に、日本人にとって神道は政教分離とは全く違った次元の存在なのである。神道は本来少なくとも宗派ではないからである。日本人の意識の構造に沁み渡っている神道の何たるかを知らぬ者らが勝手に靖国参拝が良いとか悪いとか突拍子もないことを議論し合っても何の意味もない。

また、台湾のある種族が「家族の霊魂を返せ」と靖国神社に談判に来たという事例があった。靖国神社は決して死体置き場なのではなく、また戦死者の遺骨が納められてあるというわけでもない。そこにはただ祭神名を書き記した霊璽簿しか存在しないのである。無形であるはずの御霊を「宗教や宗派が違うから返せ」云々の論はそもそも成り立ち得るのだろうか。霊魂に対する処遇をめぐって論ずるのであれば、まず最初に各々の霊魂観に関して明確にした上で議論すべきではないだろうか。

実際に霊魂を観る霊的な能力もないこれらの人たちは、もし万一、戦死者の御霊を「ハイ、返しましたよ」と言われたら、「はい、確かに受け取りました」と言うわけでもないであろう。口角泡を飛ばして議論する者たち自身が全く神霊や霊魂の実在を知らず、また信じてもいない。初めから御霊に対する畏敬の念はどこかに放置して、霊学について学んだり行法を修したりといった何らの体験もなく、霊魂の実在や秘儀に属する重大な御霊の処遇に関すること、例えば招魂や帰神、鎮魂、遷霊、分霊、合祀ということの真の意味さえ知らずして、実際に行われる霊魂の交流や御霊の処遇を抜きにしての論は、最初から政治的意図を持った者たちの感情論でしかあり得ない。他国への内政干渉をする前に、なぜ自分たちが一日も早く核を放棄し武装解除しないのか。核や軍隊を持ち、しかもますます軍備を増強拡大しながら、口先だけの「平和」を唱えるといった見え透いた欺瞞は直ちに止めるべきである。私たちは今こそ歴史を振り返り、もう一度「近代」とは、そして「明治」とは一体何であったかを真摯に問い直すべき秋《とき》ではないだろうか。

さて、数年前、壱岐国一の宮である天手長男神社をはじめ全国六八カ国「一の宮」において、元寇の役から七二一年を経て、その戦いにおいて亡くなった敵味方双方の戦死者の慰霊供養のために「元寇の役　敵味方鎮魂・地球平和祈願祭」が執行された。

神道による敵味方平等の鎮魂だけでなく、モンゴル国仏教最大の寺院であるガンデン寺ハンバラマ管長が壱岐に来られ、『魏志倭人伝』の一支国王都という原ノ辻遺跡において、高野山僧侶らと共にチベット仏教・高野山密教による敵味方供養秘法が修され、また壱岐国分寺（臨済宗）においても敵味方供養が行われて、言うまでもなく怨親平等の精神を世に問う、真に意義ある国際的な行事となったわけである(3)(4)。

志賀島の蒙古塚（福岡市）

これに続いて昨年（平成一六年三月二九日）には北畠具教《とものり》卿が織田信長の刺客に殺された伊勢国赤桶の地の水屋神社において、四二八年を経て、北畠具教・織田信長両軍の「北畠・織田敵味方鎮魂・地球平和祈願祭」が執行された。これには信長の伊勢攻めにあった浄土真宗の僧侶も参加し、神仏による鎮魂供養が実現した。また、伝教大師最澄が創建した比叡山延暦寺では元亀の兵乱、即ち叡山焼き討ちの際に殉教した二千余もの僧侶の御霊ばかりか、信長及び攻め込んだ信長軍の戦没者の御霊をも恩讐を超えて怨親平等の心をもって追善供養がなされている(5)。

このような敵味方双方の死者の御霊を善悪を超えて祀る怨親平等の鎮魂については、その事例を早く宇佐八幡宮の由緒に見ることができる。奈良時代の聖武天皇の御世までは蝦夷や隼人の反乱が頻発していたが、朝廷になびかず反発ばかりで大変てこずっていた大隅日向の勇猛果敢な隼人族を宇佐の神軍が朝廷の命により鎮め和した。この時、八幡宮は官軍の御霊の慰霊供養だけでなく、誅した敵方の隼人の御霊をも斎き祀っ

日本軍・蒙古軍双方の位牌を祀る円覚寺仏殿（神奈川県鎌倉市）

て手厚く慰霊供養し、また隼人族の一刻も早い再興を願って生き物を放ちやる放生会《ほうじょうえ》を行った。これが今日も各地で行われている放生会の始まりである。それ以後、蝦夷・隼人の反乱は全くなくなったというのである。

また、鎌倉幕府の執権北条時宗は未曾有の国難というべき国の存亡をかけた文永・弘安の役が終わった弘安五年（一二八二）、日本軍の戦死者だけでなく蒙古軍の戦死者の御霊共々敵味方双方の死者の御霊を慰霊供養するために鎌倉に円覚寺を建立し、宋から招いた無学祖元を開山とした。時宗は日本軍の戦死者だけでなく敵方である蒙古軍の戦死者・溺死者の御霊をも手厚く弔い、それらを慰霊供養することを決して忘れなかった。[6]

そこには、日本人の生き方の根底に「誇り」や「気高く生きる」という文化コードがあって、対等な相手として敵味方の区別なく勇敢なものは互いに褒め称え合うという真の武士道精神が見られる。今日失われた大きなものと言えば、この「誇り高い生き方」と聖なるものへの「畏敬の心」の二つが挙げられるのではないだろうか。

本論ではわが国における明治以前、特に奈良時代から戦国時代までの間、戦い済んで後の敵味方双方の戦死者や、その御霊の処遇は一体どのようになされてきたのかを、『八幡信仰史の研究』その他で著名な故中野幡能《はたよし》博士のその隠れた業績と、日本人の誇りと魂を生涯書き続けた作家長谷川伸氏の作品『日本捕虜志』を通して概観してみたいと思う。

二　宇佐八幡宮（百体神社）と放生会

宇佐神宮の境外末社である、八幡神軍によって討ち取られた隼人の御霊を祀る「百体神社」について述べる前に、順序としてまず宇佐神宮について概観しておきたい。

伊勢神宮と共に二所宗廟といわれた八幡宇佐宮は、伊勢神宮とは対照的に極めて道教や仏教色の濃い廟神社であり、また神託（託宣）の宮として、勅使参向の宮、神仏習合の宮としてあまりにも有名である。宇佐宮は社伝によれば欽明天皇の五七一年、八幡神が菱形池の辺りに現れ、三歳の童子の姿で「われは誉田天皇（応神天皇）広幡八幡麻呂なり」と告げたのが始まりといわれる。

宇佐神宮の大鳥居（大分県宇佐市）

『延喜式』巻十、神祇十、神名下を見ると、

宇佐郡三坐並

八幡大菩薩宇佐宮名神大　　比賣神社名神大

大帯姫廟神社名神大(7)

とあるように、御祭神は八幡大神・比売大神・神功皇后の三柱であり、明治五年に宇佐神宮（旧官幣大社）に改められた。八幡信仰の源に関しては、宇佐神宮から南東六キロにある標高六四七メートルほどの御《お》許《もと》山（古代からの神体山）があり、この山頂（磐境）に比売大神（三女神）が降り立ったとされ、本来は御許山を中心とした宇佐地方の信仰に始まるのではないかとの説もある。現にここには神宮の奥宮であ

る大元《おおもと》神社が鎮座する。何といっても「八幡《やはた》」の語義・名義を明らかにすることが八幡神の本質を究明する上で非常に重要な問題であると思われるが、今日、それを地名とする説（綾幡《あやはた》郷に宇佐神宮の元宮である矢幡八幡が所在する）、矢羽田大神寺の「矢羽田」とする説、多くの幡とする説、八流の幡とする説など多くがあって未だに明確ではない(8)。

次に、宇佐神宮発祥の祀りである隼人の御霊を慰めるための「放生会」がいつの時代に、どうして始まったかについて見てみよう。

『八幡宇佐宮御託宣集』三、霊巻（九大本）によれば、

此神打取隼人埋宇佐松隈之給今号凶士塚是也（中略）

聖武天皇元年神亀元年甲子託宣

吾れ此隼人等多久殺却須留報仁波年別仁二度放生會於奉仕世牟者(9)

とあり、即ち聖武天皇の神亀元年（七二四）に「隼人等を多く殺した報いに年別二度の放生會を奉仕せよ」との八幡神の託宣があったと記している。また、同託宣集には、

扶桑略記第二云養老四年九月有征夷事大隅日向両国乱逆　公家祈請於宇佐宮其禰宜辛島勝波豆米相率神軍行征彼国打平其敵大御神託宣曰合戦之間多致殺生宜脩放生會者諸国放生會始此時矣

政事要略第二十三云舊記云養老四年豊前守宇奴刀首人乎将軍度志弖大御神乎奉請天大隅日向両国向拒隼人等乎伐殺来

大神託宣

吾此隼人多殺津留報仁毎年放生會奉仕留倍志

依宇佐宮託宣始諸国放生會事已上(10)

とあって、この両記述を併せて解するならば、託宣集の編纂者神吽は『扶桑略記』や『政事要略』を引用しなが

ら、放生会の起源について次のようにいうのである。
即ち、南九州の隼人が反乱を起こした養老四年（七二〇）九月に、大和朝廷が宇佐に勅使を派遣して戦勝を祈願し、八幡神は早速隼人討伐の託宣を下した。豊前国司正六位上宇努首男人が将軍となり、禰宜辛島勝波豆米《からしますぐりはとめ》が御杖人《みつえびと》となって八幡神軍が大隅・日向へ向かい、討ち取った隼人の首を宇佐に持ち帰り宇佐の松隈《まつくま》に埋めたが、これを凶士塚《きょうしづか》と呼んでいるというのである。[11]

この凶士塚（凶首塚）は宇佐神宮から西に約四〇〇メートル離れた宇佐市大字北宇佐にあり、[12] またこれより三〇メートルほど東の宇佐市大字南宇佐上町に神宮の境外末社である百体神社が鎮座している。[13]

この「百体社」（百体神社）は、一説には隼人の首長の首を塚に埋めた後に疱瘡を病む者が多く出て、しかも凶作が続いたため、これは悪鬼と化した隼人の御霊の祟りに違いないとして隼人の御霊を慰霊するために創祀されたとされ、古くは「疱瘡の神」として長い間庶民信仰の対象であったという。中世には百大夫社・百大夫殿とも呼ばれ、通称「百体様」といわれる。[14]

隼人の御霊を祀る百体神社（大分県宇佐市）

以後、この宇佐宮での託宣に基づく放生会が全国的に広く行われるようになったのだという。

以上見てきたように、八幡神の託宣により隼人の霊を慰め供養することになり、寄藻《よりも》川河口の和間の浜で蜷《にな》（巻き貝）を放した[15]のが放生會の始まりであるとするのであるが、これは一見極めて仏教色の濃い法会と言うべきである。この放生会の由縁に関して中野幡能博士は、次のように述べている。

もともと『梵網経』、『金光明経』、『六度集経』などによって、捕えた魚鳥を山野池川に放して、法を修する一種の慈悲行である。わが国では敏達天皇七年（五七八）に、すでに殺生禁断を令せられたこともあるが、放生を始めたのは天武五年（六七六）八月一六日諸国に放生せしめたのが初見とされ、以後たびたび行われている。これを神社で最初に取り上げたのは八幡宇佐宮であったといわれている(16)。

ここで間違ってならないのは、この放生会は平安期以降に流行した御霊信仰的なものでは決してなく、本来は隼人の勇猛果敢さを褒め称えるという、勇者を対等に称える心情に基づくものであり、それに生あるものを慈しむという仏教の慈悲の心が習合して出来上がったものと解すべきであろう。

宮廷文化が花開き、官僚文化が浸透して御霊信仰の芽が出る平安期はまた、今日の腐り切った官僚たちと同じく、人間的堕落の第一歩でもあったと言える。官僚化していく時の人を序列化する力は、基本的に「上に対して媚《こ》び諂《へつら》う」という「上下」の力関係であり、上に諂う力で下を支配しようとするものである。そこには「神みそなわす」という精神はとうに喪失し、故に「神に誓ってこれだけは……」といった誓うべき何物も持たず、まして「気高さ」や「誇り」などはかけらも存在しない。あるのはただ「上から見捨てられはしないか」という恐怖心に囚われて外面だけを気にする羞恥心だけである。自分たち官僚間の上下関係だけしか意識しないようになり、下にいることが恥ずかしいという感情だけが肥大する。その「恥ずかしい」という思いと「誇り」とを混同してしまって、上にあがったらむやみに威張り散らし、愚かにも威張れていることが誇りだと錯覚する。何も身に備わってもいないのに自ら錯覚し、人を支配し、恰も人間のすべてが分かったかのような愚かな判断を臆面もなく下し、未来をでっち上げようとする。ただ自分を支えているのは、「自分が相手よりも官僚序列で上だ」という自己認識だけなのである。

斯様に宮廷貴族はもはや武人でも勇者でもなく、自分たちの空虚さというものを不安として感じて怯えており、それ故に真に勇気ある者に対しては嫉妬心しか感じず、奸策を労してこの世から抹殺しようとする。御霊信仰の萌す精神風土はこの空疎な生のあり方に対する不安の反映でしかない。彼ら宮廷貴族が感じている畏《おそ》れは、他でもない自分自身が全く空疎な存在であるということに気付くことへの恐れである。偉大なる、例えば菅原道真公のような大きな魂に触れた時に、嫉妬心しか持てない俗物宮廷貴族たちは祟り神としてしか表象できなかった。これは他でもない、もはや宮廷を支えている貴族たちは武人ではなく、官僚の序列に組み込まれた品性のない一俗人に成り果てているからである。もし同じような立場に天平以前の宮廷人が遭遇した時には、たとえ責め滅ぼしたとしても決して怯えるのではなく、堂々と褒め称えた武勲史を書いたであろう。もし健全な日本精神があるとすればそこにしかないであろう。御霊信仰はすでに神道の本質からは離れているのである。

「武士は相見互《あいみ》い」「敵ながら天晴《あっぱ》れ」という、図らずも戦わざるを得ずして生命を賭けて戦っている敵同士が、お互いに相手の中に自分を見、また気高さを観る精神は急速に失われてしまったのである。

宇佐八幡宮の放生会は、昔は仏教的な儀礼的部分よりも神事的部分がより大きかったと思われ、それが時代とともに幾度かの習合と変容を受けて今日見るような形式になっていったのであろう。中野先生によれば、

宇佐宮の特殊神事の一つ放生会は、大隅日向の隼人を祭る神事で、今日でも、仲秋祭として、規模は小さくなったが続いている。しかしこの神事は宇佐宮周辺（境内郷）の祭祀集団が動かす神事ではなく、古代中世には豊前国全体と豊後・日向・筑前国の一部が参加していた。八月一日から八月十五日まで続いていた神事であり、その盛時の状況を見ると、それより前、豊前国田河郡香春岳神社の古宮八幡宮は七月二十三日より潔斎に入り、八月七日までに宇佐宮三殿の宝鏡の鋳造が終る。八月八日同国京都郡豊日別宮（草葉官幣宮）へ宝鏡を納め、翌日より宇佐宮へ向けて出発、八月十三日宇佐凶士塚で八幡神幸と同列する。(17)

と述べており、いかに大掛かりな神事であったかということがわかる。

なお注目すべきは、八幡神は戦争で犠牲となった隼人の戦死者の御霊の成仏と救済の儀礼を行ったものの、官軍や八幡神軍、豊国の戦死者の御霊への救済儀礼は行われていない点であり、これについて中野先生は、

つまり八幡神の〈こころ〉は「被害を与えた隼人が救われれば豊国の死者も自ら救われるという論理であった」[18]

と述べている。この放生会の一番大きな神事は八月一五日に行われるが、この神事が行われる日まで宇佐宮ではどのようなことが行われるかを見ると、

八月一日浜本立を和間浜で行い、その日から宇佐宮では禰宜太夫の下に細男《さいのお》が八幡宮内と「百太夫殿」（百体殿）で、十五日まで大弐堂の南庭で細男舞を舞った。このうち十三日は「一渡」。十四日は「村渡」として、所定の七ケ所で細男舞を奏した。この間必ず、凶士塚の「百太夫殿」で十五日間、細男舞楽を奏したとある（『斎会式』）。

また宇佐宮では八月七日「屋形賦」、八月十一日は「相撲内取」、八月十三日には「屋形見」「蜷饗《になあえ》」の行事を行い、十四日の神幸となっていたのであった。十四日和間浜着御は未剋（午後二時）で、着御すると弥勒寺・中津尾寺・六郷山の僧が迎講をし、鎮祝を奏する。そこでまた宇佐宮の細男舞が行われ、ついで伶人の万歳楽があり、供養で終わりとなる。[19]

とあるように、つまり、宇佐宮におけると同様に百体神社においても同じ一五日間細男舞楽が奏され、丁重に隼人の御霊の慰霊が行われたというのである。霊験灼然《いやちこ》に現れ、大化の改新以後も反乱を続けていた北の蝦夷や南の隼人らの叛乱は養老の乱以後は全く後を断ったといわれる。[20]

三　中野幡能博士と宝塔供養

この項では生前に中野博士が主催しておられた精神文化研究所（ＩＭＣ）発行の機関紙『ふくいん』をもとにして主に先生の「行と思想」について概観してみることとする。

中野幡能博士が神道研究者として学問分野でこれまで多大な業績を上げてこられたことは誰しも知るところであるが、と同時にこれまで先生が国や郷土のために生命を捧げて亡くなられた御霊たち、それも敵味方平等の鎮魂に一生を捧げてこられたという事実は殆んど世に知られてはいないのではないだろうか。

『大分県史料』(全二四巻)、『八幡信仰史の研究』(上・下巻)、『宝満山信仰史の研究』、『宇佐神宮史』(全一五巻)その他で多くの業績を残された中野幡能博士は大正五年七月三一日、大分県で誕生された。八幡様の夏祭りの日に生まれたことにちなんで御祖父が八幡様の「幡」の一字をとって幡能《はたよし》と命名されたと聞く。

生まれながらに俊才で、旧制小・中・高等学校(岡山の第六高等学校)から東京帝国大学に進まれた。そして図らずも三六〇〇通もの宇佐八幡の永弘家文書と出会うこととなり、当時の主任教授であった石橋智信先生に相談して同大学院で八幡信仰の研究に没頭することとなった。その間、中野先生は二度戦地に赴かれている。そして二度とも奇跡的にというか、不思議な御守りをいただき命拾いされた。大学助手を務めておられたその年(昭和二〇年)の一月に召集があって、南支那がアメリカとの最後の決戦場になるとのことで中野先生の軍は南支那に向かったが、先生の乗られた船の前後の船団はことごとく撃沈されて上陸すらできないまま海の藻屑と消え、上陸できたのは先生が乗られた船団だけであったという。

戦地では毎日毎日昼間は壕掘り、夜は爬行爆雷を背中に背負って這い回り、敵の軍艦から戦車が上陸するとその下敷きになって戦車を爆発させるという人間爆弾の演習を主にやっていたが、結局来るはずのアメリカ軍は南支那には来ずして沖縄に上陸したわけで、大した激しい戦闘もないまま、先生は終戦の玉音放送を涕して聞くと共に、挙句は捕虜となり捕虜収容所に入れられることになった。

収容所ではどこから漏れ聞きしたのか、先生が大学で、道教がどうして日本の宗教の中に伝わったかなど中国宗教の色々な調査や研究をしていた者だということが中国軍の将校たちの知るところとなり、それからというものは村の村長(黄徳福氏)や将校たちに、あちこちの寺院や廟、道教の道観、お墓などを案内してもらい、先生は捕虜の身でありながらも大切にされ、その上得難い調査・研究をすることができたという。

中野先生は単にどこにでもいるような研究一辺倒の学究者では決してなかった。

旧制高等学校時代に友人の勧めで中山日徳という生涯の師と出会われた。この中山翁は当時、全国の大名や農民たちのお墓が集まった三万余の墓が全部倒れてしまい、挙句は霊場の中にお酒の飲み屋まで入っていたというまでに荒れ果てて哀れな有様の高野山を一〇年もの歳月をかけて、禊行をもととして倒れた墓を一つ一つ興し回り、完全に復興させた人である。中山翁は中野先生に「単に学歴とか学問だけが人間の幸せの道ではない。人間の真の幸せの道は別にあり、それは徳を積むことである、お徳という世界があるのだ」と教えられたのである。

中山翁は文字もろくに書けないような御仁ではあったが、学問や理屈だけでは到底分からない世界、それだけでは通れない道があるということを数日間懇々と教え諭され、中野先生は非常に感動してそれまでの人生観が一変し、

「お徳を積む」という事柄が、どんなに大きいことであり、また人生これほど偉大なことはないんだということを知った。[21]

と述べておられる。

斯様なわけで、中野先生は内地（日本）におられる時から、中山日徳先生からいただいた古いお数珠を回して教えに従い、戦争で亡くなられた多くの御霊を敵味方なくずっと慰霊供養し続けておられた。また、先生が戦地にある時にも、先生の御母上はじめ、ご家族の方々が村の人々と共に戦死者ばかりか各家の有縁無縁の仏さま（死者の御霊）の供養をずっと欠かさずにしておられたという。

後年になって先生は、「やはり戦没者というのは目には見えないけれども、守ってくれているんだ」、「師から戴いた一番古い、大事な祈ってきたこのお数珠の御蔭で私は帰ってこれたのではないか[22]」と述懐しておられる。

戦地から帰還後は、東京大学から何度も大学に戻ってくるようにと勧めがあったが、先生は宇佐八幡の古文書を

整理し後世に残すために郷里に根を降ろすことを決意された。大学からの「戻ってこい」との要件こそ、実は靖国問題であったという。

二度も戦地に赴いた体験を持つ先生にしてみれば、「日本の国家が命令して戦場に送り出しておいて、そして国家のために死んだ。その死んだ人たちをお弔いをしない。そういう国家になっている[23]」今日の有様をどんなにか深く嘆かれたことであろう。

以下、中野先生が『ふくいん』で述べられたことをいくつか抜粋して見ていくことにしよう（原文のまま）。

（イ）特に私が切実に思うことは、日本は明治以来ずっと戦争をし続けました。それで今度の戦争だけでも、三百万の若い人が靖国神社の神様になったのです。その中の半分は海で死んだ。あるいは半分はただ戦場に送り込むだけで、食料（糧秣）は送ってやらない。戦場に送りさえすれば何とかなるのだろうというので、食料は何にも送らず兵隊だけをどんどん参謀本部は送っておくだけで、半分の百五十万のかたは海で死んだか、あるいは飢え死にをなさった。いずれにしても、そういう悲惨なことで死んで行かれたというのです。そういう方々が、どんな辛い思いをしたか。どんなに家族のことを思い、妻子のことを思ったか。これは戦場に行った人でないとわからない、様々な問題がたくさんあります。そういう苦しい思いをしながら、死んで行ったのです。戦争というものはすべきものではない[24]。

（ロ）八幡様の精神を大切にしないといけないのだ。日本の国というのは、中世までは国内での戦いが多かった。その戦いが終わったら、氏神様にたたかった相手方の戦死者を、客人《まろうど》の神として、別にお社を作って祀っている。だから氏神の祭りの時には、お客の神様も、自分たちの代々お祀りしている氏神様と同じようにお祭りをしてお慰めしている。これが日本の神道だ。どうしてそういうことをしないのか。どうしてそういうことが止まったのかと……。

その意味で、靖国神社には戦った相手方を祀ったということはありません。日本の兵隊だけしか祀っておりません。どうしてそういうことになってしまったのか。日本の神道というのは亡くなってあの世にいったら、この世で戦った仇であっても、あの世の仏の世界ではお互いに仲良くならなければいかんのではないかというのが、日本の風習であった。

それを教えてくれたのが宇佐八幡宮だった。宇佐八幡様は、戦って皆殺しにいたしました隼人の代表者たちを、百体社としてお祀りしているのです。そのお祭りをするのが「放生会」のお祭りなんです。どうしてこの麗しいお祭りを、いまの神道はしないのか。何とか、靖国神社の境内とは言わない、境外でいいからその戦った兵隊さんたちを供養していただくお社を造って欲しいということを、私は最後に言って終わりにいたしましょう。(25)

(八)日本の神社の中で一番数が多いのは、八幡宮でございます。全国に十万とか十二万社とか言われる神社の、三分の一が八幡宮でございます。その八幡宮の一番中心の祭りは「放生会《ほうじょうえ》」という祭りでございます。(中略)歴史時代になって、一番朝廷が困ったのは、大隅と日向でございます。南の方に勢力を持った隼人という種族は、なかなか強力な種族でありましたが、朝廷に反発を致しまして服従しない。とうとう困り果てまして、八幡宮に祈願して、お願いをするわけです。八幡宮は神輿を先頭に軍隊を率い、これを征伐するのであります。征伐をしてからどうなったか。その翌年から八幡宮におきましては、多くの戦没者の追悼を、はじめたわけであります。

どういうようにしたかと申しますと、隼人の霊を徹底的に、お慰めしたのであります。殺すべき霊をそのまゝ、鳥獣、貝類から、そういう人間の食べられるものを、全部生かして海に流し、山に放って生かし、その生きのびた寿命の、その力を代償にしまして『隼人の御霊よ、どうぞ一日も早く、再び生まれかわって働いて下さい。』とお祈りをしたのでございます。

それによって、はじめて八幡神軍は、浮かばれるんだというのが、放生会の祭りでございます。(26)

（ニ）昔の日本の神社には客人社《まろうどしゃ》という、戦った敵を祀る社をもつ神社があった（今でも村の鎮守の中には残っている所もある）。敵方をお客の神様に祀っている所があるのです。

戦国時代までは、戦争が済んだら敵も味方も一緒に祀ってさしあげた。敵方はお客の神様としてお社を建てて、村の鎮守の祭りの時に祀ってさしあげた。そういう神社が今でもあります[27]。

（ホ）私どもがいつも申しています放生会というお祭りは、奈良時代、朝廷の言うことを聞かないということで征伐された方々を供養してあげるという法会であります。朝廷のために反対をし、そして戦争をして亡くなった方々を供養してあげるという、そういう供養が放生会であります。

この放生会の精神をこの国の人が分かってくれれば何でもなく靖国問題は片付くということを思うので、私は八幡様の研究というのを懸命にいたしました。

その八幡様の研究の中に出てくるのが、一つは文永弘安という蒙古が攻めて来た時に、敵味方を平等に供養した宝塔、それが国東半島の六郷満山というお寺に残っているのであります。その供養塔を私たちが初めて宝塔として建立したのが、天龍寺（紀峯山）の山の上であります[28]。

（ヘ）一口に「戦死」者といっても戦没者の中には必ずしも華々しく戦って死んだ方ばかりではなく、英霊宝塔にはなかなか入りにくい方もいらっしゃる。そういう方々のために大阪の英霊宝塔の後ろ側に「三界萬霊塔」をつくった[29]。

（ト）海上で撃沈されて遺骨も何もなく、海の藻屑と消えていかれた大変気の毒な方々を成仏させ浮かび上がらせるために「水天供養」をした[30]。

（チ）靖国神社に国の代表者がお祀りに無事に参れるようにするためには、これは何としても敵も味方も平等にかって八幡様が供養したように、放生会の精神を今の時代に再興しないとできないのだ……[31]。

（リ）明治天皇御製に「さまざまの　虫の声にも　しられけり　いきとしいける　物のおもひは」とあるよう

に、「一寸の虫にも五分の魂」があるのだ。今こそ「命を大切にする」という弥勒菩薩の精神を取り戻すべきである。[32]

真の宗教というのは「生命を大切にする」という心をいつも持ち続けるという、その方法、あり方を教えてくれるものであり、ただ懸命に人の幸せを考え続けるもの、それが宗教である。大宇宙の大自然の中にも生命がある。そこから生まれてきた動物にも植物にも、みんな命がある。生命をこの世に生み出し育てはぐくんでくださった、自分たちの生命の源である「親を拝む」ということが人としていかに尊いことであるか。親・先祖を大切にすることがミロクの世の中を造る根本なのだ。国のために命を捨てられた方々（戦没者）はいわば国民の親なのであり、これを身近に拝んで差し上げるということ、これが国民としての義務ではないか。

また、「世界の戦没者を平等に慰霊供養する」ということは何宗でも何教でもないからできるのであり、[33]宗旨や宗派があったのではとても「平等に供養する」ということはできないのだ。[34]

宗教を差別したり一つの宗教に凝り固まっていては真に世界の戦没者の供養は出来ない。自分たちの生活のためにやっているような世間の宗教と違って、私たちは何教でも何宗でも何派でもなく、また何の力もないけれども、ただただ国民の代表として誰の世話にもならず自分たちで出来る事柄を自発的にボランティアとして真心でやっているのです。いわゆる「貧者の一灯」で戦没者の御霊を供養し、宝塔さんを作ってきたのであります。それ以外に、命を捨てて国家の命によって国を守るために命を捧げた幾百万もの戦没者の御霊さまの幸せを願い、また戦没者のご遺族・関係者にお礼をするという道はないからです。[35]

（この〔リ〕については『ふくいん』のいくつかをとりまとめて書かせていただいた）

以上に見るごとく、中野幡能先生は宇佐八幡の放生会に尽力した弥勒寺の別当「法蓮」和尚[36]の信念と情熱をそのままに、敵味方双方の戦没者はじめ、各地域住民のために生命を投げ出された多くの御霊の慰霊供養のために一三基もの宝塔を建てられ、その生涯を通して八幡神へ奉仕のまことを貫かれたのである[37]。

四　長谷川伸『日本捕虜志』に見る怨親平等の鎮魂

苦労人で思いやり深く、人情家でしかも確たる自己の信念を貫き通し、常に謙虚な姿勢を堅持して生涯崩すことのなかった作家「長谷川伸」氏の、その人物・作品を愛し共感する人は今も少なくないであろう。山岡荘八氏が「終生求道者でもあった特異な作家」「稀に見る市井の聖者であった」と評した小説家・劇作家、また股旅物の創始者とされる長谷川伸先生についてはあまりにも著名であり、従って今ここに改めていちいち紹介するまでもないと思うが、この『日本捕虜志』という作品を見るに際しては、先生の人となりについて幾許《いくばく》かは知っておいた方が読者の理解の助けになるのではないかと考え、年譜に基づいて波瀾に富む先生の生涯の一端に触れておきたい[38]。

作家長谷川伸氏は明治一七年三月一五日、現在の横浜市日の出町に長谷川寅之助、かうの次男として生まれた。本名は長谷川伸二郎といい、三歳上の兄、そして妹がいたが妹は夭折した。

先生三歳の時に、父寅之助の放蕩がもとで生母かう（当時二六歳）は自分から身を引くかたちで二人の子を残して家を去った。それからの人生は苦労に継ぐ苦労の始まりで、しばらくは父親と一緒に暮らしたが、一〇歳の頃には横浜第二ドックの工事請負人のところで住み込みの小僧として水汲みや薪割り、風呂焚き、庭の掃除に台所の雑巾がけ、ランプ掃除などをして働き、自活することになる。小学校は中途退学してしまったが、手当たり次第に本を読み、月謝が払えるようになると夜学の時習学校へ通い、漢籍を学んだ。約二カ年通ったが、月謝が払えなくなりやめた。その後色々と職業を変え、一四歳の時品川の陣屋横丁の魚角という台屋でしばらく出前持ちをしていた。

ある日、沢岡楼へ出前に行った時、おたかさんという遊女に「その若さでこんな所にいて末はどうなる」と意見され、銭と菓子をもらったという。その時の思い出が、のちに戯曲「一本刀土俵入り」序幕の場面に生かされている。その後は稲川政右衛門という力士に弟子入りを頼んで断られたり、落語家や講釈師の弟子になろうとしたこともある。一八歳の頃、父親が請け負った新田工事を手伝ったが、出資者の無責任から金繰りがつかなくなり、地元業者の反感を買ってしばしば危険な目に遭う仕儀となり、父の言いつけで常に六連発のピストルと匕首《あいくち》を懐中していたこともあったという。一九歳の頃、英字新聞「ジャパン・ガセット」の臨時雇いの記者となり、その後入兵した。除隊後、ジャパン・ガセット社や横浜毎朝新聞社を経て東京の都新聞に入社した。以後、先生はここに約一六年間勤めている。

大正三年（三〇歳）三月から都新聞に山野芋作の名前で連載された「横浜音頭」が、次の年に単行本として出版された。この作品が先生の事実上の処女出版となる。その後、長谷川芋夫、山野芋作、春風楼などのペンネームで都新聞その他に色々な記事や作品を書き始めた。『サンデー毎日』に同時に二作品を載せたことがあった。つまり漫々亭のペンネームで載せた「江戸の巾着切」と、冷々亭のペンネームで載せた「天正殺人鬼」がそれだが、後者の作品が図らずも菊池寛の目にとまった。芥川龍之介も前作の「江戸の巾着切」の筆力を高く評価していたそうであるが、当時は長谷川先生がいくつもの名前を使い分けていたため、それらの作品がすべて同一人物によって書かれていたとは誰も気付かなかった。それを長谷川伸であると見破ったのは菊池寛だったのである。菊池寛の勧めで『新小説』に初めて発表した「作手伝五左衛門」はなかなか評判が良く、続けて書いた「夜もすがら検校」はさらに好評で、先生の出世作となった。以後は菊池寛の勧めでペンネームを長谷川伸で通すことになった。大正一四年、四一歳の時、いよいよ作家として立つ決心を固め、都新聞社に辞表を出した。

昭和五年秋に東京・大阪両朝日新聞夕刊に連載された「紅蝙蝠」は大変な評判になり、映画に芝居にもてはやされた。好評に応え、すぐ続いて続編の「戸波長八郎」を同紙に書いて、この作品によって流行作家の一人となった。

以後の先生の活躍ぶりは大変めざましいものがあって、ここにそれら作品のすべてをいちいち紹介するのは控えることにする。

昭和八年（四九歳）二月に、先生は奇しくも幼い頃に別れ別れになっていた「瞼の母」（生母三谷かう、七一歳）に四七年ぶりに劇的に再会されたが、その前年には先生作の一一の戯曲が大劇場で上演され、八本の作品が映画化、その上すでに五〇冊もの著書を持つ名実共に大作家の地位を築いており、特に股旅物や人情物は断然他を引き離して並ぶ者がなかった。

日支事変が拡大しつつあった昭和一四年頃から、先生はしばしば匿名で陸海軍に多額の献金をされたり、息子を失った老母や働けなくなった老人、貧しくて学費の払えない青少年など、多くの人々に毎月、多額の金を永年にわたって贈り続けられた。しかも先生はその殆んどを秘して語ることはなかったが、山岡荘八氏は「先生が、恵まれない晩年を迎えて困窮している先輩に密かに生活費を贈り続けた話。苦学している学生に学費を与えた話。不遇な芸人や俳優を励まし続けた秘話などは数えきれない[39]」と述べている。

昭和二〇年になるとB29の猛爆（絨毯爆撃）により戦火は東京のほとんどを焼き尽くしたが、幸い長谷川邸は焼失を免れた。その代わり、他で罹災した二〇人内外の人々が先生宅に転がり込んでいつも同居することになり、戦争中の食糧難の間も全く闇物資を買うことを許さず、わずか数きれの芋と数十粒の豆という食事を続けたため終戦頃は栄養失調となりスッカリ体力を消耗していた。それでいて、空襲下で『日本捕虜志』の草稿を書き続けられた。

戦局が激しくなり、空襲が日夜続くようになってから、先生の家の玄関前に大きな穴が掘られ、空襲のたび、まず真っ先にスーツケースが入れられた。それが次第に重くなっていったが、「捕虜志」の草稿と「敵討研究」の草稿が、その中に入っていたのであった。終戦の日には「捕虜志」の方は四〇〇枚、「敵討」は六〇〇枚になっていた。警戒警報解除になると、そのスーツケースは掘り出されたが、先生は自宅も戦火で消失するのは予期していたし、自分の生命終わるのも覚悟していた。その中でも、二つの草稿さえ残れば、誰かがこの仕事を完成する、と先生は考えていたと思われる。

村上元三氏は『日本捕虜志』の解説の中で次のように述べている。

著者がこの資料を集めはじめたのは、誰にも話していないが、おそらく日支事変に入ってから、と推察される。著者の門下生、あるいは知人の中から、兵士として、報道班員として、大陸に従軍した人々が多い。その人々が帰還後、著者は日本軍の捕虜扱いの挿話を聞いて、ときどき眉を曇らせていた。日本人は天智天皇の昔から、捕虜を遇することには情厚い国民性を持っていたのに、それが失われつつあるのを聞くのは、著者にとって心外であったに違いない。既成の事実を書き残すべきだ、と著者が思い立ったのが、捕虜志の材料蒐集に手をつける端緒になった(40)。

また「内容に創作はない。すべて有りの儘で、いわゆるノンフィクションの部に属する」とし、また「著者が日本人を愛し、日本のよさを忘れるな、誇りを捨てるな、という悲願が、ハッキリと打ち出されている」とも述べている(41)。

昭和二四年、世相は敗戦による打撃に打ちひしがれ、日本人としての誇りと自覚を失った混迷の時代だった。そうした日本人の心の支えになれかしと、前年の大患以来、一時は危篤とまでいわれるほど生死の境を彷徨して衰弱し切った体力が回復するのを待ちかねるように、永年蒐《あつ》めてきた資料によって『日本捕虜志』という作品は書かれたのである。昭和三〇年三月、先生は『日本捕虜志』を自費出版し、諸方面に贈呈した。できるだけ多くの人々に、日本人の誇りと魂《たましひ》を知ってもらいたいためであった。そして昭和三一年二月、本作品によって第四回菊池寛賞受賞。また、本作品は各新聞、雑誌などで紹介され、激賞を受けるに至った。先生七二歳の時であった。『日本捕虜志』の原本にある序文は、次のような書き出しから始まっている。

この本は昭和大戦の後期に入り、日本全土が火と鉄との直接攻撃で、地獄の惨苦に陥ったとき着手し、日本が降伏したその日までに、事実の聚集漸く半を超え、草稿は約四百枚になっていた。空襲のサイレンを聞けば草稿を土に埋め、解除のサイレンを聞いて掘出した。（中略）

これは日本に関する捕虜に就て、世界無比の史実を闡明し、どの程度かは知らず残存する日本人の間に、語り継ぐべき資料を遺さんとした。その故にこの草稿を地中に埋め、降りそそぐ戦火を避けたのである。地中の物はいつの時にか何かのことあって掘返されることがある。然らばたれかが未完成のこの稿本を、いつかは発見して完成してくれるだろう、爆弾にケシ飛べばそれまでのこと、と思ったからである。（中略）この本が国民の語り継ぎの資料となることを望んでいるが、覚束ないように思えるので、私は私に答えを既に出している。曰く、オイ今度のこれも零だろうよ。

昭和三十年三月十五日　　長谷川　伸(42)

――西暦一九五五年――

そして同書の昭和三七年版「後記」には次のように記している。

読んでくださる方々よ、この本は捕虜のことのみを書いているのではない。〝日本人の中の日本人〟をこの中から読みとっていただきたい。どうぞ。

昭和三十七年三月　長谷川　伸(43)

『日本捕虜志』を紐解くと、前篇は「天智天皇の二年、日本軍大敗戦後の一千二百余年に亘る彼我の捕虜」について書かれているが、その中から主に彼我平等の鎮魂の事例を以下に抜粋して見ていきたいと思う。紙数の関係で事例の一つ一つに解説を加えることはしない（以下、すべて原文のまま『日本捕虜志』から抜粋）。

（一）北条時宗は弘安四年《ママ》（西暦一二八一年）鎌倉に円覚寺が竣工したとき、一千体地蔵尊をつくらせ同寺に納めた。地蔵菩薩は軍陣に死んだ者を解脱せしむると信じているからだった。時宗の師で円覚寺開山の禅僧祖元の語録（『仏光国師語録』）に、時宗の一千体地蔵の件りで、「前歳及往古此軍及他軍戦死与溺水、万象無帰魂、唯願速救抜、皆得超苦海、法界了無差、寃親悉平等」と録してあるから、前後永きにわたった元寇の彼我もろ共の慰霊であることは、前歳とは弘安四年のこと、往古とは文永一一年のこと、此軍は日本、他軍は来寇軍のことと同様、説くまでもない(44)。

（二）楠木正成が河内の赤坂城に籠城し、寄手《よせて》の北条方を悩ました戦場に、味方《みかた》塚と寄手塚とて、敵と味方の遺跡がある。河内郡赤坂村森屋の東条川に近い丘に五輪の古い石塔がある。味方塚である。北へそれよりすこし行くと、又一つ古い五輪の石塔がある。これが寄手塚である。昔そこは浄瑠璃寺と西方寺の旧趾で、正成の籠った赤坂城からは北へ五、六町だという。おそらく正成はここのみに敵味方追善の挙をしたのではあるまい、他は滅したか未発見なのか、ではなかろうか(45)。

（三）足利尊氏も弟直義と共に敵味方の慰霊に、六十六の寺と塔とを、日本の国々に建てはじめたのが延元三年（新田義貞が戦死した年、西暦一三三八年）、北朝では暦応元年、という、まず京都に一寺一塔を建てたのが安国寺である。その翌年（延元四年といい暦応二年という）八月十六日、後醍醐天皇が崩御された。尊氏等は天皇御慰霊のため、次の暦応三年（南朝では興国元年、西暦一三四〇年）の春から、天皇の旧殿跡に工を起し六年かかって、暦応資聖禅寺を造営し、併せて元弘以来の敵味方戦死傷亡一切の慰霊をし、子孫永くこのことを続くるを命じた。この寺が後の天龍寺である。申すまでもなく元弘以来とあるは、後醍醐天皇の笠置落ち、楠木正成の河内挙兵のとき以来ということである。これらのことは『夢想国師年譜』にある。又、尊氏は諸国から多くの僧を集めて写経させ、一々に署名した願文を奥書とし、六十六カ寺に納めた、その願文の中に、「元弘以後戦亡魂・一切怨親悉超度」という句があるので、その趣旨は明らかである。（中略）尊氏はそれより前の建武元年（西暦一三三四年）後醍醐天皇の勅を奉じて、足利直義をして、鎌倉小町に金龍山円頓宝戒寺を建てさせ、翌年竣工した。同所は北条高時が一族と従うものと、夥しい人数で自殺した高時邸の跡である。尊氏が宝戒寺に与えた文書に、「逆徒ノ梟悪ヲ誅シ、征伐ノ時ヲ得テ雄勇功ヲ遂グ、然ル間、滅亡ノ輩、貴賤老幼僧俗勝テ計ル可カラズ、コレニ依リテ金目郷ヲ割キ分チ、宝戒寺ニ寄スル所也、是レ偏ヘニ亡魂ノ恨ミヲ宥メ、遺骸ノ辜ヲ救ハントスル也」とある、これが趣旨である。(46)

(四) 相馬小次郎将門は賊名を被せられて天慶三年(西暦九四〇年)の春、東国に討伐をうけて戦死し、その翌年の夏、逆徒として前伊予掾藤原純友が、南海に討伐されて死んだ。その七回忌にほとんどあたる天暦元年(西暦九四七年)三月二十八日朱雀上皇は、御在位のときの東西二つの討伐戦に陣亡した味方も敵も、もろともに、比叡山延暦寺で、千僧供養を修法させた。その翌々年四月二十七日にも、興福寺で千僧供養を修めさせたことが、共に『日本紀略』にみえる。朱雀上皇の延暦寺大供養願文の中に、「雖在官軍、雖在逆党、既云卒土誰非王民、欲混勝利於怨親、以頒抜済於平等」とあるので、その当時は帝位を窺窬する逆賊と信じて疑わなかっただろうに、かくの如く怨親平等観の慰霊が行われた。(47)

(五) 後白河上皇は、平家が壇の浦に皆滅した翌年の文治二年(西暦一一八六年)七月二十四日、紀州高野山に大塔を建てて、平家一切の亡魂を慰めた。翌三年三月六日には、保元の乱(源為義斬られ、為朝が伊豆大島に流された時のこと)以来の敵味方の慰霊が、上皇の命によって高野山で修行された。その文献は高野山にある。(48)

(六) 源頼朝も平家諸霊の供養を、建久元年(西暦一一九〇年)七月十五日の盂蘭盆会《うらぼんえ》に、鎌倉の勝長寿院で万燈会によって行った。勝長寿院は父義朝の菩提のため頼朝が建立した寺で、『吾妻鏡』にその記載がある。頼朝は義経と奥州の藤原泰衡とが亡びた文治五年(西暦一一八九年)の十二月九日には、鎌倉に永福寺建立の事始めをさせている。永福寺は彼我の死亡者慰霊のためで、『吾妻鏡』はその条下で、「数万ノ怨霊、且ツ三有之苦果ヲ救ハンガ為ナリ」といっている。(49)

(七) さて北条九代に関しては既にいったので、足利時代についていえば、佐々木判官入道道誉などは北条高時に叛いて尊氏に付いて重用され、人物としては姦佞《かんねい》だとされている。だがこの入道ですら正平十一年（北朝の延文元年、西暦一三五六年）、彼我平等の永代回向のために、京都京極の金蓮寺に四町の土地を寄進した。入道の寄進状の中に、「元弘ヨリ以来凶敵御方《みかた》共、戦場ニ於テ命ヲ墜セシ族《やから》、勝テ計ルベカラズ、然ル間、正シク彼ノ亡魂ノ菩提ノ資ヲ為シ、且ツハ現当悉地（現世と来世の妙果）ノ成就所願ヲ為スナリ」とある。[50]

（八）『筑後国史・筑後将士軍談』（久留米矢野幸太夫一貞）に、こういうことがある。御原郡小郡村大野原にある千人塚は、延文四年、少弐・菊池の古戦場で、又別に大塚あり、首塚であろう。大野原の北隅の松林の内には卒塔婆《そとばば》場という地がある。足利将軍二、三代目のころ、戦死者の慰霊に千僧供養を行い、卒塔婆を建てた跡である、と。

少弐・菊池の古戦場とは延文四年（南朝の正平十四年、西暦一三五九年）八月、懐良親王の宮方なる菊池武光が、筑後川を渡って大宰少弐頼尚を破ったところで、『筑後国史』と『大宰管内誌』に『筑後地鑑』から引いた記載がある。それは古老の伝に曰く、菊池方のここでの戦死者は千八百余、大宰少弐方の戦死者は三千六百五十余、合わすと五千四百五十余人、一日一場の合戦でこれほどの戦死者は稀有のことだが、後来、菊池と大宰と敵味方が力を協わせてその暴骨をあつめて埋め、寺をその側らに建て供養を営んだ、我が少年のころその寺はあったが、廃されて七十年ばかりになるというのである。[51]

（九）明徳二年（西暦一三九一年）十二月晦日、足利三代の将軍義満は、兵を遣わして叛逆の山名氏清を、内野（京都北野の近く）、大宮に邀《むか》え討って滅ぼした。義満は尊氏の敵味方慰霊の例にならい、内野に堂と塔とを建てて、山名氏清はじめ敵味方の慰霊をし、後にこれを北野に移してからは、経王堂成就寺といった。[52]

（一〇）相州藤沢の遊行寺《ゆぎょうじ》裏門の傍らに、上杉禅秀の乱といわれる戦いで死んだものの、怨親平等碑が現存している。

応永二十三年（西暦一四一六年）上杉禅秀氏憲《うじのり》が叛して、関東管領足利持氏《もちうじ》を撃ち、その翌年、戦い敗れて鎌倉雪の下に死んだ。時に遊行十五世の尊恵上人は、僧俗を戦場の他にやって、傷病者を収容し、戦亡者は葬り、敵味方怨親平等の供養碑を建てたのが、前にいった藤沢遊行寺のそれである。碑は一個四面で、彫刻の文字剥落して全文読みがたいが、明治四十年（西暦一九〇七年）ごろは辛うじて判読できた。その頃に写したもの次の如し。正面は「南無阿弥陀仏・刀水火落命人畜亡魂皆悉往生浄土」とあり、左の側面は「応永二十三年十月七日兵乱・至同二十四年・於在々所々・敵御方為箭刀水火・落命人畜亡魂皆悉往生浄土・故建此塔・於前僧俗可有十念者也・応永三十三年十月六日」とあり、右の側面には次の氏名がある。[53]（以下略）

（一一）徳川家康の五世の祖を松平右京亮親忠といい、三河岡崎城か安祥城かにいて、小大名ぐらいの勢力をもっていた。応仁元年（西暦一四六七年）都では応仁の乱が起ったその年の八月二十三日、三河伊保の三宅加賀守清宣と、それを援助する尾張・信濃の兵とで二万人が親忠を仆して所領地を奪わんと伊田野まで押入ったところを、年三十八の親忠が、五百の兵を率いて伊賀村に押掛け戦った。敵は五百を三万余と誤って崩れ立ち、討たるるもの二千余、親忠はこれを追討って夥しく敵を討ちとった。そのときの彼我の戦死者を井田野に葬り、塚を築き、慰霊のため念仏堂を建て西光寺といった。文明七年（西暦一四七五年）二月岡崎から北一里の鴨田に松平家菩提寺を建てて、前いった井田野の念仏堂の僧愚底勢譽上人を招いて開山とした。寺は成道山松安院大樹寺という。この材料は『岡崎市史』と『大樹寺記』を併せたものである。それより後の明応二年（西暦一四九三年）十月、伊保の三宅加賀守は援助の軍勢を得て、親忠打倒に押入ったが、再び井田野で親忠の寡兵に惨敗をくらわされ、三宅は戦場の露と消えた。この戦いでも親忠は戦後すぐ、彼我一如の慰霊に大樹寺で、七日七夜の念仏会を修した。こう類聚をやってみると、心ある武士はその以前もその頃も、こうやることが常道であったと観ていいように、次第になって来てはいないだろうか。[54]

（一二）相馬讃岐守顕胤は陸奥の武人で（中略）天文十一年（西暦一五四二年）二月、阿武隈川で伊達晴宗と戦って破り、追撃して大森で打撃を与え、同年五月高児原《たかこはら》で、再び戦って晴宗を破り、西山に押寄せて稙宗を救い出して帰り、小高堀の内城に置いた。これは『野史』にもその他にもあるものだが、『野史』ではその後に、顕胤は士を愛す、伊達氏と高児原に戦って還えるや、途《みち》、同慶寺を過ぎ、戦死者の姓名を手書し、僧に付して之を弔い、大いに悲しみ流涕す、士卒感慟す、といった伝え方をしているが、それだと自分の方のみの戦死者のためだか、敵味方もろ共なのだか曖昧である。『奥州相馬記』は敵の死体を葬って二つの塚を築き、相馬小高の庄堀内の城に還り、小高八景同慶寺の僧に請いて、敵味方の亡魂供養を修め行わせたとある。これだと怨親平等観がはっきりする。[55]

（一三）織田信長は桶狭間の夜襲に成功した後、清須から二十町のところに大きな塚を築いて、大卒塔婆を建て、千部経を供えた。これを今川塚という。

又、信長は長篠合戦の後、武田一族一万余の戦死者を新戦場の隅に葬って信玄塚と名づけ、供養法会を行なった。『西遊日記』（塩谷世弘）だとそこは三河設楽《しだら》の竹広村に近い新間というところで、大小二つの塚があり、大きい塚は武田方を葬ったところ、小さい塚は信長・家康方を葬ったところで、敵の塚には石に地蔵像を刻みしものが建てられ、味方の塚には一基の碑が建てられてあった、というから申すまでもなく、敵味方同時の回向がなされたとわかる。[56]

（一四）薩摩の島津義弘・忠恒父子は慶長四年（西暦一五九九年）六月、紀州高野山奥の院に近い足切地蔵の脇に、高さ七尺余幅二尺七寸の敵味方供養の碑を建立し弔霊した。刻まれた文章によると、慶長二年八月十五日朝鮮全羅道南原の戦いで、明の兵数千を討ちとった中で、島津の手で討ちとったのは四百二十八人、同年十月朔の泗川の新塞の戦いでは明兵八万余を討ちとった。それら昨日の敵だったものと、味方の戦死三千余人と横死病死のものとを、ともどもに供養の建立である。高野山に戦後に建てただけでなく、泗川にその当時、市来孫右衛門を奉行として、敵の屍体をあつめて塚を築き、従軍僧の大慈寺と萩原寺とが卒塔婆を建てて法要を営んだ。島津家のことを書いた本に、「敵の死体を収めて塚を築き弔いを修行ありしことは御家法にして」という文言がある。『伊作郷土資料』（鹿児島、宇都為栄、大正元年刊、鹿児島県伊作村教育会本）に「日新斎（島津忠良）戦に勝つや厚く死者を葬り、僧を集めてその亡霊を弔うに敵味方の区別なかりしとぞ、その精神はやがて子孫に伝わり」であるということが出ている。島津日新斎は戦いの後では、必ず敵味方ともに生天成仏の大施餓鬼を勤修した。子の島津貴久《たかひさ》は日向飫肥《おび》に近い中の尾で、伊東義祐を破った後に、三百余の敵兵供養の地蔵尊碑を建てたる外、同類のこと多くあり、又、義久の弟島津忠平は伊東を日向の木崎原に破ったとき、六地蔵を建てて敵の回向を往来の人々にさえ乞うた。

又、島津義久は豊後の大友義鎮（宗麟）を日向の耳川に破ったとき、そこに敵屍を葬って豊後塚を築いて供養し、鹿児島へ戻ってからも大施餓鬼をやり、又、義久は島原合戦の後に敵味方回向の碑を建て、敵の大将龍造寺隆信の首実検のときは合掌念珠をした。島津家久も又、筑前岩屋城に高橋紹雲を亡ぼしたとき、祭壇を築いて焼香し、今や勇将を殺す予は弓馬の家に生まれしを悔ゆと、礼を厚く祭った[57]。

以上、怨親平等の鎮魂に関する事例をいくつか原文のまま抜粋して見てきたが、そこには日本人の精神構造の根底に、心ならずも止むなく戦い合うことがあっても、戦い済んで後は恩讐を超えて互いに彼此両軍戦死者の菩提を弔《とむら》うという一貫した精神が流れていることは明らかである。それはただ単に古代から「匹夫匹婦も強死すれば、其の魂魄《こんぱく》猶ほ能《よ》く人に憑依して、以て淫厲を為す」（『春秋左氏伝』下）といった、怨霊による災厄の恐さを知っていたからという御霊信仰に繋がる理由だけでは決してない。「敵ながら天晴れ」あるいは「敵に塩を送る」、「武士は相身互い」などの語が示すように、戦国時代までは武士だけでなく、日本人誰もが真に「誇り」を持って生きていたのである。かの日露戦争において旅順を攻略した際に、乃木大将は敗れて降伏したロシアの旅順要塞司令官ステッセルとの水師営の会見において、彼の軍刀を取り上げなかったばかりか、「昨日の敵は今日の友」とお互いにその勇敢な戦いぶりを褒め称え合った。そしてまた、後にはロシア皇帝に対してステッセルの助命嘆願までしたことは誰もが知る事実である。このように、たとい戦場にあっても、対等な相手として敵味方の区別なく互いに勇者を褒め称え合うという気高い精神や、戦った相手方の死者の御霊をも善悪を超えて祀り慰霊供養をするというあり方は、奈良時代から戦国時代にかけての日本人の古くからの風習であり自然の情であったということができ、これまで日本人の精神文化の深層に脈々と流れ、かつ継承されてきた、うるわしく清らかな精神性の発露であったと言うべきである。

長谷川伸氏が一番伝えたかったのは、まさにこの「人間の誇りの本質」についてであった。

五　おわりに

誰も戦争を肯定するものはいまい。誰だって平和な世の中が良いに決まっている。戦争はまさに地獄であり、決してあってはならないことである。

「和を以て貴しと為す」との聖徳太子の十七条憲法を紐解くまでもなく、古くから私たち日本人の意識の構造には「誰もが傷付かずに平和な社会を築き上げる」という理想があった。それは例えば記紀の大国主神の段に見られる「国譲り」の段においても知ることができよう。そこには建国の奥義ともいうべき、お互いの違いを認め合い、いかなる場合にもでき得る限り無益な殺生を避けようとする推譲の精神があるのである。まして止むを得ぬ戦いであっても、戦って倒した相手を陵辱するなどといったことは決してなかった。この気高い精神は、当時の日本の氏社会が持っていた深い叡智であり、これは他国が到底発想できないことであろう。他国にあっては基本的に遠征して相手の一族・一国を徹底的に解体し支配するという考えなのであり、敵は徹底的に破壊し抹殺し尽くすという考えであり、それは昔も今も変わることがないからである。

近代文明とキリスト教のお陰で人間は誇りを失い、愚にもつかない善悪論を振りかざして人間が卑しくなってしまったと嘆いたのは、他でもない、かのニーチェであったが、日本人は明治以降、近代化を図る中で次第にる。

「御霊《みたま》を祀る」ということの本来の意味を見失ってしまい、戦後はそれに急速に拍車がかかったという有様である。

真に強いもの、美しいもの、気高く尊いものといったものに対して、その存在を心底褒め称えるという気持ちがなくなってしまい、嫉妬心からその足を引っ張ることがあたかも美徳であるかのように情けない倫理観に流されて、どこにも品性のない卑しい人間ばかりに成り果ててしまった。すぐれた者を優れた者として褒《ほ》め称《たた》えるという素直な気持ちを受け入れられないことと、上から下まで卑劣な者らが皆で群れて弱い者いじめをするといった今日の「いじめの流行」とはまさに表裏をなしている。それがいかに倫理性に欠けた卑しくて品性のないものであることか、そこには何ら道徳も品位も存在しない。群れている自分たちだけが正しいという腐りきった精神しかそこには存在しないのである。

私たちは近代化、文明化とともに得たものも多かったが、それ以上に失ったものがいかに大きいものであったかということを誰もが身に染《し》みて知ったはずと思うのだが、社会は未だにそれに気付いてさえいない現状である。これこそまさに悲惨と言うべきであろう。

本章は明治以前、それも奈良時代から戦国時代までは戦場において心ならずも敵味方に分かれて激しく戦い死んでいった彼《かれ》（敵）此《これ》（味方）の戦死者、及びその御霊の取り扱いや処遇が本来どのようになされていたのかを、高潔な二人の先人の、その優れた業績を通して明らかにすることによって、私たち日本人にとってまた人間にとって、真の倫理とは何か、真の誇りとは何かについて語ろうとしたものである。

【注】

（1）本書第一部第四章「霊魂の行方」を参照されたい。

（2）ウエストファリヤ条約は一六四八年にフランス・スウェーデン・ドイツの諸国間で締結された三〇年戦争（一六一

八～四八）終結のための講和条約であり、一六四五年以来関係諸国がミュンスターやオスナブリュックに分かれて協議し、各国（六六国）の利害が衝突して長引いたが、結局一六四八年にオスナブリュックで調印された。この両市が共にドイツの北西部ヴェストファーレン地方であったためにこの地名を取ってこう呼ばれる。ヨーロッパ最初の国際会議と言われている。これにより一五五五年のアウグスブルクの宗教和議が確認されて、それまで除外されていたカルヴィン派がルター派と同等の権利・資格を持つことが認められ、またそれ以来、スイス・オランダの独立が正式に認められた。この条約の結果、従来ヨーロッパで優位を誇っていたハプスブルク家の勢力は後退し、ドイツへの通路アルザスを得たフランスやヴェーゼル・エルベ・オーデル河口を掌握したスウェーデンが台頭することになり、またドイツ内部ではブランデンブルクが勢力を伸ばすことになった。（『世界大百科事典』3〔平凡社、昭和五六年四月〕参照）。

（3）「全国一の宮巡拝」会報第一五号（平成一五年一月）～第二〇号（平成一六年四月）一の宮巡拝会。壱岐国一の宮その他の敵味方平等鎮魂祭斎行の資料は、大阪・坐摩神社の渡邉紘一宮司に御教示いただいたものであり、深く感謝申し上げる。

（4）「志賀島に建つ元寇供養碑」（蒙古塚）

文永、弘安の二度にわたり戦場となり、捕えられた蒙古兵はこの付近で首をはねられた。長い歳月「蒙古の首塚」と称する五輪塔が風雨にさらされていたが、昭和二年、日蓮宗の仏徒を中心に各方面の協力のもと、建立された。時の指導者、張作霖は長文の讃文を寄せ、それが碑の前にある。

卓なる哉大慈氏。法身塵界に遍く。普く四天下を矚て。一家族視を作す。寃親爰ぞ論ずるに足らん。平等無差別。何の意ぞ忽必烈。海を渡り雄師を興し。諸健児を鹹せらる。荒原血長へに碧なり。博多大海灣。往往髑髏哭す。今に迄るまで六百載。遺塚多く湮滅す。大徳高鍋師。至仁幽顕に被むる。此の浮圖を改建し。冥魂依託を獲。並に信仰の誠を籍り。廣く和平の福を造す。亜細亜州の蒸をして。太和の宇を為さしむ。我れ大師の意を知る。請ふ為に其の蘊を宣ん。大なる和平を謀らんと欲せば。首めに人我の相を除く衆生我有を執す。究意我安にか在ん。彼の虚空の雲の如く。斯に須く漸滅に就くべし。四大本皆空。何ぞ一枯髏を論ぜん。枯骴も亦虚空。敵我何ぞ畦畛せん。此の大智慧を以て。宏く諸の鬼趣を拯う。我も無く敵人も無し。一切皆度脱す。此の悲愍の心を推し普ねく東亜に及ぼし。和平を謀んが為の故に無上の法を開顕す。煌々たる法華の文塔畔森として布列す。日蓮宗を宏闡し。天人儘く歓喜す此の塔毀つべからず。此の願終訖無し。我れ今此の讃を作り。雨涙胸臆を霑す。願くば此の因縁を以て。脩羅の刼を消滅せん。中日同種族。文教沆瀣に通ず。庶くば釈尊の慈を體し。左右長へに提挈。順逆一如を證し。佛道に回向せん。前路共に蕃榮。寶祚永く替る無らん。

中華民国東三省保安總司令
張　作　霖　書

（中略）

為　元寇供養塔之建立発願ヲ志処之
先師先学之菩提也
昭和癸亥八白歳新生　勝立寺開基之砌

また、つい最近も福岡市西区今津の社会福祉法人「野の花学園」では敷地の一角にある元寇ゆかりの「蒙古塚」周辺を整備した公園において、モンゴル大使館のレンツェンドー・ジクジット臨時大使やモンゴル人留学生ら約一〇〇人が寄り集って開園記念祭が開かれた。式典後は大相撲九州場所のために今津地区に滞在している追手風部屋の力士がちゃんこ鍋一〇〇〇人分を配布したり、モンゴル人留学生が馬頭琴の演奏や民族の祝い歌、踊りを披露するなどして、日本とモンゴル国民との相互理解と友好親善が行われた（平成一七年一一月六日「西日本新聞」朝刊）。

（5）比叡山延暦寺においては明治四一年一二月二二日より辰張忌（信長忌）が執り行われている。写真は信長の鎮魂塚で、

元寇供養碑（福岡市・志賀島）

次のような碑文が寄せられている。

平和の塔「元亀の兵乱殉難者鎮魂塚について」

（以下、原文のまま）

比叡山延暦寺は元亀の兵乱すなわち織田信長の叡山焼き討ちというまわしい歴史をもっている。今から四二〇年前元亀二年九月十二日信長軍は坂本比叡山東麓の街を手始めに日吉山王二十一社すべてを焼き払った。次いで比叡山を目指し根本中堂以下三塔十六谷の堂塔僧坊五〇〇を三日三晩かけてすべてを焼き尽した。また坂本の東から炎に追われて山上に逃げ込んだ者千余名。山上の僧侶合わせて千余名はことごとく焼殺、斬殺されたと云われている。

天下布武を唱えて天下統一を目指す信長に旧勢力に属する延暦寺が、守護大名である越前の朝倉家や近江の浅井家などと連携して対抗したのがその基因であるが、あまりにも悲惨な出来事であった。

比叡山は、その後秀吉、家康の庇護を受け復興されるがその傷跡はあまりにも大きく、その後の比叡山に大きな陰をおとしている。

四二〇年を経た今、犠牲となった人々、仏法のため殉教した僧侶二千余名のためここに塚を築き、遺品を埋め、塔を建立して追善の回向法要を修し霊魂を鎮め先人達の霊を慰めんとするものである。

なおまた攻め込んだ信長軍の戦没者の霊に対しても十年後に同じく本能寺で火に焼かれた信長その人の霊にも恩讐を超え、怨親平等の心をもって追善供養を施すものである。

世界鎮護の如法塔の文字は、第二五三世天台座主のご染筆によるものでこの塔がさらに心の平安と恒久の世界平和を祈願している。

平成四年十月二日　比叡山延暦寺

比叡山延暦寺の元亀の兵乱殉難者鎮魂塚（写真提供：楠美紀子・宮崎美智代両女史）

（6）瑞鹿山円学興聖禅寺は弘安四年（一二八一）から建てられ始め、翌五年十二月八日、開堂供養が行われた。開山第一世住持は宋の僧・無学祖元（一二二六～八六）、開基檀那は鎌倉幕府の執権・北条時宗（一二五一～八四）である。創建の趣旨は、時宗が「この寺は、国家を鎮護し、仏法を紹隆せんが為に、華麗をきわめて草創する所なり」といっているから、第一の理由は鎮護国家とすべきである。しかし、時宗は円覚寺に一〇〇〇体の地蔵菩薩を祀り、祖元は地蔵の徳を讃えて、二度に及ぶ元の日本への襲来（元寇）に際して、戦死したり、溺死したりした敵味方数万の魂の救済を祈願しているし、また「円覚を造りて、以って幽魂を済う」ともいっているから、戦没者の菩提を弔う意味があったことも確かである。また帰国したいと申し出た祖元のために創建したのであるという説もあるが、ともかく、円覚寺は初め北条氏の私寺として建立されたのであることに注意したい、とある（貫達人『円覚寺』大本山円覚寺、平成一六年二月、二五頁参照）。

（7）『交替式・弘仁式・延喜式』前篇、吉川弘文館、昭和五六年四月、三一五頁。

（8）「八幡信仰の展開」（季刊『悠久』第三号、桜楓社）一七～六〇頁。

（9）『八幡宇佐宮御託宣集』三（九大本）、九州大学文学部所蔵。九州大学宗教学研究室では原書講読演習にこの文献を使用。

（10）同右書

（11）放生会の起源について中野先生は次のように述べておられる。

『政事要略』『二十二社注式』『託宣集』など、多くの書に、宇佐宮放生会の事は記されているが、その法会始行の年次については諸説がある。しかし『宇佐宮年中行事等案』にみるように、養老年中（七一七～二四）八月一五日に行われたというのが一般にいわれてきたようである（中野幡能、日本歴史叢書『宇佐宮』吉川弘文館、平成八年七月、一六七～六九頁）。

円覚寺山門（神奈川県鎌倉市）

(12) 同右書、六三頁。

(13)「凶士塚」について渡辺重春は、

宇佐百體殿の西の道の北にあり。放生會記、埋隼人頭、凶士墓歟、とあり。如何あらむ。此は隼人の首を梟し、處にて、梟首塚には非ざるか。

と述べている(渡辺重春『豊前志』九之巻、宇佐郡上、昭和六年一〇月、朋友堂書店、三一六頁)。

(14)『豊前志』によれば「百太夫社」について次のように記している(二九二頁)。

重兄云、宇佐町西より入口の左にあり。俗に百體殿とも云へり。傳に養老年中宇佐の神軍を以て隼人を平げし時、こゝに隼人の亡霊を祭りしものなりといへり。

(15) 入江英親『宇佐八幡の祭りと民俗』第一法規、昭和五〇年一〇月、一四九頁。

放生会の第二日は蜷饗神事があるが、この神事では蜷《にな》や蛤を包んだアシヅト(アシスボとも)に納めたものを神饌と一緒に献じた後、これを放生会の時に海中に放ち隼人の亡霊を慰めるのだという。またこの蜷を集める蜷職の家柄は定まっているという。

(16) 中野幡能、前掲書、一六七頁。

(17) 同右書、五七頁。

(18) 中野幡能『宇佐八幡宮放生会と法運』岩田書院、平成一〇年一〇月、六七頁。

(19) 中野幡能『宇佐宮』(前掲書)一六九頁。

(20) 同右書、一六七~六九頁。

(21)『ふくいん』第五一六号、精神文化研究所、平成一四年八月二五日

(22)『ふくいん』第五一九号、平成一四年一一月二四日

(23)『ふくいん』第五二〇号。

(24)『ふくいん』第五一八号、平成一四年一〇月二七日

(25)『ふくいん』第五一八号。

(26) 中野幡能『日本人の精神生活』熊本文化講演会、精神文化研究所、昭和六二年七月、五〇〜五一頁。昭和六〇年一一月一七日に行われた講演録である。
(27)『ふくいん』第五一六号。
(28)『ふくいん』第五一六号。
(29)『ふくいん』第五一六号。
(30)『ふくいん』第五一六号。
(31)『ふくいん』第五一九号。
(32)「弥勒菩薩」について ── 現在は菩薩のままその浄土の兜率天で天人のために説法しているが、釈迦仏の予言によって、その寿が四〇〇〇歳(人間の五六億七〇〇〇万年)尽きた時、この世に下生して龍華樹の下で成仏し、三会において説法する約束である(中村元『佛教語大辞典』下巻、東京書籍、平成三年九月、一二九六頁)。
(33)『ふくいん』第五一九号。
(34)『ふくいん』第五一八号。
(35)『ふくいん』第五二〇号。
(36) 宇佐八幡宮誕生と法蓮との関わりについて中野先生は概略次のように述べておられる。釈迦牟尼世尊の経文を求めて一八年間かかって中国の長安から中央アジアを経てインドを回って戻ってきた玄奘三蔵は長安に慈恩寺というお寺を建ててサンスクリット経文の翻訳をした。その玄奘三蔵に教えを受けた日本で最初の人が道昭という僧侶であった。中国で七年間翻訳を手伝い、法相宗と弥勒信仰などを持って日本に帰ってきた道昭は飛鳥の飛鳥寺で全国の若い僧侶に教育をして官僧を養成したが、その教えを受けた中の一人に法蓮がいた。中野博士によれば法蓮は古墳時代の宇佐地方の豪族の子孫で、宇佐郡院内町小坂で生まれたという。法蓮は官僧に任命を受け、九州に派遣されて山本に虚空蔵寺を建て、多くの学生を養成した。また、彦山に弥勒菩薩の最高の霊場である四十九院の寺を造った。
一方、同門の行基は近畿地方に四十九院を作っている。この二人は日本を弥勒菩薩の世の中にして男も女も皆平等で人間の階級もない素晴らしい理想の国を作ろうとしたのである。そういう西日本の代表者が法蓮であった。

当時、宇佐の神様を何にするかで大神氏と秦氏とが争い、決着がつかなかった。秦氏は自分たちが奉じる北辰の神を持ち出し、大神氏は神功皇后の韓国遠征の際に日本軍の守り神として大和の大神《おおみわ》の神をお祀りしていたからである。

朝廷側の大神比義に呼ばれた法蓮は法相宗と弥勒信仰の教えに基づき、「応神天皇も北辰の神（弥秦の神）も別々ではなく本来ひとつであり、どちらも応神天皇さまで弥秦の神なのだ」と説き、結局は神仏融合の形で応神天皇を宇佐八幡宮の祭神とすることとなり、ここに人間平等と一切の生命を尊び大切にする弥勒菩薩の教えを具現した宇佐八幡宮が誕生したのだ……という（『ふくいん』第五一五号）。

つまり、法蓮は宇佐神宮が現在地に建立された時の中心人物であったのである。天平一〇年（七三八）には聖武天皇の勅願により、宇佐神宮の神宮寺として創建された弥勒寺の別当となった。

(37) 中野先生には九州大学の大学院演習（宗教学）のため大分県宇佐市から福岡まで毎週御足労いただき『八幡宇佐宮御託宣集』を講読していただいたが、その際に筆者は助手代わりを務めて、毎週いつも九州大学北門から博多駅まで車でお送りさせていただき、色々と伺うことも多々あったが、学問上のことに関しては親しく御指導をいただいたものの、敵味方同時鎮魂などのことに関しては、こちらが不知な故かただの一度も自らお話になることはなかった。その後『宇佐神宮史』（全一五巻）を完成出版された後、お亡くなりになる日の三日前、ふと「今のうちにお会いしておかなければ……」との胸騒ぎがして、筆者は取るものも取り敢えず急ぎ車を飛ばして宇佐に向かい、宇佐胃腸病院の院長である御子息の御配慮をいただいて先生のお声に接することができたが、すでにお声には往時の力なく、先生の死期が近いことを悟った。中野先生はその業績はもとより、「学と行」共に立派に修められかつ完成されたまさに真の学者であり、また八幡様の申し子と言うべきお方であった。私たち教

中野幡能先生（右）と筆者（宇佐神宮・参集殿控室にて、平成8年9月15日）

え子にとってはいつまでも心から尊敬してやまない、どこまでも温容で優しく素晴らしい先生であった。先生の暖かくそして莞爾としてすべてを包み込むような微笑が今もありありと浮かんでくる。

(38) 長谷川伸、日本歴史文学館16『相楽総三とその同志』講談社、昭和六三年一二月、五六五〜九五頁。
(39) 山岡荘八「市井の聖者」(『長谷川伸全集』第一〇巻付録月報6、朝日新聞社、昭和四六年八月) 二頁。
(40)『長谷川伸全集』第九巻(『日本捕虜志』ほか) 朝日新聞社、昭和四六年六月、四四四頁。
(41) 同右書、四四七頁。
(42) 同右書、二九七〜九八頁。
(43) 同右書、三〇〇頁。
作家長谷川伸氏の一連の作品に関して村上元三氏は、その解説中で次のように評している。

これは、文学者長谷川伸の作品と言うよりも、一日本人として、ほかのだれもがやらない仕事を後世に語り継ぐ必要があると信じて、数年間にわたって書き続けた仕事、と言ったほうがよいであろう。紙碑、と著者自ら呼んでいた一聯の仕事は、日本人と、そして世のために働きながら、歴史の蔭に埋もれてしまった人々を掘起し、それに光りを与えることにあった。

と言い、また、「『日本捕虜志』は戦後、日本人としての誇りを忘れ、見捨てられかけているものへの警鐘も含まれていた」と述べている(同右書、四四三〜四五頁)。
(44) 同右書、一六頁。
(45) 同右書、二〇頁。
(46) 同右書、二〇〜二一頁。
(47) 同右書、二一頁。
(48) 同右書、二一頁。
(49) 同右書、二一〜二二頁。
(50) 同右書、二二頁。

(51) 同右書、二二二頁。
(52) 同右書、二二二頁。
(53) 同右書、二二三頁。
(54) 同右書、二二三〜二二四頁。
(55) 同右書、二二四頁。
(56) 同右書、二二四頁。
(57) 同右書、二二五頁。引用文中の「足切《あしきり》地蔵」は「汗掻《あせか》き地蔵」の誤りではないかと思われるが、原文のまま載せた。

(付記) 靖国神社には、戦争や事変で亡くなられ、当社に合祀されていない国内及び諸外国の人々を慰霊するために、昭和四〇(一九六五)年に鎮霊社が建てられている。

長谷川伸先生の『日本捕虜志』に関しては故森田康之助先生からいつも伺っており、いつかその御遺志を継がねばと思っていた。本論は日々学務に追われながらの執筆で十分に意を尽くさず、先生にはさぞかし厳しいお叱りをうけるやも知れぬ。この数年に心から敬愛してやまぬ中野幡能先生・森田康之助先生お二人を相次いで失い、筆者は途方に暮れ、悲しみの中から抜け出せないでいるが、得難き両師のこれまでの懇切な御指導を心から感謝申し上げ、ここに筆を置く。

第二部

神道の本質論

——宗教の本質をめぐって

第一章　死者からのまなざしと鎮魂

一　はじめに

環境破壊、政治・経済の混乱、教育現場の荒廃、頻発する医療ミス、凶悪犯罪や少年犯罪の急増、幼児虐待、家庭崩壊、挙げ句は法と正義を守る者であるはずの法曹関係者までが犯罪に手を染める等々、数え上げたら限りがないほどまでに近年、モラルの低下、人心の荒廃ぶりは凄まじいものがあり、まさに内憂外患のまことに憂慮すべき深刻な社会状況にある。

昨年、入院先の病院から一時外泊の許可を得て出たばかりの少年がその足でバスジャックという凶行に走り、罪なき人の生命を奪い社会を震撼させるという事件が起こった。こうした精神を病んだ者たちの動機なき忌まわしい犯罪が最近急増しているが、そうした事件が起こるその度に不思議に思えてならないのは、病院にはその道の専門家であるところの精神科医やカウンセラーたちがおり、クランケ（患者）の症状がどのようであるかは十分に把握しているはずと思われるのに、なぜ犯罪を予防できず、結果的にいつもこうした社会を騒がす事態になってしまうのかということである。

なぜ精神を病む者が近代の西洋医学、特に近代精神医学では救えないのであろうか。そこには必ず重大な解決の糸口が潜んでいるはずであり、この社会的問題は私たち神仕えする神道関係者であっても決して他人事として等閑《なおざり》にすべきことではなく、その問題の本質を見抜き事態を見極めて私たちなりの解決の道を提示すべきなのではなかろうか。本章はこの問題に対して、神仕えする神道者としての立場からその答えを出そうと試みたものである。

二　子供に「正しい生き方」を示せない親たち

戦後日本の社会をいみじくも象徴するものの一つとして、「親が自分の子供を説得する自信がない」、「どうすればどうなる……ということを親が子に示せない」という点が挙げられるであろう。

現代は五〇年以上も道を見失った時代、一体どう生きることが正しいことなのか分からず、拠り所を求めて探し回っている時代、大人が自信を失った社会とも言える。わが国は明治以降、近代化を急ぐあまりに欧米列強に追い付き追い越せとばかりに国をあげて西洋化の道を辿り、しきりに西欧文明の模倣につぐ模倣を繰り返し、誰もが西洋の経済効率第一主義の生き方に傾き、戦後はなお一層それに拍車がかかった。

人々は「全体あっての個」という道理が分からなくなり、自分の生まれ育った国を愛するという心を失い、ただ自分だけ、個のみを尊重するといった誤った個人主義に陥ってしまった。澄んだ清らかな心（無私のこころ）の大切さや、いかなる状況にあろうともこれだけは……といった「守るべきもの」を忘れ去って、唯物主義・利己主義に走り、自由というものを我侭勝手することだと勘違いしてしまい、見えないものや具体的に証拠がないものは信じないといった科学合理主義の迷信、文明病にドップリ浸り切ってしまったのである（そもそも自国が愛せなくして一体どうして他国が愛せるというのであろうか）。

と同時に自民族の気高い誇りと自信とをどこかに置き去りにし、見えないものを畏《おそ》れ敬うという「畏敬の念」、「信仰の心」、「慎みの心」をスッカリ見失い、神仏や祖先の、そして社会の大きな恩恵を忘れ果て、ないがしろにして顧みないようになり、ために民族伝統の豊かな霊的感受性を喪失し、即ち不可視の神仏はもとより亡き親・先祖など「死者からのまなざし」にまるで鈍感になってしまったのである。

己の生命の源である神仏や祖先の霊《みたま》とその繋がりを断って、普段「吾《わ》れよし」のわがまま勝手な生き方ばかりをしていて、子孫がその恩恵を受けられようはずがない。人間を樹木にたとえるならば、「親」が幹なら「先祖の御霊《みたま》」は根であり、私たちは「枝・葉」ということになろう。私たち子孫が枝葉をより一層栄えさせ、花や実を豊かに実らせようと希求するならば、神仏への感謝はもとよりのこと、根や幹である己が親・先祖の御霊を心から偲び、真心込めて鎮め和し、慰霊供養し喜ばせてやまないといった優しい心を日々に忘れてはなるまい。

遠い先祖から子孫へと一貫して脈々と流れる生命の絆を切り裂き、そうしたうるわしい伝統的な生き方を失ってしまうということ、「根」や「幹」とフッと切れた、天地の滋養の補給を断った「枝」のみの生き方であっては、その樹木はついに枯死するより他にないこと、これまた自然の理というものである。己のみか子々孫々までの繁栄の道を断つことの罪や大なりというべきであろう。

近頃は団地やマンション住まいの人間が多くなると同時に、家庭に神棚や仏壇のある家が少なくなり、それはまた一戸建の家に住むものであっても同様である。神と仏の区別さえも分からなくなり、挙げ句は「家の宗派は何か」と聞かれても全く答えられないといった親たちが増え続けているという現状である。

こうした人間存在に関わる重要な問題に対して、従来なぜ神道は社会に対してその解決の道をハッキリと提唱してこなかったのであろうか。

三　「本当の自分」との出会い――大己貴神（大国主神）の幸魂・奇魂との邂逅

神道を知らざる者は日本文化について知らないのと同じであり、それについて語ることはできないと言っても過言ではない。神道は昔も今も日本精神文化の根底に滔々と流れてやまぬ、その源流であるからである。

従来の神道論ないしは神道書はいずれも中核を欠いており、たまたま神職を継いだといった人たちが単にそれを受け継いだということだけで書かれた内容のない本や、何ら真の行法実修に基づく神との直接体験もない、単に己が知識をひけらかし売り出したい気分の神道関係者の書いた軽い本があまりに多い。だから神道を標榜していながらも、その書の中味は決定的に「神」即ち「神霊」からは無限に遠ざかってしまい、単に文化論、儀礼論として誤魔化して語るしかない状態になっているのである。これでは真摯に神道を知ろうとしている読者は何かはぐらかされた隔靴掻痒《かっかそうよう》の感を持たざるを得ないのではなかろうか。

真に神霊との関わりに関する書は皆無と言ってよく、結局のところ「神道」について何も書かれてはいない。少なくとも命懸けの修行をして「神霊とは何ぞ」と問うた人はなく、すべて他人の意見ばかりで「これだけは確かだ」という自分の意見が何もないのである。

一体「神道」という言葉が何ものかをめざしているとすれば、それは神的な実在を感得する道をおいて他にはないはずであり、神道の依って立つ基盤もこの「神霊の実在をまざまざと感得する」ところにあるというべきである。(1)

古代においても宇気比《うけひ》や神懸り（神託）により神誥《しんこう》を要請し御神慮を承り、何事も神意を第一として政治《まつりごと》に誤りなきを期し、また、一朝国家的大事ある時には神霊からの求めずしての神懸り事例も幾多あって、そのたびに神教を垂れ給うたことは記紀に明らかであり、改めてここに述べるまでもないであろう。(2)

斯様《かよう》に「実在の神に出会う」ということがそもそも神道信仰の原点であったはずであると思うのだが、今日読者が「神道」について真面目に知ろうとする時、どうしたら真にこの実在の神霊に出会うことができ得るのか、どうしたら神霊の実在をまざまざと感得し得るかについて真剣に求めても、それを実体験を通して語り得るような行・学共に修めた神道者が全く不在であってみれば、そうしたことを直截に書かれた神道書を探そうとしてもまずもってないといってよい現状である。

国内外を問わず、これまでの神道や日本文化についての研究者たちは日本あるいは神道の周りをめぐるだけで誰一人その本質部分に触れたものはいなかった。その例を一、二挙げよう。

例えば「言霊信仰」に関する書物一つ取り上げてみても、どれもこれも神霊に直接し得ない者らが単に分かった振りをしてまことしやかに書いた言葉遊び程度のものであり、全く形骸化したものになっている。しかもそれをあたかも神道の本質的なものとして語る間違いを皆で犯している。結局彼らは逃げているのであり、ほとんどがそういった方向に流れていってしまっているのであり、読者を迷わす以外の何ものでもない。

「ことたま」という時、そのことたまが土地の神と結びついて語られる時にこそ、「ことたま」としての力を持ち、その威力を発揮するのである。神霊と何ら結びつかないところの、ただ単にことば遊びだけの「ことたま論」は何の力も意味もなく、それは死の不安を抱えている人、狂気にさいなまれている人々に何の意味もないことは明白である。この根本問題に「神霊が確かに答えてくれる」という、その大自覚こそ「ことたま」信仰の最も大切な意味なのではないだろうか。

こうした神道の本質すら見抜けない、生半可な知識のみの神道研究者や神道行法者と称する半端な者たちが、旧来の資料を寄せ集めていい加減な行法や浅い神道知識を海外にまで指導宣伝するなどといった「伝統的神道」にとって実に危惧すべき現状にあり、これでは誰もが真面目に「行」をしようとする心など持てないであろう。

鎮魂《みたましずめ》に関しても同様のことが言える。

折口信夫は『大嘗祭の本義』において、天皇有資格者が神座（寝座）で真床覆衾《まどこおぶすま》にくるまって、天子としての威力の根源であるという「天皇霊」なるものを身体に付着させるための「重大なる鎮魂の行事」をするのだと解し、この天皇霊という魂が付くと初めて天皇としての資格が完成して「天子様としての威力が生じる」のだという、いわゆる氏独特の外来魂付着説を提示した(3)。個人の魂が身体からあくがれ出ると衰弱し、ついには病気・死に至るから、そうした遊離魂を身体に付着させるのが鎮魂であると解釈する実体論的な個我論モデルであり、他の研究者たちも多くが未だに折口信夫同様、平安期以降の文献に見られる魂魄説をそのまま鵜呑みにしてお茶を濁している現状にある。

折口氏はじめそれに追随する者たちがその本質を見抜けなかったのは何らの行法体験もなく、従って神霊や魂《たま》のはたらきについて全く無知なために、『令義解』『令集解』など唐代の文献資料をもととして書かれた平安期の明法家の鎮魂解釈を無批判に信じ込んだがためである[4]。

図１：大己貴神が自らの幸魂・奇魂と邂逅する場面の図（記紀「国作り」の段より。宮崎鏞輔氏画）。ここには「内なる他者」が「大いなる外」（本当の私）として実在するという実相の持つ真相が明解に示されていることに留意して欲しい

だが少しでも記紀その他の神道古典を真面目に読んだ者ならば、直ちにその誤りは判明したはずなのであるが……。

例えば記紀の国作り条を見ると、大己貴神（大国主神）が「吾《われ》独りして如何にしてよく此の国を作り得ようか。いづれの神と共に国作りをしたらよいのか」と愁い給うその時に、海を照らして寄り来る神があったので「汝は誰ぞ」と問うと、その神は「吾は是れ汝が幸魂奇魂なり」、「吾は日本国《やまとのくに》の三諸山《みもろのやま》に住まむと欲ふ」と告げている。

折口流に解釈するならば、この条の「幸魂奇魂」は大己貴神（大国主神）の遊離魂に相違なく、従って自身の身体に取り込むなり付着させるなりしなければ衰弱、あるいは病気・死に至る他にないはずではないか。

ところが記紀ではどちらも大己貴神（大国主神）の

身体に付着させ鎮めるどころか、三諸山の山の上に斎き祭ったとハッキリ明記しているではないか。そして、それによって国作りが完成し「世界が栄えた」ということは、魂というものの本質がもともと個々の個人のものではないのだということを雄弁に物語っているのである。

こうした重要な点に研究者たちが誰も気付かずその真意を読み取ることができなかったということは、いかに彼らが個人主義にドップリと浸り切ってありのままの真実を見きれなくなってしまったかを如実に物語るものである。彼の遊離魂説というものがいかに不当な説であり、個人主義に毒されているかはもはや明白であろう。

真の学問のめざすところは「本質を見抜く」というところにあり、本質を見抜き、そこから現実を照らし見るということが何より大切である。本質を見抜かずに単に個々の具体的な現象的結果から素朴に時間を遡って原因を探るというのは素人の典型的に犯す過ちである。本質を見抜かずに現実からそのまま法則を機能できるとする、いわゆる経験主義という知のスタイルは、事の本質を見抜けなかったら全く誤った法則をでっちあげてしまうことになるからである。

そもそも現象しか捉えられない人間の目に映る現象の一つ一つは偶然なのであり、従来の歴史学にありがちな単にそれを寄せ集めて並べ立てたところで、それで「本質に至る」というものではない。本質はそれを超えたものであるからだ。

物事の本質を見抜き真実に真に触れるためには、単に文献資料を捏《こ》ね回すだけでは絶対に不可能なのであり、どうしてもこの現象世界を離れ、実相世界（神界）に入り、神霊の教示をいただくことが肝要なのであり、こうした点が仏教その他のいかなる宗教や行法を以てしても決して追随することのできない、神道の最も優れたところでもある。そしてそれを行うにはそのための一定の手続きというものがいるのである。

例えば本田親徳《ちかあつ》翁の伝える鎮魂法にあっては、その初めに「わが霊魂は鎮魂石に鎮まる！」と強く数回思念し、己の魂《たま》を鎮魂石に鎮めるのであり、己の身体に鎮めるどころか、それとは逆に身体から魂を引き離す修練（霊肉

分離）を専心積むのである。(5)

この鎮魂石を通して初めて神霊世界（神界）と感応交流できるわけであり、こうして初めて真の自在の境地に至り、真のやすらぎ、真の安心立命の境地に至るものである。これは理屈ではなく、己が身と心と魂とで実際に行じてみるより他にない。

真面目に鎮魂行法を修法していくと、鎮魂石が目を開けていても閉じていても光り輝いてくるのが自然に自得でき、魂は身体から離れることによってその働きが自在となり、ますます活性化するということが誰しも感受されるのである。鎮魂石に鎮め得てこそ、真実の世界が開示されるという基本構造があり、真に霊肉分離し得てこそ（鎮魂石に鎮まる、即ち神霊に調和するということ、神霊と融合一体化するということ）魂が自在に活動できるようになり、自由に神界に出入し、神霊の教えを受けることもできるようになるのである。これは座禅などの到底及ぶべくもない、真の深い覚りの境地なのである。

図２：本田親徳翁が伝承した鎮魂石への鎮魂修法（権丈梨紗子女史画）。ここでは「内なる他者」が鎮魂石を介在して神霊との邂逅を可能にしている。「内なる他者」は見事に「大いなる外なる（真実の）私」としてハッキリと感得される。この構図は図１の大己貴神の体験と全く同じものであるということを理解して欲しい

禅の悟りは自然との一体とは言いながら、そこで語られる「自然」は花が咲いているわけでもなく生命の躍動が何もない。具体性を欠いた抽象的な観念の遊戯に過ぎず、所詮は人主義に成り果ててしまっており、場《トポス》との繋がりがなく、神からの感応がないので自分の心境論に陥っているのである。禅は結局「大いなる他者」に全く向かってはいないのであり、たとえ何十年参禅しようともその努力にもかかわらず、究極的実在たる聖なる神霊

に出会い、かつ神教を賜るなどといった恩寵に与《あずか》ることは決してなく、また彼らは初めからそうした実在する神との邂逅など求めてもいないのである。

以上述べてきたように、日本神道の本質は実にここにあるのであり、記紀の海を照らして寄り来る神と鎮魂石が光り輝くこととは偶然にその記述があるというものではない。この両者には私たちにとって真の霊性のあり方、それを感受する時の正しい関係というものが如実に現れているのである。

神道のエッセンス部分はやはり理論・理屈ではなく、行法により実体験を積んで感得し実証することであり、折口博士のように行法を行わずしてただ単に空間をあちこち歩いたというだけでは決して真実には至らないのであり、何ら意味はないと言われても仕方がない。ではなぜそうした実在の神霊と直接して神教を賜るといった日本神道本来の本質部分が、今日スッポリと抜け落ち見失われてしまったのであろうか。それは古くは儒教・仏教・道教などの外来思想の影響によるものと言うべきであり、また、明治以降にあっては近代化を図るに際してヨーロッパのコード（ヨーロッパ的一元主義）に必死に合わせようとした結果に他ならない。

古代世界の有様を明らかにするために漢心《からごころ》を排し、大和言葉や大和心を何よりも大切にしたのは賀茂真淵や本居宣長などの国学者たちであった。駿河の聖人と称された月見里《やまなし》神社の長澤雄楯翁は神道の本質というべき幽冥に感合するための鎮魂法・帰神術の行法が失われたところの原因について次のように述べている。

古今の歴史に徴するに日本書紀に載する所、上世の神懸りは方法の精密なりしと其の式の厳正なりしと憑依の神霊の高かりし事と、其の神誥の確実なりしは殊なりしなり。降りて儒教の渡来、仏教の東漸以来、思想に一大変遷を来し、爾来皇祖の遺制たる神祇を祭祀するの道は日に増し月に加わりて衰退し、遂に幽冥に感合するの術を失いたるは、宮廷にて神懸りを行い賜いたるの事蹟の史に見えざるを以て知らる。(6)

やはり、神道をめざすものは毅然とした態度で仏教や儒教、道教などで潤色されたものは排除して神道の本質に迫る必要がある。これまでの神道に関する書物はどれもこれも奈良・平安期以降の儒・仏・道教などに習合した神道というものに取り込まれてしまっており、神道そのものに立ち返る道筋を見失ってしまっているのである。

四　正しい「行法」の必要性

ユダヤ教であれキリスト教であれ世界宗教と言われるどんな宗教であっても、本来は「実在の神に出会う」ということが宗門宗派を超えた本質原理であり諸宗教の原点であり出発点であったはずであり、宗教から実在の神と出会うための「行」を抜いたら何もないのではなかろうか。神道の依って立つ基盤も「神霊の実在」をまざまざと感得するところにあったと思われるのである。

ところが今日の神道界は「行」というその中核となるものを失ってしまっている。

思うに神主として不可視の尊貴極まりない御神霊に直接お仕えし、その祭神の厚き御守護を受け得る立場にいるということほど以上に人として誇り高き任務はないであろう。神職は御神霊が御稜威を如何なく発揮していただき、ますます世界の平和と繁栄のために御活動を仰ぐための尊い神仕えをさせていただくのであるが、その誉れ高き職務・使命を一体どこまで感激と共に己が心に受けとめているだろうか。若い神職が神社に奉職して夢をなくしていくような状況は即刻改めなければならない。

神主は仲執り持ちとして神と人との間に立ち、粛粛と儀礼を日毎朝夕に斎行して神霊に仕えるというだけでなく、氏子・崇敬者たちに神の御教えを取り次ぎ、自ら人間としての正しい生き方の範を示さなければならないのであるから、神の御事についてよく分かり得る者でなければ十二分に務まるものではない。

神仕えする者が「今神が何を思っておられるかということに全く無関心」であってよいはずはない。御祭神に己が心を添わせ、神主自身は常々確固とした自覚と自信を持っていなければならないのであり、また、その自信を身につけるにはどうしても「行」をする以外にないのであが、この「行」は単に形式的なタマフリや禊ぎを皆でやったからとて、それで実在せる神霊に直接できるというような安易なものではない。

私たちは日夜いかに懸命に御奉仕のまことを尽くし切っているつもりであっても、「自分は御祭神に十分満足していただけるようにお仕えできているだろうか」と常に自戒し、神霊が今何をお望みであるのか、何をお考えであるのかを常々察し得るように、何か至らぬところはないであろうかと心を砕くことを忘れず、神一筋に全力を挙げて己が真実を尽くし生き抜くことこそ「神のまにまに」の生活と言えるのではあるまいか。

神仕えする者は日頃十分潔斎すると共に、神霊に直接して神慮を窺《うかが》い知るための修行を怠ってはならないことは言うまでもないが、同時に行法というものは、やはり当初は優れた師について習うことの大切さを忘れてはなるまい。

真に「行法」を成し遂げ奥の堂に達するには、天性の資質と共に、当人の熱意と忍耐、努力を要することはいうまでもないが、同時に優れた指導者が不可欠なのである。それが不在であっては「行」実をあげることは非常に至難である。行法は神霊に直接し得る優れた師のもとで行わずしては、審神《さには》者する力量なき者は大抵、妖魅・邪霊に誑《たぶら》かされてしまい、挙げ句は己が身と魂とを穢されてしまう危険性があるからである。

先に述べたように、従来の神道研究のベースになっているのは平安期以降の仏教などと習合した神道であり、また折口信夫博士などの研究がかえって本来の神道をゆがめてしまっており、神道の本質を分からなくしてしまっている。拙著『鎮魂祭の研究』は正神界の神霊の衝《つ》き動かしと導きによる自らの修行体験あればこそできたのであり、また、師について自ら「行」を実践し行うことにより、奈良・平安時代の仏教と習合して出来た観念では決して神道の本質は分からないということを身をもって知らされたのであり、同時に正しい行法の大切さをも痛感したのである(7)。

先の大戦以後、一時期公的世界から神道を知ることすらタブーになってしまった。だから荒唐無稽でほとんど根拠もないような意見がそのまま罷り通るようになっており、今日においても神道行法などプロの神官でもむしろまともに取り組むのが悪いことかのように思われる風潮すらある。

こういった風潮の中で、神道そのものの本質に迫った幕末・明治の神典学者本田親徳翁や副島種臣、長澤雄楯翁らの真摯な努力が、専門の神職たちの間からスッカリ消え去ってしまっているのが現状である。

そして神霊に直接し神教を得るなどといった、こうした「神道の本質」を失い果ててしまっているという状況こそが今日の日本ないし日本文化の危機を生み出している元凶であると気付く者はいない。

ますます人心の荒廃が顕わになってきている。非常に残念なことにほとんどの日本人が日本の精神文化の本質を全く知らないまま、「自分は日本人だ」と錯覚している現状である。

五　近代精神医学の限界——西洋近代の「私」のつまずき

医学に関しても同様のことが言える。

人間の「身体」についても、学者たちが現在の〝現象〟を見る目で捉えた身体であり、決して神霊の目を通して見た身体ではない。だから、〝病い〟という現象についても、愚かな人知を半歩も出ていない解釈しかできておらず、神霊の側から見たら、より病いを悪く重くしている場合の方が多く、特に精神の病いなどに関してはそのことが言える。例えば「病いが治る」ということを考えると、それが正邪を誤った生き方をした者である限り、正邪を糺《ただ》さなければ治らない。この正邪は「神霊の目による正邪」であり、個人が反省したり、医者が治療して分かるものではない。

その治療の方法はただ一つ、神霊の正邪に従うこと、それは個人個人が「私」の考えを捨てて神霊の目を授かることしかない。そのために自分の魂（「内なる他者」、実は「大いなる外」）を神霊に預ける（鎮魂の基本）ということであり、これが成就すれば「自己の内なる他者」が「大いなる外なる私」として感得されるに至り、こうなると正邪の判断が自ずからできるようになり、病いは自ずから治まるのである。鎮魂が成就すると、即ち霊肉分離し神界出入自在の境地に至ると霊魂の自在な運転活動が可能になり、また神霊の教えを受け得るようになり、正邪がハッキリと分かるようになるのであり、邪を糺すことによって世界が治まり、反対に邪心が生じたら神霊は瞬時に働かなくなるのである。これは全くもって神霊の計らいでしかあり得ない。

西洋近代は誤った「私」認識をしており、「本当の自分」が自己の身体の中に閉ざされて存在していると錯覚しており、「私個人」で閉じてしまっているということに私たちは気付くべきである。そこでは「他者」とは究極的に絶対他者であるヤーウェを指しており、それは自己とは全く無縁のものとなっている。だからそこには「私は私、神は神」という非常に貧困な関係しか存在しない。「私を私」たらしめている「本来の私」たる神霊の存在から完全に目をそむけさせる構造になっている。ユングが集合的無意識を唱え、キリスト教の中核をなすヨブ記に異議を唱えたとしても、行き着く先は「セルフの復権」という貧困な結果でしかなかったのは西欧文化の限界を示すその良き例であろう。

「セルフ」であれ「エゴ」であれ、「私」という個人に回帰する限り、「人間」という矮小な視野からは逃れられない。他者たるわが神霊を大悟するところから真の正邪の道が始まる。その時には人間現象としての病い（即ち病気、事故、災難などのいわゆる〝不幸〟と見える現象）からすら我々は真に開放されることになる。

フロイトの自我論にしろユングの集合的無意識にしろそれは「身体」に留まっているのであり、彼ら心理学者は結局「個」で閉じてしまって、「個人」に還元させて治療しようとするものであり、それ自らの限界を示すものである。日本の心理学者たちもフロイティアンかユンギアンかのどちらかに偏しており、彼らは個人主義の枠から一歩も出ていないため根本的な理解を欠いており、従って患者は絶対に治らないし、今起きている少年たちの忌まわしい行為についても正しい答えが出せずに、愚にもつかない言い訳ばかりを繰り返しているだけである。「セルフとペルソナ」、「超自我と自我」、「意識と無意識」といったヨーロッパ的な二項対立（二分法）のその一方だけを実在として取り上げる考え方は誤っており、ここにすべての間違いがある。正しい見方は実はこの二分を超えた世界なのである。自己そのものがペルソナであり、あらゆる断片的なペルソナが自己そのものである。それを無理に自己とペルソナに切り分けて、「自己」自体がそれ自体として存在するかのように語るから、状況はますます悪くなる。

無責任な心理学者は「秩序など破壊した方がよい」、「暴力など抑圧せずにもっと外に出した方がよい」などといった全く無責任な指導ばかりしており、そうした指導がクライアント（患者）のさらなる悲劇を生み出してきたことは医療の現場を見れば明白であろう。彼らはそもそもその依って立つところの前提が間違っているということに気付いていないのである。

西洋近代合理主義は実体的世界観、即ち「個」という実体があってそれに完結してしまっており、実相世界などは一切信じない。死者をも含めた世界と全くその繋がりが切れてしまっているのである。

ヨーロッパモデルでは、「アイ」と「ミー」は出口・入口が外（世界）に開かれず、内部（個）の中で自己完結してしまっているために、いつまでも実相世界に向けられない。西欧では実相世界を「アイ」という形で閉じ込めているが、実はこれは大いなる「ミー」なのだということに全く気付かないところが駄目な点である。

私は自ら鎮魂行法を実践することにより、「私」という本質が私自身の中で決して自己完結していないという事実に行き当たった。「自」と「他」というものはそれぞれがバラバラに自己完結して存在しているものではないのである。真の自己発見は他を認識すること、もっと言えば体験・体感することを通してしかあり得ず、鎮魂行法の本質はここにあるのであり、と同時に日本神道の本質はここにあるのだといえよう。

六　本当に「病んでいる」のは誰か——近代精神医学は誤診の連続

私はここで精神の異常を引き起こすところの原因が、すべて他者たる死者の憑依によるものであると言っているのではない。ただ、それに起因して起こる場合が多々あることを経験的に知っているために、そうした点について近代精神医学は全く対応し得ておらず、精神科医はそれが憑依であるかどうかを見抜くことができないばかりか、そうしたことに全く理解がないためにかえって症状を悪くしているのだということを是非とも知ってもらいたいのである。

まず第一にクライアントの症状を一目見て、その依って来る原因が果たして憑依に基づくものであるかそうでないかをハッキリと見抜くことこそ、専門医の大切な任務なのではないかと言いたいのである。

「霊の憑依という現象」は憑《つ》かれて身体を死者に使われ操《あやつ》られているところの当の本人にその直接の原因があるのではなく、大抵の場合はそれによって一番苦しむ人にこそあるのであり、例えば子供にきたところの精神の異常（障り）は、即ちそれを見て一番苦しむ人、つまりその子の「親」に対する死者の霊魂《みたま》からの慰霊供養などの訴えに他ならないのである。

「子供」の精神異常の場合は、死者の真の狙いはその「親」にあるのであり、「夫」に異常が出た場合はその「妻」に……というように、真の原因は当の病人にあるのではなくして、それによって最も苦しまねばならぬ立場にいる者のこれまでの過ぎ越し方にこそあるのであり、日頃の道に外れた生き方・生活態度に対する痛切な反省を迫られているのだということが言えるのである。

早期発見の大切さ

例えば、親が自分の大切な子供の様子や態度がスッカリ普段と違って何かおかしい……と本当に気付く頃には、その時すでに当の子供の症状はかなり進んでしまっているのである。最初に心身に起きている異常に気付くのは当の本人（子供）である。換気扇や扇風機、冷蔵庫のファンの回る辺りから「いないはずの人の話し声」や歌声が聞こえてきたり、部屋の中に「いないはずの人の姿」を見たり……ということがあって、自分自身の心身に何か精神的・身体的異常が起こっていることを感じる。

初めは何かの気のせいだろうとぐらいに感じていた子供も、それが自身の身体や身の回りに次第に頻繁に起こるようになると、その異常な出来事に対する理解がつかないためにだんだん不安になってきて、親に色々と異常を訴えてくるのであるが、親たちは普段自分たちの生命の源である神仏や「親・先祖と心を一つに合わせた祖孫一体の生活」をしていない、即ち日頃「死者と向き合う生活」をしていないために、そうした子供の発病の日が、今年あるいは数年前に死んだ自分の父母や祖父・祖母など近親者の命日や年回忌の当日であったり、あるいはまた子供の妙な仕草やガラッと変わった言葉使い、その態度を観察することによって、それが亡き父や母のそれと非常に酷似していることに、不思議だ……と気付かない。まして、今は亡き自分の父母からの何らかのメッセージ（訴え）ではなかろうかと疑ってみることさえもない。

我々の生命のもとである親・先祖と自分たち子孫とは見えない生命の絆で強く繋がっており、善かれ悪しかれ互いに影響を及ぼし合っているのであり、一方が不調和な状態に陥った時には、それはかならず他方にも不調和をもたらさずにはおかないのだという点の理解を常日頃持っていないからである。

死者からのメッセージ

死者は「こうすればきっと自分だと気付いてくれるに違いない」と目当ての家族が分かってくれるようにと、純真な子供の心と身体を操って必死になって自己の生前の特徴的言葉や仕草、態度などで死後の自分の存在を示して見せるのであるから、憑依された家族のその症状を冷静に観察すれば、それが誰の訴えであるのかおよそ見当がつくはずのものである。だが、常日頃そうしたことを考えてみたこともない人が多くなった現代であってみれば、この世に「人霊の憑依《ポゼッション》」というものが実際に起こり得ることとか、それが「死者からの訴え《メッセージ》」であると気付くことなど到底無理な話であるかもしれない。

そうしたことはオカルト映画の中だけで起こる作り話としか思わない親たちに、今、目の前で起こっている子供の異常な言動が、数カ月前に死んだあの父が母が孫の身体を借りてすがりつき、その苦しみを親である私に気付いて欲しいと訴えているのだ……などとどうして悟り得ようか。

そのうち、部屋に閉じこもったり、目付きが普段とガラッと変わってしまい、食事をしなくなったり、物凄い食欲を示したり、寒い寒いと言っていたかと思うと、とても飲めないような熱いお茶を平気でガブガブ飲んだり、普通と違って異常にペラペラ喋るかと思うと急に無口になったり、何やらブツブツ独り言をつぶやくようになったり、壁に向かって激しく怒鳴ったり、夜通し眠らずに目はランランとしてジッと天井を睨んでいたり、どんなに隠してもどこからか刃物を捜し出してきて手元に集めたり、複数の霊の囁《ささや》きにジィーッと聞き耳を立てたり……と異常な言動が頻発しエスカレートしていく。

こうして初めは軽く出た症状を親が無視したり気付かずに度々見落としたり、子供の言うことを笑って真剣に受け止めてやらなかったために、しまいには悪化させ、いよいよどうにもならないほどにひどくなってから、やっと病院に連れていくことになるのである。

親はいわゆる「近代人」であり、己の理性や合理性しか信じないし、まして神仏なんかそんなものは一切信じないし、「見えないもの」に対する「畏れ」というものをスッカリ喪失し、「人間死んだらすべて無」であると頑なに思っており、まして「死後の世界」があるなんて絶対に信じない。当然のことながら家に神棚や仏壇などあろうはずもなく、目の前で自分の世界がガラガラと崩壊するとそれでも神仏の方へは行かず、医者の権威などに安易にすがろうとするものである。

こうして子供の度々の心身の変調に対する訴えを、あまりにも鈍感な親たちは大抵見落とし、聞き流してしまい、暴れ出し暴力を振るうようになってからやっと「本当にこれはおかしい、大変だ」とわが子の異常に気付くのだが、その時には、子供は全くひどい状況になっているのである。

遅れ馳《ば》せながら子供の異常にやっと気付いて慌てた親は、それでも近所の目を憚って事情をひた隠しにし、遠距離の精神病院などにお世話になったり、病院に連れていくことも叶わないほどに悪化させてしまった時は、とうとう警察に面倒をかけるという次第になるのである。

子供が病んだ時に親は子供に全責任を負わせて、種々の異常現象が起こっている時にそれが自分へのメッセージだと受け取れる者はなく、大抵はカウンセラーや精神科医に「自分の子は狂っているから治してくれ」ということをやっているのであり、根本的な解決は一切なされていない。

目の前のわが子が、まるで他人か別人の如くにスッカリ変容していてさえも、その子供の症状の原因が、自分たち「親」にあるのだということに全く気付きさえもしない。それほどまでに神霊的実在や死者の霊魂の実在について、ないことにするような文明病にドップリと漬け込まれて、その文明の説く世界を頑なに信じ込んでいるために、どうしても「自分はまともで、周りや自分の子供が異常なのだ」と解釈してしまうのである。このように大人たちは霊的感受性が全く麻痺し切っており、どこまでも鈍感になり果ててしまっているのであり、まして己の心がこれまでの自分たちの過ぎ越し方に対する反省へと向かうことは決してないといっても過言ではない。

精神医学と「憑依」現象

ところが精神科医やカウンセラーというものは、精神の異常は基本的に人格錯誤として「病気」として位置付けており、決して本来の意味でのメッセージ（他者の霊の憑依によるもの）としては捉えていない。そこでは

「憑依」という現象が精神病のカテゴリーとして含められてしまっているが、これは明らかにカテゴリーミステイクである。

精神医学の世界でも「憑依」、「憑依状態」という語を使用するけれども、それは完全に個で閉ざされており、本来の統一的人格を保てず、「憑依とはSelfの一部であるMeの異状な激化によって起こる現象である」、「心的緊張低下により、本来の統一的人格を保てず、深層にある太古的副意識（副人格）が主意識（主人格）に侵入して優位となり、副人格が憑依状態として表層に表れたのが憑依状態になる」[8]などと解釈しているように、そこには全く自己以外の「他者の霊」の憑依に対する認識が欠けているのである。

このように彼らは初めから間違った仮説のもとに立っているのであり、これが近代精神医学が作っているモデルの限界なのである。

記紀を深く読み込んだこともない彼らは、日本の歴史の中でいかに「託宣（霊託、霊言）」が生かされてきたかということに全く無知であり、ましてその行的体験も皆無なのであるから、精神医学でそれを説くことの無謀さに全く気付いていないというのが現状である。

精神病は「身体の病い」ではなく「精神の病い」であるから薬や注射では治らないのであるが、彼らは家族の死霊や無縁仏の憑依などといった枠組みを頭から持っていないから単に象徴操作をすればよいと考えており、例えばフロイティアンであれば自我の力で押さえ込んでいる無意識の破壊衝動を意識化させるといった自由連想法をとる。憑依してきている死者を慰霊供養し成仏させて離すしかないものを、精神医学では最終的には「個人」に還元させて治療しようとするやり方をとるのである。その結果、患者自身の持っている抑圧や破壊衝動を表に出してくるのであるが、これは非常に危険なことであり、その操作に行き詰まると今度は無理矢理強い薬で眠らせ押さえ込もうとするから結局余計にひどくなるだけであり、決して治ることはなく、一生薬を飲ませ続けることになる。

ところが精神病と称する症状（現象）を「死者からのメッセージ」と本来の意味で解釈し、その死者の託語（訴えや望み）を聞いてあげて真心を込めて供養（回向）するといった方法により、その死者の思いや訴えを十分に遂げてやることによって、この症状はスッカリ治るということを私も体験的に知っている。

その場合も新興宗教によく見られる誤った宗教などに頼ると、症状がもっと悪くなる例があるからよくよく注意が必要である。自分の親・先祖や近親者の霊魂《みたま》が救済を求めての憑依現象であるからには、やはり他に依頼心を起こして宗教団体などにすがるといった考え方ではなくて、自分や家族の者自身が自分たちの縁ある死者たちの境遇を心から悼み、真心込めて慰霊供養を懸命に続けていくならば、いつしか症状は必ず消えて治っていくのである。

ただ単に祓ったり、除霊したり、因縁を切ったり……では、その場限りの一時的な救いでしかなく、治るどころか結果的にかえって症状を悪化させるのみであり、無条件に真心込めて真剣に慰霊供養することにより、すがってくる霊を浄化し救い上げる（成仏させる）以外に完全に治ることはないのである。

【注】

（1）人々の心が素直であった古代においては何ら特別の行法などを要せずして、神を祈れば直ちに神霊に直接することができ得たものと思われる。その後、儒・仏・道教などの外来思想の流入により、古代人の思想に一大変化をもたらしたために中古より途絶えてしまったものか、記紀には絶えて神懸りの記述が見られなくなるが、この「神霊に感合するの道」を艱難辛苦の末に復興したのは幕末・明治の神典学者「本田親徳」翁である（文政五年正月一三日、鹿児島県川辺郡加世田郷武田村生まれ）。彼の著書『難古事記』には神懸りに関して次のように記している。

此ノ神懸ノコト本居平田ヲ始メ名ダタル先生達モ明ラメ得ラレザリシ故ニ、古事記伝、古史伝、トモニ其ノ説々皆誤レリ。親徳拾八歳皇史ヲ拝読シ、此ノ神法ノ今時ニ廃絶シタルヲ慨嘆シ、岩窟ニ求メ草庵ニ尋ネ、終ニ三拾五歳ニシテ神懸三十六法アルコトヲ覚悟リ、夫レヨリ幽冥ニ正シ現事ニ徴シ、古事記日本紀ノ真奥ヲ知リ、古先達ノ説々悉ク皆誤謬タルヲ知リ弁ヘタリキ。

なお、神懸り（託宣）に関して体系的にまとまった研究としては今林義明氏の『託宣の研究』（未出版稿）がある。

（2）記紀などのいわゆる「神道古典」を見ると、例えば第一〇代崇神天皇の御代に疫病が流行り、国民《くにたみ》の大半が死に絶える事態に至ったが、それは大物主神の神氣《かみのけ》・祟りであった。また、允恭天皇（『日本書紀』五年秋七月条）の己丑（一四日）に地震があったが、その原因は反正天皇の御魂の荒びによるものであった。天皇の殯宮に供奉しなければならないはずの「殯宮大夫玉田宿禰」が不埒にも殯の任務を放置し、他所で男女を集えて酒宴を催していたために天皇の御魂が怒り荒ぶるに至ったのだと記している。また、「古記」によれば長谷天皇（雄略天皇、一説には景行天皇とも）が崩じた際に、殯宮に遷して七日七夜の間「酒食」を奉らなかったために天皇の御魂が怒り「荒びたまひき」とあり、その鎮魂のために諸国に遊部・比自支和気を捜し求めたと記している。この他にも『日本後紀』巻一二、桓武天皇の延暦二四年二月条には、非常を慎んで朝廷が多数の神宝を石上神宮から山城国葛野郡に運遷した際に石上大神が非常に怒り頻りに鳴鏑を放つなどして荒ぶるために、夜通しかかって大神の御魂を鎮めたと記している。これらによっても、古代から〈御魂《みたま》を鎮め和す〉ということがいかに重要な問題であったかが分かる。

（3）折口信夫『大嘗祭の本義』（『折口信夫全集』第三巻、古代研究・民俗学篇2、中央公論社、昭和五〇年一一月）一七四～二四〇頁。

（4）拙稿「『令義解』・『令集解』の鎮魂解釈 ── 中国思想・文献の影響」（『鎮魂祭の研究』名著出版、平成六年一一月）二二三～六六頁を参照されたい。

（5）本書第二部第四章「鎮魂の法 ── 神性発揮の道」を参照されたい。

（6）長澤雄楯『惟神』（昭和元年、大本教事件に関して大審院の委嘱を受けて鑑定書を起草し昭和二年に提出したが、その内の一部分を長澤門下生の霊学研修の用に処せんとしてタイプ印刷したもの。月見里神社）一九頁。

（7）拙稿「『鎮魂祭の研究』私記」（『浪速文叢』13、大阪國學院、平成七年三月）五一～五九頁を参照されたい。

（8）「深層心理学と憑依」（高畑・七田・内潟共著『憑依と精神病 ── 精神病理学的・文化精神医学的検討』北海道大学

図書刊行会、平成六年二月）一六頁。

※本章の図1は株式会社近創インテリア・プロデューサーでまた茨木神社権禰宜の宮崎鏞輔氏に、図2の挿し絵は権丈梨紗子女史の手を煩わせたことをここに記して、厚く感謝申し上げる。

第二章　実存的不安と託宣

一　はじめに

この数年のニュースを見ているだけでも、わが国内は問題続出である。政治家や官僚層の腐敗堕落、警察官の不祥事、医療ミスの多発、大手発電所の事故隠蔽、食品会社の牛肉偽装等々、列挙したら限りがないほどである。特に問題なのは、社会の模範として、組織運営に当たるべき人々の責任感の希薄化が浮かび上がってきていることである。

人の模範となるべき教育者や裁判官・弁護士などの法曹関係者の犯罪が日常茶飯事として発生し、人々がもはや当たり前であるかのごとくに受け入れるようになっている。ごく普通の家庭においても、子や孫が親や祖父・祖母にごく些細なことで平然と手をかけるといった、かつてない事件が最近は目立って頻発しており、かくまでに人心の荒廃が進むとは一体誰が予想したであろうか。今日の深刻な事態を私たちは一体どのように受け止め、どこに根本的原因があるのかを明らかにし、かつ解決の道をどう探っていったらよいのか、真剣に問い直すべき時期が来ていると思う。本章では、日本文化研究者としての立場から、この問題について、文化の根底にあるものへの洞察を通して考察してみたいと思っている。

二　実存的不安について

明治以降、わが国は「近代化」を図るために、欧米列強に追いつき追い越せとばかりに西洋科学合理主義、唯物主義、経済効率第一主義を優先させる政策を採ってきた。精神生活を支える支柱たる学問ですら、それまでの基礎学であった縦文字（国学や四書五経）から横文字に切り替えてしまうなど、夢中になって西洋物質文明の模倣に次ぐ模倣を重ね、心や文化の大切さを軽視するようになってしまった。第二次大戦後は、より一層この傾向に拍車がかかったと言えよう。何よりも模倣の対象がアメリカ合衆国となり、小判鮫よろしくそのおこぼれを頂戴して、なりふり構わず経済的豊かさのみを求めた結果、外見上は世界第二位の経済大国にまで発展してきたかに見える。

しかしながら、ふと気がついてみると、日本人は神霊的なるもの（意識的表象としては「神」、「仏」にあたる）や、己が生命の源（親・先祖の御霊《みたま》）への畏敬と感謝の心を喪失してしまい、生き物としての生命の根源たる鎮守の杜《もり》（母なる大地であると共に、神霊の御住処でもある）を忘れるに至ってしまった。その結果、講や氏子組織といった古来の日本的コミュニティー・ネットワークが失われ、従来の地域連帯の強い絆はズタズタに切り裂かれてしまっている。新たに登場した市場的商品経済の洪水の中で、各人はもはや個人というよりは、単に物質化した個々の断片に過ぎなくなって、人間としての尊厳の一番根幹にある「霊的生命性」を見失っている。

この「霊的生命性」とは、いわば「原初的心の存処」とでもいうべき状態で、新たな福祉国家のあり方を模索しているウェルフェア・リベラリズムの提唱者の一人、ジョン・ロールズらが「原初的契約」と呼んでいるところのものに類比されよう(1)。それは経験知を超えた、生き物としての直感的な利他的公共心を指しており、本来教育されずとも、万人に備わっているという。これなくしては真の倫理的道徳心などあり得ない、とロールズは考えている。私はこの「原初的契約」などよりも一層根元的な存在として、「霊的生命性」という考え方を提唱したい。それは人間を個人と捉えず、また単に人間のみの関係を超えた自然の中の存在として位置付ける世界観である。生きることとそのことが道徳そのものである。そういったあり方が「霊的生命性」であるといえよう。日本が採用してきた近代物質主義的教育は、それを抑圧してしまい、市場競争に勝つことだけしか眼中にない大量の「市民」を生み出している。挙句は、日本国中どこでも、自分さえ良ければ他人のことなどどうでもよい……といった「吾《わ》れよし」のエゴイスティックな人間ばかりになってしまっている、といえよう。

黒船の来航以来、それまで何事も神意を第一とした日本人が、圧倒的な物質力を西洋に見てしまってからというもの、欧米列強に追いつき追い越せをモットーにして、恐るべき勢いで物資主義的科学教育（文明開化教育）が学校教育を通して世間一般に浸透していく中で、日本社会はそれまでの過去の生き方とスッカリ断絶してしまった。それは、存在への関わりといった人間の生の本質に関わる問題から日本人の目を背けさせ、また、より根本的視座としては、いわゆる「神霊」から目を背けさせてしまって、狭い近代人的「現象世界」に人々を埋没させて、ただ起きて食べて働いて帰って寝る……といったルーティン化されてしまった日々に人々を漬け込んでいる。その結果、限りなく鈍感になった私たちは、誰もが何ら不安を感じることもなく生活している、といった状況にスッカリ埋没してしまっている。

一般的に現代人は、本来「叡智」（知恵ではない）があれば行き当たらざるを得ない「実存的不安」の問題から目を背けて、刹那的な現世合理主義に縋《すが》って、ともかく生活していければよい……といった、まさにハイデッガーが『存在と時間』の中で指摘している、あの最も大きな精神的「堕落《フェアファアレン》」の極にあると言えよう(2)。

ここで言う「実存的不安」とは、世間一般に言うところの日々の生活不安とか、日常の瑣末な心配事という意味では全くない。それは、言ってみれば、人の御都合主義的な計らいに世界が納まってはいないという真実を身に沁みて知ること、人間の理性や合理的なものが無力であるということ、そして、実は誰もが心の底に怯えとして持っているもの、を言う。それは「悪夢」とか、何らかの「予感」とか、「胸騒ぎ」とか、何やら「得体の知れない恐怖感」とか、そういう形で瞬間チラッと姿を垣間見せる。その時、「普通の人々」は慌ててキョロキョロ周りを見渡して、それらがないかのごとく振る舞っている自分と同じ人を発見し、まるで何事もなかったかのごとくにしてしまう。しかし、目に入ったゴミや喉仏に刺さった骨のように、僅かな存在だけで決定的な痛みを与える、そういった存在が「実存的不安」である。

「死」というものはその象徴的な存在である。もちろん死そのものは実存でも何でもない。しかし、死への人の態度は、実存への態度と類比の構造を持っている。普通の人は、死というものは必ず誰にでもあると思う予感は持っているが、とりあえずないことにして日々生きている。この態度こそが実存問題を見えなくさせている根源である。逆に言えば、これが実は大いなる精神的堕落である、ということをどこまで自覚できるかが真実に至る道なのである。「本当は自分は何者なのか」ということを全く問わなくても何とか生きていけるために、人間の御都合主義の計らいに決して世界が納まってはいない……という真実を身に沁みて知ることもない。

神と自己との本質的関係を真摯に問いつめ、「実存的不安」を哲学的思考の根幹に据えた宗教者キェルケゴールは、この問題をその著『死に至る病』を通して、我々に問いかけた。その冒頭で、彼は、ナザレのキリストの奇跡譚の一つラザロの物語を採り上げている。キェルケゴールは、最も愛した弟子ラザロが悪しき病に倒れて死んだ、と人々が思いこんでいるのを否定して、キリストがラザロの不死を証した、という事跡を描くことで、神の実在を私たちに語りかけている。キェルケゴールが見逃さないのは、この時人々（彼は近代合理主義の淵源をここに見ている）がこの奇跡を受け入れることができず、キリストに殺意を抱いた、という一節である(3)。

現世合理主義に毒された人々は、存在の証される場に向き合いたくないのであり、それを突きつけるものに対しては、殺意すら抱くという。結局近代人は自分の御都合次第では、神すら亡きものとして平気なのである。ニーチェは「神は死んだ」という有名な言葉を残したが、『ツァラツストラ』の中で彼が皮肉を込めてそういったのは、実は古くはヘレニズム時代に遡ることのできる昔から、ヨーロッパでは物質主義的合理主義がヨーロッパ人の心を蝕み、神を殺してしまった、と言いたかったのである。

私たちが心せねばならないのは、人間の作っているちっちゃな本質論、つまり単に自分の御都合に合わせた「合理的」世界解釈というものが見事に打ち砕かれた時に「実存」が開示されるということである。人は初めて「不安」を目の前に突きつけられて自己存在の無意味（虚無）さについて考え始め、人間の合理や理性などといったものがいかに無力なものであるかということを知るに至るのである。この時、人間としての正しいあり方は、キエルケゴール的に言えば、人間がただ神霊に素直に向かうということでしかなく、何よりも物質主義に毒された自我意識を捨てて実存の開示に立ち会う、という真摯な生き方を選ぶところにある。神霊の大いなる計らいも、大いなる真理の顕現もここから出発しなければならないのではないだろうか。

三　「不安」に立ち向かう道

「近代」という世界のあり方の最大の欠陥は、地球規模で、――近代日本の場合は「国民」的規模で――人々を「実存的不安」から逃亡させたことである。人々は「死」などないかのごとく、そして何よりも「神霊」などないかのごとく、ただ視覚像、聴覚像、味覚像、臭覚像……といった感覚的与件のみで閉じた小さな世界を作って、その中に身を置いて「幸せな私」という気分に浸って一日一日を無為に過ごしている。そういう生活を可能にしたのが残念ながら「近代」なのである。これを大いなる堕落と言う。心の奥底で不安に怯え、しかもそれがないかのごとく誤魔化して立ち向かおうとしない。従って実は逆に不安に無意識に支配されて、いつまでも人生の意味を問うことができなくなっている。この不安を克服することこそ、意味ある人生を生きるために最も大切なことなのである。

では、この「不安」を私たちはいかに克服し得るのであろうか。それは不安からいかに脱却し逃げるか……ではなく、これを正面に見据えて立ち向かうことである。不安に立ち向かうとは、神霊や死といった問題を真摯に見つめ直す勇気を持つということである。それは人間という現象存在の持つ根本的な欠陥をとことん追い詰めることであり、自分の生きてきた堕落した世界を根底から揺すぶることになるのだ。

これは畏るべき恐怖に曝されることを意味する。それは自分の死を目前にした者の恐怖と同じ構造を持っている。人はなぜ死を恐れるのか……痛いからか、苦しいからか、寂しいからか……愚かな人はそういったものを原因として挙げるであろう。しかし、本質は違う。自分の存在自体が無意味になることへの恐怖感なのである。自分が生を得る前にすでに無限に時間があり、生を失った後にも無限に時間があって、この無限の時間に飲み込まれてしまった時、すべては無意味になってしまう。この「無意味」というあり方こそ、人が最も逃げ出したくなるものである。意味のない生。家族との楽しい団欒も、友人との熱き交流も、仕事を達成した歓びも、みな無意味化してしまう……それを人は予感して目を背けるのだ。

「近代」という意識のあり方は、この恐怖感に耐え切れず、人間たちが集団で逃げを図ったはかない存在に過ぎない。それは、精神（魂・プシケー）という宝をせっかく与えられているのに、それを全く使わずに、最初から敗北して目を背け、うつむいて短い一生という時間の中で、人間的精神の全く存在しない虫けらと同じ生き方を選ばされてしまっている「近代人」に特有の生き方なのだ。否、人間的精神を持っているが故に、悲劇の根は深いのである。しかし人はこの恐怖から逃げようにも、実は逃げられない。従って、人々は「近代」という枠の中で、その時その時の感覚的刺激のみに必死になって頼るようになり、より忙しげに振る舞うことによって、挙げ句は愚かな人生を無為に過ごしてしまうことになる。真の人間は勇気を持ってこの「無意味」という世界のあり方に立ち向かわなければならない。それは当然のことながら個々の人間という有限の存在を遙かに超えた大いなる出発である。「神霊」への真摯なる呼びかけ、これはこの精神的な限界の自覚に基づくものでなければならない。「虚無」から目をそらしている限り、堕落した精神状況はどこまでも続くことになる。

人はなぜ、精神を病むのか

不幸にして、「近代」という世界の限界にぶつかってしまって、それを支えきれなくなるという精神状況が存在する。その時、人はそれから逃れるために、唐突に自分の存在の意味を確認しようとして絶望的なあがきをするようになる。包丁で自傷行為に及んだり、あるいは不特定多数の人を傷付けたり、奇矯な声を張り上げて暴れ回り、また何日も寝ないで一点をジッと見つめてみたり、何者かの声にジッと聞き耳を立てたり……と、その行動は人様々である。周りの人はこういう状態に陥っている人を「発狂した」と呼ぶ。

しかし、厳密には、彼らは何らかのあり方で開示されようとしている実存的恐怖に気付き、それ故にそれに耐えかねて、必死に逃げようとしているのだ。そういった意味で、実は彼らは、「発狂している」と述べている、周りの「正常な」人間たちよりも遙かに優れた面を持っているのだが、しかし不幸にして彼らは己の限界には気付いたが、それを克服する術《すべ》を知らず、また何よりも、克服すべき道をわきまえている優れた「師」を持たない。落ち着く先は「近代」の申し子である医者という合理主義的知性の持ち主にしか出会うことができず、その結果は言わずとも明白である。絶望的な行動を繰り返した挙げ句、しまいには完全に精神活動を停止させ、生きながら精神的死の世界に閉じこもってしまう。こうやって、一人の廃人が生み出される。廃人にならなければ、自らの命を絶つという盲挙に出ることになる。不思議なことに、そのような形で追い詰められた人間たちは、まことの神霊にではなく、妖怪・邪霊（魔物）に出会ってしまうのであり（これからお話しする某女性の例に典型的なごとく、「悪魔が私に指図・命令する……」という表現に、その本質が現れている）、これを近代医学は絶対に救うことはできない。それは全く違う力によってしか救うことはできないのである。

近代医学は「狂う」ことも、個の問題として処理してしまう。サイコセラピストはこの現象を当人のみの心の病だとしてカウンセリングなどを施すが、実はその効果には自信がないので、結局は個人個人の脳の反応だと解釈して、ただ単に薬の投与に終止してしまい、本当の病人にしてしまうのであり、根本的な救いには手も足も出ない状況なのである。

ある若い女性の場合

以下、実際の話の内容はかなり複雑なのであるが、かいつまんでその要点のみを誤解を恐れずに記しておく。

年来の「鎮魂祭の研究」が一段落した数年前のある日、いつものように「行法修行」を行っていた私は、二日続けて同じ霊的現象をありありと見せられる体験をした。その時私は広い大きな墓地の周囲を、まるで鳥にでもなったかのように、かなりのスピードでスウーッと飛んでおり、無数の立ち並ぶ墓石を見下ろしていた。正確に言えば神霊の導きで見せられていたというべきである。もちろん私の意識はしっかりと覚醒していた。時間的には瞬時のことであった。行法修行を積めば体得できることであるが、このような現象は、御神霊からの大切なメッセージなのであり、その瞬間に御神霊のお指図というかその意図するところを己が魂に誤りなくキャッチしなければならないのである。

あの当時私は学位論文をまとめるべく研究生活に明け暮れていた。それは、神霊の存在を、学問を通してロゴスで捉えるための修行であったと思っている。無事に博士号をとった後、本来の私の修行に戻らなければ、と思っていた矢先のことであった。その時神霊が私に「早く本業に服すべし」と語られてきたのだ、と直感した。常日頃、行を欠かしたことのない私だが、さらに気を引き締めて修行に集中し、その予告の真意を待っていた矢先に、日ならずして某知人の二二、三歳の娘さんが自殺未遂を起こしたので、何とかして欲しいとの相談があったのである。

早速その娘さんに会ってみると、状態はかなり悪くなっており、頑なに周囲を拒絶して、当初は私にも決して彼女の身に起こっている変化について固く口を閉ざして話してくれなかった。身辺に起こる異常について、これまでにも親や周囲に彼女なりに色々と訴えかけ、救済のメッセージを送ってきたが、全く理解してもらえなかったのである。私は「これこれこうして聞こえてくるでしょう？　○○でしょう……」と本人の身に起こる現象について説明してゆくと、やっと分かってくれる人が見つかった、とばかりにボツボツと話し出した。

その若い女性の話によると、他人と話す時と全く同じように、耳元に複数の人の声（悪霊の声）が聞こえてきて、例えば「今、ここから直ぐ飛び降りないと、お前の親や家族が大変なことになるぞ」といった調子で、「声なき声」にさんざんに脅されているという。彼女は親を始め周囲のものから「その声に聞き入ってはならない」と何度注意されても、これらの言葉よりもこの「声なき声」の方をジッと聞き入ってしまうのであった。親たちの話を総合すると、彼女は夜になっても全く寝ずに、目は益々ランランとして天井のある一点を見つめていたり、かと思うと、「今、家の前に赤い車が私を迎えにきたから、行かなくてはならない」などと支離滅裂なことを口走っては、実際にはそんな車などないのに、制止しようとする親の手を振り切って外に飛び出そうとした、という。やがて親に手を上げたりするようになり、結局は「自分が死ななければ周りが幸せになれない」などといって自殺する恐れが出たために、病院に入院させることになったのである。

彼女が書いた支離滅裂な内容のメモ類に目を通した精神科の医者は、この症状を「重い分裂症」と判断し、母親に「ハッキリ言って娘さんの完治は難しく、またたとえ一時的に治っても繰り返す恐れがあり、一生薬を飲ませ続けなければならない……」と告げた。その時の親の嘆きは計り知れぬものがあること、これまた言うまでもない。

私は、先の行法修行中の体験から、この件に関して絶対の確信があった。病院から出た帰り道で私は「心配いりません。必ず直ります」とハッキリ親に明言した。予想していた通り、その家族は昔の墓場の上に家を建てて長いこと住んでいた。こうした現象の主たる原因は、墓所という聖なる領域の持つ危険な力（「土地の穢れ」とか「魄霊の障り」などと呼ばれてきた）に起因している。古来、日本人はその力を十分に知っており、それを畏れて丁重に鎮め和《やわ》す祭りを行ってきたのだが、近代になって合理主義に毒され、平気でその聖域を土地造成する、といった愚行を行うようになってしまった。この家族の家はこれまでも相当な災いを受けてきたのであるが、まさかそれがこういった原因によるものだとは、考え及びもしなかったのだ。

そもそもこのような土地に住むようになるのも、結局はこの家族が物質主義的合理主義に毒されてきたからであり、従って「死者からのまなざし」に無知で、人智を超えた存在の神秘、いわば「死者の御霊《みたま》」など全く信ずることができずに今日まで生きてきたのであった。彼らの生活態度の中には、親・祖先の御霊への感謝の心や常日頃の真心を込めた慰霊供養といった古来の日本人だったら当然の生活態度を失ってしまっていた。それがいかに危険な立場に自分たちを置くかが分からず、結果は正しき神霊の守護を得られなくしているのだ。この家族の親祖先の御霊が「無縁仏」という最悪の状態になっていたのは言うまでもない。こういった家族に対して、存在のあり方、具体的には神霊の実在や死後の霊魂の持続などといった霊的知識について一から教え導いてゆくことは、大変苦労のいることなのである。まず第一にその土地を引っ越させ、私自身その親と共に真剣な行を開始した。

なぜ当人のその娘ではなく、何よりも親に行をさせるかというと、この悲劇の根本原因が、親たちの誤った家観念にあるからである。彼らは、現在目の前に感覚できている個々の人間関係だけを生命ある実在と錯覚し、塵一つまで世界が生命に満ちていること、何よりも祖先の御霊を含め、自分の住む土地に嘗《かつ》て生を得ていた諸々の無縁の霊が実在していることが分かっていない。私はその大いなる世界関係を「スピリチュアル・コミュニティー・ネットワーク」と呼んでみたい。近代教育はこの大いなるネットワークを完全に無視してきたので、この家族がそのことに無知だったのは致し方がない。しかし冷静になって考えてみたら分かるであろう。それらの生命ネットワークが関わりを持ちたがっているのは、近代教育しか知らず、近代的自我意識に囚われて愚かな人生を送っている「親たち」の側なのである。彼らへの痛切なメッセージとして、いわば死者を含めた大いなる世界生命は、己が子の異常な姿を通して、「正しい生き方」への復帰を促しているのだ。異常さを示している子供の側だけを捉え、治療を施して正常にしようとしている現在の個人主義的治療法が、いかに的はずれな行為であるのかは、明白であろう。正しい治療の方向は、子供（当人）よりも親（周囲）へ、そして地域全体へと向けられなくてはならない。祖先の御霊への供養、無縁の御霊への供養、土地の御霊への供養、そういったことが実は大変大切なのである。まず親の側の生活態度の建て直し、私はこのことから着手したのであった。

仕事が終わって帰宅してからまず拙宅神前での祓い清めの行を一通り終えると、今度は病人から払拭し、引き離した死者の霊を救い上げるために深夜お山での水行などに入り、下山するのは明け方近く……という日々が続いた（ただ単に「祓い除く」だけでは真の救いにはならないのである）。期ならずして、当の娘さんはみるみる回復し、病院から出た後も親子共々続けて行をさせた。もちろん、その間病院からの薬は一切飲ませなかった。この薬が強い麻酔性を持った大変な劇薬で、身体に大変な負担を掛け、長く常用すると本当の病人になってしまうからである。薬に依存しない生き方を身に付けさせること、このことも大切なことではあるまいか。入院時は鉄格子の中に入るほどの重い病だった彼女が二年後にはスッカリ完治し、その後何とめでたく結婚して現在幸せに暮らしている。今では夢のような話である（もっとも、家族が行を通してせっかく身につけた神仏や祖霊たちへの尊い信心の心、そして何よりも世界への感謝の祈りを失わない限り……という条件付きであり、それを忘れて元に戻ればどうなるかは言うまでもない）。

近代医療にのみ頼っていたら、彼女も家族も今頃は一体どうなっていたことであろうか。

もっとも、こうした重い障害（霊的トラウマとでも呼ぼう）を持つ人を救済する道は誰にでもできるというものでは決してない。私の体験から、真に神霊に通ずる者、あるいはそういう役目を背負わされ修行を積んできた者でなければ、逆に悲惨な目に遭う危険性を孕んでいる、ということを付言しておかねばならないだろう。安易な治療を売り物にしているいわゆる「霊能者」に頼るなど危険極まりない。

人はすべてをあるがままに受け入れ、神の計らいに一切を任せる生き方ができるようになったなら、即ち「実存」ということを真に自覚して生きられるようになったら、目の前の様々な現象界の出来事というものに対して人間思案をしてあれこれ悩まなくなるものであるが、これまた言うは易く……である。

四 「近代」が忘れ去ったもの

国際化が叫ばれて久しいが、自国の「日本文化」をいかにして正確に捉えるかということは私たちにとって非常に大切な問題の一つである。自文化の正しい理解なくして異文化理解は決してないからである。

明治以降、あるいは昭和以降に限ってみてもどれだけ多くの日本人が海外に出たであろうか。そして現地の人々から日本文化について尋ねられるごとに、日本人はどれほどその本質について正確に語り得たであろうか。日本文化といえば、やれ歌舞伎だ、芸者だ、生け花だ、茶道だ、武士道だ、腹切りだ……などと言ってお茶を濁して、その根底に滔々と流れる精神文化については誰一人全く触れ得なかったのではなかったか。

従来、わが国の文化を語る時にその「特殊性」や「異質性」ばかりが強調されて語られてきたきらいがあったが、日本文化は決して特殊でもユニークなものでもなく、むしろある意味で、最も「普遍的」なものであると言える。変で異質なのはむしろ「近代そのもの」なのであり、日本の精神文化の基底にあるものは、異質というよりは、むしろ人類共通の普遍的な人間の生き方・価値観なのだとも言えるのである。

例えば「モノ」について考えてみよう。

大和言葉の「モノ」は単に物質の「物体」ではなく、「物の怪」の「モノ」の例にあるごとくそれは霊的存在を表すことばであり、カミ・タマ・オニ・ヒ・チ……なども然りである。古来、日本人にとっては「モノ皆生命あり」で、そこに生命の息吹を感じ取っていたのである。

例えば民間では今でも「針供養」が行われる。使い古しの日本針や習字の筆などは、近代的合理主義者が見れば、それはただ捨て去るだけの単なるゴミにしか過ぎない「物体」であるが、私たち日本人はそれを神前あるいは仏前に供え、それに対して感謝の心を忘れることはなく、慰霊供養を怠らない民族だったのである。今でも単にガラスとゴムと金属とで出来た物にしか過ぎない「車」にさえもお祓いをする慣行が僅かながら残っている。近代的合理主義者には単に物にしか過ぎない木であっても、日本人にとっては樹齢数百年を超える樹木はそれを他の木々とは聖別し「御神木」として注連縄を張り巡らしてきた。そこには、「木霊《こだま》」と言うように、一定の年輪を経た樹木にはそこに神を幽観し、神の現前を感じ、大いなる生命への篤い畏敬の心情が脈々と流れている。このような日本人の無自覚と言ってもよい生き方を、我々日本人は正しく外国に伝えたであろうか。語るとしても、それを日本の特殊性として語ったのではあるまいか。それぞれ東西の頂点に立つ力士たる横綱は一体なぜに注連縄をし、神前での土俵入りが行われるのか、と国の内外を問わず聞かれた時に、これまであなたは何と説明してきたのであろうか。大方は支離滅裂な説明に終始してきたことは容易に推定できる。

これらに通底するのは、人々が近代教育に毒される前は、世界に神々を感じ取り、それと共にある歓びと畏敬の念を忘れずに生活してきた、ということであり、それはまた諸外国の人々にも通底する、ごく当たり前の世界観であった、ということである。そこには「普遍」が存在する。それを忘れ去った近代の方がよほど奇形と言ってよい。

近代という生き方がいかに奇妙であるかは、土地への態度を見てもよく分かる。日本では古来から、先祖伝来の土地は神そのものであるが故に、そこに家を建てる場合においても、神へのご報告とご許可を得るべく「地《とこ》鎮祭《しづめのまつり》」をし、鎮め物をしてひたすら神への真心の表明を忘れたりはしなかった。その、日本人にとっては「神そのもの」ともいうべき神聖な土地を「土地ころがし」といった言葉が示すように、人間がわがまま勝手に投機や金儲けの対象としてしまえば、神罰を蒙るは必死と言っても過言ではなかろう。結果は、精神的荒廃となって現れていることは今日の事実が示す通りであるが、その結果生じた途端の苦しみを受けながらも、未だそれが神罰とは悟れぬまでに日本人の感性・霊性はとことん鈍化し果ててしまったのである。

然るに、この古来の感性は日本人の特異性なのであろうか。例えば英語のThingは日本語訳では「物体」という意味の「物」と訳されているが、原義は大和言葉の「モノ」と同じ意味合いを持っていた。Thingが怪奇現象を引き起こす話が、海の向こうにも実はあるのだ。モノへの畏怖心は普遍的な感性なのであり、ヨーロッパ人にも本来共有されているのである。日本同様、ヨーロッパにおいても、「近代合理主義」的世界観がそれを失わせたのは言うまでもあるまい。しかしながら、日本語に翻訳する時に現地での原義が失われた、と言う面も忘れてはなるまい。

この際、翻訳語の弊害についても一言触れておくべきであろう。

奈良時代に「カミ」を漢字の「神」と翻訳したために大陸の神との区別があやふやになったばかりか、キリスト教がアジアに伝来した時に、西洋の「ゴッド」をゼウスと言い、中国語を踏まえて天主と翻訳させたまではよかったが、明治に入ってそれをも「神」と訳されてしまったことから従来の「カミ」との重大な混乱を来すことになってしまった。その結果、日本人は明治以来結婚は神前で誓ったものであるが、神の前であることは同じであるということで、キリスト教への回心など毫も気にもせずに、抵抗なく教会での結婚式を行うようになっている。さすがに良識のあるキリスト教団体では、回心していない者たちの教会結婚式を断るようになってきてはいるが、無知な日本人の多くが海外にまで出かけて教会結婚式を行おうとしているので、地球規模で恥が晒されている。これは明らかにゴッドを神と翻訳したことの弊害である。

また日本語の「クニ」の本来の意味は決してステイト（state）の翻訳語としての国家というものではなかった。クニの成り立ちは土地の神霊との和睦の歴史であり、あくまで土地の神々との関係において成り立っていたはずのものである。その証拠に、明治以前の日本列島の住民の意識では、日本は国々から成り立っており、その場合の国とは国つ神の居ます所を指していた。そのそれぞれの国つ神が天照大神と和合して治まっている所、それがヤマトという国の姿であったのである。それが近代教育の枠の中で、ステイトの翻訳語としてしか教わらなくなったために、国という言葉の本来の意味を、日本人は理解できなくなってしまった。そこでは唐突に「個人」が出発点になっている。近代教育において「個が大切だ」などという場合における個は、目に見えない土地の神霊と繋がった個ではなく、閉じた実体としての「個」が存在すると思い込んでいるその人の仮説的な個でしかないのだ。斯様に、言葉一つをとってみても、この国の乱れ具合がいかに深刻であるかが分かろうというものである。

古典に見る神懸り事例

さて、日本文化を正確に知るためには、その文化の根底に脈々と流れてやまぬ「古神道」について知らねばならず、そしてその中核には必須不可欠たる「神意窺知の法」としての「帰神（神懸り）術」があることを私たちは決して見落としてはなるまい。

わが国では神代の昔から一朝事あるときには何事においても神霊に対しご神意を伺い、その神意を第一としてまつりごと（政治）に誤りなきを期したことは、邪馬台国の女王「卑弥呼」の鬼道を持ち出すまでもなく、記紀などの古典にも明らかである。例えば第一〇代崇神天皇七年の大物主神の神懸りや、垂仁天皇二五年三月条の倭大神の神懸り、仲哀天皇八年秋九月条の神懸り、神功皇后摂政前紀九年一二月条の表筒男・中筒男・底筒男三神の神懸り、顕宗天皇三年春二月及び四月条の月神・日神の神懸り、桓武天皇延暦二四年二月条の神懸り、文徳天皇斉衡三年一二月条の大奈母知少比古奈命の神懸り、清和天皇貞観七年一二月条の浅間明神の神懸り等々幾多の事例がそれを明証している。(4)

ところが明治の御世になると神武創業の昔に倣い、純粋神道に帰るべく復古神道・国家神道をめざしたものの、肝心の神霊と直接し神詔を受ける尊貴ともいうべき鎮魂法や帰神術の技法はスッポリ抜け落ちてしまったというか、十一兼題などに見るごとく、国学者・神道関係者らはそれが大切であると幾分は知識として分かってはいたのであろうが、最早それを実際に身を持って真になし得る者はというと一人もなく、またいかにすべきかそのなすべき術さえ持たなかったのである。

官僚という存在の功罪

また、明治中期以降地歩を確立するようになった「文明開化主義」の政府官僚らにとっては、そうした神法・神術はむしろ不合理な邪魔なもの以外の何者でもなかったであろう。真に神意を伺うことのできる神主が存在していては、不安を目の前に突きつけられる官僚たちは、逆に一時も安心していられないという、最も重い不快感を身に覚えざるを得ないからである。

ちなみに、古代においても、官僚たちが台頭してくると、例えば宇佐神宮における女禰宜たちや、琉球王国におけるノロやユタなど託宣を受け得る霊的能力のある者たちへの統制が始まるし、民間での託宣に対しては次々と禁令を発してこれを取り締まることになる。それ以前には、宇佐神宮の女禰宜たちは神霊の託宣を受けるのは当たり前のこととされ、反対に託宣を受け得なくなった時には即刻辞めさせられていたのである。このような構造はすべからく官僚層という職能集団の本能的な反応であり、この地球上におけるあらゆる地域の国家が官僚層を形成する時の一般的傾向である。

官僚層が聖なる力を独占し、皇帝のもとで世界を支配した中国の場合、徹底的に霊的能力を持った者たちを排除しようとし、撲滅を図っている。儒教官僚の書である『水系注』などを見ると、いかに彼らが巫覡《ふげき》を敵視しその撲滅を図ったかが、よく分かるであろう。その結果中国では土地神への信仰が失われ、ヨーロッパとは別タイプではあるが、人間主義的物質合理主義が跋扈するようになってしまった。

これは官僚支配の根本的問題点である。その根本は、官僚層が自分たちの本来持つべき「実存的不安」から、組織的に逃避していることに起因している。それが伝統的な言語体系として盤石の文化構造体に大進化したものが、実は儒教である。この影響は日本でも古代以来存在してきたが、特に江戸期以降大きな力を発揮し、日本人に人間中心主義的合理主義を植え付けてきた。それは行法への軽視や託宣の国政からの排除を結果し、神霊の存在を無視する傾向を生み出していた。それは実に国学にすら色濃く現れていたのである。日本の危機は幕末・明治期以前に、すでに胚胎していたのだ。

戦後の困難な時期、神道界の論客として斯界をリードした葦津珍彦氏はその著『神国の民の心』において本居宣長ら学者たちを批判して、次のように述べている。


なぜかれらは、「天地の動きは神の知るところであるから神に聴くべきだ。正しき道は、神々の命に忠であるべきだから、神の意は、神から聴くべきだ」答へなかったのであらうか。（中略）かれらが断固として然う答へ得なかったのは、神憑りを古代人のこととしては肯定したらしくも見えるが、「自分等の今の時代には正しい神懸りなどはありえない」との世俗合理主義者に近づいてしまってゐたからではないか。古典によれば、古代人は禊祓によって、身を浄め、鎮魂につとめ、神々に接して、神意をきくのにつとめたのではなかったか。それこそが古神道の根幹なのではなかったか。しかし、真淵も宣長も、一度も神懸りによって神命を聞いたことがなかった。(5)


つまり国学者たちは宣長以来、「神懸りなどは無視してをり、自ら神懸りすることに、つとめなかったのみではなく、神懸りの霊力ある人物をもとめようともしなかった」のである。

天平期以前の古代の神道では、事に応じ時に臨んで託宣の場において神を祈り、神を乞い求めて、結果、権威ある高位の神々の神懸りによる正鵠を得た神教が得られ、それによって大事が決定されていた。然るにその慣行は奈良・平安時代にはすでに衰微に向かっており、近世の神道にはそれが全く見られなくなってしまい、今日すでに古神道の本質は滅び去り形骸化してしまったのだ……との葦津翁の指摘は、今日の神道界の現状を厳しく突いていると言える。

神仕えする神職そのものが真神を知らず、見えざる神霊への真摯な畏敬の心も持たずして、神道を口にし、どこの新興宗教団体の本とも変わり映えのしない、まるでつづり方程度の中身のないカルチャーセンター的神道書ばかりが流行る時代である。これらは詐欺以外の何者でもなかろう。神道は知識ではなく、いかに本を読んだからとて分かるものでもなく、また、分かったものが説いているわけでもない、ということを私たちはよくよく知らねばならないのである。（これからの時代はニセモノではなく本物こそが求められるのである。キェルケゴールが「実存」を重んじたのはまさにそこにあるのだ）。こうした状況は今日、神道界・仏教界その他の聖なるものに仕える、いわゆる聖職者全体に共通して見られるものであり、聖職者たちがそうであるなら他は推して知るべし……である。

五　日本精神文化の根底にあるもの――古典に見える託宣

託宣の「託」字は日本最古の漢和辞書である『新撰字鏡』によれば、「伊乃留。又久留比毛乃伊不。又口波志留」とあり、即ち「祈る。また、狂い物言ふ。また、口走る」との意であるというのである。(6)

森田康之助博士はこの『新撰字鏡』をもとに、「神を祈る」と「神に祈る」のその違いについて次のように述べておられる。

祈ることによって、神霊は活動を開始するのである。その活動が「狂ひて物いふ」とか「口ばしる」として把握されているのであって、狂って物いったり口ばしるということは、神霊や精霊が人に憑依して自己の意志や思考を表明して人に伝えている状態を指しているのである。であるから、神を祈るということは、神の意志や思考を表明して人に伝えている状態をさしているのである。であるから神を祈るということは、神の意志や思考を実際にその眼で見、その耳で聞いて確認しようとすることであって、今日われわれが神に祈って拝礼したとしても、実際に神の意志や思考を確かめることができず、おそらくはたぶん聞き届けてくださるのだろうと自ら慰めるのとは、ここに大きな差異のあるのを、見てとらねばならぬと思うのである(7)。

単に助詞「を」と「に」の一字の違いなのであるが、「神を祈る」という場合には神霊の降臨を乞うということ、姿なき神霊の現れますのをひたすらに願うということであるが、「神に祈る」の場合には対象的……具象的にすでにそこに坐ます神に祈ることになり、神とは「我に対する汝」というように人に相対して存在する……という考えとなり、両者のその意味内容は大いに相違する、と森田博士はいわれるのである。仏教渡来以降、神の社殿が営まれるようになって以後、神はいつも社殿に鎮座されているのだと考えられるようになったというのであり、これはそれ以前とは異なって新しい考え方というべきであり、ここに神霊と人との関係に大きな変化が生じたというべきであろう。『万葉集』には「神を祈る」とはあっても「神に祈る」という例は見出せないからである。

神懸りによって神霊の託宣を乞う宗教的儀礼の背景には、「世界の実存的開示」という状況が存在する。素人がたまたまこれに修行もなく万が一にも不用意に直に触れるとすれば、恐らく発狂するか死んでしまうかもしれない。「託宣」とは実在的世界の開示の場面に出会うことを指しており、これは極めて危険なのだということを知っておいて欲しい。従って、実際は神霊は人を選んで現れるものなのであり、何よりも自らの真正なあり方を見分ける力を持つ仲介の人（メディア）を通して、神霊の意向を伝えようという人に立ち現れてくる。

その人自身はそれが真正のものであるかどうか判断がつきかねることがある。それを判断する立場の人を「審神者《さにわ》」と呼ぶ。幕末から昭和期にかけて起こった民間宗教の世界においてさえ、例えば天理教の中山みき女や大本教（現、大本）の出口ナヲ女のように当初、己に憑依した霊物が何者なのか、果たして狐か狸か神か、神ならば正神であるのか邪神であるのか、優れた審神者なきためにその判別に苦慮したことが知られている。出口ナヲ女は自分に憑依した霊物の正体を知ろうとして、天理教や金光教の教会などを訪ねている。自分の身に起こったことについて知ろうとして、いかに真剣に悩み抜き、かつ混乱状態にあったかが分かる。常に人は良き師を求めねばならない。何よりも疑ってかからねばならないのは、例えば優れた師を持たずに滝場などで修行しているうちに何らかの憑き物がした時に、それが果たして真正な神霊か、妖魅・邪霊の類かその判断もつかないのに、勝手に神仏の言葉と称して、その憑き物のことばを語ることであり、それは悲惨な結果しかもたらさない。

さて、古典を真面目に研究した者ならば、神道にとって「神懸り」がいかに重要かつ不可欠のものであるかが分かるはずであるのに、賀茂真淵や本居宣長など国学者らが古訓の解釈のみに終始して肝腎の神懸りに対しては手も足も出なかったのは、すでに彼らが人間主義的合理主義に侵されていたからだ……と葦津翁は重大な指摘をされた。神道の真髄は国学者らのように単に理による解釈では到底分かり得ず、身自ら行法を実践して神霊に直接する道を体験・体得する以外にないのである。だが実は葦津翁よりもずっと以前に同様の指摘をしている者がいた。幕末・明治の優れた神典学者であり、また霊学中興の祖として、神道行法の達人として宗教集団（大本教・三五教ほか）や神道界はじめ、その道を志す者に今日においても少なからず影響を及ぼしている本田親徳翁（薩摩武士。通称九郎。文政五年正月一三日、鹿児島県川辺郡加世田郷武田村生まれ）その人である。彼はその著『難古事記』に次のように述べている。

> 此の神懸のこと本居平田を始め名だたる先生達も明らめ得られざりし故に、古事記伝、古史伝ともに其の説々皆誤れり。親徳拾八歳皇史を拝読し、此の神法の今時に廃絶したるを概歎し、岩窟に求め草庵に尋ね、終に三拾五歳にして神懸三十六法あることを覚悟り、夫れより幽冥に正し現事に徴し、古事記日本紀の真奥を知り、古先達の説々悉く皆謬解たるを知り弁へたりき。[8]

幽冥に正し、神霊の教えを受けなければ『古事記』や『日本書紀』の深奥は決して分かるものではない……と本田親徳翁は言うのである。残念ながら、本田翁が古典をもとにして生涯賭けて苦心の末に再興したところの神霊と直接し神教を受けるための優れた皇法と霊学（鎮魂法・帰神術）は今日、神社界では全く知られていないというか、無視されているというのが現状である。

古神道行法を身をもって実践し、真にその奥の堂に入るためには、すべてを投げ打って徹底して神界への奉仕者たらんとする覚悟はもとよりのこと、専心何十年という長期の（生涯をかけての）積み重ねの修行と、「霊学は浄心を以てもととなす」と言われる如く、世俗の名利など一切に囚われない徹底した「浄心」の持ち主でなければならない。神界に己が真心を捧げ、かつ認めていただくためにはこうしたことが必須の条件であるために、並の者では到底勤まらず、従って誰もが何もなし得ずに終わってしまう。また、たとえ志を持って励む者であっても、そのほとんどが生の不安に耐えかねて中途で棒折れしてしまうか、あせりが災いして妖魅界（魔物の餌食）に魅せられて入ってしまい、しかも本人はそれに全く気付かず、死んでみて初めて気が付く……といった悲惨な目に遭うことになる。それほど厳しい道であるために、誰もが最初から諦めてしまっており、また己の至らなさ、無力さを直視するのは耐え難いために、こうした修行には全く触れないか無視する態度をとることによって己の立場を守ろうとする者がほとんどと言ってよい状況なのである。

そういったわけで今日、神霊から直接の神誥・神教を受けるための「神懸り」など神職にとって不可能なのが当たり前……といった神社界の風潮なのであるが、これはやはり今後改めていかなければならないのではなかろうか。

仲哀・神功皇后記に見る神懸り

さて、古代においてこの神懸り（世間にある「霊憑り《れいがかり》」とは一線を画しハッキリ区別すべきである）は一体どのように行われたのか、「神霊が依り憑き託宣を発する」という、そこには一体どういうルールが見られるのかを、古典の中から一事例を参考に引用しながら簡単に見てみよう。前項で古代には幾多の神懸りが行われたことを知るために、『古事記』や『日本書紀』の中から八例ほどその事例を示しておいたが、その中からここでは記紀の仲哀天皇紀・神功皇后紀における帰神（神懸り）事例について考察する。

『古事記』中巻、神功皇后の新羅鎮めの条には以下のような記述がある。

其の大后息長帯日賣命は、當時神を帰せたまひき。故、天皇筑紫の訶志比宮に坐しまして、熊曾国を撃たむとしたまひし時、天皇御琴を控かして、建内宿禰大臣沙庭に居て、神の命を請ひき。是に大后神を帰せたまひて、言教へ覚し詔りたまひしく、「西の方に国有り。金銀を本と為て、目の炎耀く種種の珍しき寶、多に其の国に在り。吾今其の国を帰せ賜はむ。」とのりたまひき。爾に天皇答へて白したまひしく、「高き地に登りて西の方を見れば、国土は見えず、唯大海のみ有。」とのりたまひて、詐を為す神と謂ひて、御琴を押し退けて控きたまはず、黙して坐しき。爾に其の神、大く忿りて詔りたまひしく、「凡そ茲の天の下は、汝の知らすべき国に非ず。汝は一道に向ひたまへ。」とのりたまひき。是に建内宿禰大臣白しけらく、「恐し、我が天皇、猶其の大御琴阿蘇婆勢。」とまをしき。爾に稍に其の御琴を取り依せて、那麻那麻邇控き坐しき。故、幾久もあらずて、御琴の音聞えざりき。即ち火を擧げて見れば、既に崩りたまひぬ。爾に驚き懼ぢて、殯宮に坐せて、更に国の大奴佐を取りて、生剝、逆剝、阿離、溝埋、糞戸、上通下通婚、馬婚、牛婚、鶏婚の罪の類を種種求ぎて、国の大祓を為て、亦建内宿禰大臣沙庭に居て、神の命を請ひき。是に教へ覚したまふ状、具さに先の日の如くにして、「凡そ此の国は、汝命の御腹に坐す御子の知らさむ国なり。」とさとしたまひき。爾に建内宿禰、「恐し、我が大神、其の神の腹に坐す御子は、何れの御子ぞや。」と白せば、「男子ぞ。」と答へて詔りたまひき。爾に具さに請ひけらく、「今如此言教へたまふ大神は、其の御名を知らまく欲し。」とこへば、即ち答へて詔りたまひしく、「是は天照大神の御心ぞ。亦底筒男、中筒男、上筒男の三柱の大神ぞ。今寔に其の国を求めむと思ほさば、天神地祇、亦山神及河海の諸の神に、悉に幣帛を奉り、我が御魂を船の上に坐せて、真木の灰を瓠に納れ、亦箸及比羅傳を多に作りて、皆皆大海に散らし浮かべて度りますべし。」とのりたまひき。(9)(以下略)

記紀などの古典によれば、古代には戦さや天変地異、疫病、天皇・国家の一大事……などの際には求めずしての神懸りや、人間の側から求めての神懸り式が行われ、神霊の神教を乞うたことが知られるが、ここに取り上げた事例は後者の場合の例である。即ち、熊曾や新羅の鎮めに際して筑紫の訶志比の宮(現、香椎宮)において神霊の神教を乞うために天皇自ら神懸りの式を執り行ったのである。

仲哀天皇が自ら御琴を弾き、神霊が依り憑くメディア(「依り代」)としての神主には神功皇后が、沙庭(『日本書紀』では「審神者」と表記)には建内宿禰大臣が預かった。つまり、訶志比の宮で行われた神霊の託宣を得るための神懸り式は、三者構成で、深夜神庭において厳密に行われたのである。

・御琴を弾く「琴師」の役(仲哀天皇)
・神霊が依り憑く「神主」の役(神功皇后)
・沙庭に居て神霊の正邪を判ずる「審神者」の役(建内宿禰大臣)

神懸り(託宣)式が夜になって斎行されたことは、御琴の音が聞こえなくなったので「火を擧げて見れば」と記されていることで分かる。

また、沙庭に伺候する建内宿禰大臣の「審神者の役」は折口信夫の言うような単に神語を通訳する役などといった安易なものではなく、神霊の正邪真偽を判ずる重要なお役であったことは、神主に憑ってきた神霊に対して天皇は「偽りを為す神」であると疑われたこと、またそれに対して大臣は「恐し、我が天皇、猶其の大御琴阿蘇婆勢」と進言していることでも分かる。もしも、天皇が疑われた通りに、神主に憑ってきた神霊がまさしく偽神(邪神)であったなら、大臣の進言は国家的大事に際しての大変な重罪を犯したことにもなるし、また、天皇が崩御されることも決してなかったに相違ないからである。神霊の託宣を得るための真正の神懸り式というものは、天皇であっても本来このように生命がけの厳しいものであったのである。

審神者の職掌

古代においても不可視の神霊には正神もおられれば邪神もいるのだということは十分に知悉していたし、また、そのためにそれを見極め判別するための重要かつ不可欠な「審神者」という役を置いていたという点はよくよく考えておくべきことではなかろうか。

古典には身体的可視的現象として記述されているけれども、神霊と人間との本質構造がここには示されているのである。正しい神霊との出会いは決して生易しいものではなく、それを正しく見抜く目を持った霊的達人こそが神霊との出会いを可能にする。その導きを受けた時、世界が幸魂・奇魂あるいは荒魂・和魂の恩恵に浴する。記紀の世界はその達人として建内宿禰大臣という天才を書き残そうとしたのである。

審神者の役は神霊によく通ずる者にしてかつ神界から認められた者でなくしては決して適わぬものであって、単に人間の側からの熱意や努力のみでは如何ともなし難く、従って誰でもがなし得るものでは断じてないということを知らねばならない。また、霊学の道は修行者とある特定の神霊との血統ならぬ「霊統」というものが非常に重要不可欠になってくるのであり、これが修行に大いに関係するということも述べておかねばならない。本田親徳翁の高弟であった月見里《やまなし》神社の長澤雄楯翁は審神者について次のように述べている。

審神者たるには神典学を首とし、内外の歴史・地理より、天体・地質・物理・化学・宗教・哲学・文学等百科の学に通ぜざれば真神と偽神との弁別は為し得る者にあらず。(中略)審神者は宏才博識の士にあらざれば能はざるは茲に存せり(10)。

つまり、行・学ともに備わった高潔の人士にあらざれば審神者の御役は到底務まらぬのであり、本論で述べている審神者というものは巷にある、いわゆる問答審神者などと称する者らとは全く似て非なるものであって、それらとは到底比ぶべくもないのである。

記紀共にこの仲哀・神功皇后紀の託宣の式の内容はほぼ同旨であるが、天皇崩御後の二度目の託宣の式においても審神者（二回目は中臣烏賊津使臣）を置いていると言うことは、当時いかに審神者の御役が重視されていたかが分かろうというものである。

この審神者が古典から消えていく過程で儒教や仏教が隆盛を見ており、本田翁が命懸けで霊学を再興し、審神者の法を確立したのも、儒教・仏教の持っている危険性を読み解いていたからなのである。

さて、神主に憑った神霊（正神）は、「皇后の御腹に坐す御子が此の国を治める」と宣し、また皇后の御腹の内なる子は「男子《をのこ》ぞ」と正しく見通しておられる。この御子は後の応神天皇であり、憑神は住吉の三神（底筒男・中筒男・上筒男三柱の神）であって、しかも天照大神の御心であると告げている。天皇御自身が斎行される託宣（神懸り）の式であるからこそ、また、一点の私心なき国家的大事に関する問題であるからこそ、その祖神たる天照大神の御心が現れて重大な神教を賜ることができたのであることを見落としてはならない。つまり、いかに望外のことを願っても、修行者自身の魂の高き低き、清き卑しき……の程度に相応したレベルの霊しか憑らない……というのが神律（幽冥界の法則）なのであり、低い霊魂を持つものが高位の神霊に通ずることはいかに望んでも断じてできないのだということを知らねばならない。

本田翁は『神傳秘書』の中で霊学を学ぶ者が常に服膺《ふくよう》すべき諸注意として七項目を挙げているが、その七番目に次のように記している。

精神正しければ即ち正神に感合し、邪なれば即ち邪神に感合す。精神の正邪賢愚は直に幽冥に応ず。最も戒慎すべし。(11)

従って世間にありがちな、単に金が儲かるかとか、株の値が上がるかとか、どの宝くじが当たるか…などといった私的な事柄に対して、必要もないのに真の神霊が応答して何事か託宣するなどといったことは断じてないのである。世間で横行している宗教団体の神や仏や霊能者などと称する者らはそのほとんどがつまらない妖魅・邪霊の類やニセ霊能者たちなのであり、そんなものにだまされて己の尊い神授の霊魂を穢されないようにくれぐれも気を付けるべきである。真の神霊は決して組織や教団などをお望みにはならないのだ、ということをシッカリ肝に銘じていて欲しい。本田親徳翁が印可の印として弟子に与えた『神傳秘書』中において正神界に一八一階級があり、邪神界にも一八一階級あり、と記している。そして各々僅か一段異なるだけでもその下から上は雲を摑むようなものであり、自分の界から上級界は全く見えない……というのが神律（神界の法則）なのである。分かりやすくたとえて言うならば、この俗世においても教師でも医者でも弁護士でも良き悪き各々ピンからキリまでいるということである。真神（正神界の神霊）は決して自ら人間に手を差し伸べてくることはないが、神仙道的なものや、下等なものは必ず彼ら（妖魅・邪霊）の方から先に行動を起こして、人に寄り憑き、奇跡を行い、人を驚かせ、全く神律を無視する輩どもなのである。

こうして古典を紐解いて見ていくにつけ、ただ視聴率を稼ぐだけのために審神者も置かず、見えない存在の言うことなら何でもかんでも鵜呑みに信じ込む霊的知識のない視聴者たちをだまして、正邪の判別すらつけられない無知な低級霊能者を担ぎ出して大衆を煽る……といった今日のマスコミ放送界が与える弊害がいかに甚大であるか、かつその罪の大きさが分かる。邪霊に憑かれていても分からない宗教団体の教祖や偽霊能者らのいかがわしい霊言や低級極まりない憑霊現象などといったものが商品化されてしまい、すべてがビジネスペースで動いているという現実は即刻改めなければならないのではなかろうか。

話が横道に逸れたが、なお留意すべきは、神主である神功皇后に寄り憑いた神霊に対して、天皇は葦原中国の統治者として対峙しているという点である。間違ってはならないのは、天皇御自身が直接神懸りすることはないということである。まつりごとの執行者である天皇自身に神霊が寄り憑いては、一体誰が神霊と対峙して国家の命運を賭けた神教（託宣）を誤りなく受け得るというのか。神霊との直接体験のない者らの素人解釈、例えば正邪を問わず民間伝承はすべて正しいとばかりに何でも無批判に受け入れてしまう、従来の民俗学者や人類学者、宗教学者らのシャーマニズム論や行法論など何の役にも立たないということを知るべきである。

六　おわりに――「修行」の本質

これまで、真の神霊と直接し託宣を受けるための修行には優れた師（審神者）が必要不可欠であること、天性の特別の資質の上に「浄心と専修」、つまり純粋な心（清浄心）を死生を超えて保持し、何がなんでも貫徹せずんば止まずとの熱意・覚悟、限りない積み重ね、努力が大切であることについて述べてきた。

私たちの精神活動の一つに言霊《ことだま》――ことばを通して世界と交通する――ということがある。言葉を発することによって、我々の精神分野から果たしてことばが抜け落ち、減っていくだろうか。全く逆に、より優れた言葉を発することによって、その人の精神がいよいよ高まり充実するのである。それは一個人に止まらず、周囲を、さらに世界を充実させる。発するということが実は大いなる充実に繋がる。一にして多、霊魂というのは本来、そういう構造を持っているのであり、これを実存哲学では世界－内－存在と構造化して描こうとしたのである。神霊という大いなる問題を扱う時に低レベルの実体論・機械論を用いることは危険極まりないということを身に徹するべきではないのか。そういった意味で現在のシャーマニズム論はあまりにもお粗末である。

さて、前項で紹介した本田親徳翁が再興した霊学（鎮魂法・帰神術）のうち、鎮魂行法について簡単に述べてみよう。鎮魂は真心を練る法である。この行法では前もって審神者から神霊（天宇受賣大神の分霊）を鎮めてもらった鎮魂石を、大いなる他との邂逅を果たすためのメディアとして用いる。静寂な部屋でこの鎮魂石と一メートルほど離れて対峙し、「吾が霊魂は鎮魂石に鎮まる」と四、五回強く思念して後はひたすら身心を統一して無の境地を保持する……という、言葉で表現すればたったこれだけのことなのである。本当の神霊に出会い交流するということは物凄いことだということを本田翁は知っていた。

そのためには自分の内部を無限に充実させなければならない。世俗的な一切を捨て去り、あるいは抜け出て、真の純一無雑なというか、「無の境地」（奇魂の働きにより、自己の直霊が霊内分離し神界に至った状態）に至らずしては、鎮魂石にわが魂を鎮めることはできないのである（「無」は一切の道の極致である）。鎮魂石を通して大いなる神霊と邂逅するということ、それは実は本来の自己が開示されることでもあるのだ。それ故に自らが充実できるのである。

鎮魂を倦まず弛まず積み重ねていくうちに、自己の霊質の密度が高まり向上して真魂の働きが強くなり、総合されて鎮魂力、即ち神霊に通ずる力がついてくる。そうなってくると、鎮魂石に向かうと上方から霊光（神霊の光）が降り、頭上にさんさんと降り注ぐのを感得できるようになり、鎮魂石に鎮まる神霊の導きによって霊肉分離して自己の直霊が神界に入るのがハッキリ自得されるようになるのである（真の神霊の神気というものは筆舌に尽くし難い）。

大切なことはそれからなのである。霊肉分離といっても完全な霊肉分離に至るまでには無数の深浅、種々の段階があるからである。参考までに霊学の兄弟子であった某氏との書簡集の中から彼が戦前、霊学を志す以前に体験したある霊肉分離の例を挙げておこう（この例は神社の御眷属神霊に通じたもの）。

特別の祈願などはなかったが或る年の秋の終わり頃、向島にある白髭神社の宮司にお断りして百日間の行を開始した。その頃は蚊も多く、顔や首、手、足をさんざん喰われてひどい目に遭いながらも、飽くこと無く続けた。九十七〜九十八日目になって、神前で祝詞を奏上し始めた瞬間に、全身に電気がかかったようになり、声も出ず、身体がしびれ、感覚が無くなり、瞬時に自分の魂が空中に登り、立派な社殿の前に立ち、その御扉がギィーと開いたと認められた時、初めて我に返りました。ほんの僅かの間のことでしょうが、

「このまま終わる」という恐怖と共に、なんとも言えぬ清らかさを味わい、今に至るもその時の気持ちと言うものは忘れられません。その後、百日が終わる二〜三日、昔は此処が土手になっており、此処へ差し掛かる時になると身体が何丈もの高さになり、側の大倉の屋敷（二階建て）の上にまで伸びて、この屋根が見えるのです[12]（以下略）

鎮魂石なしには内部倫理だけでは決して充実しない。言葉ですら、優れた知性を外に表わさないと自らの優れた精神を生み出すことはない。外に自らを充実させないことには自己の内部の充実もない（禅はそこの時点に留まっている）。その修行をなし得た人だけが幽冥に通じ、神霊と初めて出会い、交流して神教を受けることができ、霊肉分離して外から自分自身を見、また他者の身体を隈なく霊視して病気の箇所を見たり、あるいは他者の魂をも自由に見得る人になるのである（霊肉分離したからといって決して肉体人間が空っぽになるわけではなく、大いなる充実があるのであり、こうした点はただ外部の現象を見たまま聞いたまま類型化するのみのシャーマニズム論では絶対に分からない）。かくして世界（ここで言う世界とは単なる意識表象としての世界ではなく、言い換えれば「存在」そのもの）と真に向き合ってこそ初めて「私」というものが全体として開示されるのであり、これこそが真の意味での「自己の確立」なのである（そういう意味で戦後教育は自己破戒教育以外の何者でもないのである）。

これを抜きにして、人がもし万一にも神霊に出遭った時には、発狂するか死ぬしかないという厳粛なものを語っている。ただ修行を積んだ者には、それが真の安穏の世界としてその世界を受け入れることができるのであり、このことを理解しないで誰でもが簡単に神霊の威徳に預かれるというような語りをする者に対しては、全くニセモノだと思って間違いない。優れた宗教者たちはそのことを深く受け止めて気付いており、簡単なものだとして神霊について語ることは決してないのである。

【注】

（1）J.Rawis "A Theory of justice" 1971, Cambridge press. 矢島鈞次監訳『正義論』紀伊國屋書店、昭和五四年

（2）M.Heidegger "Sein und Zeit" 1927. G・スタイナー、生松敬三訳『ハイデガー』（岩波書店、平成五年一二月）五三～一三〇頁、原佑『ハイデッガー』（勁草書房、昭和三八年三月）、吉本浩和『ハイデガーと現代の思惟の根本問題』（晃洋書房、平成一三年三月）参照。

（3）S.A.Kierkegaard "Sygdommen til Døden" 1849. 『死にいたる病』（松浪信三郎訳『キルケゴール著作集』一一、白水社、昭和四〇年一月）一四～一七頁。「死にいたる病」は「この病は死に至らず」（ヨハネ伝一一）と告げたキリストのことばから出ている。

（4）拙稿「古代の帰神（神懸り）」（『古神道の秘儀』海鳥社、平成五年三月）二五〇～六七頁を参照されたい。

（5）葦津珍彦「古神道と近世国学神道」（『神国の民の心』島津書房、昭和六一年九月）二七～二八頁。

（6）『新撰字鏡』（『群書類従』第二八輯、雑部、続群書類従完成会、昭和五七年一〇月）二九六頁。九世紀末の寛平・昌泰年間に撰られた、漢字の訓義を示した最古の字書である。

（7）森田康之助『日本の神話・原像と発展』原書房、昭和四七年九月、二六～二九頁。

（8）本田親徳『難古事記』（鈴木重道編『本田親徳全集』山雅房、昭和五一年六月）二一四頁。

（9）倉野憲司校注、日本古典文学大系1『古事記祝詞』岩波書店、昭和六一年、二二九～三一頁。

（10）拙稿（前掲書）二四三頁。

（11）拙稿（前掲書）二八〇頁。

（12）霊学の師「佐藤隆」氏の門下であった筆者の兄弟子に当たる、故大久保藤男氏との数年にわたる霊学に関する書簡集より一部抜粋したものである。

第三章　帰神（神懸《かみがか》り）術と審神者《さには》

一　はじめに

「審神者《さには》」の宗教的性格・機能については『釋日本紀』巻一一、述義の条に、

　審レ神者也、分明請二知所レ崇之神一之人也

とあり、「神を審《つまび》らかにする者」との解釈を良しとしたいのだが、『政事要略』第二八、賀茂臨時祭の条には、

　或云、審神者、言審二祭神明託宣一之語也

とあり、折口信夫も、

　さにははどの場合にも依代の發せられる神語を人間の言葉に通譯する役です。[1]（傍線、引用者。以下同）

と述べているところから、一般に審神者は「神の託宣を聞き、その神語を分かりやすく人間の言葉に解く人」と解されているが、果たして審神者の宗教的機能はそのようなものであったのだろうか。

　確かに『古事記』を見ると、中巻、崇神天皇の条に、大毘古命が高志国にいる時に、建波邇安王の反逆を知らさんとして少女に求めずしての神懸りがあり、その少女が、

　御眞木入日子はや　御眞木入日子はや　己が緒を　盗み殺せむと　後つ戸よ　い行き違ひ　前つ戸よ　い行き違ひ　窺はく　知らにと　御眞木入日子はや[2]

と歌ったとあり、『日本書紀』にも同様の記述があって、童女の歌の本意を倭迹迹日百襲姫命[3]が天皇に知らせて

いる。

しかしこの箇所は、大毘古命が一人いた時とは思われず、[4] しかも見知らぬ少女の単なる歌であっては大毘古命は気にも留めなかったであろう。天皇の御命に関わることであり、大毘古命に強く注意を促す必要があったために、神慮によって謎めいた歌を少女が口にしたとも解されるのである。

そのことは、前文の続きに、

是に大毘古命、怪《あや》しと思ひて馬を返して、其の少女に問ひて曰ひしく、「汝が謂ひし言《こと》は何の言《こと》ぞ。」といひき。爾に少女答へて曰ひしく、「吾《あ》は言《ものい》はず。唯歌を詠《よ》みつるにこそ。」といひて、即ち其の所如《ゆくへ》も見えず忽ち失せにき。

とあることによって分明であろう。

同じく『日本書紀』巻第五、崇神天皇六〇年の条にも、出雲振根が誅された後、しばらくの間出雲臣らが大神[5]を祭らなかったために、丹波の氷香戸邊《ひかとべ》の小兒《わかご》に求めずしての神懸りがあり、その小兒が、

玉萎鎭石《たまものしづし》。出雲人の祭る、眞種の甘美鏡。押し羽振る、甘美御神、底寶御寶主。山河の水《み》泳《くく》る御魂。靜挂《か》かる甘美《うまし》御神、底寶御寶主。[6]

と言ったとの報告を受けた皇太子活目尊は、「是《これ》は小兒の言《こと》に似《の》らず。若《も》しくは託《つ》きて言《い》ふもの有《あ》らむ」と思われ、天皇に奏上して天皇の勅によって祭らしめたとの記述がある。この場合も神懸りしたのは子供であり、大事な要件を取り上げてもらわんがための神の計らいと解釈されるのである。

従って、神託は上記の二例のように、常に意味が不明なものであり、それを分かりやすく人間の言葉に解くために「審神者」が必要となる――との従来の解釈は再考を要するのではないかと思われる。その他の神懸りの箇所では、この二例を除いて「神託」を人語に通訳するの必要を感じるところがないからである。

従って、まず古典、特に『古事記』、『日本書紀』の神懸り事例で「審神者」が活躍する箇所、「仲哀・神功皇

后紀」を検討し、古代における審神者の宗教的機能と性格を明らかにした上で、近代の審神者のそれとの比較検討を加え、「審神者」と言われる宗教的職能者の原姿に迫りたいと思う。

二　審神者登場以前の神人関係

まず審神者が登場する以前の神と人（天皇）との関わりを見ると、『日本書紀』巻第三、神武天皇即位前紀戊午年六月乙未の条に、

> 即而皇師、欲レ趣二中州一。而山中嶮絶、無三復可レ行之路一。乃棲遑不レ知三其所二跋渉一。時夜夢、天照大神訓二于天皇一曰、朕今遣二頭八咫烏一。宜以爲二郷導者一。

とあり、同書同年九月甲子朔戊辰の条には、

> 是夜自祈而寢。夢有二天神一訓之曰、宜取二天香山社中土一、香山、此云二介遇夜摩一。以造二天平瓮八十枚一、平瓮、此云二毗邏介一。幷造二嚴瓮一、而敬二祭天神地祇一。嚴瓮、此云二怡途背一。亦爲二嚴呪詛一。如此、則虜自平伏。嚴呪詛、此云二怡途能伽辭離一。

とあって、天皇の危急の時や国家的大事の時には皇祖神、天照大神が影の形に添うように常に天皇を見守り給うており、また『古事記』崇神天皇の条を見ると、

> 此天皇之御世、役病多起、人民死爲レ盡。爾天皇愁歎而、坐二神牀一之夜、大物主大神、顯レ於二御夢一曰、是者我之御心。故、以二意富多多泥古一而、令レ祭二我御前一者、神氣不レ起、国安平。

とあって、大物主大神が天皇に夢告を与えている。

また、武埴安彦の謀反を未然に知らされて災いを避けた事例もあり、こうして見てくると神と天皇との交流、交渉が自由に行われ、必要ある時に天皇が神を祈れば直ちに大神のミタマと通じていたことと思われる。[7] また、天皇が何事も神意を第一としてまつりごとを行ったことが分かるのである。

崇神紀は神武天皇紀に比すると、神と人との関わりにおいていわゆる「神人分離」[8]後に僅かの間隔を感じるものの、御夢や宇気比、求めずしての神懸りによる神人交流は、未だ審神者というものが登場しない、第一義的な神人関係を認めるものである。

『日本書紀』巻第五、崇神天皇七年の条を見ると、

「(前略)今朕《わ》が世に當《あた》りて、數《しばしば》災害《わざはひ》有らむことを。恐るらくは、朝《みかど》に善政《よきまつりごと》無くして、咎を神祇《あまつかみくにつかみ》に取らむや。盍《なん》ぞ命神龜《うら》へて、災を致す所由を極めざらむ」とのたまふ。是に、天皇、乃ち神淺茅原に幸《いでま》して、八十萬の神を會へて、卜問ふ。是の時に、神明倭迹迹日百襲姫命に憑りて曰はく、「天皇、何ぞ國の治らざることを憂ふる。若し能く我を敬ひ祭らば、必ず當に自平《たひら》ぎなむ」とのたまふ。天皇問ひて曰はく、「如此《かくのたま》教ふは誰《いづれ》の神ぞ」とのたまふ。答へて曰はく、「我は是倭國の域の内に所居《を》る神、名を大物主神と爲《い》ふ」とのたまふ。

香椎宮(福岡市)

香椎宮の沙庭斎場(神教を乞請した聖地)

とあって、神の命を請うたのも、

神の依代《よりまし》たる倭迹迹日百襲姫命に懸った神霊に問うているのも天皇自らであり、「審神者」は記述の中では見当たらない。また、これまでの記述を見ると神託は正鵠を得たものであり、天皇を常に正しく助け導き給い、天皇もまた神意をそのまま素直に承けて、決して疑った箇所は見られないのである。

時代は下って、大陸との交流の記述が急に多くなる箇所、即ち記紀の仲哀・神功皇后の条を見ることにしよう。

三　記紀に見る審神者の宗教的機能

『古事記』中巻、仲哀天皇の条に、

天皇筑紫の訶志比宮《かしひの》に坐しまして、熊曾國を撃たむとしたまひし時、天皇御琴を控《ひ》かして、建内宿禰大臣沙庭に居て、神の命を請ひき。是に大后神を歸《よ》せたまひて、言教へ覺し詔りたまひしく、「西の方に國有り。金銀を本と爲て、目の炎耀く種種の珍しき寶、多に其の國に在り。吾今其の國を歸《よ》せ賜はむ。」とのりたまひき。爾に天皇答へて白したまひしく、「高き地に登りて西の方を見れば、國土は見えず。唯大海のみ有り。」とのりたまひて、詐《いつはり》を爲す神と謂ひて、御琴を押し退けて控《ひ》きたまはず、默《もだ》して坐しき。爾に其の神、大《いた》く忿《いか》りて詔りたまひしく、「凡そ茲の天の下は、汝の知らすべき國に非ず。汝は一道に向ひたまへ。」とのりたまひき。是に建内宿禰大臣白しけらく、「恐《かしこ》し、我が天皇、猶《なほ》其の大御琴阿蘇婆勢《あそばせ》。」とまをしき。爾に稍《やや》に其の御琴を取り依せて、那麻那摩邇控き坐しき。故、幾久《いくだ》もあらずて、御琴の音聞えざりき。即ち火を擧げて見れば、既に崩《かむあが》りたまひぬ。

とあり、建内宿禰が神の命を請うており、それによって皇后に神霊が憑ったとあるが、「審神者」の字句は『古事記』には見えない。

「沙庭《さには》に居て」の沙庭は神託を乞うために忌み清めた清庭《さやには》を意味するのであろう。当時、神霊の降臨を仰ぐには庭上祭で行った事が知られよう。この清庭に待《さもら》う者がその宗教的職能から、『日本書紀』に見られる「審神者」と呼ばれるようになったと察せられるのである。

では上記の『古事記』の条に、審神者のどのような宗教的機能・性格が見られるのであろうか。

神武天皇の御代には皇祖神、天照大神の訓《おしへ》を直接に承け、また御夢においても神霊と一つに密接に結びついているが、崇神天皇の御代になり「神人分離」が行われてから大神の直接の訓や夢告は見られず、神の命はその神を祭る巫女（依代）を通して聞くようになり、物実（神の依代）を必要とするようになった。

そして、仲哀天皇の御代になると、琴師（仲哀天皇）、神主（神功皇后）、審神者（建内宿禰）の三者による儀礼構成となっており、こうした三者構成による一定の儀礼過程を経なければ神命を伺うことができなくなってしまったとも解される。ただし、この条は国家的非常時であってみれば、より詳細かつ正確な神託を得るために、慎重を期すために三者構成を取ったとも言えようか。

琴を弾く男子の埴輪（相川考古館蔵）

仲哀天皇は、神霊が教えるところの国が果たしてあるかどうかと高所に登って見渡したが見えぬので、皇后に御憑《おかか》りの神霊を「詐《いつはり》を為す神」と疑い、御琴を弾くことを止めたのである。

天皇が神霊を「偽神」と疑った点に審神者の重大な任務を読み取れるのではなかろうか。当時、天皇は神にも「正神」も「邪神」もあることを知悉されてこその表現と思われるからであり、故に審神者が必要なのであると。

皇后に憑った「神霊」が教える国の存否について判ずるに、天皇も建内宿禰もその条件は同じである。即

両手を前に捧げる男子の埴輪
（福島県立磐城高等学校蔵、
福島県立博物館提供）

ち、天皇が高所に登って見渡してもない国が、建内宿禰には現実に見えたというわけではあるまい。然るに、天皇が「偽神」と疑われて御琴を押し退けたに対し、建内宿禰は、

恐し、我が天皇、猶《なほ》其の大御琴阿蘇姿勢。

と、天皇に御琴を続けて弾くように進言しているのである。

　このことは、天皇は「偽神」と判断したが建内宿禰は「正神」と判断したからであり、また憑ってくる霊が正神か邪神かを審らかに見抜く霊的能力の保持者であったことを如実に物語るのではなかろうか。もし天皇の判断通りに「詐神」であったならば建内宿禰は天皇の判断に背く重罪を犯すわけであり、天皇と国家とを危機に陥れることになるからである。

　ここに審神者の審神者たる由縁があると思われるのである。つまり、審神者は単に神の託宣を聞き、その意味を解いたり、人間の言葉に翻訳するだけの者ではなく、神霊に通ずる能力を有する人物であり、その優れた霊的能力によって神霊を人に憑依させるのみならず、懸れる神が果たして正神か邪神かを瞬時に見抜き、神の正体を審らかにして、邪神ならば退け、正神ならばその神託を仰ぎ、教えを受ける重要な任務を持ち、国家的一大事の折りに、誤れば生命《いのち》にも関わるところの厳粛な降神の儀（神懸り式）において、初めから終りまで重大な責任を負う役であったと解される[9]。

　出雲路敬和氏は『古楽の真髄』の中で、審神者の任務について、

審神者は自ら鎮魂を主掌し、神託をも受け傳へるものと見られるのである[10]。

と述べており、審神者は神霊と交流・交渉する優れた能力（鎮魂力）を有する者であり、その鎮魂力で霊の正邪賢愚を判定したものと思われる。

また、当時の降神の儀（神懸り式）は夜、庭上祭で行われ、内容によっては数日にわたって断続して執行されたものと思われる。

こうして仲哀天皇が神罰を被って崩御された後、国の大祓を修し、天皇崩御に関わる一切の罪を解除した後で、また再度神懸り式を行うのであり、『日本書紀』巻第九を見ると、

三月の壬申の朔に、皇后、吉日を選びて、齋宮に入りて、親ら神主と爲りたまふ。則ち建内宿禰に命して琴撫かしむ。中臣烏賊津使主《いかつのおみ》を喚して、審神者《さには》にす。

とあり、この時も神主（神功皇后）、琴師（建内宿禰）、審神者（中臣烏賊津使主）の三者構成による神懸り儀礼の形式を取っており、「審神者」が存し、しかも審神者には百済に使して駐在中に亀卜を習得し、帰って壱岐・対馬の卜部の祖となった中臣烏賊津使主（雷大臣命）が務めているところからも、審神者が誰にでも務まる役務ではなかったことが察せられるのである。

以上によって、記紀における古代の審神者の宗教的機能を大半摑めたことと思う。

審神者はまず第一に神主（依代）に懸る霊的存在のその正体、つまり正神か邪神かを自己の「神霊と交流する力」、「霊力」（事の真偽・正邪を判ずる能力）によって審らかにし、邪神ならば払い除き、正神ならば神託を乞い、教えを受けることが重要な機能であり、神霊の託宣を人間の言葉に解釈・通訳するなどのことはたとえあるとしてもそれは二義的なものと言えるであろう。

次に近代・現代に視点を移し、大本教その他に多大な影響を与えた幕末・明治の神道学者、本田親徳《ちかあつ》

の帰神（神懸り）術の概要を見、そこから古代の降神の儀と照らし見て審神者の本姿を述べたい。

四　本田親徳の略歴と帰神の概要

本田親徳（通称九郎）は文政五年（一八二二年）正月一三日、鹿児島県川辺郡加世田郷武田村に生まれ、父は主蔵という。薩摩藩士の出とも藩医の子とも言われる。

資性明敏、幼少より漢学を修め、剣に長じ、一七、八歳の頃、風雲の志を抱いて藩を出て水戸の碩学、会沢正志斎の門に入り、そこで三年余り和漢の学をはじめ諸科学を広く学び将来の学問の基礎を固めた。古典について深く研鑽を積むにつれ、宇宙の森羅万象はことごとく霊的作用によるとの考えに思い至り、古典の真義を解するには神霊に接して神の教えに基づくより他になしとの確信を持つようになった。

天保一四年、本田親徳二三歳の頃京都藩邸にいた時に、たまたま京都伏見に狐憑きの子供が歌をよく詠むとの噂を耳にし、その憑霊現象を実見し、その霊的作用について深く研究する必要のあることを痛感したと思う。

それから四〇年もの長きにわたり、一切の世俗の名利を断ち、深山幽谷を跋渉し、諸社霊窟に参籠するなど想像を絶する霊的修業をなし、独自の「本田霊学」（皇法・鎮魂・帰神）を確立するのである。

主な弟子として伯爵副島種臣，萩原正平、秋山光條、長澤雄楯らがおり、大本教の出口王仁三郎は本田翁の弟子である長澤雄楯に一時霊学を学んだのである。

「霊学中興の祖」とまで言われる本田親徳の神道霊学は（一）鎮魂、（二）帰神（①自感法②神感法③他感法）、（三）太占《ふとまに》（①形象法、②聲音法、③算数法）の三大神術《かむわざ》と教義とが表裏をなしており、本論文では神術のうちの「帰神」の法を取り上げ、その概要を見る。

本田霊学に言う「帰神の法」は①修行者の神霊に通ずる力（鎮魂力）によって、自己の霊魂を神界に至らせ、神の啓示を仰ぐ「自感法」、②修行者が自発的に求めぬのに神の御意志によって神霊の方から突然に懸ってきて啓示や注意を促される「神感法」（これは周囲の者のみか、本人さえも気付かぬ場合もあるという）、③神主（依代）と審神者の二者で互いに向き合って神懸り式を行う「他感法」の三種があり、私たちがこれから見ていこうとするのは第三番目の「他感法」である。

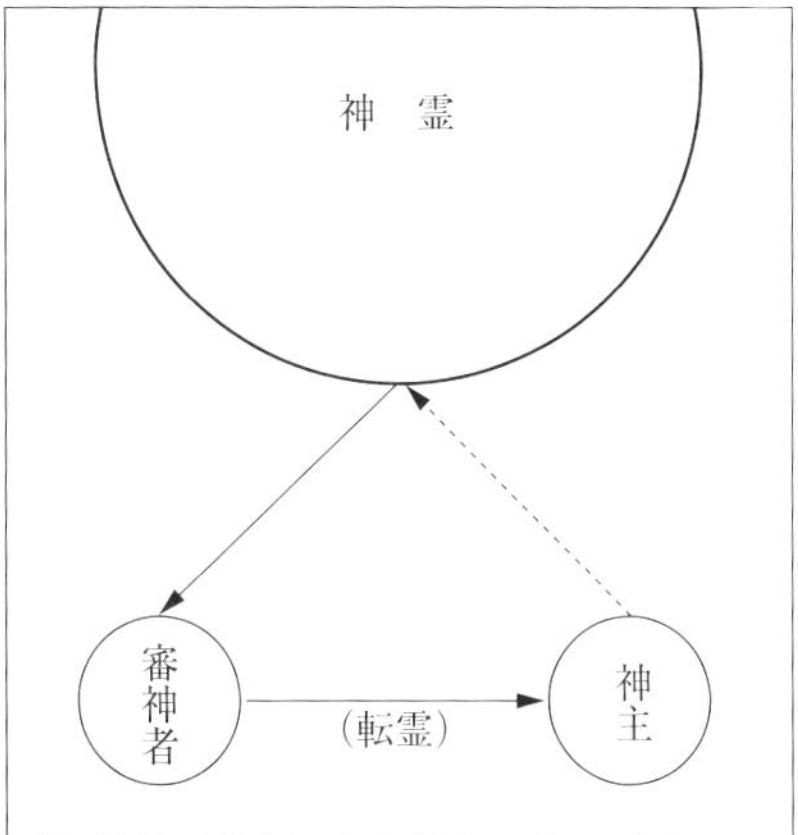

① 神霊（神気）を審神者が体に受け、
② 次に神気を神主に転霊し、
③ 終われば神霊は神主の体から昇神する。

図１：本田親徳の他感法（神懸り）

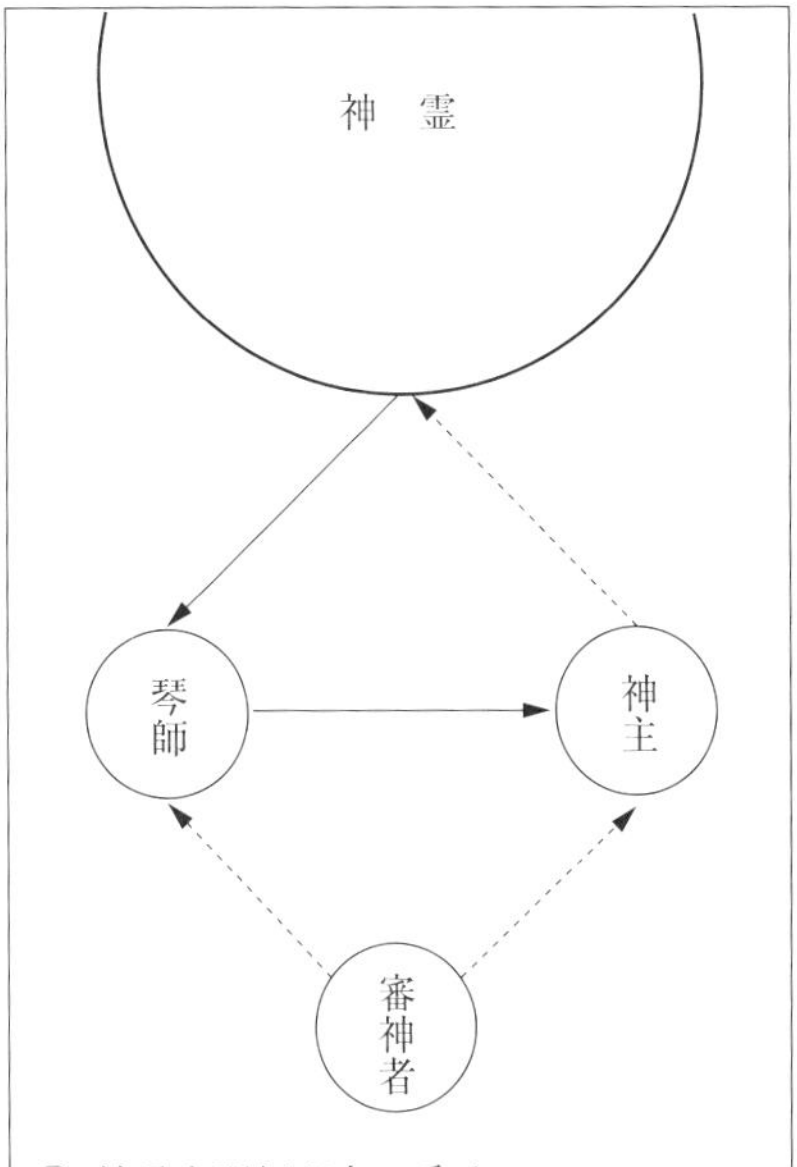

① 神霊を琴師が身に受け、
② 次に神主（依代）に転霊（あるいは神霊は琴師を通さず、直接神主に懸ったか、記紀の記述ではハッキリしない）。
③ 神託が終われば神霊は神主の体から昇神する。

図２：記紀、仲哀・神功皇后条の「降神の儀」

『古事記』・『日本書紀』の仲哀・神功皇后紀における神懸り式は（一）神主（神霊の依代）、（二）琴師（琴を弾き、神霊を降霊させて神主に憑かせる役）、（三）審神者（神主に憑った霊の正邪・真偽を審判する役）の三者構成によって神霊との問答形式で有機的に行われているが、本田親徳の「他感法」（帰神術）は（一）神主（神霊の依代）、（二）審神者（琴師の役を兼ねて琴の代わりに石笛《いわぶえ》を用い[11]、神霊を降下させ、神主に憑け、同時に神主に懸った霊の正邪・真偽を審判する役）の二者構成で行っている。

	古事記	日本書紀	本田式
神主	神功皇后	神功皇后	○
琴師	仲哀天皇	武内宿禰	×
審神者	建内宿禰	烏賊津使主	○
（宗教楽器）	琴	琴	石笛

本田親徳翁が『秘書』(12)に記している、「帰神の法」をまず見た上で概説すると、

帰神の法を(イ)幽斎の法と言う。神界に感合するの道は至尊至貴、濫りに語る可き者に非ず。吾朝古典往々其の実績を載すと雖も、中世祭祀の道衰え其の術を失うこと既に久し。(ロ)神法に依り其の古えに復す。是即ち玄理の窮極、(ハ)皇祖の以て皇孫に伝えし治国の大本にして祭祀の蘊奥なり。蓋し幽斎の法たる至厳至重、深く戒慎し其の人に非ざれば行う可からざる者あり。濫りに伝う可からざる意茲に存す。然りと雖も其の精神萬難に撓まず、自ら彊めて止まざれば意に能く其の妙境に達する事を得ん。（中略）(ニ)幽斎は宇宙の主宰に感合し親しく八百万神に接す。其の修し得るに至りては至大無外、至小無内、無遠近、無大小、無広狭、無明暗、過去と現在と未来とを問わず一つも通ぜざるは無し。是即ち惟神の妙法。常に服膺すべき者あり。茲に其の概ねを挙ぐ。

一、(ホ)霊魂は神界の賦与にして即ち分霊なれば、自ら之を尊重し妖魅等の為に誑かさるゝ事勿れ。
二、正邪理非の分別を明らかにす可し。
三、常に神典を誦読し神徳を記憶す可し。
四、(ヘ)幽冥に正神界と妖魅界と在る事を了得す可し。
五、正神に百八十一の階級あり、妖魅亦之に同じ。
六、正神界と邪神界とは正邪の別尊卑の差あり、其の異なる亦天淵の違いあるを知る可し。
七、精神正しければ即ち正神に感合し、邪なれば即ち邪神に感合す。精神の正邪賢愚は直に幽冥に応ず。最も戒慎すべし。

として諸注意事項を挙げ、さらに、

帰神の法たる至貴至重なり、行う者須く知る可きの要を茲に示す。

として、「帰神の標目」を述べている。

正神界（俗に善神界と云う）

(ト)無形（幽）

自感法　上中下　三法

他感法　上中下　三法

神感法　上中下　三法

合九法

(チ)有形（顕）

自感法　上中下　三法

他感法　上中下　三法

神感法　上中下　三法

合九法

有形無形合拾八法

妖魅界　前と同じく拾八法

巫或いは法華僧の行は此等外下々下等也。

邪神界と称するも妖魅界に同じ。

之を分けて三百六拾二法とす。

次に「審神者の覚悟」について、その概要を見れば、

(リ)帰神に重要なるは審神者とす。其の人に非ざれば即ち能はざる者也。

筆者所持の鎮魂石・石笛

其注意周到にして胆力あり、学識ありて理非を明らかにするに速やかなるを
要す。

一、㋦過去現在未来を伺う可し。
二、真神なるや偽神なるや弁ぜずば在る可からず。
三、神の上中下の品位を知らずば有る可からず。
四、神の功業を知らずば有る可からず。
五、荒魂和魂幸魂奇魂を知らずば有る可からず。
六、天神地祇の分別無かる可からず。
七、神に三等有るを知らずば有る可からず。
八、神に公憑私憑あるを知らずば有る可からず。

と述べている。

以下、㋑～㋦の箇所について概略、述べてみよう。

まず㋑の「幽斎の法」とは「顕斎」に対して言うのである。

顕斎とは『古事記』天石屋戸条に鏡や御須麻流の珠を作り云々とあり、また『日本書紀』神武天皇即位前紀に「今高皇産靈尊を以て、朕親《われみづか》ら顕齋《うつしいはひ》を作《な》さむ」とあるように、一定の斎場で神籬《ひもろぎ》や祭器具を具備して行う神祭りを言うのに対し、幽斎は『真道問対』[13]に、

幽斎は神殿有ること無く奠幣有ること無く祭文有ること無し。霊を以て霊に対するのみ。

とあるように神殿や祭りの具・祝詞などは要せず、ただ「霊対霊」即ち己が霊魂

福岡県宗像市・「某」島にて採集の石笛（海浜・海中より採集したもの）

を以て神霊に感合するの法を言うのである（もちろん、特定の身体動作や楽器・薬品などの使用もない）。

ロは、本田親徳翁が神より授かった神法によって、中古以来途絶えていた「幽斎の法」を復活せしめたと言うのである。

ハ、この幽斎《かくりいはひ》の法は皇祖神から天皇が授かった神法であり、即ち本来は天皇が行うべき尊貴な神法であり、この幽斎の法によって大神の神意をわが心として政事《まつりごと》に誤りなきを期したもので、祭祀の根本をなすものであると言うのである。

ニ、幽斎は宇宙の大精神（天御中主神）に感合し、八百万神と親しく接触し、過去・現在・未来を問わず、いかなる難事も瞬時に解消し得る尊貴な法であると言う。

神々が活動される世界、つまり「神界」は時間・空間を超越した世界であり、そこには過去も現在も未来も同時存在し、肉体を持っては入れず、唯「霊」を以てのみ神界に入り、神々に親しく接して種々の御啓示を受け、神意を覚り得るのだと言う。

ホ、人間の霊魂（一霊四魂、小精神）は産霊《むすひ》の神より分け与えられたもので、即ち大神の「分霊《わけみたま》」であるが故に限りなく尊いものであり、人間は分霊を有するが故に神霊に接することも可能であると説く。

ヘ、幽冥界は正神の活動する世界（正神界）と、人間を悪に引き込み、罪を犯させんとする妖魅が活動する世界（妖魅界・邪神界）とが存在することを知らねばならぬと言うのであり、各々一八一階級の階層的世界があり、人間の心の持ち方によって直ちにそれぞれ相応した霊的世界に感合すると言う。

ト、無形の神懸りはその憑霊現象が第三者には全く不明で、当人さえも気付かぬことがあり、この幽の神懸りに計九法があると言うのであり、これも正神界・妖魅界それぞれにあるわけであり、合計一八法ということになる。

チ、有形の神懸りは神殿や祭器具、祝詞などはもちろん不要であるが、一定の形態、行為を伴い、憑霊現象が第三者にもそれと分かるもので「顕の神懸り」とも言い、私たちが以下に見るのはこの有形（顕）の、それも「他感法」についてである。

㋷、神懸り式には審神者が非常に重要であり、本田親徳翁の高弟である月見里《やまなし》神社の長澤雄楯翁はこの審神者について、少なくとも神典学・国史学・律令格式学・歌学・物語日記学・故実諸礼の学・軍学（あるいは武士道）・音義学・日文学（神代文字の研究）・系統学（系図学）・古医学[14]・霊学を修得しなければ決して本物にはなれぬと言っており、さらにまた、

> 審神者たるには神典学を首《はじめ》とし、内外の歴史・地理より、天体・地質・物理・化学・宗教・哲学・文学等百科の学に通ぜざれば真神と偽神との弁別は為し得る者にあらず。高等の神位にある霊は学術に関するの答弁は概ね為し得る者なり。然れども此の如きは極めて稀なる者なり。審神者は宏才博識の士にあらざれば能わざるは茲に存せり[15]。

と言うように、その人にあらざれば他の者が代わってなし得ぬ重要な任務であると言う。

㋦、審神者は神主に懸った霊に対し、過去・現在の事柄だけでなく未来の事柄をも伺うべきだ――等々とも言っているのである（高位の神霊は過去・現在・未来に通じ、正しく御解答あるものである）。

以上、「本田霊学」の帰神術について概観したわけであるが、次にその帰神事例を見ながら審神者の宗教的機能を明らかにしたい。

五　審神者の宗教的機能

本田翁が確立した他感法は審神者Ⓐと神主Ⓑとの二者で行う。共に少なくとも三日～一週間位は世俗の一切を断ち、心身の清浄を保持しなければならない。

場所は審神者の自宅神殿で行う時もあれば神社の斎館の一室を借りて行う時もあり、この場合、稽古を受ける為に数名の修行者が集まる。できるだけ、霊的にも清浄な場所を選ぶというわけであるが、決して社殿・祭神の前で行う必要はないという。

時刻は朝から行うこともあれば、昼から夕方にかけて行うこともあり、審神者が一日に数名の神主に降神の式（神懸り式・幽斎）を行い、各一回の所要時間は普通の場合、一五分～二〇分程度である（これを「普通幽斎」と称している）。

神主・審神者、二員構成による他感法の例

室内が明るい時にはカーテンを閉め、薄暗くして執行する。

服装は、審神者・神主共に白衣・白袴・白足袋を着用し、審神者のみは白でない時もある。

（一）神主Ⓑは水で手と口を洗い清め、審神者と向かい合って正座し、神界に対し深揖して「帰神の印」を結び、瞑目して「わが霊魂は天御中主神（大精神）の御元に至る」と心中に三回強く黙念すると、あとは何も考えずに無心の状態を保つ（本来は神主には神霊が懸るので上座に座る）。

（二）審神者は神主と約一メートル半ほど離れて向き合い、神主が深揖する以前から、まず室内及び室内にいる者など全部を自己の霊力で祓い清めたり、神主が妙な霊物を連れてきていないか、また神主の身体に入って（審神者の霊魂が）神主の健康状態を調べ、さらに神主の遠祖や近い先祖、肉親の状態などすべてを霊的に調査把握する。審神者は正座して両手は叉手《さしゅ》あるいは膝に置いたままでであり、外見上何一つ動作も変化もないので、第三者の者は審神者のこうした霊的行為・調査に一切気が付かない。

（三）次に審神者は神主が心中で三回強く黙念したのを察知してから、叉手して神界に一回深揖し、二拍手する。それから鎮魂印を組み、自己の霊魂を神界に至らせて（脱魂《エクスタシー》）、正神に御懸りいただくように神界に祈願をする。

（四）次に肉体に戻って石笛を三回吹き鳴らした後、審神者はまた自己の霊魂を神界に至らしめ（脱魂《エクスタシー》）、神界の神気を自分の身体に降霊せしめ（「霊を引く」と言う）、神気が自己の体に降下（憑霊）したならば直ちに「神気」を神主の身体に「転霊《トランスポート》」（移すこと）する（これと同時に、神界からも直接に神主の身体へ神気を降下してもらうことを審神者は祈願している）。

※「神気」を審神者が自分の身体に懸けることを「憑霊《ポゼッション》」と呼ぶならば、審神者は脱魂《エクスタシー》と憑霊《ポゼッション》を何度も何度も繰り返すわけである（審神者がトランス状態にあるか否かは外部からは全く分からない）。

（五）（四）を数回繰り返すうちに、神主の容貌に変化が表れ、初心のうちは頭や手を少しく動かしたり、首筋が強く張ったり、腰の回りが大きくなるように感じたり、腹部からある種のかたまりがつき上げたり……と個人差はあるが種々な状態が現出する。しかし、稽古を積むうちに整然としてきて、犯し難い森厳さ・厳粛さが神主を包むようになる。

（六）神主の身体に溢れるほど十分に神気が充実すると、神主は正座したままの状態でサッと三〇～五〇センチほど真上に飛び上がる（これを「体を切る」と言う）。

（七）これによって初めて神主の身体に神気が充満して「一柱の神」（普通は大神ではなく、大神の眷属神）が懸られたわけであり、神主は審神者とは異なり、まず神霊の「憑依《ポゼッション》」によって神主の霊魂は身体から離れる（脱魂《エクスタシー》）のである。

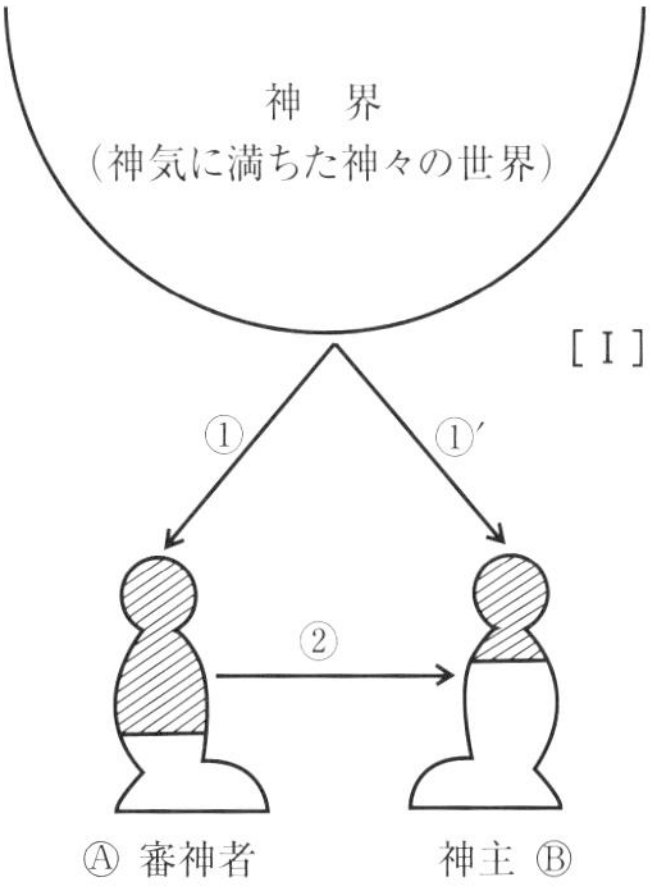

① Ⓐ審神者は霊肉分離（脱魂）して神界（神々の活動する世界）に至り、神気を自己の体に降霊させる（「霊を引く」）。
② 次にⒶは身に受けた神気をⒷに移す（「転霊」）。
③ 同時に神界からも直接に神気が神主の体Ⓑに降下するように願う（①′）。
※ 矢印は神気の流れ（以下同）

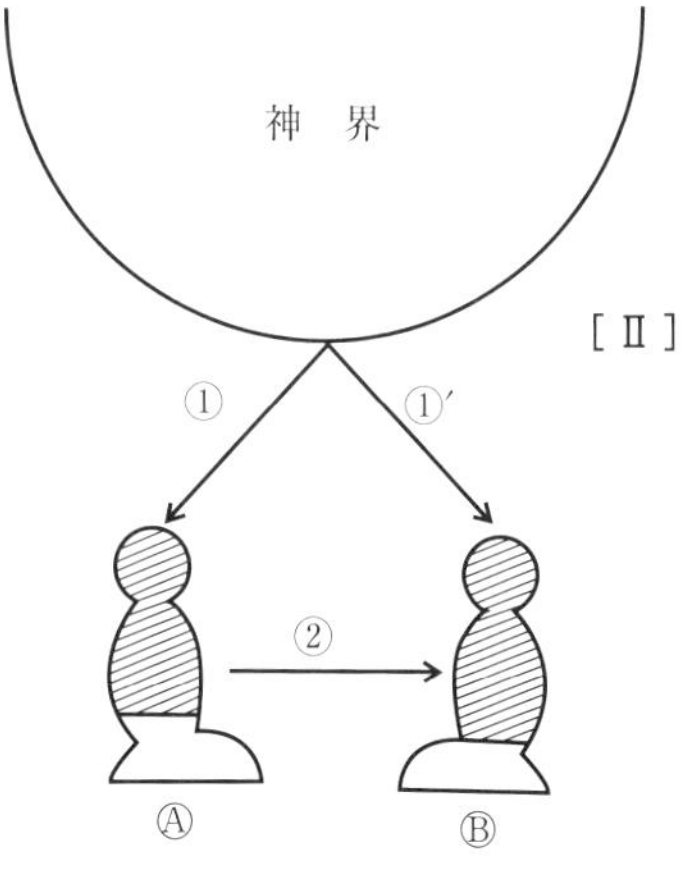

① Ⓐは自己の体の半身に神気を降下・充実させ、
② 次にそれ（神気）がⒷの体の全身に満ち溢れるまで神主への転霊を繰り返す（審神者が自己の全身にではなく半身に神気を降下させるのは、もし全身に懸けると、審神者自身が神懸り状態になってしまうからであり、ここが最も審神者の技術を駆使するところである）。
③ 神界からも直接に神主への神気の降下を続行（①′）。

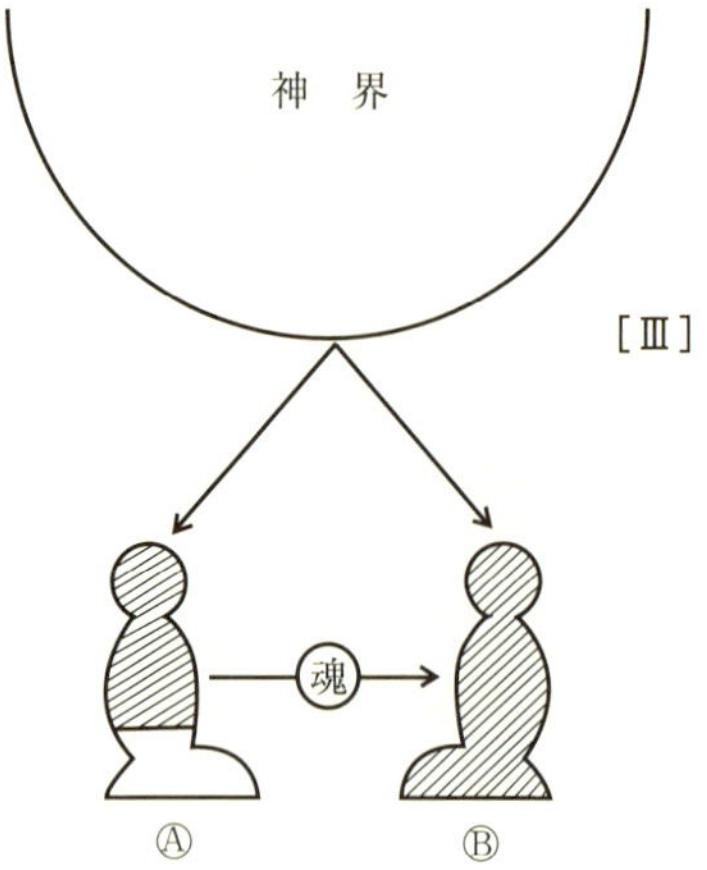

① Ⓐが神界から霊を引き、転霊を繰り返すうちにⒷの体が神気に充実・充満してくる（この時、ⒶがⒷに転霊している様は神気・神霊が「光り輝く円形の玉」のように見える）。
② Ⓑは「体を切」り「一柱の神」となり、初めて活動されるべき御名を具備されるわけである。
③ Ⓐは転霊を止め、憑依せる神霊の真偽・正邪を調べ、かつ神教を乞う。

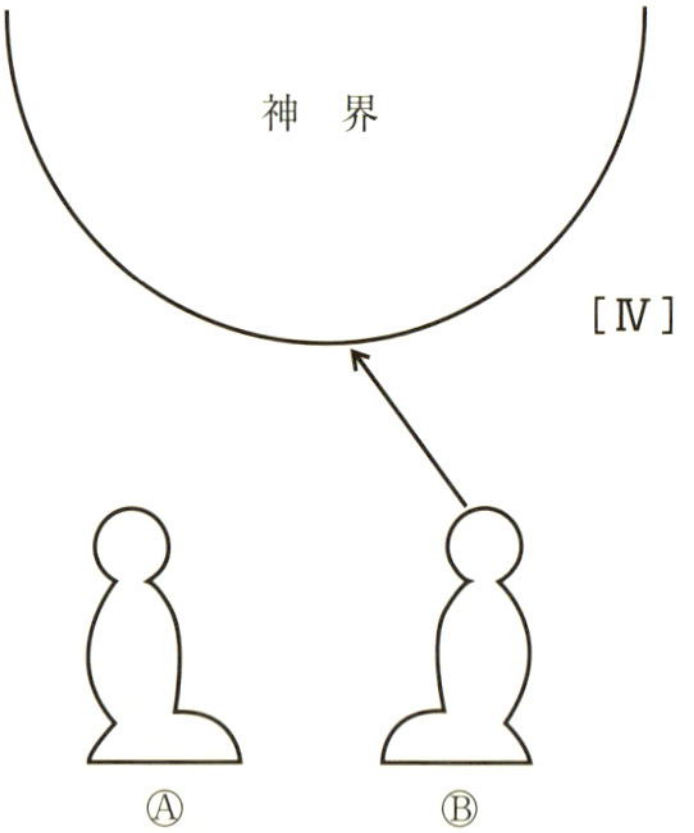

① 神霊の神託が終わると、Ⓐは神霊の神界への御昇神を願う。
② Ⓑは体を切り、神霊は神界に昇神する。
③ Ⓐは二拍手し、Ⓑは開目し帰神印を解いて神界に深揖する。
④ Ⓐはそれを見て、同様に神界に深揖する。

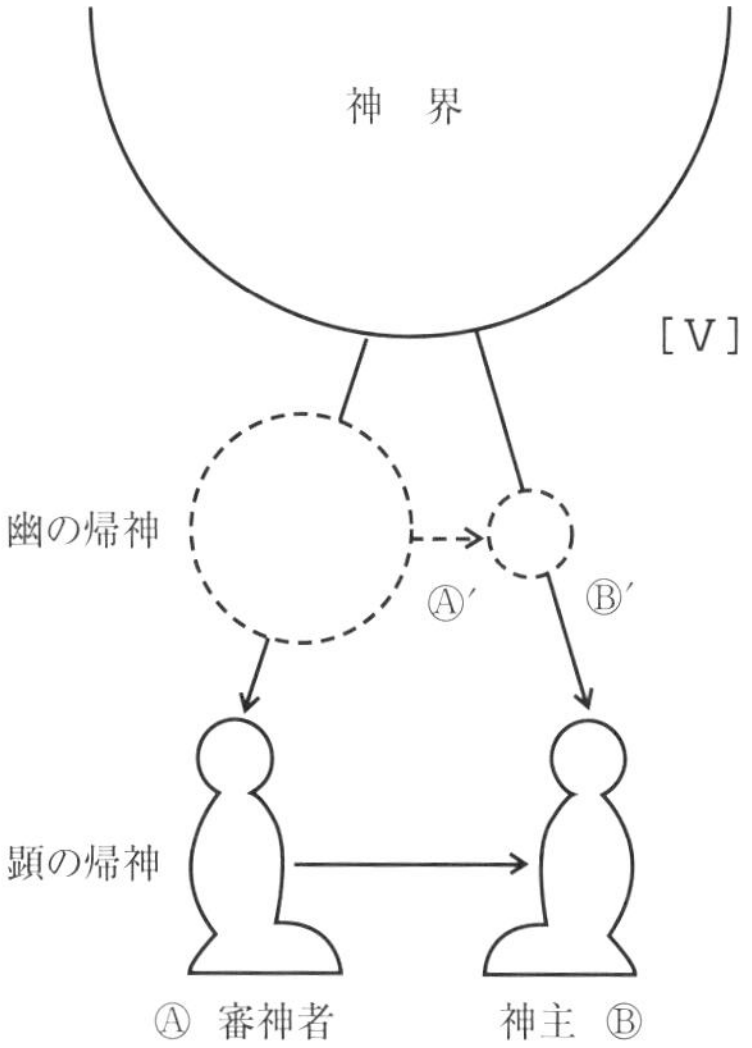

Ⓑが上達してくると、自分の体を意識して見ようとすると、自己の「体」が下方にあるのを見（「霊肉分離」即ち脱魂状態）、自身の「魂」は審神者の魂と上方で向き合っているのをハッキリと感得するに至る。
※こうした図は、あくまで理解しやすいようにと便宜上、載せたものであることを付言しておきたい。

こうした点を考慮すると、M・エリアーデが強調する「脱　魂《エクスタシー》」優先説は本田霊学においては「審神者」を見る限り首肯されるのであるが、エリアーデの次の考え、即ち、

> たしかに「憑霊」現象は古代的で普遍的現象ではあるが、「憑霊」体験がどのみちエクスタシー体験に先立つと結論する何らの理由を見出すことが出来ぬからである。（中略）すなわち、一方でシャーマンの魂（若しくは「主霊魂」）が、上方の世界もしくは地下界を旅している間に、「もろもろの精霊《スピリッツ》」がシャーマンの肉体にとりつくことは出来る。が、この逆のプロセスを想像することは困難だからである。何故なら、一たび精霊がシャーマンにとりついた場合、シャーマンの個人的エクスタシー――即ち彼の魂の天界上昇もしくはその地下界下降――は阻止されるからである。[16]

との考えは、本田式の他感法における「神主」の場合には当てはまらないのである。

神主が最初に「わが霊魂は天御中主神の御元に至る」と黙念するとはいえ、余程鎮魂に熟達した者でもない限り、自らの鎮魂力によって脱魂し得る神主はいないのであり、神霊の憑依によって神主の霊魂は霊肉分離状態、(17)つまり脱魂《エクスタシー》するのである。

また、この本田親徳翁の霊学における特徴の一つは神主（媒霊者）を一定の修行により自由に養成できることであり、男女を問わず、霊媒能力がなくても誰でも神主の座に着いて神霊憑依による霊肉分離の境地（脱魂《エクスタシー》）を体験することができるという点である。

またI・Mルイスが、

「霊魂離脱」の状態にある人間は、精霊あるいは霊的力に「憑依」されているとみなされる。(18)

と言っているが、いくつかの文化で脱魂と憑依の二つの見方が同時に受け入れられているとはいえ、本章で取り上げた「審神者」には該当せず、再考を要する。

シャーマニズムの用語が「宗教」の語と同じように拡大して解釈されるにつれ、分析概念として用いることに難色を示し始めた今日、憑霊型であるとか脱魂型などのレッテル貼りをして無理に当てはめるのもかえって宗教現象の本質を見失う恐れなしとしない。

さて、話を戻して⑦において神主が体を切ると、審神者が神主に懸れる神霊に対して「汝《いまし》の御名を告げられよ」と問い、神霊が「われは云々」と答えるのであるが（これを神主が「口を切る」と言う）、この口を切る時期は審神者が神界に伺ってから行うのである。初めから神主が簡単に口を切ることはなく、またペラペラと最初から話し出すのは決まって低級な霊なのであるという。

審神者は正神界の神気を引いて神主に転霊しているのであるが、神主・審神者共に少しでも油断すると、そのほんの僅かの隙を狙って邪霊が直ちに憑依してくることがあるから、審神者の役目は少しの油断もならぬのであり、万一、神主に邪霊が懸った時は直ちに祓い除き、必要と感じた時は「霊縛法」によって縛り上げるなどの手段を取ることもある。
次に本田翁の高弟である長澤雄楯翁の審神者調査の事例を一つ挙げてみよう。
審神者　汝《いまし》の御名《みな》を告げられよ
憑霊　宇佐神宮に仕える眷属何々
審神者　何年奉仕したるか
憑霊　千年なり
審神者　然らば豊前国の山川市町村を問う。次に千年以降の豊前国の歴史の沿革の概要を問う。次に宇佐神宮の千年以来今に至る沿革を詳細に問う。（之に答える能はざれば即ち虚偽なり。審神者其の不都合を戒め詰責して去らしむ。）
又、神代元首の神名を名乗り憑依せるものある時は、審神者は問うに左の題を以てす。
① 神名の意義
② 恒星遊星の今の如き形をなしたる順序と理由
③ 地球の地質時代の地理、変遷の順序
④ 天文学、地質学等に関する疑問と哲学上の諸問題
⑤ 神代の疑問
以上の問題を解釈し得る者は極めて稀なる者にて、多くは偽りたる罪を謝して退去する者にして、世人の神と尊び仏と敬う者、神にあらず仏にあらずして最も低級なる邪霊たる者頗る多し。故に審神者が精密に調査し其の答弁と行為とを参照するにあらざれば正神邪神の分別は為すこと能わず。(19)

と述べている。

こうして、「他感法」の修行を積むごとに、神主も上達して普通眷属から中等、高等眷属が御懸りになるよう

になって、初めて高度の学術的な問題についても御答えが可能となり、未然の事柄についてもお伺いできることとなるのである（最初はほとんど神主の潜在意識が出て「真の神懸り」とは言えない）。

また、重要な点はこの審神者の宗教的機能を知ることによって『令義解』の鎮魂の条が理解され得るという点である。

『職員令』神祇官の条を見ると、鎮魂について、

謂。鎮安也。人陽氣曰レ魂。魂運也。言招二離遊之運魂一、鎮二身體之中府一。故曰二鎮魂一。

とあって、文字面だけを見ると支那の招魂と混同しやすく、従ってこれまで鈴木重胤[20]の他は誰もその真義を摑み得なかったようである（この間の事は拙稿『神道学』第一三三号[21]に述べているので参照されたい）。

この『職員令』、神祇官条（鎮魂）に見る「離遊之運魂」とは自己のあくがれ出た魂を言うのではなく、大気中に充満し運旋する神気と解されるのである。

生まれながらに鎮まっている自己の魂を鎮める必要はないのであり、審神者は自己の魂ではなく「神気」を自己の身体の中府に降霊して、次に神主の中府に転霊しているという事実を見れば、神と人との関係が非常に密接であった古代においても、鎮魂の古義は自己のタマと神霊《みたま》との交渉・交流即ち「ウケヒ」・「ムスビ」に関する神法であり、鎮魂祭が大嘗祭と共に『令集解』に、

唯此ニ祭者、是殊為二人主一、不レ及二群庶一、既為二有司之慇慎一。

と記すところの意味も判然としてくるように思われる。

さて、以上によって本田親徳翁の神道行法における他感法での審神者の宗教的機能の概要を見てきた。

本田翁の神道行法に見られる「審神者」は、自己の魂《たま》を肉体から外し、自由に超越的存在、神霊と接触・交流することができるばかりか、何ら儀礼的行為をなさずとも、たとえ会話中であっても瞬時に相手の身体に入って健康状態や霊的状態を調査でき、たとえ遠方にいる者に対しても同様である。これは日頃鍛え培った鎮魂力によ

るのであり、外部からは何ら人格転換・意識の変異状態（altered state of consciousness）は見られない。
また、神主は他感法の儀礼中、即ち神霊憑依中も自己の意識はますます冴《さ》えて澄清になり、従って判然としており、儀礼終了後も儀礼中に何を語ったかは覚えているものである（意識が混濁するのとは逆に、意識が透明化して、あたかも新しく第二の意識が目醒めるかのようである）。

従って、憑霊型シャーマンが儀礼中に何を語ったか全く覚えていないから、その欠を補う者として審神者が登場するのだなどと一途に解釈して、

もしも、神語の内容が、依頼者・信者に十分に理解できるものであれば、サニワなる人物は不要の存在になるわけである。(22)

などといった従来の「審神者」理解は、本田霊学における審神者には全く該当しないのである。これは、「審神者」の役割というものをこれまでただ単に「神の託宣を聞き、その意味を解く人」とのみ一途に解してきたためであろう。

また、本田霊学では神主を一定の修行により自在に養成できるという点に特色があり、これも優れた審神者にして初めて可能となるのである。こうして厳しい修練を受けた神主が、神霊との交流を自在にできるような境地に至ると（鎮魂力が身につくと）、今度は「審神者」のテクニックを習得して、一人前の審神者となるのである。

今日、シャーマニズム研究が注目され類型化が進み、「神懸り」という用語を用いた場合、それは神霊のみか、人霊（生霊・死霊や迷霊）、動物霊（狐、狸、蛇など）までをも含めて一語で表現しているのであり、懸ってくる霊的存在の正邪や、その種類・内容について第三者たる研究者には客観的な観察・記述が不可能とはいえ、本田霊学に見るような審神者の機能を持たない「霊憑り」については一考を要するのではなかろうか。

霊の憑依であれ、神懸りであれ、審神者であれ、ただ単に外観上の「類似点」だけを見て、その霊的存在者の正邪・高下《レベル》を不問にし、そのすべてを「神懸り」であるとか、「シャーマニズム」であるなどと見ることが、果

たしてこうした宗教現象の本質理解になり得るものかどうかと危ぶむからである。

長澤雄楯翁が憑霊現象の変遷の概要について述べた箇所があるので、本田霊学の神懸・神霊観を知る上に有益であるから、少し長いが次に引用してみよう。

> 古今の歴史に徴するに日本書紀に載する所、上世の神懸は方法の精密なりしと其の式の厳正なりしと憑依の神霊の高かりし事と、其の神誥の確実なりしは殊なりしなり。降りて儒教の渡来、仏教の東漸以来、思想に一大変遷を来し、爾来皇祖の遺制たる神祇を祭祀するの道は日に増し月に加わりて衰退し、遂に幽冥に感合するの術を失いたるは宮廷にて神懸を行い賜ひたるの事蹟の史に見えざるを以て知らる。然れども国家に事変あるか天災地変ある時に、神霊の予め告げ賜う為に求めずしての神懸の夥多ありし事は史書に伝える如くなるも、自己の意志より神霊に感合するの術は殆ど廃絶し、偶に之れ有するは概ね低級の霊の憑依にして神懸と称するに足らざる者の如し。世々伝える御嶽講信者行う神憑、法華信者の行う神降し等の類頗る多しと雖も、積年之を経験するに多くは低級の霊の憑依にして神憑と称するに足る者にあらず。然るに世人誤りて之を神と敬い仏と信じ自ら其の非を知らず、自ら誤り延て人を惑わす者頗る多し。此等の徒は幾百年を経過するも毫も進歩の跡あるを見ず。彼輩の神憑に多く憑《かか》る神仏は国底立神又は大巳貴神、不動明王等を多とす。茲に国底立神と名乗り憑れる物に、「何故に国底立尊と云うか、速かに其の意義を解釈せよ。」と訊問するに、大声疾呼して「吾れは天地開闢国底立尊である」と答える。「然らば天とは何ぞ、地とは何ぞ」と問い進んで天地開闢の状況を精密に問い進み、天体を説明せしめ、地球を解釈せしめ、恒星遊星の今日の状態に至りし理由を訊問するに、未だ克く答弁し得し者を見ず。多くは二、三の質問にて答辞に窮し、背後に転倒して昇霊するか、低頭して退散するか、若しくは偽称せし事を自白して其の罪を陳謝するかに出る者とす。蓋し憑霊は低級なる者程、誇大の名称を名乗り来る者なることはしばしば経験せる所なり。以上の方法にて訊問する時は神にあらず、仏にあらずして最も低級なる霊の憑依なる事明瞭となる者多し。嘗《かつ》て世人が「神

憑」と神仰せし者（の正体）は概ね以上の類なり。此の如き者は神憑と称す可き者にあらず。また、学術上価値あるを認むる能わず。(23)

と述べており、中山太郎氏が『日本巫女史』の中で、

審神とは神の憑《よ》り代《しろ》となれる者に問ひかけ、答えを得て、その託宣の精細と諒解とを図るものである。後世の修験道の間に行われた憑《よ》り祈禱の場合には、神の憑り代となる者を中座（又は御幣持ち、ヨリキとも云う）と称し、審神《さには》の役に當る者を問口《トヒクチ》と称したものである。(24)

と述べているが、言葉は等しく審神者と言えどもその内実を考慮する時、これらをすべて「審神者」として同列に見ることは難しいように思われる。

六　おわりに

以上、神道古典即ち『古事記』、『日本書紀』の仲哀・神功皇后紀の「降神の義」（神託式）を見ることにより、古代の審神者の宗教的機能・性格を知り、次に近代・現代に行われている本田親徳の神道行法のうち、他感法における審神者の宗教的機能を見てきた。本田親徳の他感法は仲哀・神功皇后紀における琴師の役を審神者が兼務し、また宗教楽器も琴に代わって石笛を用いているものの、その方式と内容において古代の神懸りを彷彿とさせ、古代の降神の儀を復興したものといえよう。

神主（依代《よりまし》）に懸ってくる霊的存在を厳密に調査し、百科の学にわたって徹底して問うた後に、その超越的存在者の正邪・品位、その階級程度、職務分掌などを判定する本田親徳の審神者の法は、同じく審神者と称し、外見上は相似た形式を取る修験者や、町中の祈禱者たちのそれとは一線を画するものではあるが、一面においては憑霊現象を自流の狭い一定の枠内に閉じ込め、「画一化」してしまう恐れなしとしない。

今後は、本田流以外の諸事例の研究にも努め、ある程度の調査資料が揃った上で本論を再度検討し直すつもりであり、それまでは審神者が「精霊統御型、何々型」云々といった安易な類型化は差し控えたいと思う。[25]

【注】

(1) 折口信夫「神功皇后紀輪講」(『國學院雑誌』第六九巻上、昭和四三年二月)七頁。

(2) 日本古典文学大系『古事記祝詞』岩波書店、昭和六〇年七月、一八三頁。

(3) 日本古典文学大系『日本書紀』上、岩波書店、昭和五四年一〇月、二四四頁。この倭迹迹日百襲姫命は、「聡明《さと》く叡智《さか》しくして、能《よ》く未然《ゆくさきのこと》を識《し》りたまへり」とあるから、神霊に通ずる能力を有し、優れて巫女性があったと思われる。

(4) 『古事記』のこの条は書紀にも記載があり、いわゆる四道将軍の一人として、服わぬ者らを和平《やは》さしめるために派遣されており、軍団を率いていたものと解される。

(5) 出雲大神を指す。

(6) 日本古典文学大系『日本書紀』上、前掲書、二五二頁。

(7) 拙稿「『鎮魂』に関する一考察」上(『神道学』第一三一号、神道学会、昭和六一年一一月)七頁。

(8) それまで天皇は皇祖神と同床共殿、共に住まわれていたが、人皇第一〇代崇神天皇の御代に同殿に神祇と共に住まわれることを心安からず思われ、天照大神を皇女豊鍬入姫命に託けて大和の笠縫邑に祀らせられ、倭大国魂神を皇女渟名城入姫命に託けて祀らせ、また神武天皇の御代に国土平定の大功ある韴霊剣即ち佐土布都神は物部伊香色雄命により大和の石上邑に遷し祀らせた。ここに皇居と神宮との区別が初めてなり、これを世に「神人の分離」という(宮地治邦『神祇史概論』神社新報社、昭和五二年八月、三五頁〜三六頁)。

(9) 拙稿「『鎮魂』に関する一考察」下(『神道学』第一三三号、神道学会、昭和六二年五月)二九頁。

(10) 出雲路敬和『古楽の真髄』櫻橘書院、昭和一六年初版、九六頁。

(11) 石笛は「天磐笛《あめのいはぶえ》」と称し、「古代の石製あるいは土製の笛。平田篤胤が唱え出してから特に注目されるようになった。群馬・山形・青森など全国各地で出土する」と見える（『国史大辞典』第一巻、吉川弘文館、昭和五四年三月、三〇九頁）。

(12)「秘書」は『神傳秘書』と言い、本田親徳がその門人に伝承した霊学の教えであり、友清九吾や鈴木重道氏らが公けに出したが、筆者は昭和五五年二月、長澤雄楯翁の門人、佐藤隆（卿彦）師の自宅に初めて伺った折に『神傳秘書』（巻物）の書写を命ぜられ、それを所持している。

(13)『真道問対』は本田親徳が対者、その高弟副島種臣が問者になって本田霊学の神霊観を詳しく述べたもの。明治一六年一〇月の著作である。鈴木重道編『本田親徳全集』（山雅房、昭和五一年六月）に収められている。

(14) 創刊四十周年記念叢書第三編『神社人異色鑑』一九〇頁に「霊学研究實に六十年、國寶的な老碩学」として御穂神社の長澤雄楯翁が載っており、その中での長澤翁の言葉である。

(15) 長澤雄楯『惟神』（昭和元年、大本教事件に関して大審院の委嘱を受けて鑑定書を起草し、昭和二年に提出したが、その一部を長澤門下生の研修のためにタイプ刷りしたもの。月見里神社）二五頁。

(16) M・エリアーデ著、堀一郎訳『シャーマニズム――古代的エクスタシー技術』冬樹社、昭和五六年九月、一七頁。

(17) 本田霊学では、自己の鎮魂による「自力脱魂」と神霊憑依による帰神脱魂、即ち「他力脱魂」とを厳密に区別している。

(18) I・M・ルイス著、平沢孝之訳『エクスタシーの人類学』法政大学出版会、昭和六〇年三月、一九頁。

(19) 長澤雄楯、前掲書、四四～四五頁。

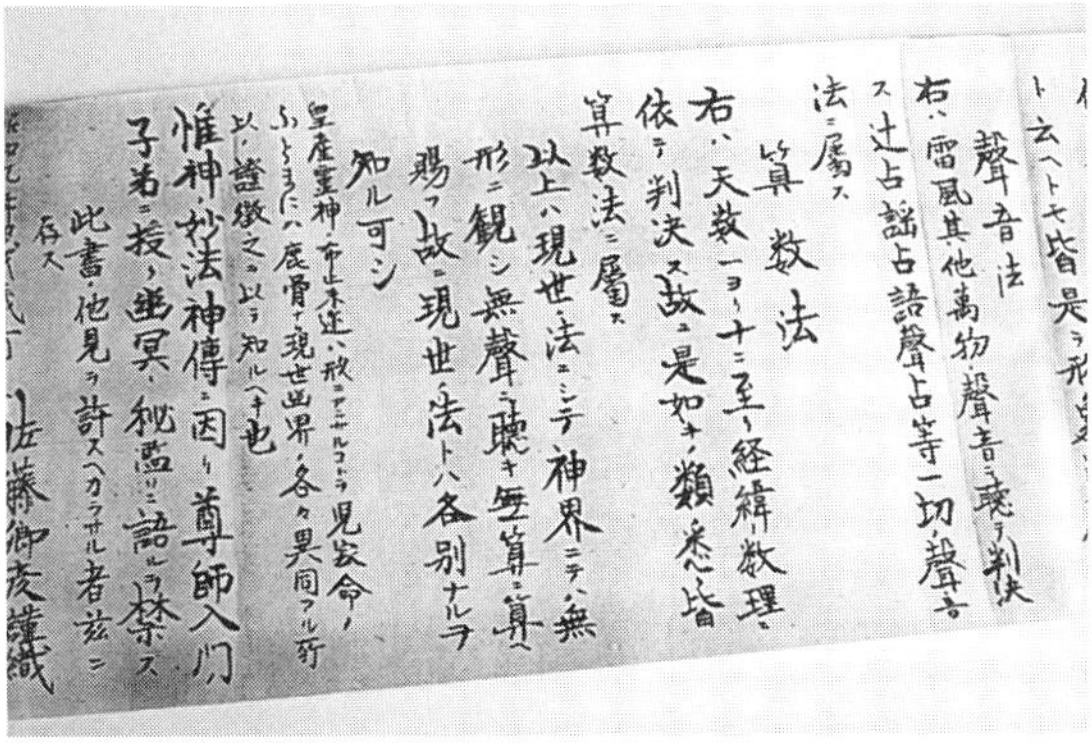
聲音法

右ハ雷風其他萬物ノ聲音ニ聴テ判決ス辻占謡占語聲占等一切聲音法ニ属ス

算数法

右ハ天数一ヨリ十ニ至リ経緯ノ数理ニ依テ判決ス故ニ是ノ如キノ類悉ク皆算数法ニ属ス

以上ハ現世ノ法ニシテ神界ニテハ無形ニ観シ無聲ニ聴キ無算ニ算ヘ賜フ故ニ現世ノ法トハ各別ナルヲ知ル可シ

惟神ノ妙法神傳ニ因リ尊師入門子弟ニ授ク幽冥ノ秘蔵ニ語ルヲ禁ス

此書ハ他見ヲ許スヘカラサル者茲ニ存ス

佐藤卿彦謹識

『神傳秘書』

(20) 鈴木重胤『延喜式祝詞講義』十二之巻下（十六、鎮魂祭、鈴木重胤全集）五九八頁に、「遊離之運魂」について、「離遊は天中の大氣と共に運旋して有る意なり」と述べている。

(21) 拙稿「『鎮魂』に関する一考察」下（『神道学』第一三三号、神道学会、昭和六二年五月）

(22) 佐藤憲昭「サニワ（審神者）の呪術＝宗教的性格について」（『文化』第一一号、駒沢大学文学部文化学教室、昭和六三年三月）五四頁。

(23) 長澤雄楯、前掲書、一九〜二一頁。

(24) 中山太郎『日本巫女史』パルトス社、昭和五九年一月、二八五頁。

(25) 本田親徳の神道行法における神託式の特徴を一つだけ挙げるとすれば、「審神者主導型」神託式であるとだけは言えるであろう。

第四章　鎮魂《みたましづめ》の法――神性発揮の道

一　はじめに

戦後五〇年余を経た今日、日本国内は異常気象、自然破壊、深刻な環境汚染の問題はもとより、政治・経済・宗教は混迷の唯中にあり、官僚たちの腐敗堕落、教育現場の荒廃、覚醒剤・麻薬汚染の急増、思想の乱れ、モラルの低下、性の紊乱、少年犯罪の多発、マスコミの節度なき情報垂れ流しなど、どこを向いても明るいニュースは一つもない状況にあると言って過言ではない。誰もが「これではいけない」と思いながらも何ら有効な具体的解決策が見つからず、道徳や社会的規範などは全くその効力を失って人心の荒廃を止めようがなく、現代社会はまさに歯止めの効かないアノミー状態にあると言えるだろう。

世の中は「自分さえ良ければよい」といった金銭・物資に心奪われた恥を知らぬ「吾《わ》れよし」のわがまま勝手な人間たちで満ち溢れ、真実の人はスッカリ影を潜めてしまった如くである。強いて言うならば、現代は悪いもの勝ちの人面獣心、百鬼夜行の世の中であり、『古事記』天石屋戸神話の条における須佐之男命の勝さびに端を発する天照大御神の石屋戸籠りによって高天原世界が「是に萬《よろず》の神の聲は、狭蠅那須《さばえなす》満ち、萬の妖《わざわい》悉《ふつく》に發《おこ》りき[1]」とあるように、常夜往く状況を彷彿とさせるものがあり、今や戦後民主主義は構造的な腐敗・崩壊の様態を如実に呈し、まさに危機に瀕しているのである。

こうした状況を生み出した原因はやはり、強いて言ってしまえば神国日本の民が神霊の実在を疑い、神を畏れぬ人々が増え、祖先の恩を忘れ去り、人（霊止《ひと》）としての慎みを失ってスッカリ傲慢になってしまったが故であろう。幕末・維新期に欧米列強の帝国主義のアジア進出とその植民地化という非常な危機に曝されたことから、わが国が明治以降、国力をつけんがためにとはいえ、欧米列強に追い付き追い越せとばかりに無闇に取り入れてきた西洋科学合理主義思想、個人主義思想によって神授の大和魂が次第に穢《けが》され麻痺させられるに至り、戦後はなお一層それに拍車がかかったものと言えよう。

記紀などの神道古典を紐解けば、わが国上代には天変地異などはすべて荒ぶる神々の仕業として解され、それが果たしていかなる神の霊威によるものか、またいかなる理由あって荒ぶるのかを知ろうとして天皇自ら斎戒沐浴され、うけひ寝により、あるいは沙庭にて神霊を神主に招いて帰神により直接神託を受けるなどによって神意の那辺にあるかを覚らんとされ、それによって神々の御心をわが心として政治《まつりごと》に誤りなきを期されたものであり、例えば第一〇代崇神天皇紀における大物主神の事例や、仲哀・神功皇后紀におけるそれなどが挙げられよう。

神は人の敬によって威を増す（発揮する）ものであることは、今も昔も変わりはあるまい。であれば、今日の混沌とした社会状況の現出はまずもって、日々神々に直接ご奉仕する神職がどこかしら神々に対し神意に添わぬ非礼のことがあり、故に御神霊のお怒り、荒ぶりとなったものとまず第一に反省し、深くお詫びせねばならぬのではなかろうか。

先年、優秀な若者たちが邪教のためにあたら神授の尊い霊魂を汚し破られ、ついに犯罪に手を染めるに至るという忌まわしい事件が起こったが、これらは幼ない頃から何らの基礎的宗教教育も受けていないために宗教というものに対して何ら抵抗力が備わっていないためであり、単なる知識の詰め込み的教育制度、学歴偏重社会にその大きな根本問題があるけれども、また同時に、神社人が常々氏子・崇敬者や地域社会に対して、これまで神社祭祀の意義や神道的世界をほとんど語り伝えてこなかったという点にも、その責任の一端はあるのだと厳しく自己批判し反省すべきではなかっただろうか。

神主の役目は「古儀を尊重する」とはいえ、単に儀礼形式のみを踏襲すればそれでよいというものではなく、「中執《なかと》り持《も》ち」といわれる如く、人々の真心を神霊にお届けし、また神霊の御神意を正しく己が魂に受けて人々に取り次ぐという重大な責務が第一にあるのである。元皇學館大学学長の谷省吾先生は、

　神職は、神を呼び、神と直接し、神霊を直ちに感じ、その来格を目のあたりにし、その声を聞き、或いはその神霊のかゝりたまふ存在であることを覚悟しなければならぬ。(2)

と述べておられるが、然りというべきであろう。

地上に蔓延する一切の妖魅・邪霊の暗躍を祓い除き祓い浄めて全国神社の御神霊の御稜威をいよいよ高め、御威光赫々と光り輝かしめ、今日の社会の危機的状況を打開せんとするためには、あるいはまた、神々にご奉仕する神主がその責務を正しく全うするには、まず以て奉仕の御祭神（神界）に己の生涯を捧げ切る覚悟が必要なことは言うまでもない。日々厳重な潔斎をして心身の浄化を図ることは論を待たず、鎮魂の法によって真心を練り鍛え、神霊と直接して神霊の実在と神界（神々の活動する世界）の厳存することを己の霊魂《みたま》にしかと確信させていただき、御神意を正確に受け得るだけの不断の弛まぬ霊魂の錬磨が必要なのではなかろうか。

二　鎮魂法の本義と起源

神霊に通じ、神の厳存することを知るための手段として、鎮魂法と帰神術の二法がある。本章ではこのうちの「鎮魂の法」についてその概要を述べるわけであるが、「行法」というものは言葉や文字に書き表せないところがあって、その覚りの境地は各自が日々の弛まぬ行の積み重ねのうちに自己の霊質を高め、自得していくより他にないものである。

鎮魂の本義

人は神の子・神の宮といわれるように、生れながらに身の内に神の分《わ》け霊魂《みたま》をいただいているのであれば、そのタマの親たる神に帰一し得ることは言うまでもなかろう。鎮魂は人（霊止）の奥底に鎮まっている霊魂がその本源たる神霊に感合するための法であり、神霊に接する度にミタマが祓い浄められ、心身共に浄化されて神界に通ずるに至る。人が霊魂を有する以上、専修によって誰にでも為し得る法なのである。

神社に奉仕する神職に鎮魂の行ができていないと、「祓う力」がないために参拝する人々の穢れ（めぐり）を受けて苦しむことになるのであるから、その点よく心しておくことが肝要である。

幕末・明治の神典学者である本田親徳（一八二二〜八九）翁はその著「道之大原」において次のように述べている。即ち、

> 上帝は四魂一霊を以て心を造り而して之を活物に賦す。（中略）荒魂は神勇、和魂は神親、奇魂は神智、幸魂は神愛なり、乃ち所謂霊魂にして直霊《なおひ》なるもの之を主宰す。俗学識らず。荒和を以て心の体と為し、奇幸を以て心の用と為し、直霊の何物たるを知らず。豈に悲しまざるべけんや。[3]

と。さらにこの一霊（直霊）について、本田翁は『真道問対』に「各魂の至精至微の名」であると説いている。本田翁によれば産霊の神は四魂一霊を活物に賦与されているが、特に人（霊止）にのみ一霊（直霊）を賦与されており、人はこの一霊を備えているが故に神・神の子であり、神明に通ずることができ得るのだと言うのである。

乱雑の心を安定統一させることは無論のこと、一切の妄想を除去し、感覚を蕩尽《とうじん》し意念を断滅して深い深い統一状態に入り、いわゆる無我の境地に至るようになり鎮魂力が備わってきて自己の魂を完全に鎮めることができ得るようになると、鎮魂司神のお働きもあって四魂のエッセンスとも言うべき一霊（直霊）の閃きが起こってくる。そうなって初めて霊力が活発に運転活動し得るようになるのである。

「鎮魂」とは言っても「鎮霊」とは言わぬことからも分かるように、魂は「鎮めるもの」であり、魂が鎮まる

と霊の活《はたら》きが起こってくるのである。たとえ本田霊学云々と称している者らであっても、悲しいかなこうした魂と霊の基本的原理さえ知るものがいない現状であるから、よくよく注意すべきである。

正しい行法に拠らずに、ましてや自己の五感の働きを制することさえできぬものが、何らかの霊の声を聞いたとか神姿を見たなどというのは、それらはすべて正神ではなく妖魅邪霊などの働きによるものであるから、こうした輩《やから》に騙されてはならない。

神道古典に見る鎮魂法の起源

古代においてはいずれの神社においても神霊に通ずる種々の法があったと思われるが、今日「鎮魂の法」については、その内容はともかくも一般的には安曇の鎮魂、猿女の鎮魂、物部の鎮魂などが知られている。

江戸後期の学識優れた国学者「伴信友」(一七七五〜一八四六)翁は、その最晩年に心血を注いだ著書『鎮魂伝』の末尾において、蒐集した鎮魂に関する諸文献史料を悉《つぶ》さに考証検討した結果として、

鎮魂の法は、もと饒速日命天降りの時、天御祖神、十種の瑞寶を賜ひ、人の魂の運き離遊るゝ事のあるを、云々して神たちに請祈て、身體の中の府に鎮めて、齢を長からしむる御教の禁厭法なるを、宇摩志麻治命の受傳経て、神武天皇の奉爲に仕奉りけるを始にて、御世々々仕奉るべく詔おかせ給へる、いとも尊き神事になむありける(4)

と述べ、翁はその元を知らぬ故に鎮魂の法は物部氏の祖である「ニギハヤヒ」の鎮魂伝承に始まるのだと結論するのであるが、その鎮魂の法も、

いつしか世人の心、誠信薄く、はためゝしくなりけるまに々々、すべてかたばかりのごとなり行て、つひに其行ふ法だに詳ならずなりぬときこゆるは、何よりもまづ忌々しく、いともいとも悲しきわざにこそはありけれ(5)。

と慨嘆しているように、伴信友翁の時代には物部系の鎮魂法でさえすでに衰微の極にあったということが分かる。物部氏の鎮魂法は古くは十種の神宝を用い、その神宝に籠る神霊の威力によって行ったものであり、その効力は「死人さえも生き返る」というほどの絶大なものであったと記されているのであるが、それが石上神宮に伝承されているとはいうものの、これは中古以来途絶えており、現在のそれは後世変革されたもののようである。

明治の初めに松山藩儒三輪田高房が叶真吉に伝え、さらに昭和に入って叶氏より森津倫雄に逆伝授されたとしているが、唱行・揺行・息行といった身体動作を伴う行事鎮魂ともいうべき布留部神業《ふるべのかむわざ》のみであり、決して古態を正しく伝えているものとはいえず、従ってこれのみでは神霊に直接することは困難であろう。古えには必ず幽の鎮魂法があったのであろうが、残念ながらそれが今日欠落しているようである。

鎮魂については種々の説があり、例えば祭儀としての宮中鎮魂祭(7)と、法としての鎮魂の違いを知らぬ説、鎮魂と帰神とを全く混同した説、乱雑の心を身体の中府に鎮めるのが鎮魂であるなどといった単なる精神統一の如き説、荒魂を鎮めることで和魂も生成するのだなどといった訳の分からぬ説など多々あり、従ってまたその方法も様々なのであるが、どれも誤っており本質を突いたものは残念ながら一つも見当らない。これでは積年努力しようとも神霊と交接できないのは当然であり、せいぜい低度の怪しげな霊物と感合する程度か、下手をすると妖魅・邪霊に霊魂を穢されてしまうことになるであろう（程度の低い妖魅は必ず体に来る）。

正神は神自ら手を差し伸べてきたり、人間に直接働きかけては来られないが、神仙道的なものや下等なもの、妖魅などは彼らの方から人間に近付き憑《よ》って来て、必要もないのに不思議を見せたり奇跡的なことを起こしたりして人を驚かせ魅了し、またその人の弱点をよく知ってそこを徹底して突いてくるものであり、神律を無視してあらゆるつまらぬことを思わせそそのかして人の心を陰に陰にと誘い、ついにはその霊魂をも穢し奪い去るに至るものである。

さて、鎮魂法について物部氏は遠祖饒速日命の伝なりと言い、斎部氏は天鈿女命の遺蹟なり(8)と主張するのに対

して、先に紹介した本田親徳翁は鎮魂の法の由縁を『古事記』に求め、次のように述べている。即ち本田翁の遺訓によれば、

鎮魂の法は霊學の大本なれば、その原由を論定し其の末法を講明せざるべからず。故に今皇典に拠て其由来を述ぶ。

伊邪那岐命曰く、天照大御神は高天原を知食すべしと詔玉ひて、御首玉を母由良に取り由良加して天照大御神に賜ひき。故に此玉を斎き奉りて御倉棚神と云ふ。是其霊魂を附着して現天の主宰たらしめん事を神定め賜ひしものなり。而して此玉を天照大神より皇孫二二岐命へ御授けあり。其時の事実の古事記に見えて、男喜志玉、男喜志鏡劔とあり。三種の神宝を帝位知食す御印として下し賜ひしより以来、御代御代の帝王は申すも更なり。其御心を心として万民悉く尊奉崇敬して怠らざりし故に、神の神たる所以の理由よりして、万般の利益霊験を蒙りし事国史に昭々として日月と共に光を争ふと云ふも我誣言に非るを知るべし[9]。

と述べ、鎮魂の法は二祖の神が天照大御神に伝え賜い、さらに天照大御神より邇々芸命に授け賜いて、ここに至って大成したのだというのである。

さらに、本田翁の鎮魂法の際立ったところは次の点にあるといえよう。

此鎮魂の法は天授の神法にして現世神界の学則なれば、上は天皇の治国平天下の御事よりして、下は人民修身斎家の基本、続きて無形の神界を探知するの基礎なれば、宜敷朝夕之を懐中に秘し、事業の閑暇は謹みて是を省み之を行い、霊魂の運転活動を学習すべし[10]。

即ち親徳翁によれば、鎮魂の要諦は自己の霊魂の運転活動にあり、鎮魂の法を修することにより霊肉分離の境地を会得し、ついで神界に出入し得て、赫々たる神霊の実在を探知し得るに至るというものであり、座禅の如く単に静座瞑想するとか、身体を揺らし十種神宝を観想する振魂の行によって心を鎮めるなどといった類の他の様々な鎮魂行法とは全く一線を画するものなのである。

以下、本章ではこの本田親徳翁の鎮魂石を用いての鎮魂実修について見ていくことにする。

三　鎮魂修法上の基礎知識

鎮魂石の準備

本田翁の鎮魂修法では、直径約五分大の丸くて黒く硬い生き石を「鎮魂石」として使用する。産土神に鎮魂石を授けていただくように強く祈念し、神社境内や山、海などのできるだけ清浄な地で捜せばよい。鎮魂石が授かったら塩水で浄め、祓祝詞を奏上し祓いを修して後、一週間ほど神前にて天宇受売命の御霊が鎮まるように真心込めて神界に祈念する。

神気を鎮め、神気が充実し石が輝き出したら、御神名を奉唱し鎮めて白い布で包んで縫い付け、白羽二重の袋に入れて口を縫い付けて上部に紐をつけ、さらに金襴の上袋に入れ、桧か桐の小箱などに入れて神前あるいは清浄な場所に奉斎しておく。鎮魂修法の際は上袋から取り出し、白羽二重の上から行う。

鎮祭後は神霊が昇神されないように十分気を付け、内部の石を不用意に取り出さないようにし、また鎮魂修法中には、人に見られないように注意すべきである。

石に天宇受売命のご神霊を鎮祭するが故に、この神の奇魂のはたらきによって修法者の霊魂の閃きが起こってくるのであり、神霊の鎮まっていない石のみでは単なるにらめっこであり、それでは鎮魂の要をなさず霊魂の活動が発揮しないのである。神霊の鎮祭は鎮魂力を有するものがなさねば不可であることは言うまでもない。

ここで、鎮魂石に天宇受売命を鎮祭するという由縁について少し見ておきたい。

記紀の天石屋戸神話によれば、八十萬神々が天安の河原に神集《つど》い集《つど》いて真心を結集し、大神の出御を願う神々たちの赤心・総意を霊力殊《こと》の外《ほか》優れた天宇受売命が代表し中間に介在して天照大御神に伝え、断絶した大神との交流を回復させることに成功し、ついに大神の怒りを解き御心を慰め和して石屋戸から招き出し、崩壊の危機にあった高天原は再びもとの世界秩序を取り戻す運びになった。天宇受売命の功績や大なりというべきであろう。

大神を石屋戸から誘い出した霊力殊の外優れた天宇受売命については天孫降臨の段に、天の八衢《やちまた》にいて待ち受ける光り輝く神、猿田彦大神に対し「皆目勝《まか》ちて相問ふことを得ず」とあるように、この神の目の威力（霊力）に負けて八十萬神々が誰も全く歯が立たず対抗できなかった時に、一人堂々と相対して待ち受ける理由を問いただし、その神が善神たることを見抜き、御名を名乗らせその正体を明らかにしたことが記されている。

このように天宇受売命がいかに恐るべき霊力の保持者であったかは『古事記』に「汝は手弱女人《たわやめ》なれども、伊《い》牟迦布《むかふ》神と面勝《おもか》つ神なり」[11]、『日本書紀』に「汝は是、目人に勝ちたる者なり」[12]とあり、また斎部広成の『古語拾遺』には「其の神強悍く猛固くます」と注記していることによっても分かる。強いてこの神の神名を言語的に解すれば、「ウヅメ」の「ウ」は中心力、「ヅ」は運動、「メ」は巡ると解されようか。鎮魂修法者の真霊を天宇受売命が中間に介在して神界に誘い結び付けられるのだと解しておかれればよかろう。

鎮魂印について

（内から見た印の形）

（外から見た印の形）

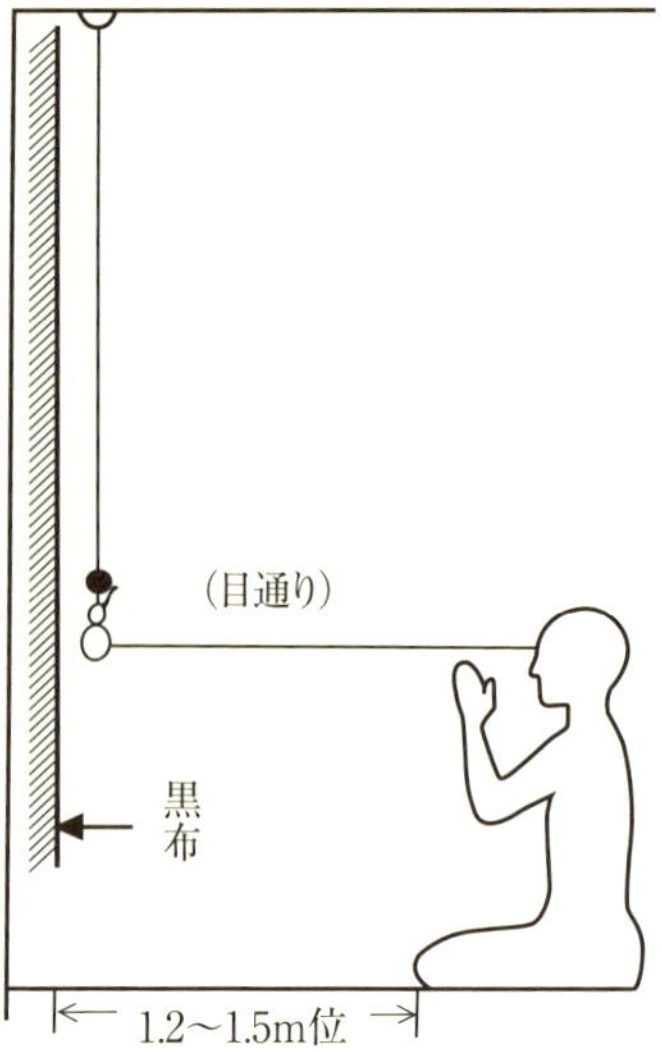

両手の中指・薬指・小指を左を下に交互に掌の中に組み、両手の人差し指を伸ばして軽く合わせ、左の親指で右の親指の爪の上を軽く押えて「鎮魂印」を作り、胸前一〇〜一五センチのところになるべく自然に楽に立てて置く。両肘を張り過ぎても腕がこわり疲れやすいので各自工夫されたい。

鎮魂石の下げ方と姿勢

鎮魂石は天井あるいは桟から細い紐で壁面に吊り下げ、「目通り」つまり目の高さと同じ位置にする。吊り紐の末端に針金などでカギ・ホックを作って付けておくとよい。鎮魂石が前後左右に揺れたりクルクル回らぬように注意すること。修法者の目と石との距離は約一・五メートル程度がよく、離れ過ぎては精神が集中し難く、近過ぎては眼が早く疲労する。左足を下にし、親指が重なる程度で正座する。膝頭は拳《こぶし》が二つ入るぐらい（一五センチほど）開き、背筋を伸ばし顎を引き、下腹部が一番落ち着くように、座り方の深浅は各自の体格に応じて工夫されたい。

修法の衣服・場所・時間

修法に際してはできるだけ白衣、白袴で行うのが望ましいが、清潔な衣服であれば可とすべきであろう。

場所は四畳半位の広さの、できるだけ静かな落ち着ける所、また、清潔な部屋が望ましい。広い部屋だと精神が散漫になり集中し難く、また、あまりに狭すぎても気分が圧迫されるように感じて集中の妨げともなりかねない。

修法の時刻は気分が落ち着ける時であれば何時でもよい。また修法の時間は初めのうちは約一五分〜二〇分前後がよく、慣れるに従い二〇分〜四〇分と延ばしていけばよい。

光線について

この光線については鎮魂修法の際に特に重要であるため付言しておきたい。というのは修法者が前方から光りが差し込むような窓側に向いたり、鎮魂石の背後が白色であると目を刺激して非常に疲れやすくなるし、また壁面に色彩やシミ・模様などがある場合には、初心者の場合は視覚がこれに影響を受けて幻惑され雑念が湧き、とんでもない妄想を起こしやすくなるからである。これでは鎮魂上達の妨げとなる恐れがある。

光線はなるべく背後から入る方がよく、また、鎮魂石を下げる所は壁面が望ましい。壁側に一メートル四方位の黒地か紫、濃紺地の布あるいは紙を貼っておけばよい。

四　鎮魂法の実修

修法次第

白衣、白袴あるいは清潔なきちんとした服装に整え、まず手・口を漱《すす》ぎ、鎮魂石の前に正座し、背筋を伸ばす。神界に御守護をお願いした後、静かに精神を落ち着け、石に向かい二拝二拍手し鎮魂印を胸前に組む。次に半眼で石を凝視し、「わが霊魂は鎮魂石に鎮まる」という強い思念を四、五回送る。その後は自然に任せ、徹底して「無念無想」の状態になり切ることである。終了後は再び二拝二拍手する。

実修中の諸現象と注意点

本田親徳翁の鎮魂石による鎮魂修法といってもただこれだけのことであるが、霊肉分離して神界に至り、宇宙の主宰に感合し親しく八百萬神に接する境地、幽事を見透し無形に観じ無声に聴く境地、あらゆることを未然に察し得る境地に至るまでには幾多の段階・壁があり、苦心工夫しながら万難に弛まず専修によって自得していくより他にない。

「無我・無心の状態になり切る」といってもただ漫然と座っていたり、ボォーッとして居眠りするが如き状態では鎮魂にはならない。あくまでも自己の意識を判然と保持しつつ行うというところに本田翁の鎮魂法の特質があるのである。

鎮魂中に現れる現象は人によって種々その状態が異なり、石の周囲に光体が現れたり、いろんな色彩が現れたり消えたり、また、雲の如き、あるいは水の流れの如きものが見えたり、石の周囲が明るくなったり暗くなったりなど種々である。これらはそのほとんどが視覚神経の作用によるものであり、鎮魂の初歩の過程で起こるものであり、このような現象に囚われることなく、これらを黙殺することである。繰り返し積み重ねるうちにこうした現象は段々なくなってしまうものである。そして、鎮魂中「何の変化もない」という状態になるまでが一苦労であると知ってほしい。道心堅固にひたすら専修するうちに、徐々に深い統一状態に入れるようになり、魄自身にも感じられるほどに「魂の閃《ひらめ》き」が必ず起こってくるものである。要は「専修にあり」と言うべきであろう。

また、鎮魂中に全身に重みを感じたり、背筋がゾクゾクしたり、手足や身体が発動するなどの時は憑依状態になっているのであるから、このような時は直ちに中止すべきである。鎮魂の要諦は自己の霊魂の運転活用にあり、憑霊現象などは無用なのであるから、修法者の心に些かも憑依や奇異を待ち望むようなことがあってはならない。

修法者は「われは神の子なり」。而して妖魅・邪霊は絶対に憑らぬ」という強い信念を持つことが大切である。

常識的なことであるからここに改めて注意すべきことでもなかろうが、身体が非常に疲労している時や、病いの時、人と争った後、酒を飲んだ後、イライラして気分が落ち着かぬ時などの際には絶対に修法してはならない。

鎮魂は己が霊が御神霊と相対し、ついで神界に出入するという尊貴な法であることを悟れば、それが御神霊に対しいかにご無礼となるかは自ずから分かってこようというものである。

自分では精神はしっかりしていると思っていても、肉体が疲労していたり、酒気を帯びていては正心正体とは言えず（正心変体）、また身体は健康であっても、人と争って心が高ぶっている時には正心正体ではない（変心正体）。変心変体の時はいうまでもなかろう。

鎮魂法の極意

最初のうちは日々「考える」という惰性習慣があるために、次々に雑念が湧き、いつしかこれに捕われて鎮魂を修していることを完全に忘失してしまうという状態になろうが、これではいけない。しかし、これもまた積み重ねるうちに次第にこうした状態に捕われなくなってくるから心配することはない。雑念が浮かんだら浮かんだままそのまま放っておけばよく、これを祓おうなどと思い、それに捕われて心を動かしてはならない。あくまでも浄心を保ちつつ、ひたすら専修し積み重ねていくこと、日々楽しみながら修することこそが鎮魂上達の道である。鎮魂の法は頭で、目で、身体で行うものでは決してなく、自己の真魂で修するものである。

本田翁はその著『神傳秘書』に自修の要として次のように記している。

一、身躰衣服を清潔にす可し。
二、幽邃の地閑静の家を撰む可し。
三、身躰を整へ瞑目静坐す可し。
四、一切の妄想を除去す可し。
五、感覚を蕩尽し意念を断滅す可し。
六、心神を澄清にして感触の爲に擾れざるを務む可し。
七、一意に吾が霊魂の天御中主大神の御許に至る事を黙念すべし。(13)

右記にあるように、一切の妄想を除去し、感覚を蕩尽し、意念を断滅でき得れば、深い深い鎮魂の境地に入れるわけであるが、ここに至るまでが中々に大変であり、専修以外にない。

本田翁は『神傳秘書』において鎮魂の覚りの境地を次のように記している。

幽斎は宇宙の主宰に感合し、親しく八百萬神に接す。其の修し得るに至りては至大無外、至小無内、無遠近、無大小、無広狭、無明暗、過去と現在と未来とを問わず一も通ぜざるはなし。是即ち惟神の妙法[14]。

鎮魂の極意は「覚り」にあり、それは「無」であるとわが師は語っていた。これは自ら体験体得し悟るより他なく、文字や言葉に表現するにはどうしても限界があることは仕方のないことであるが、この鎮魂石を用いての鎮魂法の良好な状態はどのようなものか、後学の参考のためあえて一例を挙げてみよう。

石の前に座っただけで、にわかに周囲の、部屋全体の雰囲気がサッと一変する。石を見つめていると徐々に統一が深くなり、石自体が白銀色に光り始め光芒を放ってくる。我が魂が石を押し、石が我が魂を押しするうちに石に包まれ、引き入れられるように感じる。段々我が身体が小さくなる、或いはまた反対に我が身体が徐々に大きくなったりする。目を閉じると「魂が」というべきか、「身体が」というべきか大小を感じ、魂が身体から抜け空中に至る、また雲を抜けて別天地に至り（別世界が開けてくる）、天地との一体感、その悠大さを味わう。その澄清さの素晴らしさは何に例えようがない。眼前に光りの玉があり、これに入っていく（真幽界・神界[15]）。

鎮魂は不断に修するうちに徐々に自己の霊質の密度が向上し、ある一定の時期が来た時には自在に魂が石の上にあるいは下に抜けるようになる。しかし、たとえ霊肉分離の状態に至っても神界に入れなければ全く意味がない。霊肉分離の状態にも、ピンからキリまで様々の段階があり、当初はせいぜい基礎レベルに達したといったところであるといえよう。

修法者は己のために行うというが如き狭い了見で修法するのでなく、神界への奉仕者として、また御皇室の安寧弥栄と国家の幸福繁栄のために、世界の平和のためにと大義のためになすべきであり、一生かけてもの覚悟で、常により高い境地をめざして倦まず弛まず励むことが必要であろう。

五　おわりに

以上、本章で述べてきた鎮魂の法は己が真霊（直霊）を以て神霊に直接し、また鍛えた鎮魂力を以て自己の直霊を神界に至らせ、神慮を仰ぐという尊貴な法であり、巷にあるマニア向けの種々の書に出てくる如き鎮魂法などとは全く一線を画するものであり、それらと区別する意味では強いて言えば「幽斎鎮魂法」とでも言うべきであろうか。ただし、神法・神術というものは本来（厳しく言えば）、神界からの要請（使命）がなければ、ただ単に修法者の熱意や努力のみでは如何ともなし難いものがあり、従って安易に行法をお勧めするものではない。そもそも、「覚り」というものは神界の御許しがあってこそ初めて「覚らされる」というのが真実なのである。

「鎮魂の法」は誰か特定の者たちや特殊の同好者集団のみが専売特許でなすというような了見の狭いケチな法では決してなく、本来は御皇室において執行さるべき「宇宙の大法」ともいうべき「至貴至尊の法」なのであり、故に全国の神社奉仕の神職一同が御皇室の御安寧、国家の幸福、世界の平和を願って心して行うことが宜しく、神職の生涯教育の必要性が叫ばれる今こそ神社界がもっと己に厳しく、かつ視野を広くもって行学一致をめざし、いわゆる○○流鎮魂とか○○霊学などといった妙な臭いや色のついた狭い殻を破り捨て払拭して、その神理・真実の部分のみを取り上げて「鎮魂法実修次第」として神職の一般行法に制定されてはいかがなものかと提案するものである。

行法というものは、伊邪那岐命が黄泉の国での穢れを祓われる際に、

於レ是詔之、上瀬者瀬速、下瀬者瀬弱而、初於二中瀬一堕迦豆伎而滌時（以下略）

と『古事記』にもあるように、あまりに速い瀬でもなく、またあまりに遅い瀬でもなく、程良い適度の中つ瀬を選ばれたという点を神習うべきではなかろうか。ここには大切な教えが含まれており、安易に考えて見過ごすべきではなかろう。

妄《みだ》りに奇呪を唱え、異行をなすような神異者は論外として、禊ぎの行といっては氷の張った水中に飛び込んだり、わざわざ無理して寒中に海に入ったり、藪蚊の猛襲の中での行法錬成等々、それはそれで全く意味のないこととは思わないが、神道行法というものは決して「我慢競べ」であってはなるまい。行法指導者自身が行法の目的が曖昧で的《まと》がボケていると、何のために「行」をしているのかさえ分からなくなってしまうものである。たとえ何年「難行苦行」しようとも、「行」の目的と手段を履き違えてちっとも心は清まらず、己の日頃の悪癖一つも直せない、などということであっては「行」そのものが泣こうというものであり、第一、神明に対して御無礼というものである。

鎮魂法は「浄心」を最も重視するものであることはいうまでもない。神霊が喜ばれる清浄心とはいかなる時にも人と争わぬ心、怒らない、恨まない、妬まない、嫉まない、悔やまない、悲しまない、取り越し苦労や過ぎ越し苦労をしない心、こうした澄清なスガスガしい心を言うのである。浄き、明き、正しき、直き精神・心を養うことこそ、神道行法の根幹をなすものというべきであろう。

来るべき新しい二一世紀は心の時代などと言われているが、まさに新世紀は「神道の時代」であるという感を強く持つのは著者だけではあるまい。自然発生的にこの日本列島に生まれ育った神道は、山の神々や海の神々などの例に見られる如く自然を神とし、あるいは自然の中に神々を幽観し、また、その神々の御姿・御声に直接してきたのであり、大自然の神々の恵みによって生かされ、その生命力の偉大さに深く畏敬の念をはらってきたのである。

環境破壊や心の荒廃が叫ばれ、生命を軽視する風潮、人間同士の疎外感のますます強まっていく今日、これらの諸問題を解決し得る道、また世界平和をもたらす道はまさに神道をおいて外にはないと思われる。

従って、新世紀を目前にして私たち神職こそがまず第一に、この「大自然の生命の教え」ともいうべき「和」を国是とする神道の持つ素晴らしい神道的世界観、価値観を再認識し、神の道を歩む者としての誇りと情熱を再度取り戻すべき時ではないだろうか。

それにはまずもって、神霊の実在と神々が不断に御活動になる世界（神界）の厳存することをしっかりと各自がミタマに感得することが肝要であり、故にこそ神道行法としての鎮魂が神職にとっては不可欠のものとなってくるのである。

神道は行ずるものであり、ただ単に書物を読んだり、書いたり、見聞《みきき》したりするものでは決してない。日本神道は単に観念の宗教では決してなく、「人間の生きる道そのもの」であり、「行」によって立つ道なのである。

このたび大阪府神社庁設立五〇周年記念[16]にあたり、浅学非才にもかかわらず神道行法としての「鎮魂の法」の概要について述べさせていただく機会を与えていただいたことを深く感謝申し上げると共に、日夜神明に奉仕する神職の方々がたとえ僅かでも参考とせられて、今後より一層の行学一致の実を挙げられんことを衷心より願って止まない。

【注】

（1）日本古典文学大系1『古事記祝詞』岩波書店、昭和六〇年七月、八一頁。

（2）谷省吾『神職の立場』皇學館大学出版部、昭和五四年五月、一四頁。

（3）鈴木重道編『本田親徳全集』山雅房、昭和五一年六月、三六頁。

（4）伴信友「鎮魂傳」（『伴信友全集』第二巻、国書刊行会、明治四〇年八月）六五五頁。本書は信友が七三歳、帰幽する前年（弘化二年五月）の著述である。

（5）同右書、同頁。

(6) 森津倫雄「自修鎮魂式相傳覺書」(『石上神宮の鎮魂祭』森津先生喜寿祝賀会、昭和二八年一一月)を参照されたい。

(7) 拙著『鎮魂祭の研究』(名著出版、平成六年一一月)を参照されたい。

(8) 斎部広成撰、西宮一民校注『古語拾遺』岩波文庫、昭和六二年一一月、五一頁。「凡鎮魂之儀者、天鈿女命之遺蹟」とある。

(9) 鈴木重道編、前掲書、三七一~七二頁。

(10) 同右書、同頁。

(11) 日本古典文学大系1『古事記祝詞』前掲書、一二七頁。

(12) 日本古典文学大系67『日本書紀』岩波書店、昭和五四年一〇月、一四八頁。

(13) 鈴木重道編、前掲書、三七三頁。

(14) 『神傳秘書』。本田親徳がその門人に伝承した霊学の秘伝書である。

(15) 著者所持の『霊學日誌』より。

(16) 本章は、大阪府神社庁設立五〇周年を記念して『浪速文叢』に寄せた論文(平成一一年四月)を一部加筆訂正して載せたものである。

第五章　始原への回帰――神道における「覚《さと》り」の極致

一　はじめに――明治期の宗教政策

本章はこれまで記紀などの古典をもととして日本及び日本文化、神道の本質について数回にわたって書き及んできた「日本精神文化の根底にあるもの」シリーズのまとめとして、現代日本人がいつしか失ってしまった尊貴ともいうべき神道にとって最も大切な神霊との邂逅――「始原への回帰」の道について、幕末・明治に生きた神道学者・本田親徳が遺した霊学（鎮魂法・帰神術）を概観しながら考察してみたい。それは同時に、日本にとって明治維新とは、また近代とは一体どういう選択であったのかについて顧みることにもなろう。

はじめに、この項では明治元年となる慶応四年（一八六八）から昭和一八年四月までに発せられた法令について佐伯氏がまとめた記述があるので、それを見ながら神道国教化とキリスト教防御を主眼とした明治期の宗教政策が果たしてどのようなものであったのかについて一瞥しておきたい[1]。

（一）慶応四年（明治元年）　一月一七日　王政復古の号令が発せられる（神祇事務総督とその係りが置かれたが、それらは復古神道派いわゆる平田学派一門で占められた）。

（二）　二月三日　中央政府職制を改正（三職七科を三職八局に改め、神祇事務局以下七局に督、正権判事などが置かれ、神祇事務局において神祇祭祀部神戸のことを掌る。太政官の上に神祇官が置かれ、その中心は復古神道派が占めた）（『太政官日誌』)。

(三)　三月一三日　神祇官を興し、祭政一致制度なる。

(四)　三月一七日　別当及び社僧の復飾令を発す（それまで神職の上位にあって寺務を司ってきた別当僧や社僧を廃した）（神祇事務局達一六五号）。

(五)　三月二八日　神仏判然令を発す（神仏号を区別し、社《やしろ》から仏語・仏像・仏具類を除去させる）（太政官達一九六号）。

(六)　四月四日　別当及び社僧の還俗令発令（宮中日記）。切支丹宗門及び邪宗門禁止令発布（太政官達二七九号）。

(七)　四月二四日　菩薩号廃止の令（太政官通達）。

(八)　七月一七日　江戸を改め東京と称する（『太政官日誌』）。

(九)　明治元年　九月八日　明治元年と改号布告（太政官布告）。

(一〇)　一〇月一八日　神仏号混淆の廃止令出る（太政官通達）。

こうして見てみると、明治初年の宗教行政は復古神道派つまり平田国学が主導していたことが分かる。黒船の来航以来いよいよ国学の復興が起こり、その国学神道思想は尊皇攘夷運動の原動力となり、天皇親政、皇（王）政復古を目指してついに明治維新を開くに至った。その主な人々を一部挙げれば、本居宣長の門人である伴信友、その門人の樹下茂国、また宣長没後の門人の平田篤胤、平田鉄胤、篤胤の学問を受け継ぐ津和野藩士の大国隆正や玉松操、矢野玄道、垂加神道の竹内式部、水戸学派の藤田幽谷、その門下の会沢正志斎等々であった。大国隆正の献言により明治元年正月には上古の制に倣って神祇官が復興した。ところが明治四年八月には早くも神祇官は神祇省に改められ、太政官の下に置かれることになる。そして後には結局廃止されるに至るのだが、こうなった理由としてはいくつか挙げられるであろう。政府の官僚たちと神道学者たちとの間の葛藤や、神道界内部の軋轢、また大国隆正や玉松操などが官を辞して後、この方面の人材不足……といったこともあるが、また、神道の宗教・非宗教性（神社神道は国家祭祀であるとする）、つまり神道をどう捉えるかという大きな問題もあった。

明治二年九月に宣教使職制を発布し、長官の多くは神祇官が兼務したが、適切な人材を得ることができずに廃止することになる。そこで新たに僧侶を加えて教導職となして宣教に当たらせたが、ついにその成果を挙げることはできなかった。明治四年八月には神祇官は神祇省に改められ、翌五年には神祇省を廃して教部省に改められ、同省奉斎の天神地祇八神両座は宮中賢所に移され、神祇官・神祇省で執行した祭事祭典は宮中式部寮の所管となった。それ以来、教部省はただ単に社寺の行政事務や教義に関する事務を取り扱うのみとなった。この後、神道派と仏教派の対立、神官僧侶間の不和、資金不足、また政教分離と信教の自由を建前にした島地黙雷らの批判などにより教部省は明治一〇年についに廃止されることになる。(2)

明治六年にヨーロッパ諸国の思想や文化に驚き、カルチャーショックを受けたばかりでなく、スッカリ欧米のそれらに魅了されてしまい、日本魂をどこかに置き忘れてしまった岩倉大使たち一行は欧米視察から帰国するや、それまでの教育つまり明治元年より皇学所や漢学所を設けるなどして太政官令（達）をもって大学校や各学校において神典国典を重視してこれを教育の第一義に挙げていた従来の国民教育の一切を全く切り替えて、西欧文化制度や思想を模倣することにし、以来、東京帝国大学を本山とする西欧ヒューマニズム文化教育を全国に徹底させることにしたのである。もちろん、彼らは西欧近代的概念としての宗教（Religion の翻訳語）や西欧的な政教分離制度も学んで帰ってきた。ヨーロッパではカント的な古典科学的文明観が否定されてロマン主義が台頭していた時であるが、日本にはこの文明科学主義とロマン主義との二つが同時に入ってきた。富国強兵策を取る明治政府としては文明開化主義を選択したという次第である。

さて、明治一五年一月には神官教導職の兼務が廃止され、神社と教義とは画然と分離されるに至り、次いで明治一七年一〇月には教導職を全く廃止することになり、神道の宣布は神社から姿を消すこととなった。かくして明治初年から始まった神道を中心とした明治政府の国教政策と伝道宣布はここに終焉したのである。こうして、神社はただ御祭神を奉斎する所となり、また、神官は単なる祭祀を掌る神職となってしまったのであり、以後、神社界はこの状況を今日までも引きずっている。

明治天皇はこのままでは欧米化の風潮が日本人の国体の上に重大な危機をもたらすことを深く憂慮され、国体国本を明らかにする必要を慮られて明治一五年に有栖川熾仁《たかひと》親王を総裁として皇典講究所を設立せられ、また東京帝国大学に古典科を開設せられた。さらに明治二三年には國學院を設立され、また伊勢神宮皇學館をも設立せられて「国体を講明して立国の基礎を鞏くする」ことに意を注がれた。だが、まことに残念なことに神道界は遅々として振るわず、斯界に人を得ることができなかったのである(3)。

二　正統と異端

明治政府は概念化された信念体系を持つ宗教、例えばキリスト教や仏教などの教義宗教はReligionの翻訳語としての「宗教」の範疇に入れ、そして明確な教義を持たない神道や皇道などは「道」や「学」、いわゆる道徳論であるとして非宗教性を打ち出した。即ち、神道は国民教化のための「治教」なのであって宗教に非ずとし、神社神道を西洋的な「宗教」の枠外に置き、その自立を図ったのである。また後には幕末・明治まで活躍・展開して来た復古神道とも性格を異にした近代神道(国家祭祀)へと展開していくことになる。そしてその後、日本的な政教分離が進行していく。政府は文明開化主義を推し進め、反文明的なもの、例えば「病い直し」や加持祈禱の類は文明ならざるもの、淫祠邪教として抑圧し排除していった。例えば、明治七年六月七日の教部省通達第二二号には、次のような禁止令が出されている。

「梓巫市子憑祈禱狐下ケ禁止ノ件」

従来梓巫、市子、並憑祈禱、狐下ケ杯ト相唱玉占、口寄等ノ所業ヲ以テ人民ヲ眩惑セシメ候儀自今一切禁止候条於各地方官此旨相心得管内取締方厳重可相立候事

「禁厭祈禱ヲ以テ医薬ヲ妨クル者取締ノ件」

別紙乙第三十三号ノ通神道諸宗管長へ相達条向後禁厭祈禱ヲ以テ医薬等差止メ政治ノ妨害ト相成候様ノ所業致候者之候ハハ於地方官取締可致此旨相達候事

金光教や天理教、黒住教、大本教などへの度重なる規制や弾圧が行われたのは誰もが周知のことであるが、それらの宗教団体は文明化即ち宗教化することでしか淫祠邪教の目から逃れることはできなかった。民間宗教や山伏、修験道の者たちも巫行為や交霊、禁厭祈禱などの禁止によって、その活動は著しく制限された。

さて、いよいよ本題に入るとしよう。ここで大切なことは、「一　はじめに」ですでに見てきたように、明治期の神道即ち本居宣長や平田篤胤たちの国学神道というものはすでに本来の神道、即ち神道の本質を見失ってしまっていたという点である。神道界の論客、葦津珍彦氏は神道のエッセンスともいうべき神懸りの法、つまり神霊と直接交流する術《すべ》を知らず、従って何ら神霊との感合もなく「神意」を全く受け得ない、こうした国学神道者たちについて「世俗合理主義者に近づいてしまっていたから」として、次のように厳しく批判している。

なぜかれらは、「天地の動きは神の知るところであるから神に聴くべきだ。正しき道は、神々の命に忠であるべきだから、神の意は、神から聴くべきだ」と答へなかったのであらうか。かれらが憧れた古神道時代の日本人は、それらのすべてを神から聴いて、それを信じて行動し確信を持った。かれらは、事ある時に臨んでは、神の意をきいて、決断し行動したので、格別に浅はかな人知で拵へ上げた一般抽象的体系的な教理も、教義も、無用だったのではないか。それは、かれらが聖典視した古事記や書紀のいたるところに明記されてゐることではないか。「その事に応じ、その時に臨み、神々から聴くのがもっとも正しい」と云へば、もっと迫力ある回答になりえたであらうし、神道人らしかったのではないかと思ふ。だがかれらは、然うは

答へなかった。かれらが断固として然う答へなかったのは、神懸りを古代人のこととしては肯定したらしくも見えるが、「自分等の今の時代には正しい神懸りなどはありえない」との世俗合理主義者に近づいてしまってゐたからではないか。古典によれば、古代人は禊祓によって、身を浄め、鎮魂につとめ、神々に接して、神意をきくのにつとめたのではなかったか。それこそが古神道の根幹なのではなかったか。[4]

（傍線、引用者。以下同）

正統化とは正統が人主義のグループの大勢を占めることをいう。宣長たち国学者の仕事の最大の弱点は神霊を抜きにした、少なくとも神信仰を媒体とした研究ではなかったという点であろう。復古神道を唱えた賀茂真淵や本居宣長、平田篤胤などの国学者たちは当初、仏教や儒教を廃して純粋神道をめざし、もって神道界の刷新に本気で取り組んだのであり、その姿勢には多くの賛同があって日本中が敬意を払ったのである。ところがその時、権力側が彼らに擦り寄ってくるに伴って、正統派というものが形成されるようになり、純粋に神道に生きようとする者たちを排除するようになる。つまり、国学者たちは神道の純粋を求めながらも結果的に神道が本来持っていた神霊との交流といった神道の最も本質的なものまでをも喪失してしまったのである。

それはちょうど、M・ウェーバーの『プロテスタンティズムの倫理と資本主義の精神』[5]に見る如くである。プロテスタントたちが貨幣を嫌い、純粋に信仰に生きようとして清貧という信仰生活を厳格に守ったが、その結果として莫大な富の蓄積がなされ、その瞬間に神信仰が金信仰に変わってしまった。その最も悪しき姿をアメリカに見ることができる。人はここまで堕落できるものなのか……という見本でもあろう。

また、国学正統派の有識者が神懸りを無視したことについて葦津珍彦氏は、

江戸末期から明治へかけて、庶民の間に、ふかい影響力を及ぼした神懸り宗教人の輩出した社会現象は、大いに注目されるべきではあるまいか。いはゆる国学正統派の学識者は、宣長いらい神懸りなどは無視してをり、自ら神懸りすることに、つとめなかったのみでなく、神懸りの霊力ある人物を求めようともしなかっ

た。たまさかに大衆に影響力ある神懸り宗教人の話を聞いても、その言動や行法の一端をとらへて「それは古神道ではなく、道教仏教を混じた迷信に過ぎない」とて全的に否定した。しかしそれらの神懸りは、異端の行法を混じてゐたとしても、なほ古神道の重んじた神懸りの伝統を残してをる。神懸りを全的に無視した官僚や国学者よりも、かれらこそ、古神道により近いものがあるのではないか。[6]（傍線、引用者。以下同じ）

と述べ、さらに神懸りによる神の啓示が受けられない近世の神道はすでに亡んでいるとして、

神懸りの神の啓示によって、一大事を決するのが古神道だった。だが奈良平安のころから段々とそれが乏しくなり、近世にはそれがなくなったとすれば、古神道の本質は、すでに十世紀も前に亡び去ってしまってゐるのではないか。神の意思のままに信じ、その信によって大事を決するのが神道ではないか。それなのに、神懸りなどはないものと決めて、神前では、人知のみによって思想しつゞけ、たゞ人間の側から神々に対して一方通行で祈ってゐるとすれば、それは、たゞ独りよがりの合理的人間主義で、本来の神道ではあるまい。かへしのりとは、その時代転換の苦悶だらう。[7]

と手厳しく批判している。

なぜに尊皇攘夷運動はもっと別の道があったはずなのに結果的には西欧の模倣に傾いて、文明開化主義へと走ってしまったのだろうか。明治維新は初めは素晴らしいスタートだったのに、一体どうして歪んでしまったのか。「御維新」といわれる如く、実は「明治維新」の中心は神道復興運動であり、日本の本質へ戻ろうとした動きであった。つまり、「日本の本質」への回帰であったのに、これが急速に拡がり始めると、その本質を担っていたはずの者たちが結果的にどうして「異端」として排除されるに至ったのであろうか。例えば西南戦争で城山に散った西郷隆盛や、平田篤胤の神道論（神典解釈や幽冥論、宇宙論など）を『難古事記』中で激しく駁撃した本田親徳などはその典型といえるであろう。明治国家が出来上がった時に、それを共有しない者たちが国家の主導権を摑み取り、国のために命を賭けて戦った者たちが結局は冷や飯を食わされることになってしまったのであ

る。これまでの様々な明治論、近代国家論というものは、すべてこの最も中心にある、即ち、原動力となっている部分を何も語っておらず、重要な部分が全く欠落していると思われる。

さて、参考までにここで初期カトリシズムの成立過程を考えてみよう。

初期の教会が正当化（体制化）していく中で、異端を排除していく。E・トレルチはその排除されていく異端の側にキリスト教の本質を見ている。[8]つまり、M・ウェーバーからトレルチが受け継いだプロテスタンティズムの倫理の本質は異端史の中に結実していると見ているのである。堀米庸三氏によれば、カトリック教会の本質は、

その客観的制度としての性格にあり、客観的に存在する歴史上の教会が、その聖職者の位階的秩序とともに神の人類救済の恩寵の施設である。

ということを意味するという。[9]そして、秘蹟論などキリスト教的正統論争の争点については、堀米氏は次のように述べている。

キリストによる使徒ペテロへの依託（マタイ伝一六章一八、九節）である天国の鍵の伝承により、「この鍵の保持者である第一使徒ペテロを初代の司教とし、代々の法王によりその権威を受け継ぐローマ教会はみずから超自然的摂理のこのうえない明証をもつもの」であるのに対して、異端の教会は自覚した成員の自由意志による共同体であることを特徴とし、それは成員をはなれて客観的な価値をもたない。恩寵はこの共同体の中に実現され、また確保されるが、それは成員の自覚的努力を前提とし、またその成員に属するものであって、共同体そのものに属するのではない。そしてまさにこの恩寵への参与という問題において、異端とカトリックのあいだには決定的な差が生ずるのである。正統と異端との決定的争点もこの点にかかっている。[10]

人主義の教会に対して、異端視された神主義の集団があり、古代には常に異端として立ち現れ、それは中世の修道会に繋がっていく。常にこの修道会は異端として排除されながら、一部が教会に取り込まれることで、教会発展の原動力となり、さらに異端を強く排除するようになっていく。いわゆる魔女狩りの原型がここに現れてい

る。

プロテスタントは近世という社会枠組みの中で、一般職業人を祭司とした修道会運動（これはあくまでもプリーストによる改革運動である）の末裔であったとも言える。この視線は明らかにM・ウェーバーの直伝である。歴史家のキリスト教解釈と真っ向から対立するものである。これは基本的に教会の歴史が正当な歴史であって、先に見てきたようにキリスト教の本質は教会の中にあるという立場に立っている。古く修道会が教会を占領し、また、教会が修道会を取り込む……といったことが繰り返して行われて、地上の人間主義が展開していき、神のもとに生きようとした人々を排除した歴史が教会史なのである。現在の教会の規則は実は古い修道会の規則を踏襲しているということを忘れてはならない。こうした初期カトリシズムの成立過程に見られるのと同様のことは、あらゆる宗教に共通して起こってきた。人主義（人間中心主義）は人間を限りなく傲慢にし、いつの間にか宗教の本質を見失ってしまう。

例えば日本の中世～近世仏教界に目を移すと、寺院仏教を嫌い、隠遁生活を理想として釈迦牟邇世尊の如く生きようとした人たち、厳しい掟に生きる檀林や禅林（仏教僧徒による西欧修道会的組織――学問修行道場）の人たちがおり、この人たちが大衆に敬われるようになっていく。そのため、日蓮宗（身延山）や本願寺、そして禅宗本山などではこれに対して非常な危機意識を持つに至り、そして急激に檀林にグングン擦り寄り、法主をそこから迎える……といった事態までが発生する。ルールも、法主の出身した修行僧組織の規則をそのまま援用することになる。

そのような形で本山規則に取り込まれた檀林は、共通して世俗権力と結びついて信仰生活そのものを停止するようになり、国家権力の力を借りて異端の弾圧に奔走するようになる。例えば、日蓮系の教団の場合、身延山を中心とした正統派の日蓮宗教団が江戸幕府に公認されたのであるが、その僧侶たちの堕落が甚だしいということになり、江戸初期に成立した清廉な僧団として誉れの高かった飯高の檀林から法主を迎え、その規則を日蓮宗の全体の規則として刷新を図った。それは幕府の嘉するところとなり、教勢の拡大に繋がったが、結果は全体として幕府の命に唯々諾々として従う信仰なき教団に全体が陥ると共に、信仰に生きようとした、例えば不受布施派を幕府を通して弾圧することになったのである。もし日蓮がその姿を見たら、彼は不受布施派に正当性を与えたことであろう。

拙著『鎮魂祭の研究』「古代の鎮魂祭」中に、

一端律令国家が完成し、国が安定してくると、今度はかえって危険かつ不要な存在として中央からは遠ざけられる運命となり、そこに儒教倫理によるオルギー的要素の排除の跡を見るのである[11]

と記しているが、政治であれ、宗教であれ、学問であれ、スポーツであれ何であれ、人主義になった瞬間に、その本来の「質」が全く変わってしまうのは注意すべきことである。文明開化（鹿鳴館時代）がまさにそれであった。繰り返しになるが、人主義は人間を限りなく傲慢にするのである。

三　神主義か人主義か ―― 近代教育の本質について

この項では、人主義についてカント哲学を中心に少し振り返ってみることにしよう。

カントの『純粋理性批判』[12]は近代科学という世界観が哲学的に保証された瞬間であった。

カントこそは科学を絶対化した者である。彼は一生をかけて一体何を目指していたのか？　それを知ろうとして、いわゆるカント史を文献学的にいかに細かく調べ尽くしたところで何も分かりはしないことは、老婆心ながら忠告しておこう。決して忘れてはならないのは、近代から現代まで圧倒的な力を持ち得たのはカント学であったことだ。

然るに、もしもカントに、ソクラテスやスウェーデンボルグ[13]のような霊的能力があったなら、彼の説は全く違うものになっていただろう。

彼は人間が科学的理性を共有して科学的世界を実現したら、世界は即平和になり繁栄するという絶対的信念があったから、その証拠を論理的理性を以って証明しようとした。カントの持っている絶望的限界というのはまさにこの点に掛かっている。カントをめぐる問題点とは、カントの大前提である「科学の絶対性」という神話そのものが全体として虚構であるという根本問題が発生したということを見据えることにある。（これは我々が教壇に立って「学問」というものを伝える時に最も細心の注意を払うべき根本問題である）。

近代の学校教育に基づく学問というもの（現代の学問をも含めて）が、あらゆるものを認識する際にカント的な意味での科学を無意識の前提としている。然るにその危険性というものを気付かせることが、これからの教育の根幹になくてはならない。

ということは、カント的な科学理性主義の少なくとも大枠に関して、教育者たるものはシッカリした知識と、それに対する見識を持っておかねばならない。そうすることによって、いかに危うい世界の上にすべての学問が成り立っているかということを示すことができるからである。

カントの哲学の排撃対象は二方向に向かっていた。一つは当時の迷信の根源である呪術師や錬金術師の有する論理であり、それは俗流プラトン派の弁証法に基づいていた。カントはこの錬金術師たちのすべてを詐欺、愚人のわざとして徹底的に叩くために、アリストテレス以来の論理学（形式論理学）を擁護し、応用しながら改変しようとした。目的は科学的理性の根底に論理学を設定しようとしたことにある。

彼が攻撃対象とした第二点は、形式論理学の正統的継承者を自認し、また教会に所属し、オーソドクシーの保有する神学における形式論理学にこそ最も激しく向けられていた。『純粋理性批判』の本論（第三章）の眼目は、この教会における形式論理学を徹底的に批判し、科学的理性にのみ妥当する新論理学に書き換えることにあった。

彼の「先見的悟性論」は理性の最も正しい使い方として「悟性《フェアスタント》」、つまり弁証法も教会論理学も排した科学的理性、即ち近代的理性の根底となっている論理構造を提示することにあった。

彼はまず、理性を感性を超えるものとしている。この場合、彼が理性と呼んでいるものは人間のみの有する「言葉を使う能力」を指している。感性は決して感覚を指す語ではない。人間の持っている感性の無限に開かれている存在のあり方について、彼は第二章において極めて示唆性の高い提言をしているが、所詮、感性を感性たらしめているのは、普遍へと開かれた無限への感受性であり、それを支えているのは理性による論理形式であると主張する。つまり、どこまでも感性は理性の派生物に過ぎないと決め付けている。従って、感性論はあくまでも理性論の前置きにすぎず、理性論こそがカントの理論の中心となる。

然るにカントは、理性そのものは信じるに足るものではないと主張する。それは所詮、言葉を使う能力以上のものではない。多くの言葉の使用、つまり理性のあり方は言葉の誤用の歴史であって、その最も悲惨で詐欺的な典型として、教会の理性使用のあり方が糾弾される。特にカントが注目したのは、いかにもプロの哲学者らしく、その言葉の内容ではなく（内容に関わるのは科学者の仕事である）、形式的な側面つまり論理構造にあり、古い教会的形式論理学に徹底的な修正を加えた。その手続きが三章の内容である。『純粋理性批判』を理解するということは、この三章を理解することであり、それがいかに現在の教育体系に重大な爪跡を残しているかを知ることにある。

それを踏まえて、後半では錬金術師たちにおける弁証法の徹底的な論難が展開することになる。『純粋理性批判』後の彼のすべての著作は、厳格にこの枠を守って構築されている。

このカントの考え方は人主義の極限であると共に、世界中の近代学校教育の絶対的基礎となっているということを、絶対に忘れてはならない。

例えばいじめの問題でも、近代主義的いわゆる教育評論家の如きは、結局は理性的に話し合ったら良いという方向に結論してしまう。これは人主義的解釈以外の何ものでもない。そんなことぐらいで解決されることではなく、かえって事態をさらに悪くするとしか思えない。

しかし、このカントの人主義というものに対して「おかしい」と疑問の声をあげる人が出てきているのも事実である。キェルケゴールの投げかけた疑問が非常に多くの人々の心を捉えるのは、彼のメッセージがカント的世界の全否定にあるからである。彼は人間の理性よりも、聖書における神の啓示の方を信じた。死者として葬られたラザロに向かって死体置き場から出てくるように呼びかける、このイエスの言葉をそのまま信じることが人間として唯一正しい営為であるというキェルケゴールの立場は、カントとは絶対に相容れない。

人同士が話し合うということの無意味さ、神の実在のみが真実であるということ、それは極限の非合理（不合理ではない！）にしか存在しないという、最も大切なメッセージをキェルケゴールは我々に伝えているのである。その意味で、カントからすればキェルケゴールの先駆的存在たるスウェーデンボルグもまた、ただの錬金術師の一人に過ぎなかったのである。

これからの教育においては、カントがもっともらしく語っていることの虚偽を明らかにすることが大切である。まず第一には理性主義――哲学の柱になっている科学的理性の絶対主義である。科学的理性を人々が共有したら、世界の人々は幸せになり、世界は必ず平和になるということの嘘。

第二に民主主義――理性的な話し合いが人々の心を和ませ、世界が平和になるということの嘘。

まず（一）の科学的理性の果たす人間世界への役割について――。

何よりもこのような教育の結果は、神霊への畏れを失った人々を大量に発生させる。

その結果、自分の衝動がパンドラの箱を開けたように無限に肥大し始める。その結果、果てしもない精神の渇きという地獄の中に人々の心が追い込まれて、その渇きを埋めるために必死で、手当たり次第にその無限に拡がった心の中に、衝動を満たすだろうと思われる対象を取り込もうとするようになる。絶望だけが箱の底に張り付いて残ってしまう。生きていくために避け難い最小限のものに満足するという、生き物として大切なあり方が壊れてしまう。無意味な闘争と、飽くなき快楽の追求が発生して、かつて存在しなかったような破壊と殺戮とが結果することは歴史の示す通りである。理性主義を標榜する国ほど、ひどい殺戮を繰り広げてきた。その惨状は理性主義に犯されつつあるアフリカの現状を見ればよく分かるではないか。少なくとも理性主義はアフリカに惨禍しかもたらしていない。我々はこのことを決して忘れてはならない。

次に（二）の理性的に話し合ったら何とかなる、話し合いが争いをなくすという嘘について。この問題を個人のレベルで考えてみると、学校でひどくいじめられたり、家で荒れたりする子供がいるとする。それに対して、例えば、父親がこの子と話し合わなかったことが原因で、もっとシッカリ話し合っていればこういうことは起こらなかったという評論家がいる。真実は果たしてそうだろうか。

人は何かの関係のゆがみで攻撃を受ける、あるいは攻撃してしまう……ということがあり得る。問題はそういう時に、それをものともせずに耐える力、あるいは他者を攻撃したいという自分の衝動を抑制する強い意志力を備えた子供をいかに育てるかということである。本質的に喧嘩や争いを起こさず、また、巻き込まれない人間関係を築くには、これしか解決策はない。それは父親が、また母親が子供と話し合うことによって果たしてできるものだろうか？　カウンセラーが悩みを聞いたら、そういう強い子になるのだろうか？

例えば、これはあるスポーツ選手本人のプロとしての能力もさることながら、観客を喜ばす卓抜した能力を発揮したS氏の例である。彼は生まれてから成人するまで、父親の姿を見ることはほとんどなかった。何しろ、恐るべき働き者のその父親は、朝四時に職場に出かけて人付き合いを大切にしており、しかも同僚や弟子たちを育てるために夜遅くまでとことん付き合っていた。息子が母親に「自分は親無し子ではないか？」と聞く有様であった。

しかし、その子供はほとんど口も利いていない親とほとんど同じ性格を持って大人になった。いじめられた時に、彼は決して屈しなかった。しかし、仲間を大切にし、人をいじめるようなことは決してなかった。これは父親の生き様が彼を育てたのであって、話し合ってできたものではない。母親も、このような父親を尊敬して、必死で支える姿を示したのであって、決して話し合ったからではない。真実を大切にして生きる姿、また、一度受けた恩は決して忘れないとする親の生き様が、現在の彼の生き様に反映しているのである。話し合って、よく理解させて出来上がったということでは決してないのだ。

以上、これまで述べたカントのこの二本の柱こそが、世界の教育を歪めている本質である。

四　霊学中興の祖「本田親徳」翁の略歴

神懸りが権威を失った近世の神道はもはや形骸化した神道であり、それは神道ではなくて人間道である――と厳しく批難したのは葦津珍彦氏であった。

古神道にとって、この神懸りの神秘は、必須の大切なものだったはずである。その神懸りが権威を失った近世の神道は、古神道の生命を失って形骸を存するのみとも云ひ得るのではあるまいか。それは神道ではなくしてたゞの人間道なのではあるまいか。少なくとも、その本質が著しく変ってゐることは否定しがたい(14)。

本田親徳翁

ところが、葦津氏が重視した神懸りの神法を立派に体得した神道学者がいたのである。

幕末・明治の優れた神道学者であり、また霊学中興の祖とも称される本田九郎（親徳《ちかあつ》）は、士族本田主蔵（典医）の長男として文政五年（一八二二）一月一三日、川辺郡加世田郷武田村（現、鹿児島県南さつま市）に生まれた。幼少より資性鋭敏にして六、七歳の頃より藩校において漢学を学び、また剣道をよくしたという。青年期には風雲の志を抱き、剣を持って立たんとして武者修行のために藩を出て京に上った。のちに天保一〇年（一八三九）頃、水戸に遊学し、当時令名天下に名高き水戸学の会沢正志斎の門に入り、そこで約三年余り熱心に学問に没頭し、皇学・漢学など和漢の学を修め、当時最先端の科学・哲学をも学び、将来の学的基礎をなしたという。本田翁は古典を深く学び進めるうちに、この宇宙の森羅万象のことごとくは霊的作用によるに違いなしとの考えに至り、古典を正しく理解するには自らが実際に神霊に直接して神教に依拠するより他になしとの確信を得たものと思われる。[15]

記紀などの古典を紐解けば、古代は祭政一致そのままに、例えば『古事記』中巻の崇神天皇条を見ると、

此の天皇の御世に役病多に起りて人民死にて盡きむと為き。爾に天皇愁ひ嘆きたまひて、神床に坐しし夜、大物主大神、御夢に顕れて曰りたまひしく、「是は我が御心ぞ。故、意富多多泥古を以ちて、我が御前を祭らしめたまはば、神の気起らず、国安らかに平らぎなむ。」とのりたまひき。[16]

とあるように、国内に疫病が流行して国民《くにたみ》の大半が死に絶えようとした時に、天皇が身を清めてうけひ寝（神との誓約）をし、荒ぶるその理由を神に問うたところ、それは大物主大神の御心であることが判明した。故に大物主大神の子（霊統）である意富多多泥古命《おほたたねこのみこと》を探し出して神主として斎き祭らせたところ、「役の気悉に息みて国家安らかに平らぎき」とあるように疫病は終息して国内はもとの秩序を立派に取り戻したと記している。今、記紀古典からこうした神懸りの記述例をいくつか列挙すれば、次の通りである。

（イ）天宇受賣命、手二次繫天香山之天之日影一而、為縵二天之真拆一而、手二草結天香山之小竹葉一而、於二天之石屋戸一伏二汙氣一、蹈登杼呂許志、為二神懸一而、掛二出胸乳一、裳緒忍三垂於二番登一也。爾高天原動而、八百萬神共咲。[17]

（ロ）「是時、神明憑二倭迹々日百襲姫命一曰、……」とあって、大物主神が倭迹々日百襲姫命に神懸りした事例（『日本書紀』巻第五、崇神天皇七年条[18]）

(ハ)「時天照大神誨二倭姫命一曰、……」とあり、天照大神が倭姫命に神懸りして、託宣した事例（『日本書紀』巻第六、垂仁天皇二五年三月条[19]）

(ニ)「是時倭大神、著二穂積臣遠祖大水口宿禰一、而誨之曰、……」とあって、倭大神が大水口宿禰に神懸りして託宣した事例（『日本書紀』巻第六、垂仁天皇二五年三月条[20]）

(ホ)「時有レ神、託二皇后一而誨曰、……」、「時神亦託二皇后一曰、……」とあり、神功皇后に神懸りがあった事例（『日本書紀』巻第八、仲哀天皇八年秋九月の条[21]）

(ヘ)「於是、従レ軍神表筒男・中筒男・底筒男、三神誨二皇后一曰、……」（『日本書紀』巻第九、神功皇后摂政前紀・仲哀天皇九年三月～一二月条[22]）

(ト)「於是、天照大神誨之曰、……」、「亦稚日女尊誨之曰、……」、「亦事代主尊誨之曰、……」、「亦表筒男・中筒男・底筒男、三神誨之曰、……」（『日本書紀』神功摂政元年二月条[23]）

(チ)「便天神誨之曰、……」（『日本書紀』神功皇后摂政四七年四月条[24]）

(リ)「時居レ嶋伊奘諾神、託祝曰、……」（『日本書紀』巻第一二、履中天皇五年秋九月条[25]）

(ヌ)「於是、月神著レ人謂之曰、……」、「日神著レ人、謂二阿閉臣事代一曰、……」（『日本書紀』巻第一五、顕宗天皇三年の春二月及び夏四月条[26]）

こうして記紀の記述を見ていくと、古代には神と人との非常に密接な関係があったことが判明する。わが国においては古代より一朝事ある時には神の方から、あるいは人間の方から求めての帰神（神懸り）の神法によって直接に神霊の「神意」を伺い、神誥（神教）を受け賜わり、その神霊の御心を心として政治《まつりごと》に事なきを期していたのだが、どうしたものか中古以来これが途絶えてしまったのである。帰神の神法が途絶えてしまったその理由については、本田親徳翁の高弟の一人であり「駿河の聖人」とまで言われた月見里《やまなし》神社の長澤雄楯翁が次のように述べているので参考までに記しておこう。

古今の歴史に徴するに日本書紀に載する所、上世の神懸は方法の精密なりしと其の式の厳正なりしと憑依の神霊の高かりし事と、其の神誥の確実なりしは殊なりしなり。降りて儒教の渡来、仏教の東漸以来、思想に一大変遷を来し、爾来皇祖の遺制たる神祇を祭祀するの道は日に増し月に加わりて衰退し、遂に幽冥に感合するの術を失いたるは、宮廷にて神懸を行い賜いたるの事蹟の史に見えざるを以て知らる(27)。

長澤雄楯翁

つまり、仏教や儒教などの外来宗教の渡来によって、日本人の思想に一大変化をもたらし、それ以来、神祇の道が衰退していったのだというのである。

古《いにしえ》には神霊と直接して神意を伺うための神意窺知の法があって、これによって国難の折には直に神意が那辺に在するかを知り得たという事実に、本田翁は深く感じ入るところがあったに相違ない。

天保一〇年の頃といえば、英米仏露など諸外国の船がわが国と通商条約を結ぼうとして頻りに来航してきた時期であり、やれ勤皇（王）だ佐幕だ、倒幕だ尊皇攘夷だ……などと諸藩の意見が入り乱れて一致せず、国論は分裂し世論が大きく揺れ動くまさに世情騒然としていた時である。今見てきた如く、崇神天皇紀や仲哀天皇・神功皇后紀における神懸り事例のように真に神意の存するところを知ることが可能であるならば、いかなる国難に際しても何の恐れることがあろうか。真に神意を伺うことができさえすれば、開国か鎖国かの眼前の大問題もたちどころに解決しよう。ところが神霊の「御神意を伺う」という、この尊貴な神懸りの神法が中古以来スッカリ廃絶してしまっており、国学者たちは理屈理論に明け暮れして、神霊に直接して「神意を問う」ことなどできる者は一人もいなかったのである。国難とも言うべきこの大事に際して、何ら神の御心を知ることもできず、その術《すべ》もないという昨今の情けない有様を、本田翁はどれほど憂慮し嘆かれたことであろうか。

また、本田翁は晩年の平田篤胤（天保一四年没）の「気吹舎」にも出入りし、彼の学説を傍聴したともいわれる。もしそれが事実であるならば、仙童寅吉を通しての篤胤翁の幽冥研究に関する講義も聞き知っていたに相違なく、いよいよ深遠玄妙の境地に思いを馳せることもあったであろうことは想像するに難くない。後に本田翁は『難古事記』、『古事記神理解』で篤胤の説のことごとくを手厳しく駁撃することになるのであるが、それも篤胤の思想・学問を良く聞き知っていたからこそでき得たことなのである。

その後、会沢先生のもとを辞して京都藩邸にいた折（天保一四年）に、京都伏見に狐憑きの少女（一説には七歳の少年）が歌をよく詠むという噂を耳にして、自ら訪ねて憑霊実験を試み、霊が幼児に憑依して人語を語る有様を実地に見聞した。その時の様子は以下のようであった。本田翁が狐憑きの少女（少年）に「お前は何か憑いていて巧い歌を詠むそうだが、どんな歌でもすぐに詠むことができるか」と訊くと、その幼児の面差しは見るうちに変わり「どんな歌でも詠む」と答え、墨を磨りながら「題を与え給え」と言う。時あたかも一〇月の冷たい雨が降っており、庭には哀れにも紅葉が雨に打ち落とされていたので、「この庭の景色を詠んでみよ」と言うと、直ちに筆を取って「庭もせに散るさえ惜しきもみじ葉を朽ちも果てよとふる時雨かな」と詠んですぐに外に遊びに出て行ってしまったというのである。このことが契機となったものか本田翁は心中深く悟るところがあって、爾後世俗の一切の名利を打ち捨てて神道修行に打ち込むことになる。翁は深山幽谷を跋渉し、あるいは諸社霊窟に参籠するなどして、中古以来途絶したままの「神霊と感合する道」を求めてまさに命懸けの修行に明け暮れたのである。

本田親徳翁の著書『難古事記』巻六によれば、

> 此の神懸のこと本居平田を始め名だたる先生達も明らめ得られざりし故に、古事記伝、古史伝ともにその説々皆誤れり。親徳拾八歳皇史を拝読し、此の神法の今時に廃絶したるを慨嘆し、岩窟に求め草庵に尋ね、

終に参拾五歳にして神懸三十六法あることを覚悟り、夫れより幽冥に正し現事に徴し、古事記日本紀の真奥を知り、古先達の説々悉く皆謬解たるを知り弁へたりき。(28)

とあるように、難行苦行が功を奏してついに安政三年(一八五六)頃には神懸りに三六法あることを覚り、慶応三年(一八六七)頃には帰神(神懸り)の神法を確立している。神伝によって幽冥に正神界と邪神界の別あること、また各々一八一階級あること、憑依した霊にその種類・上中下の品位(等級・働き)のあること、それらを判別する「審神者《さには》の法」、邪霊を縛るところの「霊縛法」などを明らかにし、古典に基づいて見事にわが国古代以来の神懸りの神法を体得・確立されたのである。この本田翁が確立した霊学を後世「本田霊学」と呼んでいる。

明治の御世になり、翁は一時鹿児島の郷里に帰ったらしく、明治三年に三島通庸の著になる石峯神社再興創建の記事中に、不明であった御祭神の御名が本田翁の帰神によって明らかになったと記されている。明治五年、備中沼名前神社の宮司に任ぜられたが、上司と激論して幾許もなく辞したと伝えられている。明治六年頃上京し、西郷隆盛の紹介で副島種臣とも親交があって、正式に師弟の縁を結んだ。副島邸にて帰神を修したこともあり、後に『真道問対』(問者副島種臣、対者本田親徳)がなっている。明治一六年一二月、元鹿児島藩士奈良原繁氏が静岡県知事になった折に同藩の誼《よしみ》もあって本田翁を招聘し、二カ年あまり学莚を開き、多くの有志を指導した。明治二一年、自己の御霊は岡部の神《みわ》神社に鎮まることを言い置き、翌二二年四月九日、川越の木村辰右衛門宅にて逝去した。享年六七歳であった。

主な著書には『道之大原』(一巻)、『真道問対』(一巻)、『霊魂百首』(一巻)、『産土百首』(上・下巻)、『産土神徳講義』(上・下巻)、『難古事記』(一〇巻)、『古事記神理解』(三巻)等々がある。また、副島種臣伯爵の他に本田翁と師弟の縁を結んだ者として長澤雄楯翁がいるが、その長澤翁は本田翁について次のように述べている。

霊学というのは神典と国史とを根拠とし、専ら神懸の法則に随って修業し、神霊の実在を徴証してその尊厳を体得し、我国神典の世界無比なる所以を諒解し、茲にはじめて宇宙成立の原理、地球の組織、顕幽の分界、天孫降臨の所以を解釈し皇祖天神の御威徳を感銘し、我が皇室の尊厳なる所以と神社存在の理由を解釈し得べきものであるのだ。然しながらこの霊学は神典学と両々相俟つもので神典を精研し神霊の存在を体験して始めて御威徳を知るべきものであって、古来の学者の如く古訓の解釈のみで神典の主旨の玄妙なる所以原理を了解し得るものではないのぢゃ。神懸の法に因る神霊の実在の体験を得て始めて我が神界の幽遠微妙なる原理を了解し、古来先哲の難解として居たものも解釈し得られるのだ。――この霊学は維新前、薩摩の藩士本多親徳通称九郎によって儒佛渡来以降廃絶していた神懸の法則が再建された事によって興ったもので、全国を遊歴する事四十年、困苦惨憺竟に克く之を大成されたので今の世に神懸の法あるは翁の力である。（中略）明治の世、神典学者で千古不抜の卓越の説あるは、この翁一人のみぢゃが惜い哉世に少しも知られていない。[29]

また、本田翁が確立した鎮魂法と帰神術の神法を称して長澤翁は、

親しく其行う所を見るに神霊を人に憑依せしむること自在のみならず、亦克く無形神懸の自感に熟したると審神者として疑わしき憑霊を訊問するの精密にして厳粛なる毫も遺漏なく、邪霊を責罰するに霊縛するの速なる等、他人の追及する能わざる者なりし。此霊妙な神懸の効用は神霊厳存を実証し、古今哲学の疑問を解決し、神典歴史の解釈の誤謬を訂正せし等、其学術を裨補し世道人心に関係ある少なからざりしも、神懸は秘して容易く人に教えざる。博聞宏記にして玄妙の理に通ずるにあらざれば其の蘊奥を窺う能わざるとの故を以て、之を知る者稀なり。[30]

と述べている。[31]これによっても、本田翁の霊術がいかに卓絶したものであったかが窺えよう。

さて、本田親徳翁がその弟子に神術（鎮魂法・帰神術）允可の印として授けた『神傳秘書』があり、その冒頭には、

神界ニ感合スルノ道至尊至貴濫ニ語ルベキ者ニアラズ[32]

とあり、さらに続けて、

吾朝古典往々其實蹟ヲ載スト雖モ、中世祭祀ノ道衰へ其術ヲ失フ既ニ久シ。神傳ニヨリ古ニ復ス。是レ即チ玄理ノ究極、皇祖ノ以テ皇孫ニ傳ヘシ治国ノ大本ニシテ祭祀ノ蘊奥ナリ。

蓋幽斎ノ法タル至厳至重、深ク戒慎シ其人ニアラザレバ行フベカラザル者アリ。濫ニ傳フベカラザルノ意茲ニ存ス。然リト雖モ其精神萬難ニ撓マズ自ラ彊メテ止マザレバ、竟ニ能ク其妙境ニ達スルヲ得ン。後ノ此傳ヲ受クル者、厥レ之ヲ諒セヨ。幽冥ニ通スルノ道唯専修ニアリ(33)(以下略)

また、本田翁が体得した霊学の覚りの境地については次のように記している。

幽斎ハ宇宙ノ主宰ニ感合シ、親シク八百萬ノ神ニ接ス。其修シ得ルニ至テハ至大無外至小無内、無遠近、無大小、無廣狭、無明闇、過去ト現在ト未来トヲ問ハズ一モ通ゼザルハナシ。是レ即チ惟神ノ妙法(34)(以下略)

本田翁の『神傳秘書』中のこの条は、ここに確かにいながらにして、どんな過去にも、どんな未来にも、宇宙の果てまでも同時に存在し得るということであり、存在の本質に触れるものである。広さとか、時間とか、流れとかは仮象であって、存在の本質に立った時にはそのすべてが自らの内に存在する。たとえて言えば、光自体には宇宙の広がりはない。しかし、光は宇宙を飛んでいるという仮象世界の中で、人は生きているのである。

五　本田霊学「鎮魂法」・「帰神術」について——存在の本質への道筋

「神意を知る」ということ

「鎮魂法」——この項では本田親徳翁の霊学の大本とされる鎮魂法《みたましづめののり》を中心に考察してみたい。さて、「自己の確立」が大切である……などとよく言われるが、この「自己」というものを人はどのように認識しているのであろうか。西洋近代は誤った「私」認識をしており、「本当の自分」というものが自己の身体の中に閉ざされて存在しているものと錯覚しており、「私個人」で閉じてしまっていると思い込んでいる。だが、「本当の私」というものは、外に向かって開かれて存在しているのであり、決して個人の身体内に閉ざされて自己完結しているものではないということに気付くべきである。この真の自己、「本当の私」について、これから考察していきたい。

「鎮魂」法に関する本田翁の説は、次の通りである。

鎮魂の法は霊学の大本なれば其の原由を論定し、其の方法を講明せざるべからず。故に今皇典に拠て其の由来を述ぶ。伊邪那岐命曰く、天照大御神は高天原を知食すべしと詔給ひて、御首玉の玉をモユラにとりゆらかして天照大御神に賜ひき。故に此の玉を斎奉りて御倉棚神と云ふ。これ其の霊魂を附着して現天の主宰たらしめんことを神定め賜ひしものなり。而して此玉を天照大御神より、皇孫迩々芸命へ御授けあり、其の時の事実古事記に見えて、おきし玉、おきし鏡、剣とあり。三種の神宝を帝位知食す御印として下し賜ひしより以来、御代御代の帝王は申すも更なり。其の御心を心として、万民悉く尊奉崇敬しておこたらざりし、故に神の神たる所以の理由よりして万般の利益霊現を蒙りしこと、国史に照々として、日月と共に光を争うと云うとも我が誣言にあらざるを知るべし。而して（中略）此の鎮魂法は天授の神法にして現世神界の学則なれば、上は天皇の治国平天下の御事より、下は人民修身斎家の基本、続きて無形の神界探知する事の基礎なれば、朝夕之を懐中にし、事業の閑暇に謹みてこれを省み之を行ない、霊魂の運転活動を学習すべし。

（中略）

令義解に曰く

鎮魂は謂る、鎮は安なり。人の陽気を魂という。魂は運なり。云うところは、離遊の運魂を招き身体の中府に鎮む。故にこれを鎮魂と曰う。(35)

本田翁がほんの僅かな者だけに伝えたこの鎮魂の法は宇宙の大法というべき尊貴な法であり、翁の鎮魂石を用いての鎮魂法は「法《のり》」という以上は神則であるといってもよく、神界（時間・空間を超えた世界）に入る唯一の方法である。分かりやすくたとえて言えば、鎮魂は核融合反応を起こすようなものであり、鎮魂は恐るべきエネルギーがいるからこれを真に成し遂げるにはそれに耐えられる選ばれた魂の持ち主に限られ、普通の人では到底不可能と言えよう。レーザー光線ぐらいまでなら誰でも作れるが、核融合となるとそうは行かない。全く次元が異なるものである。「神意を知る」ということは、実は核融合反応を起こすことであり、通常の次元を完全に超えているということなのである。

この鎮魂行法は天性の素質の上にひたすら浄心に努め、万難に弛まぬ熱意と日々の積み重ねの修行の末に奥の堂に達するもので、決して瞬間にできるような安易なものではない。専心繰り返しながら行を積み重ねるうちに光が束ねられていって、ある時（臨界状況）が来た時（機が熟した時）にスウーッと尊厳無比の神界に至るもの……と言えよう。実はその時こそ、神界の許可が降りた瞬間であり、天の時を得たのである。時間や空間を超絶した神界に自在に参入し得るこの鎮魂法は、自ら体験体得する以外に言葉ではどうにも伝えようのないものであり、ただその人の修行に存すというべきである。本田翁の鎮魂法を論じながら「核融合反応」などといった表現をついしてしまったが、ついでにここで最新の学問がどこまで進んでいるかを垣間見てみよう。

筆者の霊学の師である佐藤卿彦（隆）氏は霊学の研修者たちと静岡にいた時、見知らぬ婦人が「先ほどはどうも」といって先生に近付き丁寧に挨拶されるので、側近の者が「どこで先生と会われたのか？」と尋ねると、何とキリスト教会であったという。佐藤師はこうしたことがよくある方であった。著者自身も、師について修行中のある時、もう一人の自分が背後から自分の両肩をもんでいる……という奇妙な体験をしたことがあるが、佐藤師によれば「それは分霊ではなくて、あなたの分身である。御眷属神がそのようにしてあなたの疲れをほぐされたのである」とのことであった。こんな話を人が聞いたら一体どう思うであろうか。

量子力学に関する分野では、次のような興味深いことが分かってきている。最新の量子力学の理論によれば、電子は時間的にも空間的にも二つの場所を同時に占めることができるという。世界の成り立ちの追究、つまりもの（物質）の究極を追い求めてきたこの量子力学の世界においては厳しい検証実験の結果、最近になって、「人の意識がこの世を創造する」とハッキリ言明するに至った。それまでアインシュタインは「自然界における実存はすべて局所的なものである」と言っていたのに対して、量子力学の父といわれるニールス・ボーアは「この世の物質は観測されて初めて実在するようになり、リアリティー（実在性）そのものが観測者の行為に依存する」、つまり「人の意識がこの世の現実を創造する」とハッキリ主張するに至ったのである。「シュレディンガーの猫」のパラドックスによれば、「観察する」という意識と行為がなければ「この世は存在しない」という結論になる。科学者が研究して観察するという行為そのものが、本当は「自然」を究明しているのではなく、「想念」によって客観的な存在を作り出しているというわけである。ハンガリー生まれのフォン・ノイマン（『量子力学の数学的基礎』、一九三二年）の説によれば、「人間が自然を認識する（見る）瞬間に波動の収縮が起こり、それが測定によって限定された値になる」と結論している。ノイマンは超光速現象が立派に存在することを証明したのである。

佐藤卿彦（隆）氏（左）と筆者
（月見里神社・社務所にて）

このように量子力学では今、「人間の意識」というものが最大の焦点になっている。波動の収縮とは簡単に言ってしまえば、人が「見る」という行為によって、二つの箱に存在した波が瞬時に一個の粒子にまとまる、つまり波が突然に形を変えて消滅するのであり、これを「波動関数の崩壊」と言っている。アインシュタインによれば、これまで「客観的な実在は、常に局所化されて存在している」と信じていた。ところが、一切何も仲介するものがないのにA

稲葉大美津翁

とBとが作用し合う、つまり非局所的に作用し合う、つまり波動の収縮に伴う粒子間における情報交換が超光速で行われている可能性があるというのである。即ち、宇宙の「個々の諸要素」は基本的に非局所的に広がっており、すべての存在全部が本質的に結び合っているというのである。

今、最先端技術が認識しつつあることは、これまでの古典科学では考えられなかった人間の精神力（主観）というものが、エネルギーとして深く潜在しているということである。「この世」の実体は決して私たちの意識とは無関係に形成されているのではなく、人間の精神と自覚そのものが「存在」を創り上げているということになるのだ——という説は興味深い[36]。

今日、物理学は物の本質を求めてクォークまで辿り着いたのはよいが、そこから先に進めないで立ち止まっている。巨大な加速器で陽子や中性子を衝突させてクォークを出すのはよいが、クォークも一つだけでなくそれがいくつも出てくるに及んで、無限の多義性があるのではないかという大きな疑問が出てきたのである。こうして考えてくると、今や西洋学すべてをやり直す必要が出てきたといえよう。

霊肉分離の境地

さて、話を戻して本田霊学鎮魂法が目指す第一段階の霊肉分離の境地というものが一体どのようなものであるかについては、それを実地に修した鎮魂修法者たちの一、二の体験談を以て知ることができる。まず、長澤雄楯翁の高弟であった稲葉大美津翁は霊肉分離の体験について次のように述べている。

鎮魂修法中、或る時、身体（全身）が徐々に拡がって行き、遂には無限に暢び拡がって、宛ら大虚《おおぞら》の中に解け込んだ如くになった。然し精神（霊魂）は判然として鎮魂石の正面に在った。言葉では此れ丈ではあるが、是の時の状態の気分爽快なる事、とても筆舌には述べ難い（中略）此の状態とは実に反対の現象をも体得している。それは、身体が徐々に縮《ちぢま》ってくる。其れがグッグッと云った具合に刻々縮るのだ。そして、次第次第にちぢまって、遂には全く身体が無くなって了った。そして、自分の霊魂だけが石の前に正確に留まっていた。この時の精神の爽やかさは、先に述べたと同様である。(37)

また、その稲葉翁の門弟であった佐藤隆氏の霊肉分離の体験を見ると、次のようである。

身体の周囲を清々しい風が颯々として吹き過ぎ、又吹き来るを覚えた。ハテナ！と思い、周囲を見渡すと（肉眼でなく、心眼でみた）、自分の霊魂のみが大虚に留まっている。然し鎮魂石は眼前に在る。下の方を見ると、遙か下方に自分の身体（肉体）の在るのを判然と認めた。(38)

さんざん苦心した末に体験した霊肉分離の境地であった。「自分の身体が遙か下方にあった」というのは、つまり、「世界を獲得した」ということであり、全生命活動が正しく本来の姿に回帰した証拠であり、塵《ちり》一つまでそこに戻ろうという願望を持っているのである。現代人は「肉体から精神が抜け出したら亡骸という言葉がある如く、肉体はカラッポになるのではないか」といった陳腐なヨーロッパ流機械論にスッカリ毒されており、本質への道筋を示すことができなくなっていることに気付かねばならない。

先の記述に続いて、佐藤氏は、

一度この境地を会得して以来、鎮魂の場合は勿論、その他の精神統一をとる場合に於ても、何日でも此の状態に楽に入る事が出来得る様になり、霊的活動に一段と飛躍を加えて来たのである。(39)

と述べ、また、

此の如く、鎮魂は『霊肉分離が出来得ることによって、始めて霊力が活発に運転活用が出来得るものである[40]』

とも述べている。鎮魂によりこの霊肉分離の境地を体得するまでが実は非常に大変なのであるが、しかしこれは先にも述べたが本田霊学修法者にとっては正神界を知るための第一歩なのであり、これが決して最終段階というものではない。本田翁によれば神界は一八一階級（無限の世界）があるといわれるが、その下から上は全く雲を摑むようであり、たとえ一段上であっても下からは全く分からない……というのが真実なのである。だから、たとえ上空に霊肉分離して霊魂が抜けたとしても、その奥にある光輝く白銀色の光の玉の世界（正神界）に入っていけなければ何にもならないわけであり、たとえ真幽界（神界）に入り得てもどこまでも上には上があるのである。「霊学は浄心を本となす」と言われる如く本田霊学は心の清らかさを重視しており、当初から「行」の目的を誤る者、例えば不思議や奇跡、あるいは霊的能力などを得ようとして修行する者らのほとんどすべてが正神界へではなく、神仙界や仏仙界などといった妖魅界に入っていく……というのが偽らざる実情なのである。

鎮魂のめざすところ

さて、先ほどは気休めに最新の量子力学理論を覗いてみたが、ここで再度「精神（魂）を鎮魂石に鎮める」ということの意味について考えてみよう。

精神と物質といったヨーロッパ的二項対立図式では一般に、物質は精神を疎外すると言われる。特に近代思想の中でカント以来「疎外」ということを言い、精神と身体（質量）をデカルト以来の手法に従い相互排他的な二分法で捉えるようになった。然るに、ある意味で精神を徹底的に研ぎ澄ましていくとこれが通常の精神だと思っているのとは別に精神があり、その次元では実は物と一つだという世界に到達できる。「精神と物質が一つである」と分かるためには、現在の貧弱な科学力でこれを機械的に証明しようとすれば、銀河系全体を質量加速器としても間に合わないような、ものすごい大機械が必要になろう。従って、現時点では「そうではないだろうか」

というほんの入口に立っているだけに過ぎない。鎮魂修法は、実はこの誰にも耐えられないほどのことを体験しようとしているのである。

現在の科学主義的な世界像の中では、自分の肉体が物質に属しているという世界像の中に、自分の（弛緩した）精神があると思い、その世界像に縛られて通常の意識レベルが成立している。そこでは個人の中に精神があって、その肉体に精神は縛られており、そこから出ることができないと諦めている。近代人の思想は、この諦めの上に成り立っているのである。もし、真に自由ということがあるとすれば、この「諦めからの自由」こそが真の自由なのであり、そういう意味では歴史を通じて大多数の人、特に近代人には残念ながら全く「自由」というものが存在していない。しかし、本来、物質と精神は不可分のものである。しかしながらまた、それは現象面即ち近代的な意識表象では「肉体から精神を自由に分離する」として表現されるだろう。そういう意味では、精神を肉体から分離する営為が「真の自由人になる」ということを指している。

このような視点から見れば、精神は物質と分離されていて、それ（肉体）に縛られているような存在ではないと言えよう。しかしながら、精神と肉体を分離して捉えるこの視点こそが誤謬の根源である。残念ながら、我々の通常の意識はこの妄想に強く縛られているのである。

物質の究極ということを考えてみよう。そこでは、光に象徴される絶対的なエネルギーの根源というものに行き当たる。例えば、光には時間も広がりも重さも存在しない。現象界では光速以上の速度は存在しないからである。それは実は全宇宙と一如のものであり、全宇宙と同じ重さで全宇宙史を内包し、しかもどの有限の時間にも空間にも現象として立ち現れる。実は塵一つですらすべての物質はこの本質を内包している。しかし現象世界という枠組みの中では、すべては有限という枷《かせ》（枠）の中に封じ込められている。すべての現象界に住む者は、質量は質量、波動は波動という枠の中で存在しているので、例えば生命体というものであれば、生命は生命、身体は身体という枠の中で生きざるを得ない。石は生命なき物、鳥は生命ある物、生命を失った鳥は石と同じであるという世界である。

しかし、石も実は生命体である。鳥も人間も実は非生命体である。物質が波動であると同時に、じつは質量でもあるという真実の視点に立った時に初めて、石は生命即非生命であり、人もまた生命即非生命であるとして、実は光と同じく全宇宙、全歴史そのものの中に立ち現れることが可能になる。この自由な魂の状態こそ、すべての存在、塵一つまでもが回帰を願う真の状態であるにもかかわらず、それを得るためには「全宇宙と一体となる」ことのできる無限の精神力を必要とする。これは選ばれた者にしか到達できない状態であって、通常の精神活動では決して到達できるものではない。

本田親徳翁の鎮魂法・帰神術はひとえにこの絶対的な精神的自由を体験するという、ある意味ではとんでもないことをめざしている大胆なものである。そこで示されている重要なことは、身体を持っている精神的存在としての人間による霊肉二分の世界観の超克である。

「精神を鎮魂石に鎮める」という表現を通して、実は「人間としての肉体のみに精神が存在する」という世界観が全否定される。人間としての存在自体が精神的存在という確固たる状況を確立すると、その肉体の中にしか精神が存在できないという桎梏から全存在が解放されて、肉体がありながらそのまま精神が自由を獲得する。つまり、今ここにいながら世界のあらゆる時間、あらゆる空間に自由に存在できるようになる。そこでは、それまで全くの非生命と思われていた物質が、つまり塵一つまでが、実は全宇宙の生命の体現者として立ち現れる。その時、全宇宙が無限の生命活動を行っていることが体現される次元に到達する。その次元では、実は「真空なぞ存在しない」と同時に、全宇宙といっても広がりも長さも、重さも存在しないという本質に至るのであり、それこそ「神の存在そのもの」である。存在と一如になる瞬間を指している。

鎮魂石の存在はその精神を研ぎ澄まし神界に入るための一つの結節点としての手段にすぎない。それはちょうど、物質が質量と波動の二面を持った一如の存在であることを知るために、巨大な質量加速器を必要としていることと同じ意味を持っている。

弛緩した精神では、この高次の精神を獲得することはできない。鎮魂石はいわば質量加速器と同じ機能を持つ、精神飛翔への重要な手段である。もちろん、この力を体得したものは、手段としての加速器が不要となることは言うまでもない。しかし、人類は「物質の本質」に到達しようとして、巨大な加速器を必要としているのと同じように、鎮魂石に関しても「鎮魂石への鎮魂」というこのような手段抜きに生命の本質に到達できると思うのは根本的な誤りである。本田翁や長澤、佐藤氏らが体得されたのはそのような「自由」であって、それゆえ、社会のどこにでも、いつの時代にでも存在できた。考えてみれば、それは奇跡や魔法といったまやかしではない。時間・空間を超越していつの時代、いずこの場所へでも行ける……これが本来の精神のあり方であり、生命というものはこれへの回帰を求めているけれども、そこから厳しく疎外されているのが現象世界なのである。これはごく一部の選ばれた人しか回帰できない厳しい道でもある。

大切なことがあって、本田翁や佐藤氏らが精神の自由を獲得して、例えば自分の身体を遙か上空（神界）から眺めたと言われた時に、この身体が抜け殻になって死んでいたというのでは決してなく、むしろ、身体も無限の生命力を発揮していたということを、これら師の言葉から読み取る必要がある。「自分の身体が下にあった」というのはつまり「世界を獲得した」ということであり、全生命活動が正しく本来の姿に回帰した証拠でもある。実は塵一つまでそこに戻ろうという願望を持っているのだ。「肉体から精神が抜け出したら、肉体は空っぽになるではないか」といった陳腐なヨーロッパ流機械論に現代人はあまりにも毒されているのである。

帰神ということを考えた時に、霊と肉という単純な二分法で考えては絶対にならない。「霊と肉が同時に無限に充実する」――このことを通してしか、神の世界に回帰できないのだということを本田翁らは語られている。その時、肉体も鎮魂石も無限の光に包まれているのだと考えられる。「修行する」ということの唯一の正しい方向は、この「神への回帰」を目指すことに他ならない。それは存在が存在の真の故郷《ふるさと》に回帰する喜びを表すものである。真の福利というものも、実はここにしかないのである。

蛇足ではあるが、次のことを付言しておこう。

光は現象世界では秒速三〇万キロメートルという有限の速さで動いていることになっているが、実際には光自体は走ってもいなければ、動いてもいないのである。光は質量がないのではない。実は宇宙と同じ重さであり、光の視点からは実は長さはない。当然、存在自体が全宇宙史なのである。従って、「神は光なり」といった比喩表現の奥にある構造については素人では理解できない。さらに、様々な複数の光が存在していて、世界に生命を増やす働きもしていれば、また、破壊し尽くすという働きもしている。間違った光に触れたら、例えばX線やγ線、放射線などの有害な光に触れたら消滅するしかないことを警告しておこう。神霊を見極める力も極めて大切であり、間違えれば身を滅することになる。

鎮魂修法中は物凄いエネルギー状態に身体が置かれるので、普通の人はこれに耐えられない。身体の側も充実して宇宙を束ねる。われの中に全宇宙がある。全宇宙に向かって開かれるのであるから、すべてを見、聞くのであり、世間で言うような「精神統一したら全く何にも聞こえない」とか「無感覚になる」などといったことは虚言である。

存在（光）は広がりのない世界であり、存在にとっては時間も空間もないと同時に全歴史、全空的広がりでもある。それを鎮魂法によって体感するのであるから、正しい師について修行することが肝要であると言えよう。

今日、神に通ずる自然の道が失われてしまったが、人は「霊止《ひと》」と言われる以上は神のみすえであり、人間は等しく神の分霊をいただいているのであるから、神に向かう心は神理（真理）であると言える。本田霊学鎮魂法は存在（始原・正神界＝究極的実在の世界）への回帰の唯一の手段であり、時空を超える神法である。自己の魂を鎮めて、その魂が霊性を発揮する、そのものが鎮魂力である。鎮魂はわが霊魂を統一した力によって奇しき偉大な霊的作用をなすものであるが、すでに述べたようにこれは自らが覚り、体得する以外にない。ちょっとした心の持ち方で世界、即ち周囲の状況がガラッと変わってしまうので、鎮魂修法者は心の持ち方の変化というか実験というか、常に工夫し、考えていくことが大切である。霊学は浄心を本と為すと言うが、修行中は悪しき念慮や想いを持ってはならない。想いというものは邪な心が働くと直ちに相応した妖魅界に通じて実現するからである。

著者の霊学の師である佐藤師は、鎮魂の極意について「鎮魂は覚りにあり、その覚りとは無である」といっておられたが、鎮魂の大切なところはこの「無」の境地の持続と統一の深さにある。鎮魂がいよいよ上達してくると神界との産霊の働きが生まれてきて、神界との一体感というか、雄大な気持ちが生まれ、神界と統合したような状態となる。こうなってくればしめたものである。神術上達の道は日々の弛まぬ努力はもちろんのことであるが、どこまでも浄心をもととしての熱意と真心、また神に対してどこまでも素直であることだといえよう。佐藤師はいつも「神道は宗教ではなく、信仰でもない。大自然の原理であり、宇宙の法則である」と言っておられたことを今、懐かしく思い出す。

帰神術 —— 神懸り・他感法

神懸りの法は帰神術（他感法ともいう）といい、従って「術《じゅつ》」とあるからには体験を積んで技《わざ》を練り鍛えていくしかない。これは霊《ひ》・力《りょく》・体《たい》の三原則に則る術であるから、神主は「体」の状態を良好にしておくことが大切になってくる。神懸り（他感法）は神界の御眷属が神主の「体」を使用するから、鎮魂以上に体が重要となる。本田霊学の帰神術は強いて言えば審神者主導型ということができ、従って神主は自然に任せ審神者に任せて「無」の境地を保つように努力し、あれこれ考えぬ方が修行の早道である。

この他感法で修した後の疲労感というものはこれまた大変なものであり、他感法独特の疲れと言ったらよいだろうか。これまた実際に体験した者でなければいかに言葉を尽くして話しても到底分からないことである。それ

神主・審神者、二員構成による他感法の例

ほどに終わったあとは芯から疲労困憊してしまう。まことの神霊と出会うということは例えて言えば核融合させるようなものであり、太陽を創るが如くとんでもないエネルギーがいる大変なことなのである。これと似て非なるものに核分裂があり、そこそこエネルギーを作るが、すごく害毒を撒き散らす。例えば世間で言う霊能者の如きものであり、一見すごく利益を生み出すようにあるが、これには決して近付いてはならないものである。エネルギーが出る点ではよく似ているが、本質的には全く異なるのであり、それを明確に区分し、見極める力が必要となってくる。それが審神者である。他感法（帰神術）においては審神者の魂と神主の魂とは空中（神界）で向き合っているわけで（いわゆる霊対霊なので）、上達してくれば「無声の声」というか霊対霊の交流によって意思の疎通が行われるため、強いて言えば帰神術には体はいらないということになる。ただ修行者が初期のうちは神霊が言葉を発せられるのに神主の体を使用するだけなのであるから。(41)

六　「本当の自分と出会う」ということの意味

本田親徳翁が遺した鎮魂法は、鎮魂修法者が自分の魂（「内なる他者」、実は「大いなる外」）を鎮魂石に鎮まる神霊に預ける（鎮魂の基本）ということであり、これが成就すればついには霊肉分離して自己の魂が神界出入自在の境地に至る。「自己の内なる他者」が「大いなる外なる私」としてハッキリと感得されるに至り、自己の霊魂の運転活動が自在になり、御許しある時は時間・空間を超絶した幽冥界の真実を探査する端緒ともなる。いってみれば、鎮魂は「真実の自分に出会う」ということでもあるのだ。

ここで、『日本書紀』巻第一、神代上（一書第六）の大己貴神の「国作り」の条を見ることにしよう。

自後、国の中に未だ成らざる所をば、大己貴神《おほあなむちのかみ》、獨能く巡り造る。遂に出雲国に到りて、乃ち興言《ことあげ》して曰はく、「夫れ葦原中国は、本より荒芒びたり。磐石草木に至及るまでに、咸に能く強暴る。然れども吾已に摧き伏せて、和順はずといふこと莫し」とのたまふ。遂に因りて言はく、「今此の国を理むるは、唯し吾一身のみなり。其れ吾と共に天下を理むべき者、蓋し有りや」とのたまふ。

時に、神しき光海に照して、忽然に浮び来る者有り。曰はく、「如し吾在らずは、汝何ぞ能く此の国を平けましや。吾が在るに由りての故に、汝其の大きに造る績を建つこと得たり」といふ。是の時に、大己貴神問ひて曰はく、「然らば汝は是誰ぞ」とのたまふ。對へて曰はく、「吾れは是汝が幸魂奇魂なり」といふ。大己貴神の曰はく、「唯然なり。廼ち知りぬ、汝は是吾が幸魂奇魂なり。今何処にか住まむと欲ふ」とのたまふ。對へて曰はく、「吾は日本国の三諸山に住まむと欲ふ」といふ。故、即ち宮を彼所に営りて、就きて居しまさしむ。此れ、大三輪の神なり[42]。

即ち、葦原中国に荒ぶる者たちを和順させた後、大己貴神は出雲の国に至りて言興《ことあげ》され、

「これから誰か自分と協力して一緒にこの天下を治めてくれる神はいないものか」

と憂い給うた。その時に、はからずも海面を照らしながら忽然として寄り来る「光り輝く存在」に出会うのである。その光り輝く存在は、

「もしも私がいなかったなら、あなたはこの国を平定することは叶わなかったのだ。私がいたからこそ、あなたは今こうして功績を立てることができたのではないか」

と言った。そこで大己貴神が、

「あなたは一体誰なのか?」

と問うと、

「私はあなたの幸魂奇魂である」

と答えた。つまり、その光り輝く存在は「私はあなただ!」と言ったわけである。大己貴神は直ちにそれが自分の幸魂奇魂であることを覚り、自分のたましひ(幸魂奇魂)に向かって、

「ではあなたはどこに住もうと思うか?」

と問うと、そのたましひは、

「私は三諸山に住もうと思う」

と答えたので、結局そのようにした……と記されているのである。

『日本書紀』のこの条の記述は、自己(大己貴神)の内なる他者が光り輝く存在として、つまり大いなる外なる私(本当の私)として立ち現れているのである。この記紀の「国作り」の段には「本当の自分」が外に開かれて実在するという、実相の持つ真相が実に明快に示されており、「私」という本質が実は私自身の中で決して自己完結してはいないのだということが分かるであろう。本田霊学的に言うならば「自己の霊魂の運転活用」が如実に示されている場面であると言えるのである。[43]

なお、この条では、大己貴神が自分の魂を身体の中府に鎮めたりしてはいないという点に留意すべきである。『古事記』では大己貴神が大国主神と表記されているが、内容においては『日本書紀』とほぼ同旨である。

折口信夫流に解釈するならば、ここで記されている「幸魂奇魂」が明らかに大己貴神のたましひ、即ち大己貴神の「遊離魂」であることは疑いのないところであろう。では一体、折口信夫はこの大己貴命の国作り神話をどう説明できるだろうか? もし、彼の言う如くであれば、大己貴命は生気なく死体として横たわっていないと話にならない。なぜならば、大己貴命の魂は外にあって、「お前の魂だ」と主張しているのである。しかし、大己

貴命は現に神として光り輝く存在として立ち現れており、死体として横たわっているなどとはどこにも書いていない。そして、何よりも、魂があるべき場所が大己貴命の身体の中などではなく、つまり神界に坐しているということが明記されている。本当の大己貴命は、実は神界に属している。そして、然るべき秩序にこの世が保たれた時に平和と繁栄が訪れる——となっている。これが事の本質なのであって、ここに西欧合理主義的機械論などが入る余地は微塵もない。

「本当の自分と出会う」ということの意味を問うことは、実は人が「なぜ、修行をするか」の意味を問うことでもある。「本当の自分が開かれて外にある」ということをどうやって知らしめるか？　自分はこんな人間だ……と大抵の人が最初から諦めているが、「私が私として完結している」というのは人間すべてが共有している妄想でしかない。「大いなる外」というもの、つまり目に見えない神の存在を受け入れる必要があり、本当の自分は無限に大きいのだということを知っておく必要があるのである。精神分析や深層心理学の駄目な点は所詮無意識という形で自分の身体の中に閉じこもっている点である。現代は全く西欧の近代科学合理主義的世界観にドップリ汚染されてしまっており、自分という本質がこの肉体の中に自己完結して閉ざされていると錯覚している。つまり、個として閉じてしまうということの間違いが全く分かっていないのである。

なぜ、人が修行することによって自己の霊魂が現象を自由自在に見晴らすことができるか？　愚かな人は「私の中の魂が抜け出て外にさ迷う」……と考える。先にも述べたが「亡骸《なきがら》」という言葉にもあるように、抜け殻となった身体は仮死状態となる……といった素朴な民間信仰があるが、この観念は浅薄な現象理解の上に成り立っており、全く本質とは無縁のものである。真の修行者は瞑想して世界の隅々を見渡している時、この身体は光り輝くほど充実しているのであって、決して仮死状態にはならない。否、もし人類が進化して精神力を測定する装置が開発されたとしたら、多分、その機械は圧倒的な力を受けて瞬時に消滅するほどのものであろう。なぜならその時、その人の身体は宇宙全体と同じ内容を秘めているからであり、この輝ける身体に存在するのが内なる他者であり、つまり神そのものなのだ。そしてそれ故にこそ、その人は宇宙全体に遍満・偏在できるのであり、無限の過去から無限の未来に至るまで、どの時間、どの空間にも同時に無限の場所にわが身（魂）を置くことができ、自分の掌《たなごころ》を見るが如くにすべてを知ることができるのである。

実はその私こそ「真の私」なのであり、私の本質なのである。真の私はかくして「外なる私」という本質を顕わにするのである。この話は本質的に語ることは難しく、修行を通して体験体得した者のみが知悉し得る最高の境地なのである。(44)

七　おわりに

巷では一九七〇年代までは社会主義系の科学主義が支配した時代であったが、一九八〇年頃から知的状況が変わり始め、科学という学問が根底から問われ始めた。流れ的にはアンチ社会主義の科学主義と言えるだろう。近代という思考形式すべてへの疑いのまなざしを向けるようになったのである。例えば、中世の暗黒時代などといった、従来の決まり切った見方は正しかったのか、今の方がよほど暗黒ではないのか……といった、もう一度歴史を見直すべきという視点であり、すでに古代や中世の見直しが始まっているのである。

神道では「神ながら」、「神のまにまに」ということばがあるが、「天意に任せる」ということは実は大変な勇気のいることである。あらゆる術に関わるものは天与のものであって、決して誰もができるというものでもない。創唱者型宗教の根本的欠陥はヒューマニズムから逃れられない点にあると言える。そこでは素直に真直ぐに神界に向かうのではなく、人間的利害が無限に入り込む余地を開けてしまっている。「人間の御都合」という、非常に矮小化された世界の中に、精神的世界を縮小させてしまっている。この構造が、せっかく神霊に向かいながら、世にあまたある他愛ない御利益信仰に堕落する原因となっている。

結果は何ら「魂の救済」に繋がらないのである。魂の救済の本来の意味は、現象界に浮遊している我々の心身共に存在界へと回帰すること以外にはないのである。

そういった意味で、ヒューマニズムに基づく創唱宗教などといったものは古代ギリシャの精神にも遙かに劣っており、私たちはそれらの宗教に穢される以前の状態に、信仰を戻す必要があるのである。

本章で取り上げた本田親徳翁は『古事記』や『日本書紀』、『古語拾遺』、『延喜式祝詞』など日本の多くの古典類をもととして古代に参入し、苦心惨憺の末に途絶えていた神霊に通ずる道を復興した古今唯一の人と言っても過言ではない。そもそも日本最古の文献とされる『古事記』は大宇宙の創造と生命誕生の幽玄な神秘を秘めた貴重な予言書であるが、その上巻に「神は隠り身である」と記されているように、神霊というものは私たちの五感で捉えられない存在である。それ故にそれ（神界）への回帰には厳格な「修行」が必要になってくるし、また、その修行にも乗り越えるべき幾多の厳しい段階があるのである。故に信仰の本質に生きようとする者はいつの世も爪上の土というか、それはごく限られた人だけであり、また厳しい試練に打ち克ち、真に幽冥に通ずる境地に達するものはほとんど皆無と言った方が真相であるといえる。

本田翁の著『難古事記』巻一の初めには、次のように述べている。

（一）神のため人のためにと吾が思い邪《よこしま》なくも歌う此の歌

此の歌は世の神学者流が幽事を現事とし、神を人とし、或いは幽を現とし現を幽とし、或いは現幽を混同し、或いは神魔を弁別せざる等より種々の異説を成し、各自邪説を唱えるのみならず、終いに儒仏を借り老荘を雇い、幽現の真説正に地に落ちんとするの勢いなるにより、天下の耳目を一新せんがために至愚を顧みず三百首を詠ずるなり。是を以て四方の君子詳対あらん事をしも祈る。(45)

神には正神も邪神もあることを知らず、幽事と現事の区別もつかず、神と人との区別すらつけられず、また神霊と直接する道も知らず、霊的知識に疎い当時の国学者たちのただ単に訓義のみの神典解釈に終始することの至らざるを本田翁が厳しく駁撃した書である。本田翁のこの切実な訴えは今日、神仕えする聖職者や神典研究者たちにあっても当て嵌まるものであり、己が過ぎ越し方を深く顧み、よくよく戒心すべきではなかろうか。

西洋近代科学合理主義にスッカリ浸り切った、現代のいわゆる悪しき西欧主義の申し子たちには、惟神《かんながら》と言っても、そんな者たちでは『古事記』や神道の真髄は到底理解できないし、また「日本」は決して分からない。彼らは個人が実体として閉じている（個人実体論）という固定的な観念から一歩も抜け出していないところが大問題であり、これでは永遠に真実というものは分からないのである。

結論を述べよう。

ヒューマニズム、理性主義、民主主義……、こういった空疎な言葉に近代社会は人々の幸福と平和とを期待してきた。然るに歴史が如実に物語るように、不安と猜疑と焦燥感の肥大のみが顕わになってきている。もはや抜本的な世界観の転換が迫られているのである。その時、真に自然に根差した心身のあり方が真摯に問い直されなければならない。今こそ神道の本質を問い直すべき時なのである。もはや伝統文化とか日本古来の個別的な風習などといった無責任な価値付けをしているような時ではない。この母なる地球そのものが滅亡の危機に瀕しているのである。その根源的な元凶こそは、いわずと知れた人間の我欲に発する御都合主義的なヒューマニズム以外の何者でもない。この状況に真っ向から対峙できる力を持っているのが本章に述べた真実の神道なのである。人類の平和と繁栄はこの点をおいて他にはない。神道こそが世界に真の平和を齎《もたら》すものである。

【注】

（1）佐伯恵達『廃仏毀釈百年 ―― 虐げられつづけた仏たち』（鉱脈社、平成一六年八月）一三一〜一三三頁、また、二五二〜二九一頁参照。佐伯氏は平田篤胤について「彼は学者ではなく、復古神道という信仰宗教の教祖だった」（五七頁）と手厳しく批判し、また明治政府が行った「神仏判然令は、寺院内にあった仏社を無理押しと暴力によって破棄して、新たに神社を作るための令であり、寺院破壊ののろしであった」（一三七頁）という。

（2）小川原正道『大教院の研究 ── 明治初期宗教行政の展開と挫折』（慶應義塾大学出版会、平成一六年八月）参照。

（3）戸松慶議「明治維新と神道」（『天皇論 ── 日本固有の道』綜合文化協会、昭和五三年一月）二六一～八三頁を参照。同書二八二頁には皇典講究所の設立に際しては御長男である「有栖川熾仁《たるひと》親王を総裁として」とあったが、財団法人大阪國學院・資料中の「令旨」（告諭）に従って、御尊父である「有栖川幟仁《たかひと》親王」と記させていただいた。

（4）葦津珍彦「古神道と近世国学神道」（『神国の民の心』島津書房、昭和六一年一一月）二七～二八頁。

（5）マックス・ウェーバー著、梶山力・大塚久雄訳『プロテスタンティズムの倫理と資本主義の精神』上・下、岩波書店、昭和五一年八月。大塚久雄訳『プロテスタンティズムの倫理と資本主義の精神』（岩波書店、昭和六三年四月）参照。

（6）葦津珍彦、前掲書、二九～三〇頁。

（7）同右書、三〇～三一頁。

（8）E・トレルチ著、高野・帆苅共訳『古代キリスト教の社会教説』（教文館、平成一一年二月）などを参照されたい。

（9）堀米庸三『正統と異端 ── ヨーロッパ精神の底流』（中公新書、昭和三九年一二月）参照。

（10）同右書、四〇～四一頁。

（11）拙稿「古代の鎮魂祭」（『鎮魂祭の研究』名著出版、平成六年一一月）一三八頁。

（12）岩崎武雄『カント「純粋理性批判」の研究』（勁草書房、一九七五年一二月）、原佑訳『純粋理性批判』上（『カント全集』第四巻、理想社、昭和六三年六月）、原佑訳『純粋理性批判』下（『カント全集』第六巻、理想社、昭和六二年七月）、深作守文訳『実践理性批判』（『カント全集』第七巻、理想社、昭和五九年一一月）参照。

（13）エマニエル・スウェーデンボルグ（一六八八～一七七二）はストックホルムに聖職者の次男として生まれた。ウプサラ大学卒業。一八世紀、北欧スウェーデンの神学者で、科学者、また鉱山技師。彼は物理的な研究では「霊魂」を見つけることはできないことを覚る。霊界見聞者として著名。著書には『生物界の構造』、『霊界日記』、『天界の秘儀』、『真のキリスト教』など多数。

カントは健全な理性主義に立って、数多くの霊界不思議譚や心霊現象などといったものには決して心を動かされることはなかったが、スウェーデンボルグには大変な興味を示しており、知人や友人に彼の調査を依頼したり、また自らスウェーデンボルグに問い合わせたりしている。だが、カントは「人間の霊がいかにしてこの世から出て行くか」、「霊がどのようにして入ってくるか」、「どのようにして霊がこの世に現在しているか」などについては自ら無智であることを表明しておりながら、スウェーデンボルグの如き「視霊者の夢」などは「理性の一滴をも含まざるもの」として排しており、スウェーデンボルグの『神秘な天体』（全八巻）を「あらゆる夢想家中の最も悪しき夢想家の粗野な幻想」と決め付けた。カントは結局、スウェーデンボルグの霊界物語に内在的に共感的理解を示すことは決してなかったのである。このカントの『視霊者の夢』（一七六六年）に対して、彼の思想の曖昧性（二義性）あるいは「理性の不安」が表れている……と述べ、かつスウェーデンボルグの業績に対して「私たちはこれを、単なる迷妄として斥けることができるであろうか」、また鈴木大拙師のスウェーデンボルグに対する頌辞との間には「何と雲泥の差が存することであろう」と主張したのは武藤一雄氏である（武藤一雄「カントの宗教論について」〔『神学的・宗教哲学的論集』Ⅱ、創文社、昭和六一年四月〕二五～五二頁）。同書「キリスト教における死生観」Ⅲ、二二～二七頁を参照。また、坂部恵『理性の不安 ── カント哲学の生成と構造』（勁草書房、平成一三年五月）七五～一三五頁を参照されたい。

(14) 葦津珍彦、前掲書、三三～三四頁。
(15) 本田翁の略歴については拙稿「現代の鎮魂」（『古神道の秘儀』第一部第四章、海鳥社、平成五年三月）一三七～四一頁を参照されたい。
(16) 倉野憲司・武田祐吉校注、日本古典文学大系1『古事記祝詞』岩波書店、昭和五四年三月、一七九～八一頁。
(17) 同右書、八三頁。
(18) 坂本太郎・井上光貞ほか校注、日本古典文学大系67『日本書紀』上、巻第五、岩波書店、昭和五九年一一月、二三八～四一頁。
(19) 同右書、二七〇～七一頁。

(20) 同右書、二七〇〜七一頁。
(21) 同右書、三二六〜二七頁。
(22) 同右書、三四二〜四三頁。
(23) 同右書、三四四〜四五頁。
(24) 同右書、三五四〜五五頁。
(25) 同右書、四二六〜二七頁。
(26) 同右書、五二四〜二五頁。
(27) 長澤雄楯『惟神』(昭和元年、大本教事件に関して大審院の委嘱を受けて鑑定書を起草し、昭和二年に提出したが、その一部を長澤門下生の研修のためにタイプ刷りしたもの。月見里神社)二五頁。
(28) 本田親徳『難古事記』巻六(鈴木重道編『本田親徳全集』山雅房、昭和五一年六月)二二四頁。
(29) 長澤雄楯『神社人異色鑑』(『創立四十周年記念叢書』第三編)一九〇〜九一頁。
(30) 長澤雄楯『惟神』前掲書、二五頁。
(31) 拙稿「現代の鎮魂」(前掲書)一四〇〜四一頁参照。
(32) 本田親徳『神傳秘書』(『秘書』)。『神傳秘書』(巻物)は本田親徳翁が其の門人に印可の印として伝承した皇法と霊学(鎮魂法・帰神術)の奥義である。筆者は静岡県藤枝の佐藤隆(卿彦)氏に就いて七年間にわたって本田霊学(皇法・霊学)の指導を受けた。筆者は佐藤師より昭和五五年二月に『神傳秘書』の書写を命ぜられ、これを所持している。師の佐藤隆(卿彦)氏は最初は白髯神社の稲葉大美津氏に師事し、そこで本田霊学の大凡を修得した後、さらに稲葉氏の師匠である月見里神社の長澤雄楯翁にも指導を受けた。筆者が所持する『神傳秘書』は佐藤師がこの長澤雄楯翁から受けたところの印可である。
(33) 同右書。
(34) 同右書。
(35) 鈴木重道編『本田親徳全集』山雅房、昭和五一年六月、三七一〜七二頁。本書第二部第四章「鎮魂の法──神性発揮の道」参照。

(36) 今野健一『死後の世界をつきとめた量子力学』（平成八年六月、徳間書店）、佐藤文隆『物理学の世紀 ── アインシュタインの夢は報われるか』（集英社新書、平成一二年二月）、池内了『物理学と神』（集英社新書、平成一六年六月）参照。

(37) 佐藤卿彦述、高窪良誠編輯『古法式鎮魂法・帰神術の神法』顕神本会、昭和三九年五月、三四〜三六頁。

稲葉大美津翁は名を大三といい、明治七年一〇月二〇日に静岡県清水市港町に生まれた。明治二三年六月に東京郵便電信学校を卒業し、郵便電信書記として活躍した後、大正二年六月に関東都督府を依願退職して長澤雄楯翁の門下となり、大正五年には神職を拝命し、清水市入江町の武内宿禰命を御主神として祀る白髭神社の社司となる。霊術に関して優れた能力を発揮した。

(38) 同右書、三五頁。

(39) 同右書、三五〜三六頁。

(40) 同右書、三六頁。

(41) 本書第二部第四章「鎮魂の法 ── 神性発揮の道」、また拙著『古神道の秘儀』（前掲書）、あるいは拙著『日本神道の秘儀 ── 日本精神文化の根底にあるもの』（名著出版、平成一五年一一月）などを参照されたい。

(42)『日本書紀』上、巻第八、一二九〜一三〇頁。

(43)・(44) 本書第二部第一章「死者からのまなざしと鎮魂」を参照されたい。

(45) 本田親徳『難古事記』巻六（鈴木重道編『本田親徳全集』山雅房、昭和五一年六月）九五頁。

※　本論を書き上げた平成二〇年一月元旦の朝、「神功」という墨字と共に「神事《かみごと》既《すで》に畢《おえ》て、神言《しんごん》ここに窮《きわま》る」という意味深長なる御神教（神感法による）を賜り、筆者自身が神界より賜ったある一つの役目（御神業・使命）を一段階達成して人生の節目を迎えたことを覚った。いつもながらの短期間でのやっつけ仕事であったが、今回の論文脱稿に関しては何かしら格別の思いに駆られる。佐藤卿彦師は生前「あなたにはこの鎮魂法・帰神術についてこうであると

ハッキリ主張してもらいたい！」と繰り返し仰っておられたが、その師より託された大事の一端を今果たし得た……という安堵からであろう。

第六章　「産土神《うぶすなのかみ》」考――「日本」とは何か

一　はじめに

真に日本的なものとは何か、神仕えするとは一体何かが本章のテーマである。神霊を正しく祭るとは一体どういうことなのか、神主の役目の重さなどの諸問題について、神道信仰それも氏神という視点から記紀などの古典をもとに考察してみたいのであり、特に日本の神と人との関係（氏神信仰の原型）は人為的に作られた中国的な祖廟信仰とは全く異なり、集落共同体に和合をもたらすものであったということを明らかにしたい。隣国の中国や韓国の社稷は身内同士であるが、もしも日本の神祇信仰が氏神でなく姓神《かばねかみ》であったとしたら、つまり中国儒教的な身内のものであったとしたら、それはあくまで人の側の利害を反映して人為的に作られた中国的な祖廟神になっていただろう。それは和合をもたらすのではなく、血縁外の者を武力で制圧するという対立を生み出すことになる。一つの集落でさえ血縁集団ごとに高い城壁を築いて防衛するという景観を日本に生み出したであろう。これを防ぐことができたのは大王時代から脈々と続くスメラミコトによる日本的な神と人との関係が存在したからに他ならない。

この研究の出発に当たっては、厳格な国語学的な考証を踏まえて、その限界を見据えた上で本質を探究するという点を前もって提示しておく。「産土《うぶすな》」の語がかなり後になって出てくることは言語学上も明らかであるが、このことばが生み出されてくる背後にある原型としての神と人との関係を、その源流の一つと考えられる「氏神」という言葉を分析することを通して考察しようとするのが本章の目的である。

さて本来、日本における神と人との本来あるべき姿というのはどのようなものであったのだろうか。記紀などの古典を紐解けば、例えば神武紀や仲哀・神功皇后紀にも見られる如く、古代に遡るほど神と人との関係性が非常に密接不可分のものであり、国家的一大事に関しては必ず神を祈請して神教を乞い、また求めずしての神懸りがあってその危難を克服した事例が数多く存することが知られる。[1]

即ち、神と人との関係はまさに親子の関係の如く、影の形に添うように常に見守り給い守護し給うているのである。そこには日本における「神と人との関係性」の原型が示されている。そもそも、こうした神と人とのあり方こそが神道の本質であるということを私たちは見失ってはなるまい。

記紀時代よりも遥かに時代は下るが、幕末・明治の神道学者であり霊学者としても名高い本田親徳《ちかあつ》[2]翁がその晩年、明治一八年五月（六一歳）頃に書き表わした『産土百首』があり、今その中からいくつかを列挙してみよう（歌の下に入れたカッコの中の数字は百首中の通し番号である）。

・産土《うぶすな》に　生まれ出《いで》つつ　産土に　帰るこの身と　知らずやも人　（一）
・産土の　神像《みかた》よく見よ　金も木も　土も水火も　其の中に有り　（三三）
・音に聞き　眼に見る物ら　悉に　産土神の　神身《みみ》にこそあれ　（三四）
・産土の　神不在《いまさざ》る　地《ところ》なし　烏《からす》鳴かざる　里は有りとも　（三五）
・産土の　神の御名をし　人問はば　国津御魂の　御子と答へむ　（四二）
・産土の　神不在《いまさず》ば　吾が霊《たま》を　神府《かみのみかど》に　誰か送らむ　（五一）
・霊魂《たましひ》の　道の行く末は　産土の　神の宮辺ぞ　初めなりける　（七六）
・家居無き　野の末　山の奥山も　産土の神　不在《いまさぬ》はなし　（八五）[3]

この『産土百首』中の歌にはどの歌も神と人との隔てなき密接な関係が読み取れる。本田翁が確立した霊学の根本は一言でいえば産土信仰であると言っても過言ではない。そしてまた、この本田翁の『産土百首』とその内容において大変酷似する神歌が昭和の時代に存在した。牟田耕蔵著『御神歌集』である。その中からほんの数首を見てみよう。

・みどり子が　母の手により　抱かれる　その有様じゃ　神と人とは（二〇五）
・踏む土も　流るる水も　神の国　神の姿と　先ずおろがめよ（四一三）
・此の土は　神のみ業《わざ》の　み土なり　氏子汚すな　心して踏め（四一四）
・草も木も　流るる水も　行く雲も　神の息吹の　かからぬはなし（七二二）

この御神歌中に「氏子」と見えるが、これは決して単純な身内（血縁）というものではなく、牟田氏が住吉大神の霊統であることを示すものである。この『御神歌集』は次のような経緯で世に出された。福岡で旅館業を営んでおられた牟田耕蔵氏（明治二七年一月一〇日生まれ）が五三、四歳の頃、自宅神前で夫婦して祈念中に突如として住吉大神の眷属神である大山彦神と浦安の神二神の神懸りがあり、次の如き神諭があったという。

・吾れこそは本朝第一代神武の帝《みかど》、大やまといわれ彦の尊を守護奉りし大山彦の神なり。
・吾れこそは神武の帝の二の妃《きさき》みみつやの姫を守護し奉りし浦安の神なり。大わだつみの神のもとより出づ。大山彦の神と共に住吉《すみのへ》の大神のみもとに在り。
・ここに住吉の大神の御旨《みむね》をかしこみ、この乱れたる世を救はむと現れたり。先ずここにあるじの身体を引き取り、神の悲願を伝へさす。

それ以来、約二〇年間（昭和二一年三月二一日～昭和四一年一二月六日まで）にわたって直接、神々より授かった神教（全二二七六首）を年代順に一冊にまとめたものが『御神歌集』である。(4)

本章の問題提起として、ここに取り上げ例示した『産土百首』と『御神歌集』は、それぞれ生きた時代は異なるものの、どちらも幕末・明治の動乱期に、また終戦直後の動乱期に神霊と直接し神意を体した特異な二人の人物が期せずして日本国民に向かって発信したものであるが、そこに見られる神と人との関係がまさに「母親と嬰児《みどりご》」（親と子）との関係として一貫して語られている点はとても重要であり、留意すべきである。

造物主と被造物といった西欧一神教世界の神と人とが断絶した関係とは全く異なり、この二種の御神歌には記紀などに見られる古代以来の日本人の神と人との密接な関係というか、神と人との有様について同じ構造が現れているのであり、これこそが日本における神と人との関係の本来的な有様であり、また、あるべき姿であったと考えるのである。

今日、正月の初詣でや初宮参り、七五三、結婚式など、住まいする「地域の神々」に感謝や祈願、また御祓いなどをしてもらうのであるが、土地の神は「氏神」あるいは「産土神」、「鎮守の神」などとも称されるように、それらの源は全く不明なままに同じものとして混同し理解されている。それらの相違を明らかにするためには記紀や『風土記』、『新撰姓氏録』[5]など八～九世紀に編纂された文献史料をもととして歴史的経緯を追って見なければならないが、それらの語は各々出自を異にしており、しかも社会システム即ち大王《おおきみ》から天皇へ移行する際の王制の権力構造や氏姓制度、妻訪い婚（家族制度）など、それは古代の王権形成や親族構造とも密接に関わっており、従って一筋縄では行きそうになく、かなり手ごわいテーマであるということが直ちに分かってくる。

親族構造の研究に画期的な視点を提供したのはレヴィ＝ストロウスであった。彼は『構造人類学』[6]において「家族《ファミリー》は人間社会にとって、決して独立変数ではなく、従属変数に過ぎない」と主張し、親族の基本構造モデルを提唱した。「家族という関係、即ち夫と妻が同居し、子供が夫に属する」という西ヨーロッパ型の生活形態が実は関係の一つの可能性に過ぎない、ということを明らかにした。Family といってもそれは人間関係の一部の関係枠組みにしか過ぎず、基本構造全体との関係で意味内容は大きく変わるのである。この視点は古代日本社会を理解する上に極めて重要であり、その視点からもそもそもFamily普遍実体説は誤っていよう。

妻訪い婚が基本であった古代人の性倫理一つを取り上げても、近代という生活スタイルにどっぷり浸かり切った者が現在からの延長上で見ようとしてもそれはとても同じ日本人とは思えず、全く理解できないことであろうし、また、そもそも社会構造が全く異なっているのである。

従って、産土神や氏神などといった古代から展開されてきた土地の神や氏の神の信仰について考察する場合もレヴィ＝ストロウスが心掛けたように、それぞれ具体的個性を持った異文化としてそれを位置付け構造分析していくという視点が必要である。

例えば、「私とはいかなるものか」ということを考える時に「私」から遡っていくと、同じ母から生まれた兄弟姉妹の中の私と、父の子としての私という、大きく二つのタイプの「私」があることに気が付くだろう。本章で取り扱う氏神や産土神は神道信仰の根底をなす本質的な大きな課題の一つであり、それを明らかにするためには大王や天皇体制、聖性の継承に関しての記紀など古典に基づく知識や、また氏《うぢ》や姓《かばね》、産土などの語に関する国語学的見地からの厳密な考察が必要になるが、注意すべきは古代の氏というものと現代のfamilyの訳語としての家族とは全く異なるものであり、この点をシッカリ捉えておかないと全く理解を誤ってしまう恐れがあるということである。国家といってもそれは近代的意味におけるStateの翻訳語としての国家《ステイト》とは全く異質な意味内容を持っており、また天皇《すめらみこと》は決して西欧型の国王や中国の皇帝ではなく、血縁といった概念もまた同様である。

本章でいう「血縁」は日本古代の氏族連合合議体制を基本とする大王時代に同じ母から生まれた兄弟姉妹たちが共同で神祭りを行い、土地や狩猟場を防衛する血縁集団におけるそうした意味での血縁なのであって、今日の私たちが知っている血縁というものとはかなりの差があるので、これを現代の家族の延長で見ると全く分からなくなるであろう。それはまた中国や韓国の親族とも全く別物なのである。

二　古典に見るトポスとしての土地――神気に満たされた場

聖なる地を「聖地」と称したりするが、大地の生命力を司る地母神（mother goddess）信仰は人類史上最古でもっとも普遍的な宗教活動の一つであり、世界的に見られるものである。[7] また、土地神信仰は例えば中国やエジプト、アフリカなどにあり、ローマには土地神の一つとしての都市神信仰があった。「母なる大地」という言葉があるように、土は生きたものとして、あらゆる生命あるものを生み出すとされ、人間も土から生まれ、土に還るとされる。

本項では記紀など古典より日本における土地の聖性についていくつかの事例を挙げて見ていくことにしたい。『古事記』序文（第一段）に「乾坤初めて分れて、参神造化の首《はじめ》と作《な》り、陰陽斯《ここ》に開けて、二霊群品の祖《おや》と為りき」[8]と記すように、天津神の命による国生み・神生みにより、伊邪那岐命・伊邪那美命二神は万物の祖となったというのである。

（一）『古事記』上巻の大八島生成の条には次のように記されている。

如此《かく》言ひ竟《を》へて御合《みあひ》して、生める子は、淡道之穂之狭別《あはぢのほのさわけの》島。次に伊豫之二名島《いよのふたなのしま》を生みき。此の島は、身一つにして面《おも》四つ有り。面毎に名有り。故《かれ》、伊豫国は愛比賣《えひめ》と謂ひ、讃岐《さぬきの》国は飯依比古《いいよりひこ》と謂ひ、粟国《あはのくに》は大《おほ》宜都比賣《げつひめ》と謂ひ、土左《とさの》国は建依別《たけよりわけ》と謂ふ。次に隠伎之三子《おきのみつごの》島を生みき。亦の名は天之忍許呂別《あめのおしころわけ》。次に筑紫《つくしの》島を生みき。此の島も亦、身一つにして面四つ有り。故、筑紫《つくしの》国は白日別《しらひわけ》と謂ひ、豊国《とよのくに》は豊日別と謂ひ、肥《ひの》国は建日向日豊久士比泥別《たけひむかひとよくじひねわけ》と謂ひ、熊曾《くまその》国は建日別《たけひわけ》と謂ふ。次に壱伎《いきの》島を生みき。亦の名は天比登都柱《あめひとつばしら》と謂ふ。次に津島を生みき。亦の名は天之狭手依比賣《あめのさでよりひめ》と謂ふ。次に佐度島を生みき。次に大倭豊秋津島《おほやまととよあきづしま》を生みき。亦の名は天御虚空豊秋津根別《あまつみそらとよあきづねわけ》と謂ふ。故、此の八島を生めるに因りて、大八島国と謂ふ。[9]（以下略）

これによれば、例えば壱岐・対馬は単に壱岐・対馬なのではなく、それぞれ天比登都柱《あめひとつばしら》・天之狭手依比賣《あめのさでよりひめ》という神名を持つ神霊なのであり、このように国生みに際して各島にはそれぞれ名付け（神名）がなされ、聖性が付与されているという点は重要である。

この記紀の国生み神話はこの日本列島に神々が満ち満ちているということを如実に伝えているのであり、即ちこの大地は聖なるものであって、ただ単に石ころや砂などの集まりではないことは記紀の国生み・島生み神話によっても明らかである。それは神聖なるもの、崇高なもの、神霊そのものと解すべきなのである。国生みの「生む」とは人が人を生むのではなく、イザナギ・イザナミの霊《ひ》と体《み》の二気の交合によって神霊の気が形を現すことばなのである。本来、人間が居住するようになるずっと以前からその地に鎮まり坐して、その地を領《うしは》ぎ管掌する神霊が厳在しており、伊邪那岐・伊邪那美二神の「国生み」神話はまさにそのことを語り伝えているのである。

そもそも人間は自然の一部であり、土の一部でしかない。然るに近代科学合理主義にドップリ浸り切った者にはこの聖なる国をただ単に政治的領土あるいは行政区画単位の集合としか、あるいはまた単に売買の対象としての「物件」としか考えられなくなってしまったのである。

幕末・明治の神道学者本田親徳は、その著『産土神徳講義』（上）で、次のように述べている。

> 大倭豊秋津根別と云ふ国魂の所食す山陰山陽東海東山北陸南海等の諸国は、国名は別れたれ共長州下関より奥州迄一と続にて、一国の国御魂みな此の神の分魂分体にましまして、亦各郡各村の産土神は又其の小分子に坐まして、其地の度数と其の地の地質とに随て、種々変化あるに依り、其程々に随ひ守り幸給ふ故に、五穀の其地に応するも各村各里みな各々よしあしの変化あるなり[10]。

本田翁によれば、下関より青森までの一続きの区域は大倭豊秋津根別という大国魂の神の体であり、その中の各国々はすべてこの神の分魂・分体であり、大国魂－国魂－産土神という構成になっているというのである。そしてまた、産土神については次のように述べている。

さて其の各町各村苟も人民在る所々、産土の神社あらざるなし。是人間過去現在未来の保護を受けて千萬世に至りて、其の子孫の恩頼を受くる神霊なれば、必ず之を尊崇せざるべからず。霊魂上に於ては固より凡夫の容易く知り得難き事柄なる故に即ち今置て論ぜず。眼前に老若男女の日々に目撃する所を以て之を云はんに、其の遠祖のよりして其の土を踏み其の水を飲み、其の地の五穀を食ひ、其の地上に家居し、其の竹木を用ひ、其の金石其の珠玉、其の布帛、其の言語、其の里風、其の気候、其の風景、其の器械、其の秣《まぐさ》、其の魚鳥、其の海藻野菜、其の大気、其の雨露云々を、朝夕資用する物品悉く産土神の恵みにあらざるなし。(11)

即ち、産土神は国魂の神ともいい、この大地と幽冥を主宰し給う大国主神に仕えて各村里、その地の一切万象を守護管掌し給う大神なのであり、また、人の生死、山川草木、その地一切の万象の生命を主宰し給う神でもあると本田翁はいうのである。産土神はいわゆる血統的な祖先ではないということ、そして、産土神信仰は決して人間の側からの作為ではなく、強いて言えば神定というより他にないものである。

この日本列島の津々浦々、いかなる寒村僻地であれ、また大小の島々であろうとも、規模の差こそあれ、どこにおいても遠い昔から一定の社《やしろ》が設けられ、その地を領ぐ神々が永々として祀られてきたということを知らねばならない。産土神は本来、決してその地に人が居住するようになってから発生したものでもなければ、人間が他所から担《にな》いきたって祭祀するようになったというが如き神でもないのである。

神霊を感得することのできない、スッカリ感性が麻痺し切った現代人は、何においても神よりも人が先としか考えられず、国生み神話などは無知な古代人たちが単に土地を神格化したに過ぎない荒唐無稽なおとぎ話としか考え及ばなくなってしまったのである。

すでに述べたように、本来、この大地（土地）というものは単なる「物質・物体・物」（material, a thing）でもなければ、行政区画でいう「何丁目何番地」といった単なる区域・地区（district）でもない。社会の「社」とはその漢字の成り立ちからも分かるように、本来「土地の神」の意であり、即ち、土地の神を中心として生活を営む場をこそ「社会」と言うのである。神社はただ単に建物なのではなく、自分たちが生きている生命《いのち》の源としての場《トポス》であり、決して抽象的な観念などではないのである。

国生み神話が語り伝えているように、この大地（土地）はイザナギ・イザナミ二神が生み給うたところの神の生命に満ち満ちた神聖なものであり、それはまざまざと生きて活動しているものなのである。そして、心清らかな古代人はそこに神霊が実在することを幽観していたからこそ、神々の祭祀を怠らなかった。

従って、「昔の手振り」を神習い、私たちが一定の土地を購入してそこに家屋を建設し生業を営み、あるいは住まいし暮らす場合にも、当該土地を領ぐ神霊に対して御許可をいただき、また末永い無事・平穏を祈願するために今日においても「地鎮祭《じちんさい》」（とこしづめのまつり）の神事を行っているのである。土地にはその土地を領ぐ神霊が鎮まっておられるのであり、土地は即ち神霊そのもの＝神霊の御身体といってもよい。だから、人間が一定の土地を領有支配するためにはどうしてもその土地の神の許可をいただくことが絶対条件となるのであり、そのために土地の神霊との密接な繋がりを持とうとするのである。

こうした、以前にはごく「当たり前」、「当然のこと」とされていたことが今日、現代人には全く分からなくなってしまったのである。

この「土地《トポス》」への認識を深めるために古典から次の事例を見てみよう。

（二）『日本書紀』巻第三、神武天皇即位前紀には、神武天皇がまつろわぬ八十梟師《やそたける》にてこずり、神教を請うて自ら祈《うけ》ひ寝された時に、夢に天神《あまつかみ》が顕われて訓《おし》えるには「天香山《あまのかぐやま》の社《やしろ》の中の土《はに》を取りて、天平瓮《あまのひらか》八十枚《やそち》を造り、併せて厳瓮《いつへ》を造りて、天神地祇《あまつやしろくにつやしろ》を敬《いやま》ひ祭れ。亦厳呪《いつのかしり》をせよ。如此《かくのごとく》せば、虜《あたおの》自づからに平《む》き伏《したが》ひなむ」といわれた。夢から覚めた後に弟猾《おとうかし》がこの夢告げと同旨のことを奏したので、これは吉兆であると感じて、椎根津彦《しいねつひこ》と弟猾《おとうかし》をして弊《いや》しき衣服や蓑笠を著《き》せて老父《おきな》と老嫗《おみな》に変装させ、敵陣に分け入らせて密かに天香山の嶺《いただき》の土《はにつち》を取って来させた。そしてその土で八十平瓮《やそひらか》と天手抉《あめのたくじり》八十枚《やそち》、厳瓮《いつへ》を造作《つく》り、丹生《にぶ》の川上に陟《のぼ》り、それを用いて天神地祇を祭《いはひまつ》り給い、顕斎《うつしいわい》を執行し、ついに皇師《みいくさ》、長髄彦《ながすねひこ》らを撃つに至った――ということが記されている(12)。

この事例からも分かるように、その土地を領有支配するためには、まずもってその土地を領《うしは》ぐところの神霊の御許可が必要なのであり、従ってどうしてもその土地の「埴《はに》」（土）を命がけで自らの手にする必要があったのである(13)。

この聖なる「土」の事例についてもう一例、見てみよう。

（三）崇神天皇紀一〇年九月条に、大彦命が和珥坂の辺に至った時に、一人の少女が「天皇の命を狙っている者がいる」と歌詠みしたので怪しんだ大彦命が「どういう意味か」と問うたが、少女はそれには答えずに再度歌詠みして忽然と見えなくなった。この不吉な出来事を聞いた天皇の姑《みをば》倭迹迹日百襲姫命は、

「是《これ》、武埴安彦が謀反《みかどかたぶ》けむとする表《しるし》ならむ。吾聞く、武埴安彦が妻吾田媛、密に来りて、倭《やまと》の香山《かぐやま》の土《はに》を取りて、領巾《ひれ》の頭《はし》に裹《つつ》みて祈みて曰さく、『是、倭國《やまとのくに》の物實《ものしろ》』とまうして、則《すなは》ち反《かへ》りぬ。是を以て、事有らむと知りぬ。早《すみやか》に図るに非ずは、必ず後《おく》れなむ」

と天皇に申し上げた。未だ幾時《いくばく》も経ずして武埴安彦と妻吾田媛が謀反を興して攻め込んで来たことは言うまでもない(14)。

この条の「倭《やまと》の香山《かぐやま》の土《はに》」は単なる土なのではなく、「倭國《やまとのくに》の物實《ものしろ》」と記す如く、まさに倭国を象徴する物實《ものざね》即ち倭国の身体そのものなのであった。この段について書紀頭注は「香具山の土は、それで天《あめの》八《や》十《そ》平瓮《ひらか》を作って天神地祇を祭るに使う。従ってそれを盗み取ることは、倭の国を盗み取ることになる」のだと記している。倭迹迹日百襲姫命は「聡明《さと》く叡智《さか》しくして、能《よ》く未然《ゆくさきのこと》を識《し》りたまへり」と記す如く、神明に通じ、未来のことに明るい、優れて巫女的女性だったのである。

以上の古典の事例から見ても、私たちが生まれ住むこの国、郷土、この大地（土地）は単なる「物」ではないということは明白であろう。この世界は塵一つまでも神々の生命の息吹きに満ち満ちており、顕に幽に神々の組

織あり統一あり調和ある生命体なのである。そして、私たち人間は自然の一部なのであり、この大自然の懐に抱かれ、神々の恵みによって生かされて生きる存在なのである。今日、この最も大切な「生命の根源」（大自然や神）への畏敬の心を喪失し、自らその繋がりを断ち切ってしまった。

（四）『日本書紀』巻第三〇、持統天皇五年の甲子に「使者を遣《まだ》して新益京《しんやくのみやこ》を鎮め祭らしむ(15)」とあり、新益京とは藤原京のことであるが、遷都の際にも倭大国魂神に奉告し、地鎮祭《とこしずめのまつり》が行われたことが分かる。また、遣唐使の安全をもこの神に祈願している。

地鎮祭とは土地の神を鎮め和《やわ》す祭りであり、出雲路通次郎氏によれば、

地鎮祭の儀は、家其他の建設物を為さむには必ず或る地域を占め且つその土地を掘鑿すべき要あるを以て、着手に先ち、其の土地の神を祭祀し、その由を奉告して之れに謝し、以て土地の鎮安鞏固にして不祥の事なからむことを希ふなり。皇太神宮儀式帳に宮地鎮謝《カタムルマツリ》とあるは古訓なるべし。又同書頭注に鎮謝は地神をなだむる心とせり。されば古来皇居神宮より一般衆庶の邸宅に至るまで、皆これを行ふを例とせり(16)。

と述べている。

今日、原子力発電所や空港の建設に際しても当該地域に鎮座する神社の御祭神にお出ましをいただき、地鎮祭や竣工式、起工式、開業式などが厳粛に行われている。原子力艦船であっても艦内の神棚には御神霊（船魂《ふなだま》様）が祀られており、また最新鋭のジェット機にも安全守護の御守りが備えられているのであり、ただ私たちがそれを知らないというだけなのである。

記紀には島生み・神生みはあるが、人間が生み出されたなどという記述はどこにもない。それは即ち、人間が自然の一部であり、国土の一部であって、この国生み・島生みに際して生まれたものと解されるのである。そして本来、この聖なる島・土地は高天原を治める天照大御神より葦原中国統治の委任を受けた天津日嗣の立場に立つ天皇の許可なしには誰もが勝手に犯してはならないものだということを『古事記』は示している。この土地の

聖性こそが神道の基本でもある。その土地の神霊の不可侵性はそれを社《やしろ》に祀る祭祀権であっても同様である。

古代には一つの社《やしろ》に違う氏や姓の者たちが集まって共同で管理していたのであり、それは決して血縁共同体なのではなくて聖性の共同体と言うべきである。だから氏神が大切になってくる。聖なる土地に住む人々は、たとえ親が違っても皆、その土地の神を介して繋がっているのであり、お互いに助け合い、相互扶助し合ってきた。氏姓制度が浸透していく以前の段階では、氏《うぢ》は本来、土地の神を祀る巫覡《ふげき》を中心とした祭祀集団（結合体）であったと思われるのである。

平安期に編纂された『延喜式』神名帳にも見られる如く、全国各地の土地の神を祀る権利は朝廷よりその地の氏に与えられているが、この天皇家によって設定された土地がそもそも「氏」の基本だったのではないか。この聖なる土地の継承（ひつぎ）は父子ではなく、当初は大王と同じ血縁の兄弟姉妹で分有されているものであっただろう。大王の血を引く者即ち貴種は聖なる氏として認め、聖なる土地を与えられた。すでに記紀の事例でも見てきたように、大和朝廷が推し進めた全国への伸展とその統治は各地のまつろわぬ土地の神霊との戦いと和合の歴史でもあったといえる。土地の神（聖なるもの）に対しては決して抗《あらが》ってはいない。むしろ、その土地の物実《ものざね》である土を以て祭具を作り、その神霊を祭祀して喜ばせ和すことに苦心しているのであり、つまり「和」こそ基本的な国是だったのである。

そして、大王から天皇への移行期において中国の官僚制に倣い、諸氏族に氏・姓身分を与えてそれらを明確に序列化し、大王（天皇）政権下に組み入れて一括支配をしようとしたのであったが、笠井正弘氏も指摘するように、この人主義的支配をめざしての完全な官僚国家形成は常に挫折させられ、結局は失敗に終わった。天皇家の血を引く一族と姓を付与された臣下とは明確に区別され序列化される傾向にあったが、それに対して皇親（皇后・諸王子・諸王など）や各豪族たちは一族の命運をかけて、已に有利な皇族を天皇にするために最大限の努力をしたことは容易に想像できる。古代日本社会は儒教の取り入れを図りながらも結局は仏教を選択することになり、徹底した儒教主義官僚体制を完成させることはできなかった。つまり、大王体制は聖なる共同体としての「氏共同体」と、人間主義的官僚体制としての、強いて言えば「姓共同体」とのこれら両者の二重構造によって成り立っていたと解されるのである。[17]

天智天皇や天武天皇がめざしたことは唐における皇帝の超越性と同じく、皇室内部の天皇以外の皇親や諸氏族をすべて、官僚として官僚機構に組み入れ、天皇権力の下に序列化してしまうことで、天皇の絶対権力を創出しようとしたのである。天武一三年一〇月一日に八色の姓を制定したが、この時新たに「真人」姓を創設して、皇親・臣下両属状態の者を臣下として位置付けた。八色の姓と天武一四年の四八階冠位制とは対皇親政策の面では、皇親の範囲を確定し、その皇親を天皇権力の下に序列化するという、一貫した方針を示したものであろう。王公といえども一官僚として遇される厳しい唐の制度の現実がある。これに対して、日本ではついにこのような選定嫡子制度は成立しなかった。慣習として根ざすことはなかったということである。[18]

このように、もと氏神は居住するその土地の神霊（トポス）を意味するものであり、それを祖先神であるとしてすり替えたのは人主義を根本とする儒教であったといえよう。

三　氏・姓・産土に関する国語学的解釈

これまでのところ、氏神は本来、居住する土地の神霊を意味し、また氏とは本来、居住する土地の神霊との霊統を共有する巫覡を中心とした神祀り集団であって、それは「氏意識」で繋がっているのであり、「氏という実体」が存在するのではない。氏は決して血縁共同体なのではなく、聖性の共同体と考えるべきであると述べてきた。

だが、今日的感覚でそのまま古代世界を延長してみれば、文字通りにどうしても氏神は氏の神即ち先祖を同じくする氏人たちが氏上《うぢのかみ》を中心として祀る祖先神や所縁《ゆかり》の神であると解されがちであり、また、産土神はその生まれた土地を領有し守護する神即ち出生地の神であり、鎮守神は私たちが住まいする地域一体を守護する神であると解されるであろう。そして中世以降、氏神の語が地域社会の守り神の意味にも使われるに至り、これら性格の異なる氏神と産土神、あるいは鎮守の神は今日すっかり混同して解されるようになったと辞典類は記している。(19)それは取りも直さず、国語学的に言葉から迫る場合、そこには一定の限界があるということを示すものであり、また、血縁から地縁へといった根拠のない進化論こそが事の本質を見えなくしてしまっている元凶であると言ってもよいだろう。だが、まずはこれらの言葉について『神道辞典』や『国史大辞典』、『日本民俗大辞典』などが今のところどう解しているか、ここでその記すところの概略を見てみたい。

(イ) 一般に氏神とは祖神のことで、血縁的祖先にして氏一統の守護神として氏の長者が祭るものをいう。しかし、この血縁関係が薄らいで、必ずしも祖神でなくても、氏一統が共同で祭る神でも氏神と称した。さらに、血縁関係がなくても特に地縁によって、その地域の守護神として祭られる神をも氏神と称した。

(ロ) 氏神を祀るのはその氏人の特権であり、本来、他氏異姓の者の参加を許さない性質のものであった。

(ハ) 平安時代初期以後、氏神を祀ることが顕著になってくる。氏神の祭りは毎年春は二月もしくは四月、秋は一一月に氏の長者を中心に氏人が集まった。五位以上の氏人は官符を持たずに京外にも帰り、かつ正税を以てその旅費を給せられた。有力な神社のほとんどが有力な氏族の氏人からなる祭祀組織によって維持された。末期には産神の語が見える。

(ニ) 鎌倉時代中期より室町にかけて、畿内とその周辺には郷村における社寺の祭祀団、信徒団に氏人を当てる風が増してくる。

(ホ) 室町時代には産神、氏神共にウブスナと訓んだ。

(ヘ) 近世には産神に対する氏子を産子と呼ぶに至る。

（ト）江戸時代には氏神を産土神とする考え方が一般化し、氏子が産子と呼ばれる傾向も出るが、民衆の離村移住を好まない幕府は統制上、この産子の原理を採用して出生地の神社に氏子身分を帰属させようとした。各地方で初宮参りや一般の宮参りをうぶすな詣と称した。

（チ）産土神信仰を重視した平田派国学者には、この語を神学的に解釈するものが多い[20]。産土神はその地の氏子を守護し、生前・死後の霊魂を導き守護するという信仰で、幽冥主宰の神たる大国主神に結び付けられ、各地の産土神が毎年一〇月（神無月）に出雲大社に報告のため神集うという神在月の信仰と結合して広く普及した。

（リ）中世以降、氏神が地域神化するに従い、氏神や鎮守神との混用が激しくなってきた。

（ヌ）明治維新後は祭政一致の方針のもとに氏子制度を法制化した。

明治四年の太政官布告による「郷社定則」及び「大小神社氏子調規則」は戸籍法に基づき、戸籍区ごとにおかれた郷社に区内全住民を氏子として帰属せしめるものであり、宗門改に代わる氏子改めを行った。その後、これらの制度は廃止され、「氏子は一戸一神に限る（明治二九年）」の原則に落ち着いた。

（ル）先の大戦終了後、神社が宗教法人として独立したために、地域住民に対する一元的な力を失いつつあり、現在では従来の氏子区域は単に名目上の氏子に過ぎなくなった[21]。

こうして見ると、産土神や氏神が混同されるに至った経緯がおおよそ分かってくる。「ウヂ」の組織が重要な意味を持っていたのは大化の改新以前のことであるが、井上光貞氏も指摘するようにそれに関する史料はいずれもそれ以後のものであるため、「ウヂ」の研究は極めて困難である。「ウヂ」の実態を明らかにし得るのは、律令制度が整って後、八世紀に編纂された記紀やそれ以後の史書、例えば平安期の『新撰姓氏録』などの史書類に頼るしかない現状である[22]。さて、氏に氏神があるように、姓には姓神《かばねがみ》があってもよさそうであるがそういう言葉はない。それは一体なぜであろうか。氏神や産土神の本義を知るには手続きとしてどうしてもそれらの語のもととなるウヂやカバネ、ウブスナなどの語について知る必要があるだろう。まずはこれらの語を国語学的見地から以下に見ていくことにしよう。

うぢ（氏）とかばね（姓）

これまで氏とうぢといった文字と言葉との関係の把握ができていなかったのではないだろうか。つまり漢語本来の意味と日本語としての意味（訓）との間に大きな溝があると思われるからである。古代中国の氏姓制度と日本語の「うぢ」、「かばね」制度とは本来異なるものであり、従って漢語の「氏」、「姓」と日本語の「うぢ」、「かばね」とを混同して解してはなるまい。

白川静氏によれば「氏」という文字は「小さな把手のある刀の形。共餐のときに用いる肉切り用のナイフ。その共餐に与るものが氏族員であることから、氏族の意となる」といい、また「氏族制度の維持において、祖祭に参加することは、最も重要な儀礼であった。そのとき氏族の長老が犠牲を割き、共餐の儀礼は氏の上の司会によって行われる。氏はその儀礼に用いられる肉を裂く刀であり、氏族の象徴たるものであった」[23]という。漢語の「氏」と「姓」の意味内容については辞書により様々であるが、一般に「氏」は家柄を、「姓」は血筋を表すと解するのが多数である。白川氏の『字統』では「姓」を母系制の名残としているが[24]、漢代以降は「氏」と「姓」の区別はなくなってしまう。

要するに古代日本に漢字が伝わった段階では「氏」と「姓」に用法的な差はなかったであろうということである。一方、古代日本には同族であることを示す語としては本来「うぢ」という語しか存在しなかったようで、そもそも「かばね」は古代新羅の身分制度である骨品制を日本社会に導入した際に「骨」を機械的に直訳したのであり、同様の制度はもともと日本には存在しなかったと推定される。もちろん、それ以前に「きみ」、「たける」、「うし」のごとき称号は存在したが、それはあくまでも部族の長に対する個人的な尊称であって、後の「かばね」

のように代々受け継がれるというものではなかったので、両者は質的に異なるものである。問題は「かばね」制度が導入された際に、その日本語に対応する漢字として「姓」が選ばれたことである。その結果、漢字の本来の意味用法通りなら、「氏」も「姓」も共に「うぢ」と訓まれるのが妥当なはずなのに、「氏」を「うぢ」、「姓」を「かばね」と、それぞれ訓み分けることになってしまったために混乱が生じてしまった。「うぢ」とその「うぢ」に付く称号であった「かばね」は早い段階から用法的混乱を来したのである。『国史大辞典』の「かばね」（姓）の項を見ると、

「かばね」は氏を尊んだ名で氏そのものをも指し、また朝臣・宿禰など氏の下につけて呼ぶものをもいい、また氏と朝臣・宿禰の類を連ねても「かばね」といっていた。(25)

と記してある通りの事態が発生しているが、これらの用法的混乱は日本において上記のような書き分けをした結果生じたものと思われる。漢語としての「姓」は本来「うぢ」の意味であるから漢文脈に登場する「姓」を「かばね」と訓めば「姓」即ち「かばね」は「うぢ」の意になるし、漢語としての「氏姓」も「うぢ」の意に他ならないから、「氏姓」即ち「うぢかばね」も「うぢ」の意ということになる。それだとややこしいので新羅の「骨」に相当する称号部分のみを狭義の「かばね」として「かばね」と書いて区別し……と『国史大辞典』は書いている。「かばね」の訳漢字として「姓」ではなく「骨」が選択されていれば、こうした混乱が生じることはなかったであろうが、新羅の制度である「骨」は正統な漢文脈では使い辛かったことであろう。大和朝廷が地方の行政区画単位として当初は古代朝鮮の「ko-pol（評）」を漢字表記を含めて「こほり（評）」としてそのまま採用していながら、後に漢字表記のみ中国式の「郡」に改めたのも、「評」が朝鮮独自の方法であって漢文脈では使用し辛かったという事情が大きかったのではないだろうか。

「うぢ」という言葉が指す範囲

「うぢ」という日本語の意味を考えるためにはまず一番に「うぢ」の語源を考えるというのが最も分かりやすいはずなのであるが、語源辞典を調べてみても次のような諸説があってハッキリとしないのである。

①ミヂ（生路）の略か。②ウミスヂ（生筋）から。③イツ（出）に通じる。④ウミツチ（生土）の意か。⑤ウヂ（受地）の義。⑥アレヒヂ（生地）の約言。⑦ウはウヤマフ、チは地か。⑧ウチ（生血）の義。⑨ウは大、チは霊。大霊の義から大父の意になり、更に氏の義となった。⑩霊魂を意味するウチと同じ。ウチの力を受けている人々の団体をいう。⑪「王氏」の別音Ｗｕ-Ｔｉ。王族の支流と名族の支流の尊称。⑫古代はｕｄｉと発音。朝鮮語ウルと対応し、ツングース語、蒙古語、トルコ語などにもつながる。本来、単に血縁、氏族だけを表した。[26]

そこで、金田一法則の力を借りて、アクセントから語源説を考えてみると、まず「ウヂ」の院政期アクセントを調べると高－低型であるから高起式アクセントであることが分かる。[27][28] これによって院政期に低起式アクセントであった語は同源の候補から外れる。具体的には「ウ（大）」、「イヅ（出）」である。結局、アクセントから見て同源の候補として残るのは、外国語起源説や荒唐無稽なものを除けば「ウム（生）」と「ウチ（内）」ぐらいのものとなる。「ウム（生）」は院政期高－低型、「ウブ（産）～」は平安～院政期高－高～型だから、いずれも「ウヂ」と同じ高起式アクセントである。また、「ウチ」も平安～院政期高－低型であるから、「ウヂ」と全く同じアクセント型の語である。そこで、以下「ウム（生）」と「ウチ（内）」について、「ウヂ（氏）」との関係について考えてみよう。

（イ）「ウム（生）」を中心に見た「ウヂ（氏）」の本義

まず、「ウム（生）」を中心に「ウヂ（氏）」の本義を考えると、「ウヂ（氏）」とは即ち「ウム（生）」という行為に基づく親子関係を中心に構成された血縁集団ということになろう。その場合、「ウヂ（氏）」の語構成として

は、

①共通要素である「ウ」を中心に片や動詞性語尾ムが接続して「ウム（生）」が生じ、片や名詞「チ」と複合して「ウヂ（氏）」が生まれた。

②「ウム（生）」と名詞「チ」が複合して「ウヂ（氏）」が生まれた。

の二つが可能性として考えられるが、①説であれば共通要素「ウ」の意味が特定しづらい上、動詞「ウム（生）」と名詞「ウヂ（氏）」とでは「ウム（生）」の方が先に誕生したと考えるのが言語生活の面から見ても自然であるので、後者の方が可能性が高いと考えられる。即ち、「ウヂ（氏）」はもとは「ウミ（生）＋チ」で、それが母音脱落により「ウムヂ」となり、さらに残った鼻音mが濁音diに吸収されて最終的に「ウヂ」という語形になったと考える。後部成素の「チ」については「チ（血）」や「チ（霊）」など色々考えられるが確定できない。後に「ウヂ」が家系という意味になることを考慮すれば「チ（道）」あたりが最も適当ではないかとも考えられるが、これもまた確たる証拠があるというわけではない。

（ロ）「ウチ（内）」を中心に見た「ウヂ（氏）」の本義

一方、「ウチ（内）」を中心に「ウヂ（氏）」の本義を考えた場合は、「ト（外）」に属する他集団に対する「ウチ（内）」の集団が「ウヂ（氏）」ということになり、血縁よりも仲間かどうかを重視するニュアンスが強まるように思われる。これも面白い見方ではあると思うが、語構成を考えた場合、共通要素の「ウ」だけでなく、後部成素の「チ」「ヂ」についてもなかなか説明しづらいのが難点である。その他では、無理やり練り出せば、副詞「イト」の畳語形「イトイト」が副詞「イトド」に変化したこと、助動詞「マシジ」が「マジ」に変化したことをもとに、「ウチ（内）」の畳語形「ウチウチ（内々）」がまず「ウチヂ」となり、さらに「ウヂ」に変化したという説も不可能ではないが、少し苦しい見解である。かてて加えて「ウチ（内）」にはさらに「ウツロ（虚）」

「ウッホ（虚穴）」、「ウツハ（器）」、「ウツムロ（無戸室）」などの「ウツ（空虚）」と関係がありそうなので「うぢ（氏）」と「ウチ（内）」を結びつけようとすると、これらの語とも関係付けなくてはならなくなり、こうなるとちょっと収拾がつきそうにない。

以上、「ウム（生）」と「ウチ（内）」をそれぞれ検討してみたが、「ウヂ（氏）」と結びつける候補としては「ウム（生）」が最も適切ではないかと考えられる。そう言えば、古代日本語には親族を意味する「ウガラ」と言う語が存するが、これも平安〜院政期アクセントは高―高―高型で高起式アクセントであるから「ウヂ」や「ウム（生）」と同源である可能性が高い語である。「ウガラ（族）」は「ウミ（生）」＋「カラ（肉体）」が「ウヂ」と同様の変化を辿って生じた語で、本義は「ウヂ」を同じくする親族であり、同じ「ヤ（屋）」に住む同居親族である「ヤカラ（家族）」や同腹の兄弟姉妹を指す「ハラガラ（同胞）」よりも遠い血縁関係の親族を指す語だったのではないだろうか。

ここまでは「ウヂ」は血縁集団なのだとする従来の国語学の立場に立って論を進めてきたが、これに対して以下のような批判が考えられよう。即ち、文献上確認し得る「ウヂ」は必ずしも血縁関係だけによるものではなく、非血縁の人々をも含む集団であったようだが、これについてはどう説明するのかというものである。たとえば『国史大辞典』は日本古代の「ウヂ」は蘇我・平群・巨勢のように居住地の地名を氏の名とするものと、物部・忌部・土師のように職業を氏の名とするものがあり、氏の名としては後者の方が成立が古いようであると述べている。その当否はしばらく措くとして、地名にせよ、職業にせよ、血縁によって結び付いた集団（ウヂ）がまず生まれ、それらの中で最も有力なウヂに地縁なり職業なりによって他の非血縁集団が、『日本国語大辞典』の用語を借りれば、擬制的血縁集団として従属することによって、五世紀頃に古代氏族としての「ウヂ（氏）」が誕生したと国語学的には考えることもできよう。

（ハ）「ウガラ（族）」と「ウヂ（氏）」

これまで金田一法則に基づき、「ウム（生）」と「ウチ（内）」をアクセントが同じなる故に「ウヂ（氏）」と同源と見てそれらを結び付けて考えてきたが、本来、金田一法則はAとBが同源なら両者のアクセントの高起・低起の式は同じになるというものであって、AとBのアクセントの式が同じであれば両者は同源であるというものではない。たとえアクセントの式が同じであっても語源的には別ということもあるのである。この点は留意すべきことである。そういう意味で、「ウヂ（氏）」と「ウム（生）」が同源であるためには両者のアクセントが共に高起式であるということは必要条件ではあるが、決して十分条件ではない。つまり、アクセントだけでは「ウヂ（氏）」と「ウム（生）」が同源であると断定することはできないということになる。

そこで、次に「ウヂ（氏）」と意味の上で確実に繋がる語をと考えてみるに、「ウガラ（族）」という語がある。両者に共通する「ウ」がどういう意味を持つ語なのかは推測するしかないが、「ウミ（海）」が「ウ（海）＋ミ（水）」で本来は海水の意であったと推定されるのに海の意の語になったのと同様の関係が「ウヂ」と「ウ」の間にもあったとすると、古くは「ウ」だけでも「氏」の意味を持っていたということも考えられる。そうすると、「ウガラ」は同じ氏を持つ一族ということで解釈が可能になる。さらに「ウブスナ」も、その語構成を「ウ（氏）＋ムス（産）＋ナ（地）」と考えることもそれほど無理はなくなる。この仮説の利点は「ウブス」の部分を説明する際に、文献によって実在を証明できない「ウミムス」なる複合動詞の存在を想定しなくても済むということと、そして何よりも「ウブスナ」の文献初出例である書紀古訓での意味「氏の発祥の地」と意味の上で完全に一致するところにある。

産土神と氏神

産土神について辞典類では、次のように記している。

（イ）「同族神が衰えて、血族本位の結合が地縁本位になった時、産土神の意識が起こって来たと考えられる」（『古語大辞典』[29]）

（ロ）「神社信仰の主流が氏族・一門など血縁集団の守り神（狭義の氏神）から地縁集団の守護神の信仰へ移行する過程で、広く国内に普及した。」（『国史大辞典』[30]）

うぶすなは宇夫須那・本居・産土・生土・産生などと表記され、「人の出生地を謂う」とあり、その語源については『日本語源大辞典』によれば、次のようなものがある。

① 生産の意のウブスと、地または土の義のナの二語からなり、はじめ、人の生れた土地をさした（壒嚢鈔・名言通ほか）。

② もと、産神、ウノカミとも同じだった（国史大辞典）。

③ 産屋の意のウブス（産巣）。ナは土の義（日本古語大辞典）。

④ ウムセルニハの反。ウブスニハ（産住場）の約か（大言海）。

⑤ ウブスマ（産住）の転（言元梯）。

⑥ 出産の時、氏神の社の土をとって産屋に撒く風習がもとでいう（俚言集攬[31]）。

「ウブスナ」の文献上の初出は書紀古訓であり、この書紀古訓には上代語が数多く含まれていることが知られており、書紀古訓の語彙＝上代語としたいところだが、この書紀古訓のもととなった書紀講筵が行われたのは奈良時代の養老年間から平安中期の康保年間にかけてであるから平安時代の語彙が混じっている可能性も考慮しなくてはならない。つまり「ウブスナ」が書紀古訓に見えるからといっても、「ウヂ（氏）」や「カバネ（姓）」と違って奈良時代から存する古語ではないということも十分あり得る。同様に「ウブヤ（産屋）」や「ウブドノ（産殿）」といった「ウブ（産）」を含む語彙も書紀古訓が最古例であり、上代の確例は存在しないので、そういう意味では「ウブ（産）」自体が信憑性に乏しいということを留意した上で「ウブスナ」の分析を進めよう。平安中後期写の岩崎本『日本書紀』巻二二に「本居」の訓に「ウフスナ」と付されているのが最古である。

推古天皇三二年冬一〇月癸卯の朔に、

冬十月癸卯の朔《ついたちのひ》に、大臣、安曇連。阿倍臣摩侶、二の臣を遣して、天皇に奏さしめて曰さく、「葛城縣は元臣《やつかれ》が本居なり。故、其の縣《あがた》に因りて姓名《かばね》を為せり(32)(後略)

とあって、岩崎本・北野本とも「本居」をウブスナと訓じている。

蘇我馬子が推古天皇に対して天皇家代々の直轄地である大和の六縣の一つの葛城縣を自身に賜うよう要請した場面であるが、その理由として馬子は「葛城の縣は元臣の本居《ウフスナ》なり。故、其の縣に因りて姓名を為せり」と述べている。蘇我氏は葛城氏の末裔であり、自分の本来の氏姓は葛城臣なので葛城縣が欲しいという主張である。ここで「本居」を「ウフスナ」と訓じているのは文脈から判断すれば、ここでの「本居」即ち「ウブスナ」は個人が生まれた地の意ではなく、氏族の発祥の地の意であると解される。もちろん「ウブスナ」の語義は単に生まれた土地の意であって、文脈上たまたま氏族の発祥の地という意味で使用されているに過ぎないのかもしれない。それでも「ウブスナ」の初出例が強く氏族と結び付いた文脈で使用されているという事実は抑えておく必要があろう。

そこでとりあえず、氏族云々は抜きにして「ウブスナ」の語義を生まれた土地の意であるとし、そこから逆に「ウブスナ」の語構成を推定すると、語頭の「ウブ」に対応する語としてまず思いつくのは「ウブ(産)」である。また、語末の「ナ」は地震が起きる意の動詞「ナヰフル」「ナヰヨル」が「ナヰ振る」「ナヰ揺る」と解釈されることから、「ナヰ」は「大地」の意味ととれること、「クモヰ(雲居)」「タヰ(田居)」などの語の存在から「ナヰ」も「ナ+居」と分析され、そこから大地の意の「ナ」が再構可能なことに基づき、「ウブスナ」の「ナ」も大地の意に取ることが可能である。残るのは「ス」であるが、「ス(砂)」の意で取り「スナ(砂地)」と解するとしても、氏族発祥の地が砂地でなければならない必然性がない上に、また「スナ(砂地)」という語が実在した証拠もないので無理であろう。動詞「スム（住）」の語幹「ス（住）」と取るのも語構成として不自然である。他には「ウブ（産）＋ス（巣）＋ナ（地）」という説もあるが、「ウブス（産巣）」にせよ「スナ（巣地）」にせよ用例が存在しないのが難点である。

他に考えられる語源説としては、生産の意の「ウブス」と土地の意の「ナ」が複合してできたのではないかということ。複合動詞「ウミ（生）＋ムス（産）」が「ウムス」を経て「ウブス」に変化したと考えるのである。「ムス（産）」は「ムスヒ（産霊）」、「苔ムス」、「ムスコ（息子）」、「ムスメ（娘）」などの「ムス」で、自然と生じるという意味の動詞である。「ムシ（虫）」はその連用名詞形であろう。文献には「ウム」と「ムス」が複合語を形成した用例は見当たらないが、似通った意味の語であるから複合した可能性がないとはいえない。このように解すれば、「ウブスナ」とは「ウミ（生）・ムス（産）・ナ（地）」であるから、生まれた土地というのが本義であって、それ以上でも以下でもないということになる。先に見た書紀古訓の例はそれを祖先（氏族）の発祥の地の意に転用して使用したに過ぎないのだということになる。音変化を示せば、umi－musu→ummusu（・i母音脱落）→umusu（鼻音m吸収）→ubusu（唇音交替m→b）ということである。

また、もしも「ウヂ（氏）」の中から「ウ」なる要素を分析できるとする立場に立って考えるならば、それを「ウ（氏）」と解し、「ウブスナ」とは「ウ（氏）・ムス（産）・ナ（地）」即ち「氏の発祥の地」の意であると解することも不可能ではないが、そうすると結局は「ウム（生）」なり「ウチ（内）」なりの語義と合わなくなるのでこれも困難である。

さて、本来生まれた土地の意に過ぎなかった「ウブスナ」が個人の生まれた土地の神の意で使用されるようになったのは院政期以降のようである。「ウヂ」に属する人々が集団で特定の土地に住んでいた頃には「ウヂ」の神である「ウヂガミ（氏神）」と個人の生まれた土地の守り神は同一だったので問題はなかったが、「ウヂ」に属する人々が様々な土地に移住するにつれて「ウヂ」の発祥の地＝個人の生まれた土地という事態が多数発生すると、「ウヂガミ（氏神）」はもはや個人の生まれた土地の守り神ではなくなる。その結果、個人の生まれた土地（＝ウブスナ）の守り神として「ウブスナ」を祀るという考えが生まれ、また本来の「ウヂ（氏）」の縛りが廃れるにつれて「ウヂガミ（氏神）」とも混同されるに至ったのではないだろうか。参考までにウブスナに関する語の見える文献を挙げておこう。

『尾張国風土記』逸文、葉栗郡の条に、

尾州葉栗郡、若栗ノ郷ニ宇夫須那ノ社ト云フ社アリ。廬入《いほいり》姫ノ誕生産屋之地ナリ。故ニ以テ號為社云フ《やしろのなとなすとい》。(33)

とあり、廬入《いほいり》姫は景行天皇の皇女である。ここでは出生地をウフスナというところから社の名を「宇夫須那《うふすな》ノ社《やしろ》」と言っている。

また、『播磨国風土記』の揖保郡浦上の里の条には、

浦上《うらかみ》の里《さと》　土は上の中なり。右、浦上《うらかみ》と號くる所以は、昔、安曇連百足等、先に難波の浦上に居りき。後、此の浦上に遷り来けり。故、本居《うぶすな》に因りて名と為す。(34)

とあり、安曇連百足《あずみのむらじももたり》らが難波から移住してきた時、その新しい地を出生地（もとから居住していた地の名）に因んで「浦上」というようになったというものである。

氏神については、「一般には地域を守護する神社。もと大化前代に成立した父系の血縁同族から成る氏族集団の守護神として族長がまつる神をいう」（『日本民俗大辞典』）とある。(35)これについてはすでに見てきたので、ここでは文献に見える氏神及び氏神社について列挙するに留めよう。

（一）『続日本後紀』巻三、「仁明天皇の承和元年正月一九日庚午条」

山城国葛野郡上林郷地方一町賜伴宿祢等。為祭氏神處。(36)

（二）『日本三代実録』巻二四、「清和天皇の貞観一五年九月九日条」

九日辛未。停重陽之節。親王已下侍従巳上賜飲於宜陽殿西廂。賜禄各有差。掌侍従五位上春澄朝臣高子奉

幣氏神。向伊勢国。勅賜稲一千五百束。以為行旅之資[37]。

（三）『日本三代実録』巻三三、「陽成天皇の元慶二年二月一九日条」

一九日乙酉。詔。山城国正税稲三百束。賜従五位下山背忌寸大海全子。以奉幣氏神向彼国也[38]。

（四）『日本三代実録』巻四五、「光孝天皇の元慶八年四月七日条」

七日丁酉。式部兵部二省奏成選擬階短冊。天皇不御紫宸殿。大納言正三位兼行右近衛大将大皇大后宮大夫陸奥出羽按察使藤原朝臣良世奉勅。令各於本省行之。「大祓於建礼門前。以十日擬奉幣帛於伊勢大神宮也。」是日。始祭梅宮神。是橘氏神也。頃年之間。停春秋祀。今有勅。更始而祭[39]。

（五）『続日本後紀』、「承和元年二月二〇日〜同四年二月一〇日条」

辛丑。越後国飢。振給之。小野氏神社滋賀郡。勅彼氏五位已上。毎至春秋之祭。不待官符。永以往還[40]。

四　崇神天皇紀に見る宗教の本質構造——神と人との関係

本項で取り上げる「大物主神」を御祭神として祀る大和なる三輪山の大神《おおみわ》神社は、その秀麗なる神奈備形の山全体が御神体であり、即ち神そのものとされ、神社には神の鎮まる本殿はなく拝殿のみがあるので特に名高い[41][42]。

歴史学の研究成果によれば、三世紀初めに誕生した大和朝廷は三輪山の大物主神を王家の守り神として祀った（現在、奈良県桜井市の大神《おおみわ》神社で祀られている）とし、允恭天皇の子であるワカタケル大王（雄略天皇）は三輪山の南麓の初瀬谷に宮を営んだ。記紀の伝えるところでは四〜五世紀代には三輪山麓の磯城纏向（珠城宮・垂仁天皇）や磐余（日代宮・景行天皇）の地域には歴代の宮が集中しているという。その後、頂点に達した大王権力は急速に弱体化し、大和・河内連合王権は大きく動揺する。六世紀になると三輪山祭祀は大きく変化するといい、その変化の背景として次の二点を挙げている。

（イ）仏教伝来により従来の基層信仰が大きく変質した。
（ロ）伊勢の地で未婚の皇女が斎宮となり、大王に代わって太陽神を祀ることに変化した。
そして三輪山祭祀の担い手は大王から神君（三輪君・三輪朝臣・大三輪朝臣）に代わったというのである(43)。

さて、『日本書紀』巻第五、第一〇代御間城入彦五十瓊殖天皇（崇神天皇）五年条のことである。国内に疫病が多く発生して「民死亡れる者且大半ぎなむとす」とあり、翌六年には「百姓流離へぬ。或いは背叛くもの有り。其の勢、徳を以て治めむこと難し」とあって、天皇を悩ませること甚だしかった。そこでこの災いの原因が一体いかなる神の荒ぶりであるのかを知ろうとして、神浅茅原に八十萬の神を集えて卜《うら》問《と》うたところ、神明《かみ》が倭迹迹日百襲姫命に憑って天皇に云うには「天皇、何ぞ国の治らざることを憂ふる。若し能く我を敬ひ祭らば、必ず當に自平ぎなむ」という。そこで天皇が「如此教ふは誰の神ぞ」と問うと、神明は「我は是倭の域の内に所居る神、名を大物主神と為ふ」と名乗った。

天皇は教えの随《まにま》に大物主神を祭祀したが疫病は一向に衰えなかった。そこで沐浴斎戒し殿内を祓い浄めると共に、どうして神明が享受し給わぬのか再度神の教えを乞うた。するとその夜の御夢に大物主神が現れて「吾が児大田田根子を以て、吾を令祭りたまはば、立に平ぎなむ」と告げた。そこで天下に布告して大田田根子命を尋ね捜し求めたところ、茅渟縣の陶邑にいることが判明した。大田田根子命に「汝は其れ誰が子ぞ」と確かめると、「父をば大物主大神と曰す。母をば活玉依媛と曰す。陶津耳の女なり」と答えた。そこで書紀七年一一月丁卯の朔己卯条に「即ち大田田根子を以て、大物主大神を祭る主とす」と記す如く、大田田根子命を神主として大物主大神を祭らせたところ、「是に、疫病始めて息みて、国内漸に謐りぬ。五穀既に成りて、百姓饒ひぬ」とあり、さすがの疫病も終息して混乱の極にあった国内秩序はみごとに回復した(44)というのである。

紀が伝えるこの伝承箇所は『古事記』でもその内容はほぼ同旨だが、若干異なる点といえば、大田田根子が「意《お》富《ほ》多《た》多《た》泥《ね》古《こ》」とあり、また茅渟縣の陶邑が「河内の美努村に居た」とされ、「僕は大物主大神、陶津耳命の女、活玉依毘賣を娶して生める子、名は櫛御方命の子、飯肩巣見命の子、建甕槌命の子、僕《あれ》意富多多泥古《おほたたねこ》ぞ」と記している点であろう。

ここに登場する大田田根子《おほたたねこ》について、森田康之助博士はオオタ・タネコと読むのではなくして「オホ・タタ・ネコ」と読まねばならぬとして語構成について見解を述べておられる。森田博士は「オオ」は大を意味する美称・尊称であり、「ネコ」とは第七代の孝霊天皇を大日本根子彦太瓊天皇、孝元天皇を大日本根子彦国牽天皇と示すようにこれまた尊称であるとし、畢竟大田田根子のその意義は「タタ」とは何であるかということに帰着する……とし、「タタ」とは「タタル」「タタリ」と語根を等しくするものであり、神意を現す、示す、発揮するという意味の言葉であって、つまり大田田根子という人物は「大物主神のタタリ、つまり神意の具現をば的確によみとり、それを人間社会に伝達する能力を有った人物、という意味あいをもった人物」[45]であると述べておられる。要するに、大田田根子という人物は神霊と直接し、神の御心を正しく受け伝えることのできる、卓絶した霊的能力を有する「神主」であったというわけである。国民の大半が死に絶えんとする国家的一大事に際して、天皇の祭祀をも受け付けなかった大物主神の御心を真に鎮め和すには、どうしてもこの大神の霊統（神統）を有するところの優れた霊的能力を持った大田田根子でなければならなかったと解されるのである。

さて、記紀のこの段の大物主神と大田田根子命の祭祀伝承は全体として一体何を物語っているのであろうか。大物主大神は「王の中の王」である大王（天皇）が心を込めて祭祀したにもかかわらずそれは一向に通用せず、大神は全く受け入れなかった。そればかりか大神は「吾が児大田田根子を以て、吾を令祭りたまはば、立に平ぎなむ」と告げたのである。

ということは、日本には古代から「その神を祭祀するには必ずその神の神裔（霊統を受け継ぐ者）でなければならない」という誰も絶対に犯すことのできない原則というか、「神と人とのあり方」の基本的なルールが厳としてあったということを何よりも如実に物語っているのではあるまいか。そして、その聖性（神と人とのあり方）においては、つまり神祀りの基本原則においては「大王（天皇）と天照大神」、「大田田根子と大物主神」、「市磯長尾市と倭大国魂神」というように、その点では大王も諸王たちも対等の関係だったのであり、また、そのようにして全体として「和」の集合体が形成されていたのである。大王も諸国の王たちも決して対立関係にあったのではなく、ただ、各々世界における役割りが異なったということである。

大王（天皇）はあくまでも権力者ではなくて、神意を体現する存在であった。大王は本来、聖なる力を持った氏《うぢ》の長《おさ》で、他の氏との間にそれ以外では大きな差がなく、命令者では決してないのである。諸氏族間の争いを調停する高い権威は持っているけれども、他の氏を力で服従させるような権力者とは全く性質が異なっている。人々は大王の神意にひれ伏すのであって、家臣でもなければ奴隷でもないのである。

従来、ほとんどの研究者が主張してきた如き「大物主大神の本来的性質が祟り神であるから」とか「大物主大神は天皇と対立的関係にあった」、「民衆の神だったから」などといった、そのような単純な意味では決してないのである。また、話が前後してしまったが、崇神紀同条に記されている倭大国魂神を市磯長尾市が神主として祀ったというのも同旨であり、「神の祭祀はその神の霊統を引く者が祭祀する」というのが神祀りの基本ルールだったのであり、そこに神と人との厳たる秩序があったことを明示している。

別の視点から考えてみよう。伊勢神宮には皇祖神「天照大御神」が斎《いつ》き祀られているが、この天皇の祖神である天照大御神を大田田根子命が祭祀したら、果たして皇祖神は御嘉納になるかという問題である。答えははっきりしている。それはノーである。大田田根子命が祭祀したからといって、「決して受け入れられない」ことは言うまでもないだろう。たとえ大田田根子命が大物主大神に通ずる優れた霊的能力者であっても、あるいはまた、たとえ三后・皇太子や皇族方といえども「天皇の勅許」なくして勝手に伊勢の皇祖神を直接参拝し、あるいは奉幣するなどということはできなかったのである。

記紀のこの段は「霊統」の問題、つまり神と人との真のあり方を如実に物語っているのである。神への祭祀はその神との神統・霊統を有する者（神裔）が仕えてこそ本筋なのであり、それでこそ真に神霊に通じ、また神へのまことも立つのである。今日、神霊の祭祀に際してこうした「霊統」の重要性を不問にし、また、信仰はするもしないも自由勝手などといった戦後の風潮こそが、神の実在と神界の厳存することを見失わせ、社会混乱の元凶ともなっているのである。血統（家柄・家系）は姓が続く限り存するが、この霊統というものは誰にでもあるわけでは決してない[46][47]。

さて、従来「氏＝血縁」と誰もが短絡的に解してきたが、果たしてそうなのか。

氏神とは言っても姓神とは言わないように、つまり姓という考え方には人主義的な儒教に基づいた観念が存在しているのではないか。産土信仰を考える時に非常に大切なのは、「氏」という観念を生み出したものと同じルーツがそこにはあるのではないかということである。

「氏」を解く鍵はとても言葉だけでは追いきれるものではないのかもしれない。だが、これには本来もっと重い意味があったと思われ、その元は大田田根子のような神霊と直接し交流することのできる巫覡《ふげき》を中心とした、神の霊統を共有する神祭り集団を「氏」と言っていたのではないか。氏神と呼ばれるようになった祭祀の形態は最初から複数の血族による共同祭祀であったと思われるのである。文字通りに解すれば、元来、各地域の神々を中心とする生活共同体（部族）があって、自分たちを守護する神々をその部族の守護神とし、集団の長《おさ》（氏《うじ》の上《かみ》・祭祀長）を中心に一族で祭祀しており、その祭祀集団が祀る神々を後に「氏神」といったのであろう。それは決して血縁同士の集団であることを意味しない。その中で、特に優れて霊覚（神霊と通ずる霊的能力）のある者が、神の託宣を受けて政治《まつりごと》に参与していたのであり、霊統はその神祀りの場における神霊の託宣を通して伝えられていたのであろう。従って、祭祀集団あるいは血統集団者全員が霊統を受け継いでいるというものでは決してない。その意味で、霊統というのは極めて個人カリスマ的なものである。もちろん、全くの無関係者が霊統を持つはずがない。また、それは親子や兄弟姉妹として伝わるものでもない。

『日本古代氏族人名辞典』を見ると、オオタタネコが「伝説的巫覡」とみなされているが[48]、すでに何度も述べてきたように、古代には神と直通し、土地に鎮まり坐す神霊を幽観し感得することのできる特別な能力を持った者が一族中には必ず一人（一柱の神に一人）いて、そうした者を中心として祭祀集団を形成していたのではないだろうか。

例えば、祝《はふり》は示と兄とで構成される文字で神仕えする神職を表すが、白川氏によれば「祝は保・史と並んで古代の最高の聖職者とされた」という。女巫を巫、男巫を祝というが、祭祀の最高の地位を「大祝《おおほうり》」といい[49]、例えば諏訪大社の旧神主家は「諏訪の大祝《おほはふり》」と称されるが、「我に於て体なし、祝を以て体とす」との神勅に基づき、神主は神そのもの即ち現人神として厚く尊崇され、それが今日まで諏訪信仰の中核をなしてきた[50]。ここに神意を第一として尊ぶ、真に日本的な神と人との深い関係性を見ることができるのである。

氏の上（長）とは祭祀権を握っている人であるが、氏族は決して血縁共同体ではなく、聖性の共同体というべきである。だから氏神が大切になってくる。従来の研究がいかに中国儒教に毒されてしまい、その本質が見えなくされてしまっていたかということに他ならない。

本来、氏神の原型は時の王権が氏姓制度を採用するようになる以前においては、居住する土地を領ぐ神霊とその氏の長を中心として形成する祭祀集団を意味していたが、後に属する王権の交替や他部族との戦い、また王権側より新たに任じられた職務・職掌などによりその氏族の移動と分派・分流が生じ、その際に「己が守護神（祖神）」と担い来たって各地において分祀されていった神々もあろう。従って、それら氏族たちの移動の跡を辿っていけば、各地が開拓されていく道筋や文化の伝播などが明らかになることもまた当然あり得る。このようにして、次第に氏神本来の意味内容が薄れていくと共に、時代が下って産土神が新たに登場し、土地の神の信仰は氏神あるいは産土神、また鎮守の神（産土神よりは広域）とも称され、それらが重層し混在して信仰されるようになり、今日に及んだものと思われるのである（霊統の問題については別稿で論じる）。

五　おわりに

神道研究について福井県勝山市平泉寺の白山神社・宮司家の御出身である平泉澄先生は、

斯の道に探玄の士は多からず、参究の書は少ない。神社史はあるが、外形の観察に止まるものが多く、祭儀の調査はあるが、比較民俗の立場を離れないであらう。若し真に神道の本質を究めようとならば、必ずや神々の霊感、冥応にまで参入しなければならぬ。それなくしては、模擬であり、戯談であるに過ぎない。[51]

（傍線、引用者）

と厳しく言明された。実に至言というべきであろう。

神道の本質について知ろうとする者は、まず第一に何よりも神の実在を信じると共に、それを己が魂と身と心とにしかと感得することこそが根本なのであり、それを外れた神道研究はことごとく詐欺であるということを平泉先生は説かれたのである。

神道を知らずしては日本文化を語ることはできない。それほどに神道は日本文化の中核をなし、その根底に脈々と流れて止まぬものだからである。

そして、その神道の根本をなすのが「産土神信仰」なのである。

神道の究明はただ単に日本国家の真の安定と発展のためというだけでなく、世界中に立ち込める一切の迷妄、虚無の暗雲を祓い除き、世界に真の幸福と平和とを齎す重大な活路ともなり得るものと確信する。

産土神論というのは実は本当の私とは何かという問題であり、私の本質をどう捉えるかということでもある。人間が何かしら他の生物より長じた所があるとすれば、真の私とは何かを体得する力を神より与えられているということである。分かりやすく記紀的に実体論的に語れば、絶対他者としての外なる神の力によって個々人の内なる神が存在可能になっているという根本的構造がある。もし智恵《グノーシス》というものが意味を持っているとすれば、このことを真に洞察できる能力を発揮できることにある。

しかし、個々には弛緩した日常的な心身のあり方では一歩たりとも入り込めぬ無限の壁が存在している。残念ながら、ごく一部の選ばれた者だけが厳しい修行をしてこの壁を辛うじて乗り越えられるというのが真実である。その意味で現在の教育のあり方は全く方向を誤っており、大量の智恵なき群衆を発生させているに過ぎない。生きる意味を全く見失ったまま、智恵の視点から捉えた時に意味のない出世競争という争いの中で一生を浪費してしまう。その意味でいわゆるエリートほど愚かしい人生をただ忙しげに過ごしてしまうことになる。組織に入ってしまうとその頂点を目指すことだけに心奪われてしまい、精神が限りなく枯渇して卑しくなる。だが自身にはそれが自覚できない。赤子のような魂で見たら判然と分かることが分からなくなってしまう。結局は他人の知識を山ほど知っているだけであり、目の前で凄いことが起きても何にも気がつかない。組織の上位を目指すことしか心が動かなくなってしまい、組織に操られる寄生虫のような人生しか残ってはいない。このことは、今日の腐敗堕落した官僚たちを見れば歴然としていよう。

真の神界の神慮によって世界が存在し、個々の私が存在している。「今、私がここに生きている」ということの真の理解のためには、神道の持っている個別性をではなく普遍性を語らなければならない。人主義では絶対に人間の生命の尊厳について理解することも体得することもできない。世界はまさに神仕えする者の双肩にかかっているのである。

いやしくも神道に生きる者ならば、平泉先生がいみじくも言われたように、神意を常に伺い、自らの行動をそれによって厳しく律するということでなければならない。神意の深さを思うべきである。神意がどこにあるかを問い、真に神との邂逅ということを考えたなら、神仕えする者にとって日々の弛まぬ修行に己の生涯を賭けることとは至極当然のことであろう。

【注】

（1）拙著『古神道の秘儀』（海鳥社、平成五年三月）、また拙著『日本神道の秘儀――日本精神文化の根底にあるもの』（名著出版、平成一五年一一月）、あるいは拙稿「聖なるものとコミュニティー――日中宗教文化の比較研究（一）福建省」（『長崎ウエスレヤン大学地域総合研究所紀要』第四巻一号、平成一八年三月）一～一五頁等を参照されたい。

（2）本田親徳翁の略歴については拙稿「現代の鎮魂」（『古神道の秘儀』第四章、海鳥社、平成五年三月）一三七～四一頁を参照されたい。

（3）本田親徳『産土百首』（鈴木重道編『本田親徳全集』山雅房、昭和五一年六月）一～一〇頁。

（4）拙著『日本神道の秘儀』（前掲書）、四七三～五九七頁。

（5）『新撰姓氏録』の成立はその序文によると弘仁六年（八一五）であり、都が平城京から平安京に移ってからすでに約二〇年の歳月が経過していることになる。この間、奈良や大和その他の地域から平安京に本貫を移した氏族はかなりの数に達していた。『姓氏録』は左右の両京に皇別で一八二氏、神別で一四七氏、蕃別で一七四氏、未定雑姓で三四氏、合計五三七氏を載せているが、これは『姓氏録』全体の一一八二氏のほぼ半数に近い数であり、これだけの数の氏族の移動は古代の氏族を考察する上に大きな意義を持ち、『姓氏録』の性格を奈良時代のものから平安時代のものに変化せしめたと見るべきだ――と池邊氏は言う（池邊彌『古代神社史論攷』吉川弘文館、平成元年六月、五九～一〇九頁）。

（6）レヴィ＝ストロウス『構造人類学』みすず書房、五一～五四頁。レヴィ＝ストロウスが提唱した親族の基本構造モデルは大きく次の四タイプである。△は男性、○は女性、＝は性関係、⌐ は血を分けた兄弟姉妹、＼は世代を表している。また、＋（プラス）は親和関係を、－（マイナス）は疎遠関係を表している。

①
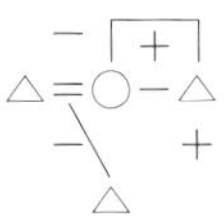

②
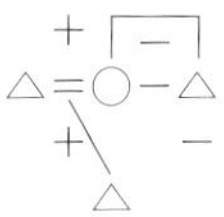

③
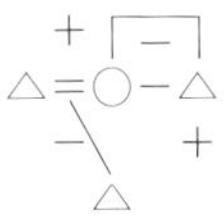

④
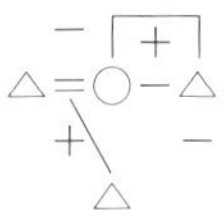

①は「チェルケス型」と呼ぶモデルであり、夫婦関係の冷淡さと兄弟姉妹の親和性、及び父子間の冷淡さと、母方叔父と甥の親和性という二組の関係性で捉えられる人間関係である。レヴィ＝ストロウスはこのタイプが純然たる非定住の狩猟民たちに多く見られることについて、それが母系交叉従兄弟婚制度と関連しており、このシステムでは兄弟姉妹からなる血縁共同体、いわゆる〈クラン〉が常に対等な関係を保ち、優越クランや貴族制あるいは王制などが出現する可能性を制限していることを示唆している。多分、人類史上の根っこ部分はこのタイプであっただろうと思われる。

②は「トロブリアンド型」と呼ぶモデルで、①とはプラスとマイナスが全く逆転している。私たちが知っているfamilyに近い親族の関係である。官僚制はこの型の社会で発達している。日本は天平王朝の末期頃からこのタイプへ移る。

③はポリネシア海洋民の一つ「トンガ型」である。兄弟姉妹間は冷たく、契約的な夫婦間の関係の方が親密であることを示している。女性（妻）は夫に従うものであり、子供は父に服属するものであるというルールが人為的に作られた。この型は女性が夫方に隷属する傾向を生み出す。子供は母方の叔父が引き取って育てる。故に官僚国家にはなり難いという。

④は「シウアイ型」ないし「クトゥプ湖型」と呼ばれ、兄弟姉妹の関係は親密だが、母方叔父と甥の関係は冷たい。子供は夫の子と認識される。親密な父子関係構造の存在はヨーロッパでは封建的主従倫理形成の社会的基礎を提供してきたものであり、父の子への家父長的支配権を踏まえて騎士倫理は構築されていたという。

九州大学宗教学研究室の笠井正弘氏はこのレヴィ＝ストロウスの親族構造の理念型モデルを日本社会の特徴や社会構造の変化を見る際の尺度として活用し、日本がなぜ儒教をではなく仏教を採用するに至ったかを明らかにした。その中で、笠井氏は「古代日本の特徴は④型の社会構造を持っている」と指摘している（笠井正弘「日本の社会構造と日本仏教の形成」古代編①〈『大憲論叢』第三九巻第一号、西日本短期大学、平成一三年三月〉一〜三八頁）。また、「鎌倉仏教への宗教社会学的アプローチ」（西日本宗教学会）を参照されたい。

（7）『宗教学辞典』東京大学出版会、昭和五五年一一月、五三九〜四〇頁。

（8）倉野憲司・武田祐吉校注、日本古典文学大系1『古事記祝詞』岩波書店、昭和五四年三月、四三頁。
（9）同右書上巻「大八島国の生成の段」五五〜五七頁。
（10）本田親徳『産土神徳講義』（鈴木重道編『本田親徳全集』山雅房、昭和五一年六月）一一〜一二頁。
（11）同右書、一一〜一二頁。
（12）日本古典文学大系67『日本書紀』上、岩波書店、昭和五九年一一月、一九八〜二一七頁。
（13）同右書、一九八〜二一七頁。
（14）同右書、二四三〜四四頁。
（15）日本古典文学大系68『日本書紀』下、岩波書店、昭和五五年八月、五一一〜一二頁。
（16）出雲路通次郎『神祇と祭祀』臨川書店、昭和六三年四月、二三六〜三七頁。
（17）笠井正弘、前掲書を参照のこと。
（18）寺西貞弘「古代天皇権力の形成と展開」（『古代天皇制史論』創元社、昭和六三年一一月）二一九〜三八頁。
（19）『国史大辞典』の「産土神」の項には「自分の生まれた土地の神。その人が他所に移住しても、一生を通じて守護してくれる神と信じられている。鎮守の神（現在住む土地や営造物の守り神）とは本来別だが、出生地に定住する人の場合、産土神とその土地の鎮守の神は同一である。また中世以降、氏神の語が地域社会の守り神の意味にも使われるに至り、産土神と氏神の混同が見られる」と記している（『国史大辞典』吉川弘文館、昭和五五年七月、一四八頁）。
（20）「産土《うぶすな》」の語源について、国学者「平田篤胤」の門下である六人部是香《むとべこれよし》は『産須那社古伝抄』を著した。それによると「されば産須那と称《もう》すは為産根《うぶすね》といふ事なるを、根と那とは親しき通音にて産須那と称せるにて、萬物を生産せしむる根本の神と申す義《こころ》なり。然るを産砂の義なりとて近世の学者の産土の字を当て来つるは大なる誤なり」と記しており、産須那は産為根であり、万物を産む根本の意に解し、「産土」とはわが生命の生れ出た郷土そのものの神霊である……としている（六人部是香「産須那社古伝抄」〔日本思想体系51『国学運動の思想』岩波書店、昭和四六年三月〕二二四〜三〇頁）。
また、佐野経彦は『宇夫須那神考』で産為根はウブスニという語がうぢ（氏）という語に約したものと同義で産土神は氏神のことだと説いている。
(21) 安津・梅田『神道辞典』(堀書店、昭和五二年四月)二四四〜二四八頁、『国史大辞典』第二巻(吉川弘文館、昭和五五年七月)七三頁、『日本民俗大辞典』上(吉川弘文館、一九九九年一〇月)一七八頁ほか。
(22) 『世界大百科事典』3、平凡社、昭和五六年四月。井上光貞氏の「うじ」の項(一七〇頁)や、堀一郎氏の「産土神」の項(二四八頁)解説記事ほか参照。
(23) 白川静『字統』平凡社、昭和五九年一二月、三六〇頁。
(24) 同右書、四九四〜九五頁。
(25) 『国史大辞典』第三巻、吉川弘文館、昭和五九年一二月、五〇〇〜〇一頁。
(26) 前田富視監修『日本語源大辞典』小学館、平成一七年四月、一六七〜六八頁。
(27) 「金田一法則」について——ことばにおけるアクセントはそれ自体にことばの意味の示唆機能を備えており、ことばの弁別にとって有効な指標である。この機能に注目して国語アクセントにおける「高起・低起に関する式保存の法則」を発見・提唱したのが金田一春彦氏であり、これによって語源解釈は客観的な基準を得た。これを「金田一法則」という。この金田一法則はAとBが同源であれば両者のアクセントの高起・低起の式は同じになるというものであって、AとBのアクセントが同じであれば両者は同源であるというものでは決してない。たとえアクセントの式が同じであっても語源的には別ということもあるため、「うぢ(氏)」と「うむ(生)」が同源であるためには両者のアクセントが共に高起式であるということが必要条件ではあるが、決して十分条件ではない。つまり、アクセントだけでは「うぢ(氏)」と「うむ(生)」が同源であるとは断定できないのである。この金田一法則はAとBが同源ではないことを証明するには極めて有効であるが、同源であることを保証するものではないという点は留意すべきことである(金田一春彦「国語アクセント史の研究が何に役立つか」〔『金田一博士古希記念　言語・民族論叢』三省堂、昭和二八年五月〕三二九〜五四頁)。
(28) 望月郁子編『類聚名義抄』四種声点付和訓集成(笠間書店、昭和四九年三月)ほか参照。
(29) 『古語大辞典』小学館、昭和六〇年一月、二二二頁。

(30)『国史大辞典』第二巻、前掲書、一四八頁。
「ウヂガミが屋敷神を意味する東北地方では村氏神をオボスナ・オボツナといい、佐渡では生まれた土地の守り神をウブガミと呼んでいる」という。また、ウブスナの表記に関して、平井直房先生によれば「産土と書く例は近世後期からと思われる」とし、また、産土神の信仰は「神社信仰の主流が氏族・一門など血縁集団の守り神（狭義の氏神）から地縁集団の守護神の信仰へ移行する過程で、広く国内に普及した」と述べておられる。

(31) 前田富祺監修『日本語源大辞典』小学館、平成一七年四月、一九〇頁。

(32) 日本古典文学大系68『日本書紀』下、前掲書、二一〇〜二一一頁。

(33) 日本古典文学大系2『風土記』岩波書店、昭和五七年八月、四四四頁。なお、同社は『延喜式』巻九、神祇九、神名帳（上）の尾張国・葉栗群十座の中にも「宇夫須那《ウフスナ》神社」と記載されている（国史大系『交替式・弘仁式・延喜式』前篇、吉川弘文館、昭和五六年、二一九頁）。

(34) 日本古典文学大系2『風土記』前掲書、三〇一頁。

(35) 福田・新谷・湯川他編『日本民俗大辞典』上、吉川弘文館、平成一一年一〇月、一五八〜五九頁。また「うぶすな」は一七八頁、「うぶがみ」は一七六頁。

(36)『続日本後紀』巻三、吉川弘文館、昭和五五年一月、一二三頁。

(37) 新訂増補国史大系『日本三代実録』後篇、平成三年一〇月、三二九頁。

(38) 同右書、四二二頁。

(39) 同右書、五五六〜五七頁。

(40)『続日本後紀』巻三、前掲書、一二五頁。

(41) 景山春樹『神体山――日本の原始信仰をさぐる』学生社、昭和四九年九月、一四八〜六八頁。

(42) 池邊彌氏によれば、古代における神社のもっとも基本的な型は氏族がその祖神を祀ったものであるとし、古来の大社の中で神社と氏族と地名との三点がもっとも多く示される神社は大神神社と賀茂神社であるという。そして『和名類聚抄郷名』、『延喜式』神名帳、及び『国史』など古代の史料に明証のある地方の大神神社を考察して、古代におけるミワ神社は単なる崇敬者による勧請神として祀られたものは少なく、神社として基本的な氏族の祭祀にもとづき、その氏族の地方への進出にともないそこにミワ神社の鎮座が見られるに至ったものが多く、古代における神社の最も典型的な姿をここに見ることが出来るというべきであろう。

と述べている（池邊彌『古代神社史論攷』吉川弘文館、平成元年六月、三一七～二一一頁）。また、池邊氏は氏族名、神社名、地名の三社の関連性に着目して、『延喜式』神名帳のうち、五畿内の全神社五一三社を対象として『新撰姓氏録』、『和名抄』他の古代史料を併せ用いて古代氏族の地理的分布に配慮しながら、どれだけの神社が各氏族の祖神・氏神を祀った神社であるかを調べた結果、五畿内における式内社の三分の一以上が氏族の祖神・氏神を祀る神社であることが明らかになったという（『古代神社史論攷』一〇四頁他）。

(43) 寺沢薫氏は「五世紀の後半には、明確な形で三輪山祭祀が始まっていたことは誤りない」と述べている。和田萃「祭祀の源流 ― 三輪山と石上山」（和田萃編『大神と石上 ― 神体山と禁足地』筑摩書房、平成二年二月、三一～三六頁）及び寺沢薫「三輪山の祭祀遺跡とそのマツリ」（同書、三七～七四頁）を参照。

(44) 日本古典文学大系67『日本書紀』上、岩波書店、昭和五九年一一月、二三八～四二頁。

(45) 森田康之助『日本の神話 ― 原像と発展』原書房、昭和四七年九月、三三二～三八頁。

(46) 拙著『古神道の秘儀』（前掲書）三六一～六二頁、また拙著『日本神道の秘儀 ― 日本精神文化の根底にあるもの』（前掲書）三四六～五三頁を参照のこと。

(47) 筆者の霊学の師である佐藤隆氏によれば、この「霊統」について、

血統と霊統の両者は必ずしも一致しないが、古《いにしえ》を辿《たど》って行くと必ずどこかで結びついており、また、祖霊の働きによって血統が霊統を継ぐこともある……。

と仰っておられた（佐藤隆「霊学講義ノート」より）。

(48) 坂本太郎・平野邦雄監修『日本古代氏族人名辞典』吉川弘文館、平成二年一一月、一三九頁。

(49) 白川静、前掲書、四一七～一八頁。

(50) 三輪磐根『諏訪大社』学生社、昭和五三年一〇月、一二六～三八頁。

（51）斯道に対する平泉澄先生の御教えは、谷省吾『神道原論』（皇學館大学出版部、昭和五三年七月）序文中のおことばであり、また、同氏著『祭祀と思想――神道の祈り』（国書刊行会、昭和六一年三月）参照。

（付記）至らぬ身をも省みず寝食を忘れて考え求め続け、論文を書き終えていつもつくづく思うことだが、実に多忙を極める中での時間に追われながらの研究は、大袈裟ながら、まさに生命《いのち》を削る思いをする。今回も本章第三項の国語学的解釈については九州大学大学院時代からの畏友、鹿児島大学の内山弘准教授に懇切丁寧な御指導をいただき、全く感謝の言葉も見つからない。また九州大学宗教学研究室の大先輩である笠井正弘教授の懇切なる御教導と励ましがなかったら、今日の自分はなかったであろう。この紙面を借りて御二方の先生に心から深謝する次第である。

補　遺

神道研究について、大正・昭和の国史学者で平泉寺白山神社宮司であった平泉澄《きよし》先生が次のように述べておられる。即ち、

斯の道に探玄の士は多からず、参究の書は少ない。神社史はあるが、外形の観察に止まるものが多く、祭儀の調査はあるが、比較民俗の立場を離れないであらう。若し真に神道の本質を究めようとならば、必ずや神々の霊感、冥応にまで参入しなければならぬ。それなくしては、模擬であり、戯談であるに過ぎない。（傍線、引用者）

と。まさに至言というべきであり、神道学者あるいは神道研究者を自認する者はよくよくこの平泉先生の教えを肝に銘ずべきではないだろうか。

これに関しては既に本書の序において、或いはまた第二部「神道の本質論――宗教の本質をめぐって」の第六章「『産土神《うぶすなのかみ》』考」でも繰り返し引用し述べてきた。また、国内における従来の神道研究の現状と課題に関しては本書の各章に再三述べてきたところでもあり、ここにこれ以上申し述べることは差し控えよう。

さて、結びにあたり、ここでは海外における神道研究者たちの従来の「神道研究」について概観しておきたい。

海外における神道研究者たちの神道及び日本に対するスタンスというものは、例えばW・G・アスト

ンの『神道』にも見られる如く、まず第一に神道を宗教の原初形態の一つとして位置付けて来たということ、次に彼らの宗教理解の中心に「キリスト教のみが宗教の本質である」とする素朴なヨーロッパ中心主義（ethnocentrism）があるということであろう。そして少しましな研究者といえば、例えばジュアン・エルベルの『神道』に見られるように、宗教の本質を考察する時に進化論をできるだけ排除しようとする姿勢が見られるものであろう。

文系・理系を問わず実証主義者たちは「シンプル・イズ・ベスト」（Simple is best）という考え方、即ち「本質は最も単純なものを探究することで摑まえられ得る」とする研究スタイルを採っており、本質における進化論は語らない。

例えば高度に分化し複雑化した歴史自体の宗教を研究するのは方法上の錯誤とみなされる。最も原初的な社会の中で研究するということが基本となっている。そのために実証主義者が採用した研究対象は主として次の二点に集約される。即ち、その一つは最も単純な社会構造を持つと見られる、いわゆる未開者たち、あるいは人口五〇人未満の未開集落の研究であり、今一つは、できたばかりの、未だ組織の発達が見られない新興宗教団体の研究であり、この二つに研究の焦点が注がれてきた。

実証主義宗教研究の第一人者であるE・デュルケムはオーストラリアのアボリジニーを実証対象としているが、それは以上のような方法的要請によるものである。このような視点から、デュルケムの後継者、マルセル・モースは北アメリカのエスキモー（イヌイット）、インディアンのポトラッチの風習を『贈与論』という形で研究し、宗教と経済現象との密接な相互関係を実証しようとした。彼等に強く見られるのは、でき得る限り幼稚なヨーロッパ中心主義の観念が客観研究の中に紛れ込まないように排除しようとする態度である。ちなみに、フランス実証主義社会学を創造した、これら先駆者たちはフランス系ユダヤ人である。その意味で、ヨーロッパ中心主義からは相対的に自由な立場にあり得た——ということを付言しておく。

例えば、先に挙げたジュアン・エルベルの『神道――日本の源泉』においても、その書物で書かれている表面上捉えられている諸事実も、あくまでも一私人の主観的な生のデータであって、根幹的に間違っていると思っておかねばならない。なぜならば、彼がデータを収集するに当たって「誰に案内を受けインタビューしたか」ということが決定的に重要であり、少なくともこの作品を通して分かることは、極めてレベルの低い、少なくとも命がけで神道修行に取り組んできた人々へのインタビューが一切ないということであり、単なる大学人や神社関係者という、一般人と大差ない人々からの情報収集に留まっており、彼らはそれまでに一般に言われてきたこと以上の何者をも解答し得ず、いわばもうすでに絵柄が描かれた模様に塗り絵をするようなレベルの研究となってしまい、少なくともアカデミズムないしは本来的意味での哲学の要諦である「驚き」が一切ないことである。これは学問としては紙屑以上のものではないと言われても仕方がないであろう。これらの研究はすべて、神なき「人主義」の研究である。

さて、かくの如き人主義では絶対に真の神の道、つまり「神道」は分からないものであり、私たちは今こそ神主義に立ち返らなければならない時に立ち至っているのである。

日本が世界に誇る偉人、二宮尊徳翁の道歌に次のような歌がある。

古道に　積る木の葉を　かき分けて　天照る神の　あし跡を見ん

真の神道を知ろうとするには、二宮翁が「積もる木の葉」でたとえて教えておられるように儒教・仏教をはじめとする諸子百家の書籍ばかりか、西欧の知的枠組みをも掻き分けて、「大御神の御足の跡はいずこにあるか」と真摯に訊ねなければ決して分かるものではないのである。

ある時、綾部の城主である九鬼候が「これを見よ」とて御所蔵の神道の書物一〇巻を二宮翁に送られたことがあったが、日々多忙を極め地域復興に余念のなかった二宮翁はとうとう二年もの間、その封も切らずに放置したままであった。ところがある一日、病むことがあって、病床で弟子の福住正兄にこの書を読んでもらった。そして二宮翁曰く「此の書の如きは皆神に仕える者の道にして、神の道にあらざるなり」と言われた。更に続けて、翁は、

此の書の類《たぐい》万巻あるも国家の用をなさず。それ神道というもの、国家のため今日上、用なきものならんや。中庸にも「道は須臾《しばらく》も離るべからず。離るべきは道にあらず」と言えり。世上道を説ける書籍はおほよそ此の類《たぐい》なり。（『二宮翁夜話』巻二、六四）

と教えられた。実学重視の二宮翁にとっては、神職・僧侶や神道学者らの単なる屁理屈や理論のみで塗り固めた神道の書物などというものは所詮、実用的ではなく何の役にも立たぬものであり、また、真に神の道について語ったものは何一つないと言われたのであり、この言葉は斯道にある者にとって実に耳の痛い話ではないだろうか。

殊《こと》、神の道に関する限りは平泉先生が言われた如く、神霊の実在を己が魂と身と心にしっかと感得し得るまでに至らなければ決して本物とは言えないのであり、従って「行学一致」が必要不可欠とされる所以である。神道に関する本格的研究は今まさに始まったと言えるのである。

筆者もまた己が不才をも省みず、故佐藤隆、故森田康之助両師を見習い、また生涯の目標として先賢先学一徹の道に参究し、以て聊かなりとも邦家に対し御恩に報いたき所存である。

花の実を　まいて幾世の末までも　ともに楽しむ　人ぞ尊き（二宮尊徳翁）

著者

初出一覧（［　］内は原題）

第一部　現象面より見た神道
第一章　「聖なるもの」の訪《おとな》ひ
『長崎ウエスレヤン大学現代社会学部紀要』第五巻一号、平成一九年三月［日本精神文化の根底にあるもの（六）「聖なるもの」の訪ひについて］
第二章　「まつり」考
『神道学』第一五六号、神道学会、平成六年四月［「まつり」に関する一考察］。のち『鎮魂祭の研究』（名著出版、平成六年一一月）、『神道と日本文化』（現代図書、平成一八年四月）に収録。
第三章　「穢《けが》れ」考――記紀古典が意味するもの
『長崎ウエスレヤン大学現代社会学部紀要』第三巻一号、平成一七年三月［日本精神文化の根底にあるもの（四）記紀古典に見る「穢れ」の意味について］。のち『神道と日本文化』（現代図書、平成一八年四月）に収録。
第四章　霊魂《たま》の行方
『長崎ウエスレヤン大学現代社会学部紀要』第二巻一号、平成一六年三月［日本精神文化の根底にあるもの（三）「霊魂の行方」について］。のち『神道と日本文化』（現代図書、平成一八年四月）に収録。
第五章　怨親平《おんしん》等の鎮魂
『長崎ウエスレヤン大学現代社会学部紀要』第四巻一号、平成一八年三月［日本精神文化の根底にあるもの（五）怨親平等の鎮魂について］。のち『神道と日本文化』（現代図書、平成一八年四月）に収録。
第二部　神道の本質論――宗教の本質をめぐって
第一章　死者からのまなざしと鎮魂
『浪速文叢』第一七号、財団法人大阪國學院、平成一四年九月［日本精神文化の根底にあるもの（一）「死者からのまなざしと鎮魂」。のち『日本神道の秘儀』（名著出版、平成一五年一一月）、『神道と日本文化』（現代図書、平成一八年四月）に収録。

第二章　実存的不安と託宣
『長崎ウエスレヤン大学現代社会学部紀要』第一巻一号、平成一五年三月［日本精神文化の根底にあるもの（二）実存的不安と託宣］。のち『日本神道の秘儀』（名著出版、平成一五年一一月）、『神道と日本文化』（現代図書、平成一八年四月）に収録。

第三章　帰神（神懸《かみがか》り）術と審神者《さには》
『西日本宗教学雑誌』第一一号、西日本宗教学会、平成元年三月［本田親徳翁の神道行法に見る審神者の宗教的機能］。のち『古神道の秘儀』（海鳥社、平成五年三月）、『日本神道の秘儀』（名著出版、平成一五年一一月）に収録。

第四章　鎮魂《みたましづめ》の法――神性発揮の道
『大阪府神社庁設立五十周年記念論集』平成一一年四月［神道行法としての鎮魂の法――神性発揮の道］。のち『日本神道の秘儀』（名著出版、平成一五年一一月）、『神道と日本文化』（現代図書、平成一八年四月）に収録。

第五章　始原への回帰――神道における「覚《さと》り」の極致
『長崎ウエスレヤン大学現代社会学部紀要』第六巻一号、平成二〇年三月［日本精神文化の根底にあるもの（七）「始原への回帰」――本田親徳翁の遺した霊学（鎮魂法・帰神術）について］

第六章　「産土神《うぶすなのかみ》」考――「日本」とは何か
『長崎ウエスレヤン大学現代社会学部紀要』第七巻一号、平成二〇年三月［日本精神文化の根底にあるもの（八）「産土神」考］

※　掲載にあたっては、それぞれに加筆・修正を施した。

あとがき

人生は思いがけぬことばかりの連続である。神界の命を受けてこの世に生まれ、何も知らないうちから、いつの間にか見えざる幽冥の導きを受けて、気付いた時には無心に神の道を歩まされていた。二〇代から思いもかけず様々な霊的体験をし、この実体験を通して霊魂の不滅と神霊が厳として実在することを知って以来、真（神）理を極めるために「行学一致」を理想として学問と修行に励み、「和」を国是とする神道こそが真にわが国本来の尊厳とうるわしい民族精神の輝きを取り戻し、世界の真の平和と安寧秩序をもたらし得る唯一の道であることを確信するに至り、これまでひたすら神道の本質の究明にその生涯をかけてきたものである。

今から二七、八年ほど前（筆者が三五、六歳の頃）、静岡県藤枝市在住の霊学の師（佐藤卿彦氏）に師事して霊学（鎮魂法・帰神術）を真剣に学び始めた頃のことである。鎮魂《みたましづめ》の修法を始めて間もない頃、当然のことながら瞑目しての修行であるにもかかわらず、眼前にと言うべきか、アッと思わず目をそむけてしまうほどの幾万燭光ものというべきか、まるで白昼「天に輝く太陽」の如く赫々として白銀色に光り輝く強烈な光りの玉を拝するようになり、爾後、修法の度に続けて拝するようになった。この現象は当然のことながら肉眼で見ているのでは決してなく、分かりやすく俗な表現で言うならば心眼（神眼）で観ているのであり、佐藤師によれば、「それは鎮魂石に鎮まる天宇受売命の御分霊を貴男の奇魂が感じているのですよ」と教えられたものである。

それ以来、神界（一八一階級、つまり無限ともいえる階層がある）に出入し得るに至り、神霊の実在と神界の厳存をハッキリと自身の霊魂に感得できるようになり、人物であれ、書籍であれ、それを観ただけで瞬時にその正邪やレベルを判然と識別するようになった。そして、世界の様々な「宗教」はもとよりのこと、現代の人主義に基づく世界観すべてを根本的に見直す必要に迫られたのである。

卑近な例で言えば、世間でもてはやすところの「生き神」とか「霊能者」などといった者らのほとんどすべてがごくごく低い人霊や動物霊、あるいはまた妖魅・邪霊など卑しい霊の憑依による、いわば「憑霊《ひようれい》の操《あやつ》り」によるものであり、全く取るに足らぬものであるばかりか、それらはむしろ社会にとって有害でさえあるということを明確に知るに至った。

世に神や霊を語り、宗教や神道を口や筆にする者らのそのほとんどが正しい霊学や審神者《さには》の法を全く知らない者ばかりであり、それらの説は言ってみればただ単に観念の遊戯に等しく、全く信ずるに足らぬものばかりである。正神から賜るところの真の霊覚というものと、ごく低い霊の憑依による霊能（零能）とをすっかり混同しており、それらの正邪をハッキリと区別できないばかりか、逆に邪神界に取り込まれ妖魅・邪霊の虜《とりこ》になり操られている輩ばかりであり、この審神者の不在こそが現代の社会混乱の大きな原因ともなっている。いわゆる本物と偽物の区別が全くできないのである。

また、世に仏者や物書き輩の語る「悟り」論や「霊界物語」、「幽体離脱」体験などといったものが、所詮はそのすべてが神霊の実在することを全く知らぬ者らの戯論であるばかりか、それらが全く人間の「魄《はく》（意志想念）の世界」から一歩も出ていないということ、つまり人主義の産物以外の何者でもなく、それらを決して真実と思ってはならないということ、またそれらがいかに信憑性のない、まやかしに満ちたものであるかということを知悉するに至った。

本来、真の「覚り」というものはただ単に仏者の説く如き「心の悟り」などといった程度のものではなく、専心鍛えた鎮魂力によって己の霊魂が魄（身心）を脱して神界に入り（真の霊肉分離）、神霊と直接して神界より神教（真の叡智）を授かる境地をいうのである。従って、知るべきは、覚りというものは決して「悟る」ものではなく、その本質は「覚らされるもの」であるということである。こうしたことすらも分からないようであっては、はてさて、何をか言わんやであり、世の修行者と称する者らはほとんどこの程度のものである。

また、世に言う「体の生まれ変わり」の説などは本来なきものであり、それらはすべて妖魅界のものであって、決して騙されてはならない。

神界には神界の厳たる秩序（神律）というものがあり、人間の御都合主義の計らいでどうにかなるなどといったものでは決してないのである。少しは神界や神律（掟）の厳しさ、神への畏《おそ》れを知るべきではないのか。

斯様に、神と人との正しい関係性こそが神道の、また宗教の本質なのであるが、今日、世界は神と直接する術《すべ》を全く失って、誰も彼も真に「神霊が厳として坐《いま》す」ということが分からなくなり、天皇や皇御国の尊厳無比なることを打ち忘れ、天津神・国津神の区別ばかりか国土大神や土地の産土《うぶすなのかみ》神の坐すことさえも知らず、ついには「宗教」というものの何たるかさえ全く分からなくなってしまった現状である。

こうした状況はまた学問の世界においても同様である。大規模書店の宗教や神道のコーナーに立って見ればよく分かるように、数多くの宗教書や神道書などが所狭しと並べられているが、それらは人を惑わす以外の何物でもない。それら書店に陳列された書のことごとくは決して神霊から直接受けた覚り（叡智）などでは決してなく、今日の無能な脳科学者のように何らの体験・体得もない、ただ単に脳に詰め込んだ他人の知識や観念の産物にしか過ぎないものばかりである。宗教は人間の生きる道そのものであり、単なる人間の屁理屈や理論によって述べ立てるような道ではない。また、神道はただ単に見たり、聞いたり、はたまた書いたり、読んだりするものなどでは決してなく、己が霊統の神霊と直接し、神界の御経綸に基づく厳重な祭祀（顕）と行（幽）とによって成り立つ道なのである。

斯様な想いをうちに秘めて、筆者は行・学共に成就せんと志し、大学にて不退転の決意を以て神道の研究を始めたのであった。

正直なところ、筆者が神道研究を始めた当初は、それまで宗教や神道研究の重要なテーマはほとんどすべて研究し尽くされているものと思っていた。ところが、実際に仔細に調べてみると、何ら研究らしい研究さえ全くなされていないに等しいという事実を知らされることになったのであり、それは一つの大きな驚きでさえあった。

つまり、本気になって神道研究をしようと思い立ち研究を始めてみてつくづく思い知らされたのは、真に参考になし得る研究書が全くないということである。参考にすべき理論や仮説がないということは、自らそれを構築しつつ実証していくという困難に直面せざるを得ないということである。

例えば、大嘗祭の前夜に執行される「鎮魂祭」は天武天皇様の頃より始められたとされるが、それから今日まで一三〇〇年もの長きにわたって、研究者の誰もが重要な祭祀であることは分かっていても、いかに文献資料を読み返してみても結局は分からずじまいで、これまで謎に満ちた不明な祭祀とされてきたのであり、これを真に解明せんとすればそれは大変な苦しみを伴った。

拙著『鎮魂祭の研究』（名著出版）でも書かせていただいたが、資料としては国史学や神道学、宗教学、国語国文学など諸先輩方の業績を参照させていただいたけれども、結局、それらを理論的に構築するといった作業は自分自身でしか行えないのであり、これは実際大変な重圧であった。また、先達のないことにより、独りよがりな理論構成に陥らないようにするために細心の注意が要求された。今から思えば、それまで罷り通っていた従来の妄説に惑わされずに研究を強く押し進めることができたのは、筆者が日頃「鎮魂」の法を実修し、鎮魂の何たるか、その本質を実際によく知悉していたからこそであった。

今回、本書に取り上げた神道の各テーマ研究の際にもまた、『鎮魂祭の研究』の時と同様の思いをしたのである。「祭り」論にしろ、「穢れ」論にしろ、また「産土神」論にしろ、本書に取り上げた各章の一つ一つのテーマは神道にとってはどれも根本的かつ最重要テーマであるにもかかわらず、である。

まさに平泉先生が仰ったように、神道は幽冥に通じ実際に神霊の実在を自ら体験体得することなしには、ただ単に机上の理屈や理論を捏ね回すだけでは何ら神道の本質は解明されないということを、筆者は身をもって思い知ったのである。

さて、本書が上梓なった暁には一番最初に読んでいただきたいお方がお二人おられる。そのお一人は畢生の書とも言うべき『湊川神社史』、『日本思想の構造』その他で著名な神道学者であり、筆者が心から尊敬申し上げる故森田康之助博士（もと国立国会図書館専門調査員、國學院大学教授、神社本庁教学顧問）その人である。

筆者が奉職する大学の学部長として大学の運営に関して一人苦しんでいた時に、國學院大学大学院時代からいつも懇切に御教導賜わり、慈父の如くに心から敬慕して止まなかった故森田康之助先生から「渡辺さん、先人の苦悩の跡を尋ねてみてください！　『報徳記』をお読みなさい。そこにきっとヒントが得られましょう。どう生き延びるか、その生き延び方が大切です。シッカリした道義に立って生き延びることです！」との御教示があって、『報徳記』拝読を強くお薦めいただいた（実は、森田博士は尊徳翁の研究においても大変造詣深いお方であった）。それは博士がお亡くなりになられる一年ほど前のことであった。

二宮尊徳翁は日本人なら誰もが尊崇してやまない、日本が世界に誇る代表的偉人の一人であり、今日、その再評価の機運が高まっている。二宮翁は万策尽き果ててどうにもならない財政的に行き詰まった藩や村々をその生涯にわたって六百十数箇所以上も復興再生されたという、まさに稀有の、不世出の偉大な御仁であり、その御霊《みたま》は二宮神社に神として祀られ、今もなお多くの人々の尊敬を受けておられる。

その二宮尊徳翁の御事績を記した富田高慶著『報徳記』中には、亡村に等しい荒廃振りを示し、全く困窮の極にあった常陸《ひたち》の国真壁《まかべ》郡青木村（茨城県桜川市青木）の衰廃を興すに際して、まず初めに神社・仏閣を修理させたという記事が見える。

村々の復興着手に当たり、二宮翁が村民に「社堂の有様は如何」と問い質したところ、その破漏の「甚だし」というのを聞いて、翁は「神社は一邑保護の神仏の安置所にして、仏閣は祖先の霊を奉祀するところである。然るに斯くの如くにして一村の安泰得べき道理なし、速やかに一村の状況を調べ詳細に報告すべし」と命じられた。つまり、「地域を守護される御神霊が鎮まられるところの地域住民の幸せのもとである肝心要《かなめ》の神の御社《おやしろ》や先祖の霊を祀る仏閣を荒れ放題にしておいて、なぜに村民の幸せが得られようか」と厳しく村民を叱責・教導されたというのである。二宮翁が直ちにこの村の神社・仏閣をはじめ民家に至るまでことごとく屋根替えしてこれを修理回復せしめられるに至ったことはいうまでもない。村民の喜悦は極度で、感激陳謝したと記されている。

斯様に、神社はその地域住民の幸せのもと、価値の中心なのであり、産土神《うぶすなのかみ》（氏神《うぢがみ》）あっての産子（氏子）、また産子（氏子）あっての産土神（氏神）というべきである。こうした「神と人との有り様」こそが神道の本質なのであり、その「神と人」とのうるわしい関係、理想的なあり方を示す具体的事例の一つを、今回、御遷宮四〇〇年を迎えた高宮八幡宮（福岡市南区高宮）に如実に見ることができる。

深刻な経済不況、ますます混迷を極める社会情勢、見えざるものへの畏敬や感謝の念を喪失し、人々の絆や人情が薄れつつある今日、敬神の念殊《こと》の他《ほか》強くして、神社を中心に育まれた伝統精神や芸能、文化を護持し、地域社会のさらなる発展と住民の幸せを心から願ってやまぬ当該地域の先人たちの並々ならぬ苦労と努力あってこそ、また、御祭神と神主、氏子崇敬者とが真に「一つ心」になり得てこそ初めて立派に成し遂げ得るところの一大事業である。

本、高宮八幡宮の御由緒は天智天皇様が磐瀬の宮に居られます時に外敵討伐の祈願をされたと伝えられており、江戸中期には那珂郡《なかのこほり》の総鎮守（惣産土）高宮、平尾、野間一帯の氏神とされ、武家町であった天神（警固村）と住吉村（町民村）を除いた、分かりやすくいうと福博一七カ村の総鎮守であった。

本宮には昔から「ここには高神《たかがみ》さんが鎮まっておられるから、この宮は絶対に神主を置かなくてはならない」との、古老たちが代々大切に語り伝え守り抜いてきた「古い言い伝え」が今も残っている。それほどに当宮御祭神の神格は高く、かつその御神威たるや格別のものがあったのである。

当宮宮司、古賀靖啓・裕子夫妻は敬神の念殊《こと》の他《ほか》篤く、斯道への熱意とその志まことに高くして、「行学一致」を目指して神霊と直接するための神道行法の研鑽を怠らず努力を重ねておられ、まさに当宮にふさわしい神主として御神霊に呼ばれたものと強く感じるものがある。古賀宮司は「神道講座」の月例会を開いては当該地域の方々の求めに応じて、誰にも分かりやすく神道を教えられ、また、悩める人々の良き相談相手ともなって、日本のうるわしい伝統文化や日本精神の普及と発展に誠心誠意尽力されており、そこに神道教化の真髄を見る思いがするのは筆者だけではあるまい。

それもこれも御祭神の厚き御加護はもとより、氏子崇敬者の皆様方の深い御理解とお支えあればこそであることはいうまでもない。この度、高宮八幡宮御遷宮四〇〇年祭という、この誠に慶すべき時に当たり、当宮御神霊の御導きと御守護あって、古賀宮司夫妻をはじめ氏子崇敬者の皆々様方の御尽力によって思いがけず本書出版の運びと相成り、神道研究者にとっては誠に望外の幸せであり、深く感謝申し上げる次第である。

さて、本書を一番に読んでいただきたいところのもう一人の先生は、九州大学大学院（宗教学・宗教社会学）時代から至らぬ私を今日まで何かと懇切に御指導いただいた宗教学研究室の先輩であり、日本仏教文化研究の第一人者、笠井正弘先生（元、西日本短期大学教授）である。笠井先生の御教示と励ましなしには本研究は結実しなかったであろう。この場を借りて深く感謝申し上げる次第である（日本仏教文化研究に関しては、国内外を問わず恐らくこの人の右に出るものはいない）。

このお二方の先生の他にも感謝申し上げなければならない先生方は多々おられる。

同じく九州大学大学院時代から言語研究に関して筆者が行き詰まるたびに分かりやすく御教示いただき、多々学恩を蒙ってきた鹿児島大学准教授の内山弘先生、英語の師である筑紫女学園大学教授の石井康仁先生にも深く感謝を申し上げねばならない。

また、國學院大学大学院時代に御指導いただいた故上田賢治教授（前、学長）、九州大学大学院時代に教えを受けた宗教学指導教授の坂井信生先生、国史学教授の坂上康俊先生、『八幡信仰史の研究』で著名な、元別府大学・九州大学講師の故中野幡能先生、北九州大学大学院で道教に関し御指導いただいた故福永光司先生（元、東京大学・京都大学教授）、特に鎮魂祭の研究に際し懇切な御指導を賜った鎌田純一先生（元、皇學館大学教授、宮内庁掌典・祭事課長）に心から感謝申し上げたい。本『鎮魂祭の研究』が鎌田純一先生を通して聖上・皇太子殿下の御耳に達し得たことは神道研究者として大きな喜びであった。そしてまた大嘗祭の研究に関して九州大学の国史学集中講義に来られて以来御指導をいただき、また御著書『上代祭祀と言語』を通して大きな学恩を賜った西宮一民先生（前、皇學館大学学長）、故加藤知衛先生（元、大阪府神社庁長・大阪國學院理事長）、故津江孝夫先生（元、大阪國學院顧問、今宮戎神社名誉宮司）はじめ大阪府神社庁、財団法人大阪國學院の諸先生方、出雲大社福岡分院・分院長の廣瀬忠先生、福岡県神社庁、長崎県神社庁の諸先生方、長崎ウエスレヤン大学・学長の森泰一郎教授、その他これまで何かと御指導賜った多くの諸先生方にこの場をお借りして衷心から深く、深く感謝申し上げる次第である。

本来ならば、先生方お一人お一人に直に深く頭を垂れて御礼の言葉を申し上げるべきところではあるが、今となっては亡くなられた先生方も多く、十分に意を尽くさないけれども、この紙面をお借りしてただただ筆者の感謝の真心をお伝えすることで御寛恕いただくしかない。

こうして列挙できないほどにこれまで多くの素晴らしい先生方との御縁をいただき、折に触れて懇切丁寧なる心温まる御指導を多々賜り、暖かく見守りかつ今日まで育てていただいたその御恩は到底尽くし返すことはできないだろう。顧みれば苦しいことも多かったが、今日ある自分をつくづくこの上ない幸せ者と感じ、感無量で御礼の言葉さえ見つからない。

なお、本書の刊行については拙著『古神道の秘儀』以来お世話になっている海鳥社の別府大悟編集長はじめ、田島卓氏やスタッフの皆様方に大変お世話になったことをここに記し、感謝の意を表したい。

天皇陛下と御皇室の益々の御安泰と弥栄《いやさか》を、また日本国家の健全なる繁栄、世界人類の真の平和を衷心より祈念し奉る。

平成二一年三月吉日

渡辺勝義

斯《こ》の道の　ために生まれて　来しと云ふ　師の御諭《みさと》しに　なみだ溢る、

渡辺勝義（わたなべ・かつよし）　昭和19年11月生まれ。福岡県出身。國學院大学大学院文学研究科（神道学専攻）博士課程前期修了。九州大学大学院文学研究科社会学（宗教学・宗教社会学専攻）博士課程修了。文学博士（九州大学）。現職：長崎ウエスレヤン大学教授（日本文化論・比較文化論）、(財)大阪國學院通信教育部・神道古典（古事記・日本書紀）講師。主な著書：『古神道の秘儀』（海鳥社）、『鎮魂祭の研究』（名著出版）、『日本神道の秘儀』（名著出版）、『神道と日本文化』（現代図書）など。所属学会：日本宗教学会、神道宗教学会、日本精神文化学会ほか。受賞：学術研究賞（日本精神文化学会）。教育活動：古道学研究会・神道神話研究会・日本の心を学ぶ会などを主催し、また、地域における様々な教育活動や講演活動に積極的に取り組み、日本の歴史や古典、伝統文化、先人の苦悩の跡を訊ね学ぶことを通して、「人が生きる」ということの真の意味、生命の尊さ、「本当の自分」を知る道について分かりやすく伝えると共に、日本精神の復興に尽力している。

現住所：筑紫野市天拝坂２－９－５

神道《しんとう》── 日本精神文化《にほんせいしんぶんか》の根底《こんてい》にあるもの

■

平成21年11月23日　第１刷発行

■

著　者　渡辺勝義

企　画　高宮八幡宮遷宮400年記念事業奉賛会

発行者　西　俊明

発行所　有限会社海鳥社

〒810-0072　福岡市中央区長浜３丁目１番16号

電話092(771)0132　FAX092(771)2546

印刷　有限会社九州コンピュータ印刷

製本　株式会社渋谷文泉閣

ISBN978-4-87415-753-4

http://www.kaichosha-f.co.jp

［定価は表紙カバーに表示］

索　引

人名・神名項目

一般項目

▶う

▶え

▶お・を

▶か

▶き

▶く

▶け

▶こ

▶さ

▶し

▶す

▶せ

▶そ

▶た

▶ぬ

▶ね

▶の

▶は

▶ひ

▶ふ

▶ま

▶み

▶む

▶め

▶も

▶や

▶ゆ

▶よ

▶ら

▶り

＊関連語句を参照しやすいように語順を変えたところがあります。

Part 1, Chapter 2
On *Matsuri* Festivals

（第一部第二章「『まつり』考」英訳）

1. Introduction: Prior Studies on *Matsuri* Festivals

What is the essential structure of *matsuri* as a religious phenomenon?

Hearing the word *matsuri*, we usually think of religious events at Shinto shrines and Buddhist temples. We notice, however, that the term is used for other, totally different kinds of events: fairs in businesses (for example, 'suits matsuri' and 'necktie matsuri' at apparel shops and 'tire matsuri' at automobile parts shops and gas/petrol stations), school festivals, athletic meets, etc. What is *matsuri* intrinsically?

On *matsuri* there have been studies from various perspectives — ethnological, historical, sociological, anthropological, mythological, and Shinto studies. As can be seen in Ueda's words that 'it is probably fair to say that the most remarkable development in religious studies [in Japan] recently is observed in the study of religious ceremonies'[1), the study of *matsuri* is an important research topic in religious studies, and there have been studies of it by Yanagawa and Sonoda.

However, 'there has unfortunately been no definition of "matsuri" that everyone can agree on so far'[2), says Morita about the present situation of the study of *matsuri*. The reason for the lack of a standard theory, he says, is that 'it is because religious ceremonies and festivals across different times and cultures and phenomena represented by similar concepts are too varied and include many different kinds of elements.'[3) Given this issue of terminology, as was similarly observed in the difficulty of translating the Japanese concept of 'amae' that Doi used to explain an aspect of Japanese social transactions, one will wonder in what way the Japanese concept of *matsuri* is similar to the Western concepts of 'celebration', 'fête', 'festival' and 'ritual', and in what way

they are different. One will also wonder if the translation is possible at all. Regarding the definition of *matsuri* itself, interpretations have been made with emphases on the festive aspect in view of the 'matsuri' phenomena in today's consumer society. Rather than being concerned solely with current phenomena, however, I believe that it is necessary to return to (Shinto) rituals and redefine the original meaning of 'matsuri' to reach a deeper understanding.

With regard to Japanese *matsuri*, we should first mention the ethnologist Yanagita. He says the following about *matsuri*:

> The substance of *matsuri* was for people to confine themselves; that is, while their deity was offered food and *sake* wine, they sat in front and attended, and this was *matsuri*. Later they probably consumed the offered food and *sake* at the lower end of the space, and this would be how the *naorai* party originated....'[4)]

His theory is that at *matsuri* people abstain from eating fish and meat and other activities, invite deity/deities and treat them with offerings, through which deity and man and man and man are united and people receive the deity's/deities' power (deity-man connection), and that this is done by the community, not by individuals. Although he is aware that there are festive elements involved, he believes that the essence of *matsuri* is worshipping deities.

This theory of Yanagita's is criticized by Yanagawa, who says that 'Yanagita's theory of *matsuri* disregards wild elements such as obscenity and violence, or rather he excludes those factors intensionally.'[5)] He thus emphasizes that what has been overlooked in the earlier studies of *matsuri* — obscenity, humor and sexual liberation—should not be ignored.[6)] Claiming that *matsuri* is composed of two parts, rituals and festivities (drawing on Sonoda), he says of the former:

> They are solemn, sublime events. Before *matsuri* the participants practice abstinence and purify their mind and body, and then attend the ceremony that is stipulated in detail by tradition. These events reflect the power structure of the local community: the priest, the

> representative of *ujiko* (the people protected by the local deity), the doyen, the community's representative, etc. The organization of *ujiko* as a union of families presents itself.[7)]

And of the latter, he says:

> Portable shrines and floats are brought out, and songs, dances and feasts are merrily enjoyed. The events are carried out and supported by the local community's ordinary *ujiko*. Those who are usually placed lower in the social structure — children, young people, and women — play the main parts, and the social structure is overturned. The usual relationships between families and the family-internal relationships are suspended temporarily. The anti-structural or non-structural nature of *matsuri* manifests itself there.[8)]

He thus states what he observes in each.[9)]

There may be these two elements of rituals and festivities in *matsuri*, but various questions arise immediately. Why are these two elements both necessary in *matsuri*? Is it justifiable to divide *matsuri* into two parts in the first place? What is the relationship between the two? Does the overturn of social structure that is alleged to be observed in festivities occur in all cases or in a limited and selective manner? What do this social overturn and the anti- or non-structural nature of *matsuri* mean? How do they relate to the overall structure of *matsuri*? What is the underlying principle of *matsuri*? Unfortunately, clear explanations about these questions are not offered by Yanagawa.

Turning to a different perspective, let us refer to the British anthropologist Edmund Leech's theory of religious festivals, which Yanagawa considers to be 'epoch-making in the study of the structure of *matsuri*.' Leech adopts the German ethnologist and religious researcher van Genep's ritual trichotomy that was presented in his work *Rites of Passage*[10)] — separation, transition, and reunification — and applies it to his structural analysis of festivals. He regards time as a pendulum-like 'discontinuous repetition of opposition' and interprets the structure of festivals as processes of transition from a sacred time to a

vulgar/worldly time and vice versa in the Durkheimian sense, postulating three phases as in Figure 1 (see p. 59 in the Japanese text).[11] The three phases are: A) formality, B) role reversal, and C) masquerade that appear to be contradictory to each other. Phase A is when formalities increase: people dress up, social statuses are made explicit, and the ethical code is solemnly displayed and observed. Phase C, in contrast to phase A, is a masquerade-type partying and celebration where social statuses are hidden and the ordinary order and discipline are forgotten in the world of masks. Phase B that appears in transition from A to C is when a sacred time is played out: roles are reversed, an extreme form of masquerade emerges, a man plays a woman and vice versa, the king plays a beggar, and a servant the master; incest, adultery, blasphemy, the dethroning of the king, high treason — all kinds of vice are said to be conducted as a natural order on the festival day.

The three phases are closely related to each other: when formality initiates the ceremony, masquerade closes it, and conversely, when masquerade is the beginning, formal solemnity is the ending, and contradictory oppositions in festivals are thus resolved, according to the theory.

This theory of Leech's presented in his short essay titled 'Time and False Nose' seems to have provided insights for researchers and is often cited. It is unfortunate, however, that this theory does not go beyond a structural analysis along the time scale and does not reveal the essential structure of festivals.

Based on this process model of Leech's and the British anthropologist Victor Turner's communitas theory,[12] Sonoda has defined the general structure of festivals as a working hypothesis in the following manner:

> A religious festival is what the world view on which a community depends represents realistically in the topology of the extraordinary communitas of the community where rituals and festivities manifest themselves synergistically in a dramatic setup. In the represented image of the world, the community reaffirms the fundamental meaning of its continuance, and the ethos of its members is reinforced. In short, a festival is the phenomenon of the community's symbolic rebirth.[13]

It is obvious (and it does not take Morita's pointing out to notice) that the rituals and festivities that appear in this definition correspond to Leech's formality (A) and masquerade (C) and that the community's extraordinary communitas corresponds to his sacred time when role reversal (B) is observable.

Where will Sonoda's 'extraordinary communitas of the community where rituals and festivities manifest themselves synergistically' appear in real religious festivals? In rituals or in festivities? As long as festivals are analyzed by the temporal scale into rituals and festivities in the Leechian way, the communitas where both of these appear synergistically should be where the two, rituals and festivities, come in contact with each other. Sonoda says that the communitas 'which, even if it appears momentarily, will soon become rigid and structured and then disappear' is what festivals aim for and by that festivals are completed.[14)] It would seem, however, that he merely called 'communitas' the part of festivals that, when seen from outside, is difficult to understand — the part of sacred violation — because its essential structure could not be revealed. Also, it is not explained by his theory why letting oneself loose and having a lark is publicly condoned in festivals.

Although Sonoda's theory pays attention to the relevance of the ritualistic aspect of festivals, it places more weight on the festive aspect. Using such a theory, he considers Japanese *matsuri* or festivals. Regarding this theory of Sonoda's, Ueda says that 'though it is still a tentative hypothesis, it may be open to the charge of over-dependence on Western ideas'[16)] and that 'falling in the pitfall of positivist research and seeking too much meaning in the present state/appearance, it looks as if his study sent religion away into the world of pretence.'[17)] Well said.

With regard to 'Western ideas' or 'Western thinking' that Ueda has mentioned, Yanagawa also says, referring to Harvey Cox's and Philip Slater's theories of festivals, that 'associating festivals with sacrifice, sadism, death, sadness, and the fear of losing oneself and being engulfed, Westerners think differently from the way we do; I would therefore like to request that

researchers avoid forming a general theory of festivals, including Japanese *matsuri*, solely based on Western theories.'[18] This is something we should be cautious about. I shall return to Ueda's point that Sonoda's has a tendency to 'seek too much meaning in the present state or appearance.'

Morita poses a question about the first half of Sonoda's definition of *matsuri*, saying that 'there rituals and festivities (A and C in the scheme) are regarded as a means of achieving the goal of reaching the extraordinary state (B), but is that right?'[19] Rather, he understands that festivities and C are close to the extraordinary state/B, and says that 'the definition should be revised to: *matsuri*, by means of rituals/A, aims at realizing the sacred time/extraordinary state that appears in festivities/C and B.'[20] He claims that 'the sacred world where everyone freely speaks their minds regardless of their ranks, is what *matsuri* has as its purpose'[21] and concludes that 'the main body of *matsuri* is in festivities that include *naorai* or feasts, with rituals and worshipping deities being an indispensable means of realizing festivities.'[22] The sacred world where everyone, whatever their rank, freely speaks their minds, that is, disorder, is where the essence of *matsuri* is, he says, which is diametrically opposed to Yanagita's position that the essence of *matsuri* is in rituals and worshipping deities.

So far, we have briefly surveyed the theories proposed by Yanagita, Yanagawa, Leech, Sonoda and Morita. Here we return to the above point made by Ueda concerning Sonoda's positivist tendency to seek too much meaning in the present state or appearance, and then pose some questions to be considered in this chapter on the basis of the above theories.

Yanagita, in his article 'From *Matsuri* to *Sairei*' in *Japanese Matsuri*[23], distinguishes between *matsuri* and *sairei* or festive ceremonies such as the parading of portable shrines,[24] and describes the change this way: Originally, the marching of deities was conducted at night, as seen in *kurayami-sai* 'ceremonies in the dark', and people were warned against watching it, saying, 'Those who see it will die'; people were made to put out lights and close doors and windows at the time of the holy parade. During the medieval period,

however, with cities growing and crowds as spectators appearing, big changes occurred so that as many people as possible could watch and pay respect to holy parades. The central part of ceremonies such as the appearance and disappearance of deities came to be marginalized and conducted where no one was watching, and because the part of the holy parade became a daytime event, *matsuri* that was originally held throughout the night from evening to morning became a two-day daytime event, with only the second half called the main ceremony. This was purely for the sake of showing the holy parade elegantly. Making the midnight the boundary between two days and considering the sunrise the beginning of the day, people have come to understand an all-night ceremony as a two-day event, which is a big change.

This point made by Yanagita should not be disregarded by those researchers who have taken it for granted that ceremonies are conducted to be seen. Those noisy, showy festivals that we consider normal are in fact a degraded, altered form of *matsuri*. *Matsuri* is intrinsically to be attended by the whole community and the worshipping and celebrating of the deity to be carried out all through the night, and festivals to see or to be seen and onlookers or spectators did not exist and could not exist. One cannot overlook this big change. I would say that *matsuri* is primarily dedicated to the community's deity and that if there is anyone that watches it, it is the deity alone. Here in the seat of the deity the spectators have come in, and the festive part has grown much larger, perhaps disproportionately.

With such a religious belief that deities are watching, festivals have been held each year.[25)] I surmise, however, that those who celebrate festivals came to make changes to satisfy the demands of the spectators and that this led to the occurrence of those phenomena that should not really occur and brought about the qualitative change of *matsuri*. More importantly, given that *matsuri* was originally one-night event that continued without a break, dividing it into two parts of rituals and festivities or claiming that the essence of *matsuri* is in its festive part, should be called into question in that such views disregard the entire structure of *matsuri* and ends up being a partial analysis of it.

I believe that Ueda's admonition above was to the effect that the current research method and attitude should be reconsidered in such respects that researchers observe the current form of festivals externally merely as spectators without regard to such points made above in the previous paragraph and that they do not pay due attention to the solemnly conducted (Shinto) ceremonies, but rather regard the noisy, showy part of festivities as the part of *matsuri* where human behavior is most evidently observed and concentrate on studying it.

I cannot cite every detail of Yanagita's theory of *matsuri*, but rather quote a summary by Iijima, though somewhat lengthy, by way of concluding this brief survey:

> *Matsuri* meant sitting and attending to the invited deity, originally, and having a religious retreat this way was the essence and main body of it. As *matsuri* shifted to colorful, lively and crowded *sairei* (festive ceremonies), however, it underwent a lot of changes. From having retreats to brief worshipping, from villages to cities, from spring and autumn festivals (for praying for a good crop and thanking for one, respectively) to summer festivals (with beautiful parades), from *matsuri* by the belief-sharing *ujiko* community to events or spectacles to be seen by spectators who do not necessarily share the same belief, from night to day, from indoor to outdoor, from having a retreat or sitting and attending to the marching of portable shrines or beautiful parades, from set practices to showing up beautifully, from serving to observing, from invisible *matsuri* to observable *matsuri*, from bonfires and torches to lanterns and candles, from evergreen trees to flags, etc. — as *matsuri* shifted its center from simple, solemn practices to showy and enjoyable festive ceremonies, our impression of *matsuri* and feelings about the night or darkness have much changed from what we had before.[26)]

Based on the theories surveyed above, we can pose four questions to be considered in the next section. Firstly, is the view that there are two parts in *matsuri*, rituals and festivities, as 'antipodal aspects with mutually opposed

inclinations in behavior'[27] valid at all? What relations are the two in, and how do they relate to the entire structure of *matsuri*? Secondly, in relation to the time scale, is it legitimate to argue that the structure of *matsuri* is the coexistence or sequence of two contradictory aspects such as rituals and festivities, or is it justifiable to analyze *matsuri* (festivals) by the view of time as a discontinuous opposition between the sacred and vulgar? Thirdly, what is the phenomenological meaning of the presence of 'spectators' in *matsuri*, and how is the behavior of looking to be understood phenomenologically? Fourthly, what is *matsuri*, and how should festivals be defined in general? We shall consider each of these questions below.

2. The Structure of *Matsuri*

2.1 The etymology of the term 'matsuri'

Before addressing the issues raised at the end of the previous section, let us consider the etymology of the term 'matsuri'. According to a standard dictionary of earlier Japanese (published by Iwanami Publishers), 'matsuri' originally meant 'offering something to deities and people,' and its derived meanings are: 1) a series of conducts of practicing abstention, inviting deities, offering them food and other things and partaking of the food, and praying and making wishes for a good crop, peaceful life, safe journey, etc., and 2) giving or offering things (to someone higher). With regard to its etymology, the dictionary says that 'there is a theory that relates the word to the verb 'matsu' [to wait], but this is difficult to support in terms of both pronunciation (accent patterns) and meaning.'[28]

If we turn to classics for the etymology of the term 'matsuri', *Kojiki* [*Record of Ancient Matters* — Japan's oldest history] in the section of Emperor Sujin in Volume 2 says:

> Koko ni ten'no itaku yorokobite noritamahishiku, 'Tenka tahiragi, tami sakaenamu,' to noritamahite, sunahachi Ohotataneko-no-mikoto wo mochite kamunushi to shite, Mimoro-yama ni Ohomiwa no ookami no mae wo itsuki- matsuri$_{A)}$ tamahiki. Mata Ikagashikowo-no-mikoto ni

ofusete, amenoyasobiraka wo tsukuri, amatsu kami kunitsu kami no yashiro wo sadame matsuri B) tamahiki. Mata Uda-no-Sumisaka no kami ni akairo no tatehoko wo matsuri C), mata Ohosaka no kami ni sumiiro no tatehoko wo matsuri D), mata saka no miwo no kami mata kawa no se no kami ni kotogotoni nokoshi wasururukoto naku mitegura wo tate- matsuri E) tamahiki. Kore ni yorite eyami no ke kotogotoni yamite, amenoshita yasurakani tahiragiki.[29)]

[Here the Emperor was much delighted and said, 'The country shall be peaceful, and the people shall prosper.' Immediately, he appointed Ohotataneko as the chief priest and had the great deity of Ohomiwa of Mt. Mimoro worshipped. He also ordered Ikagashikowo to make many earthenware plates and dishes and had them piled with offerings and dedicated to the designated Heaven deities and Earth deities. Further, a red shield and spear were offered to the deity of Sumisaka of Uda, a black shield and spear to the deity of Ohosaka, various offerings to mountain deities and river deities. By this, the epidemic subsided, and the country was peaceful again.]

Let us list the relevant parts of the passage:

A) Ohomiwa no ookami no mae wo itsuki-matsuri tamahiki [...had the great deity of Ohomiwa worshipped]

B) amatsu kami kunitsu kami no yashiro wo sadame matsuri tamahiki [...dedicated to the designated Heaven deities and Earth deities]

C) Uda no Sumisaka no kami ni akairo no tatehoko wo matsuri [offered a red shield and spear to the deity of Sumisaka of Uda]

D) Ohosaka no kami ni sumiiro no tatehoko wo matsuri [offered a black shield and spear to the deity of Ohosaka]

E) saka no miwo no kami mata kawa no se no kami ni ...mitegura wo tate-matsuri tamahiki [dedicated various offerings to mountain deities and river deities]

With regard to how the Chinese characters used for the underlined parts are read and what they mean, Motoori Norinaga in his *Kojiki-den* (in vol. 23 on

Mizugaki Shrine)[30] says the following. First, the Chinese character 祭 'to celebrate; celebration' used for A, C, D is read 'matsuri', and a different character 奉 'to dedicate; dedication' for B is also read 'matsuri', but this same character for E is read 'tate-matsuri', which the above transcription follows. Second, regarding the meaning, Motoori says that 奉 *matsuri* in B) means 祭 *matsuri* and that 祭 in C) means 奉 'to dedicate; to offer', where since the two characters originally had the same meaning, the passage means 'to dedicate a shield and spear and celebrate', and thus the character 祭 is used.'[31] The usage in D) is to be understood to follow the same pattern. He says that 祭 *matsuru* 'to celebrate' and 奉 *tate-matsuru* 'to dedicate; to offer' have the same meaning.

Regarding this point, Nishinomiya says, 'To be more accurate, the two words have the same origin rather than the same meaning,'[32] and further reinforces Motoori's theory, referring to the tone patterns of the words. Referring to the Kanchiin version of *Ruijûmyôgishô* (a Chinese-Japanese dictionary compiled towards the end of the Heian period, i.e., in the 12th century), one finds the following descriptions regarding the pitch accents or tones (High (H) or Low (L)) of *matsuri* and related words: 祭 *matsuri* HH-, 祀 *matsuru* HH-, and 祠 *matsuru* HHL.[33] Changing the terms for the tones to Upper (U) and Level (L) and, like Nishinomiya, comparing the three words with *tatematsuru*, we have the following results:

matsuri 祭 UU-
matsuru 祀 UU-
matsuru 祠 UUL
tatematsuru 奉 LUUUL
tatematsuri-iru 献納 LUUULUL
tatematsuri-mono 供給 LUUUUUU

The first syllable of *matsuri/u* has a high/upper tone, and so does the first syllable of *-matsuru/i-* in the complex words. Thus, the tone patterns match.

Therefore, Nishinomiya concludes that 'to offer things to deities was to worship them' and that the fundamentals of religious ceremonies were to offer *sake* rice wine, food and other things to deities, which was to worship them.

Nishinomiya also points out the following similarity or parallelism:

tatematsuru to offer things to deities > *matsuru* to worship deities

tatematsuru to offer things to noble people > *matsurafu* to submit to noble people[34)]

He further considers synonyms of *matsuru* and says this: *(kami wo) itsuku* means for a particular person or clan to attend to and worship a particular deity or deities, *(kami wo) ihafu* for people to worship deities, and *(kami wo) inoru*, *kofu*, *nomu*, etc. 'to pray' is a part of *matsuri*, but not *matsuri* itself.

Concluding that the phrase *(kami wo) matsuru* 祭 'to celebrate; to worship a deity' is an umbrella term for 献 *matsuru* 'to offer', *itsuku* and *ihafu*, Nishinomiya is perplexed by the gap between his academically reached conclusion and the ordinary image of *matsuri*: while *matsuri* is academically associated with solemnity in the conducts of *itsuku* and *ihafu* and images of abstaining and serving deities all the time, *matsuri* in today's everyday life brings forth images of festive ceremonies, which gap makes him say, '*Matsuru* makes me think of solemn rituals, whereas *matsuri* reminds me of colorful festivities, and that makes me wonder about my conclusion.'[35)] As for the reason of this discrepancy, he says that it may be because what he has considered is mainly the verb *matsuru*. He continues, however, that *matsuri* is a noun turned from a conjugational form of *matsuru*, and therefore there should not be a meaning gap; and yet the two words give one different impressions. It is odd, he says, that the verb *matsuru* carries the image of solemnity and the noun *matsuri* vivacity.[36)]

This perplexity of Nishinomiya's proves that his approach is right and probably gives researchers of *matsuri* an important message. This is because he tries to understand the noun *matsuri* and the verb *matsuru* comprehensively, and the word *matsuri* can be understood in its totality when it is considered along with its verb form from the beginning.

The past research on *matsuri* as religious phenomena has mostly been on *matsuri* as a noun. Nouns are descriptions of the results that have emerged as objects of perception, and what are described are presupposed to be existing.

There human existence and life are abstracted away and missing, and there is, as it were, only phenomenal slough. Therefore, the study of *matsuri* only as a noun cannot reach the essence of the matter. The study of *matsuri* cannot go without the study of the verb *matsuru*, and I dare say that only through the conduct of *matsuru* can one understand the essence of *matsuri*. The conduct of *matsuru* takes place every moment, and it is our life itself. The study of *matsuri* should be approached through the understanding of the conduct of *matsuru*. Nishinomiya's perplexity at his conclusion is not caused by his position but perhaps by the flaw in the traditional approach to *matsuri* in anthropology and religious studies. The matter should be studied in its totality.

2.2 Rituals and festivities

In the studies on *matsuri* so far, it has been assumed that there are two contradictory parts, ritualistic and festive, in *matsuri* or that there are three elements — rituals, *naorai* parties, festive feasts — but are these assumptions justifiable? How should we understand the interrelations between these parts and elements and their relations with *matsuri* or festivals as a whole? Do the earlier theories that the essence of festivals is in festivities and that communitas is the purpose of festivals correctly understand the essential structure of *matsuri*?

First, with regard to 'sacred violation' in the 'festive' part of festivals that Yanagawa and Sonoda spoke of — that is, the violation of the commandments such as boisterous merrymaking, being on the spree, vulgar jokes and obscenity, having fights and licentious acts that are virtually openly committed —if the question is asked of whether such acts are committed universally in all festivals, the answer is in the negative.

At Izumo Shrine, for example, the seventy-two ceremonies at the main shrine and the affiliated shrines except for the spring and autumn festivals are all solemn ceremonies without any festivities, which are presided by Senge Kokuzô (priest from the Senge family who have traditionally been appointed the chief priests of Izumo Shrine). In conducting ceremonial rituals, Senge

Kokuzô, i.e. the chief priest, stands with the inner shrine in his back and receives offerings 'as the deity', keeping their old practice for centuries. There are no spectators or orgiastic festivities involved. Also, with the Jinko-sai ceremony on the night of August 15, if the deity's procession meets humans, it goes back to the shrine because it has 'incurred impurity or defilement', and starts again after purification. The people in Izumo Shrine's township, therefore, keep their door closed and respectfully refrain from going out on the night.[37)] Further, at the 'Koden-Niiname-sai' ceremony that has the most significance among the ceremonies presided by the Kokuzô, the Kokuzô himself becomes Ookuninushi deity and makes offerings and prays to the deities that Ookuninushi himself prayed to[38)]; there priests other than the chief priest Kokuzô utter no words with their heads deeply bowed for nearly two hours. At another ceremony *Mikei-sai* that shows gratitude for the special water used for cooking the rice offered to the deity (*mike*), which started with the establishment of the shrine, 'very few worshippers recognize this ceremony that is conducted quietly, and occasional onlookers just wonderingly watch priests playing instruments and Kokuzô dancing *hyakuban-no-mai* (one hundred dances)'[39)]; ordinary people do not even know when the ceremony takes place. The situation is the same at the Grand Shrines of Ise and most other shrines throughout Japan.

Regarding the reason for the rarity of instances of thorough disorder that can be called sacred violation, Sonoda says, trying hard to explain, that 'there will be many instances that were suppressed in the name of modernization and, above all, it may be caused by some qualitative change in the evaluation of festivals in modern civilization that has occurred sometime.'[40)]

His assumption might be valid in some cases. However, considering the change in early modern times that Yanagawa spoke of where spectators came to be in festivals and this brought the division of those who conduct the ceremony and those who watch[41)], the festive part of festivals has grown larger rather than suppressed. Thus, it cannot be assumed that there were many instances of sacred violation or disorder in the past or that the instances are

fewer in number now.

There are *matsuri* or religious ceremonies with rituals only and with no festivities, but there are no *matsuri* or religious ceremonies that lack rituals or the worshipping of deities and are made up of festivities alone. Festivals with festivities only are no religious events.

In other words, the essence of *matsuri* is in sacred rituals or worshipping and praying to deities[42)], not in festivities.

I would not say, therefore, that studies on festivities are unnecessary in the study of *matsuri*, but I strongly recommend that earlier studies that take festivities to be the essential part of festivals and pay little regard to the whole structure of festivals should be reconsidered. They merely talk about a part of *matsuri* as a phenomenon.

Next, let us ask whether is it justifiable to divide *matsuri* into the two parts of rituals (or holy ceremony) and festivities or into the three parts of holy ceremony, *naorai* party and feast.[43)] Origuchi Shinobu, for example, says in his *Daijô-sai no Hongi* [The True Meaning of Daijô-sai] that 'in ancient times deities stayed after the ceremonies, and feeling celebratory, they received offerings in a relaxed mood of feasts, and then returned.' However, if we understand that *naorai* parties and feasts were held with deities present, they too should be regarded as holy ceremonies. Should festivals be divided into holy rituals and festivities in a clear-cut manner? Is it not that because we are not aware that we live in a world of absolute passivity, we tend to believe a priori that there is objective time though time is not there from the beginning? For example, day and night arise by drawing a line 'by time', but they do not exist as clear-cut realities from the beginning. Day and night, or morning, daytime and night—a day can be divided in various ways. What is important is how to divide something, what is divided, and by what rule something is divided. It should be kept in mind that one can lose sight of the essence of concrete acts by dividing and categorizing them. In short, since we live in the phenomenal world, we often use the expression of time and tend to believe what is developed in time as truth. We have no other way than to understand

the whole as a whole.

Seen as a whole, *matsuri* phenomenon develops this way: in holy ceremony or rituals, the participants who have gone through various prolonged preparations and strict abstination[44] make the offerings, invite and receive the deity, ask the divine will through an oracle[45], thus receiving divine power, and then send the deity off. In the meantime, all the participants follow their rules and division of labor — roles of, for example, the *kan'nushi* priest (who stands for the deity)[46], the porters, the musical players, the chanters, etc. — which roles they are obliged to play according to the rules in every move they make, where the individual's independent thinking and feeling are extremely subdued or controlled. What on earth is going on here? What is played out there? To state the conclusion in advance, it is the order and the absolute values (central values) of the community's divine world being revealed. It can be understood that the *kan'nushi* priest, the musical players and all the community members are united with the deity and visually play out the typical state of the orderly world.[47] There people will understand the meaning of the 'world' and confirm the importance of the value of each person endowed by the deity, and their tribal unity will be strengthened.

Then, in what relations are holy ceremony and festive celebration, or rituals and festivities?

First, with regard to the concept of festivities or festive celebration, researchers' opinions vary, as we have seen in the introduction: in the concept, Yanagawa includes not only orgiastic elements but also the deity's parade and feast that are intrinsically part of holy ceremony, and Morita includes *naorai* party, feast and abandoning all formality in it, while Sonoda says in his paper 'Shukusai to Seihan' (Festivities and Sacred Violation) that sacred violation corresponds to one of the two opposite aspects of *matsuri*, thus equating festivities with sacred violation. Their concepts of festivities are not clear-cut and, therefore, cannot be used as the basis of analysis. For the moment, however, let us say, following Yanagawa, that festivities contrast with rituals and include orgiastic elements.

In a word, festive celebration is about emphasizing order, and includes the playing out of seemingly disorderly roles only to contrast it to the orderly world played out and revealed in holy ceremony or rituals and to make it more orderly. It is a manner of dramatic expression just as painting darkness to make light more prominent. It can be said, therefore, that details of the expression are up to each culture and arbitrary and polysemic.

Thus, it can be understood that the whole of *matsuri* is revealed by the participants playing as if opposed to the order in the festive part/festivities to make more salient the holy ceremony that is the essential part of *matsuri* (see Figure 2 on p. 72 in the Japanese text).

That kind of understanding will naturally solve such questions on very unnatural, puzzling conducts in festivities as Sonoda's that are asked in his paper 'Shukusai to Seihan' (Festivities and Sacred Violation): 'One will wonder if the participants fight for the sake of fighting rather than of their faith'[48); 'Why on earth are those youngsters allowed to plan on that much disorderly conducts and actually carry them out openly?'[49) Those people are actually playing people on a spree and acting out a disorder in an orderly manner. Of course, it can happen at times that acting heats up and the actors forget that they are acting, going off the scenario.

Among a series of Shinto rituals that are related to Izumo Shrine's old Niiname *matsuri* (annual autumn festival that celebrates the first harvesting of rice), there is a special ritual called 'Kamedayu' ritual. It is an important ritual carried out on the occasion of receiving the *hikiri* mortar and *hikiri* pestle from Kumano Shrine. When a couple of *mochi* rice cakes as the offering from Izumo to Kumano's deity are handed over to Kamedayu at Kumano Shrine, he complains a lot about the rice cakes and are reluctant to hand over the *hikiri* mortar and pestle. This will be a kind of complaining ceremony. Also, at Kiyomizu Temple in Izumo on the night of *setsubun* (the lunar New Year) visitors exchange complaints and rude, offensive remarks. Because it is believed that those who win in this exchange will be listened to by the deity for requests and wishes for good harvest and luck, visitors are serious about this

quarreling which is called *kenka-matsuri* 'quarrel ceremony'. Those who lose in this are forbidden from resorting to violence, and after this ceremony the participants smile at each other and exchange comments such as 'That was harsh', which tells the nature of festive ceremonies. They are seriously performing quarreling there.[50)]

What appears to be wild merrymaking or going on a spree that researchers on *matsuri* have observed so far is actually performance and should not be taken for real. Religious festivals should be taken as a whole in attempts to understand them, and it is wrong to divide them into parts and try to analyze them through looking at only some component parts.

2.3 *Matsuri* and rhythm in life

I have touched on the concept of time in the introduction and the previous section. E. Leech says in his essay 'Time and False Nose' that the most basic and primordial concept of time is a pendulum-like 'recurring discontinuum of contrasts' and, adopting the Durkheimian dichotomy of the sacred and vulgar, structurally analyzes religious festivals by the temporal scale into the three stages: 1) formality (from vulgar to sacred), 2) masquerade (from sacred to vulgar), 3) role reversal (a complete change from vulgar to sacred: the normal time stops, the sacred time is felt to be reversed, and death turns into birth). (It was also mentioned in the introduction that this Leechian process theory is based on van Genep's ritual trichotomy of 'separation, transition and reunification'.)

Leech's theory of festivals, as seen in the introduction, reduces them to the temporal linearity of 'separation, transition and reunification' without analyzing the specific structure of festivals as wholes, thus abstracting the concrete meanings of festivals unwarrantedly. Perhaps time is not a discontinuum of such contrasts as between sacred and vulgar, but rather, as it were, a wave-like continuum of contrasts and merely pulsation in a continuum. Real festivals are not carried out in a pendulum-like manner, nor do participants in festivals think that the daily life is vulgar.[51)]

Harada, in his book *Mura no Matsuri to Sei-naru Mono* (Village Festivals and the Divine), says the following with regard to festivals:

> For the villagers who *matsuru* (worship) and live with their deity, daily life itself is a life with the deity and, I would say, should be a life of serving the deity, that is, a life of praising the deity...Living daily as an *ujiko* parishioner of a shrine is serving and praising the deity, and in this sense the life of the whole parishioner community becomes itself praising and worshipping the deity. Whether the villagers are aware of it or not, all the *ujiko* parishioners worshipping their deity all the year round is itself villagers' life as parishioners.[52)]

That is to say, all daily life was religious originally, and here there cannot arise such a notion that daily life is vulgar. It could be said, however, that with the analogy of waves above, the contrast would be between *matsuri* festivals and the daily life of *matsuru* praising and worshipping the deity, not between sacred and vulgar. We tend to divide between ordinary daily life and *matsuri* festivals, but *matsuri* is a part of daily life and not in contrast with something else. Basically, we live in absolute passivity, that is, we are enabled to live in divine providence, and we do not live in a world that can be segmented into ordinary and extraordinary. 'To live' means, it can be understood, that we humans are made to perform the divine scenario on the stage of 'life', and for people to live every moment can be rephrased, as Harada says, as to perform *matsuri* as a means of expression.

People regularly hold festivals to confirm the reason for our existence, the honorableness of humans, the meaning of the world, etc. Festivals consume a lot of things in order to reveal the world of order, so in their preparations the rhythm in life of *matsuri* (expression) and its preparation (the conduct of *matsuru*) is constantly repeated. Naturally, *matsuri* is being conducted during the period of preparation. Thus, when *matsuri* is over, it is begun.

Higo says the following in his article 'Matsuri no Shurui — Saigi ni Arawareta Kami' (Kinds of *Matsuri*—Deities That Appeared in Rituals):

> Whether festivals all have specific purposes or not is the first question.

> When it comes to each shrine's annual festivals, they do not necessarily have specific purposes, but are repeated every year and are the biggest in scale among festivals. On the contrary, ceremonies praying for rain, for example, have a definite purpose but cannot compete with annual festivals in scale.[53)]

That is, it can be said that just as having a family is not for specific purposes, for example, *matsuri* is held for the sake of itself and not as a means of doing something else. Humans can be understood in essence as being divine, but existence does not allow that. We have diseases, sufferings and death. Because of that, we need to perform as if humans are divine, and so it can be said that *matsuri* is an act of confirming that we are divine. In other words, we die as physical entities undoubtedly, but we believe that there is an essence of the self that does not die, and it can be said that it is *matsuri* that expresses this physically.[54)]

As an example of typically functional ceremonies, let us consider healing ceremonies. In spiritual healing it is understood that illness is caused by a temporary disturbance of deity-man relationship. Therefore, to recover the order that ought to be there, the rhythm of *matsuri* is adopted. Here the function of having a ceremony for something comes in. It must be cautioned, however, that all ceremonies and festivals cannot be analyzed in this way by functionalism. Functional ceremonies merely borrow the essential structure of ceremonies, and therefore analyses of functional ceremonies remain partial understandings of ceremonies and festivals and cannot come close to a true understanding of the essential structure of *matsuri*.

2.4 A phenomenological understanding of 'looking'

How should we understand the act of looking at or turning one's eyes on some object phenomenologically?

In the modern consumer society 'spectators' have come to play the leading part, and *matsuri* festivals have come to be controlled by spectators. As a result, ceremonies and festivals have become overly festive phenomena.[55)]

As Yanagita has pointed out, whose theory of ceremonies was referred to in the introduction, *matsuri* was originally only about *matsuru* worshipping and praising, and there were no ceremonies to see or to be seen. If there were someone to see what happens, it would be the deity alone. On the edge of Izumo Shrine's precinct there is a building called *Kansairô* (the building for seeing ceremonies), where it is said that Izumo's chief priest went to the top floor to see the dances and *sumo* wrestling matches dedicated to the deity that took place outside on behalf of the deity or 'as the deity'.[56)] It may be said that because the deity is watching, people dedicate their *matsuri* to the deity thoroughly.

Then, what is it 'to look'?[57)] It is to 'cast' a look or glance, and to surpass, to control and to create the object. 'To look' means to turn one's eyes on 'something', and it is different from light coming into open eyes. We create the world by 'looking' at 'something'. This 'something' is defined by language or *logos*, if you will, and speaking to it completes the act of 'looking'. That is, 'to look' at something entails speaking to it or casting words at it.

The act of 'looking' intrinsically belongs to the realm of the divine. A look accompanied by creation was what it originally meant 'to look'. However, humans' glance or look is weak and powerless as a phenomenon, and it is little more than light coming into their eyes. We cannot create even a speck of dust by 'looking'. What we can do in reality is not 'to create' but to possess at best.

With regard to 'looking', let us cite an instance from the classics. If you refer to the section of Ninigi-no-mikoto's descent from the High Plain of Heaven in *Kojiki* and *Nihon-shoki*, you will come across the following description. When Ninigi was about to descend from the High Plain, there was a deity at a crossroad there where a road forked into eight roads who shone on both the High Plain and the land of Japan. To determine whether this deity was righteous or wicked, many deities stood face to face with him, but were all beaten by his glare and could not even ask his name. Thus, Ame-no-uzume-no-mikoto, who had lured Amaterasu-ômikami from the cave in which she hid herself and whose spiritual power was very strong, came to their rescue. Ame-

no-uzume, who was reputed to overpower others with her eyes, finally had the deity give his name, Sarutabiko-no-kami, and found out that he was a righteous deity and that he was there to meet Ninigi-no-mikoto and his company. Due to this feat, Ame-no-uzume was called Sarume-no-kimi. 'Looking' and speaking to someone and, thus, having him/her tell his/her name and reveal his/her identity is in this sense to surpass and to control the object. Having one's real name known means being controlled. In this context, one finds relevant two poems in *Man'yo-shu* poetry anthology:

> My darling man's name
> I would never tell, I say,
> Even if I lose
> This only precious life;
> So never forget this lassie. (Vol. 11, 2531)

> Even though I lie
> In a nook concealed deep
> In the deep water
> Surrounded by rocks, and die,
> I will never tell your name. (Vol. 11, 2700)[58]

As can be seen in these poems, having one's name known meant allowing the opponent to control him, and so people staked their lives on keeping their names secret.

From the above account, it should be clear why people yearn to look. It is because looking leads to surpassing, controlling and possessing. Possessing entails looking. It can be said that looking is the replacement of creation and that once seen, something becomes the seer's. Putting things the other way round, 'to control' is to force your gaze on others, and the ability to force or take away this gaze will be power.

In modern times, the position that was occupied by the deity (or the

absolute being or the ruler) to watch *matsuri* has come to be occupied by 'spectators'. Originally, humans met deities only at *matsuri* ceremonies. In today's Japan, however, nearly 80 percent of the people believe that they belong to the middle class and, to put it in extreme terms, people have begun to act as if they were deities; it appears as if ceremonies and festivals originally dedicated to deities had now come to be dedicated to new deities called 'spectators'. Originally, *matsuri* festivals were never to be seen from the second or third floors of apartments or hotels, and looking at *go-shintai* (the symbol of the enshrined deity) on the portable shrine was believed to cause blindness and was forbidden. However, tourists staying at hotels are nonchalantly looking down on *matsuri* festivals and taking pictures of them. Controlled not only by deities' gaze but also by spectators' gaze who express their feelings and thoughts, *matsuri* participants are making moves to meet the spectators' demands. This cannot have happened in the past.

In this way, the coming of spectators have divided those who are involved in *matsuri* festivals into those who watch and those who are watched, and have turned *matsuri* festivals that were to be watched only by deities into events to be watched by humans. Unfortunately, researchers have focused on these altered 'modern festivals' and tried to understand the essence of *matsuri* festivals by watching them through spectators' eyes. This has obscured the essential qualities of religious ceremonies and festivals.

3. Conclusion: the Definition of *Matsuri*

We need to be aware that the feelings we usually feel—happiness, sadness, etc. — those feelings, physiological responses and value judgements that we have as individuals are actually subconsciously prescribed by our social institutions. Communities that we belong to have their absolute value systems, and these value systems subconsciously affect personal feelings, by which we cry, laugh and get angry. Or more precisely, it may be said that we are made to cry, laugh and get angry by these value systems. We tend to forget as a matter of course that we live in the world of values, but personal feelings are derived from these

values, and it could be said that emotions themselves are institutions.

At *matsuri* festivals, the absolute value system of a community is precisely played out by the people who share these values, each person strictly following the rules and role assignments. What the central values of the community are— how the order should be and how people should live — need to be clearly, visibly and intentionally expressed, and to some extent in an exaggerated manner so that everyone can understand the message. People's daily sense of fulfillment and satisfaction is supported by the community's absolute value system that is revealed at *matsuri* festivals.

At the time of *matsuri*, individuals' independent thoughts and feelings are very much subdued (or nullified) as if they did not exist, and all senses of fulfillment are excluded (the complete exclusion of egos). Personal feelings that are usually prescribed subconsciously by social institutions are conversely played out as prescribed intentionally as obligations. The significance is in setting strict rules and following intentionally stylized behavior patterns as prescribed to describe the value system. To express the central values, 'peripheries' are sometimes depicted, but that is not where the significance is. There what appears to be unusual structures is sometimes explored — for example, positions appearing overturned — but what is taking place is not reversal but rather emphasis, and all is collectivized and intentional.

Thus, I have given most of my thoughts about *matsuri* ceremonies and festivals, so let me close this chapter with a tentative, rough definition of *matsuri*:

> *Matsuri* is to play out intentionally the absolute value system of the community as prescribed that is adopted subconsciously by individuals.

In this chapter, it has been attempted to provide a general theory of *matsuri* to present a theoretical framework for a study of *chinkon-sai* (the ceremony for calming the soul). Because the general structure was focused on, specific problems were minimally considered. These are treated in separate chapters.

Notes

1. Kenji Ueda, *Shinto Shingaku — Soshiki-shingaku no joshô [Shinto Theology — Prolegomena to organizational theology]*, (Daimeidô, October 1986), p. 41.
2. Saburô Morita, *Matsuri no Bunka-jinruigaku [Cultural Anthropology of Matsuri]* (Sekaishisôsha, February 1991), p. 127.
3. Morita, ibid.
4. Kunio Yanagita, 'Mono-imi to Shôjin' [Ritual Abstention and Devotion], *Nihon no Matsuri [Japanese Festivals]* (The Collected Works of Kunio Yanagita, vol. 10, Chikuma-shobô, August 1967), p. 219.
5. Keiichi Yanagawa, 'Matsuri ni Hisomu Futatsu no Genri' [Two Principles Hidden in *Matsuri*], *Matsuri to Girei no Shûkyô-gaku [Religious Studies of Matsuri and Rites]* (Chikuma-shobô, February 1987), p. 86.
6. Yanagawa, op. cit., p. 87.
7. Yanagawa, op. cit. (n. 5), p. 68.
8. Yanagawa, ibid.
9. Ueda criticized this part of Yanagawa's argument, saying, 'In view of the entire structure of *matsuri*, rituals and festivities are inseparable; it is clearly wrong to think that *ujiko* local believers are not related to or concerned with the rituals just because they do not directly participate in them or that Shinto priests and village officers are not concerned with festivities just because they do not play an active part in planning or carrying them out' (Ueda, op. cit. (n. 1), p. 46).
10. Arnold van Genep, *Rites of Passage [Tsuuka Girei]* (tr. by Satoko Akiyama & Nobumi Iyanaga, Shisakusha, July 1987), pp. 16-17.
11. Edmund Ronald Leech, 'Two Essays Concerning the Symbolic Representation of Time', *Rethinking Anthropology [Jinrui-gaku Saikô]* (tr. by Tamotsu Aoki & Kaneyuki Inoue, Shisakusha, January 1990), pp. 223-231.
12. Victor W. Turner, *Rites of Passage [Tsuuka no Girei]* (tr. by Mitsuo Tomikura, Shisakusha, May 1988). Turner studied the rites of the Ndembs in Central Africa and, based on van Genep's trichotomy on rites of passage and focusing on the second stage of transition, noticed that there are momentary situations where free and equal personal transactions are conducted in the dimension of 'anti-structure' that goes beyond the worldly social structure, which he named 'communitas'.
13. Minoru Sonoda, 'Matsuri — Hyôshô no Kôzô' [*Matsuri* — the Structure of Representation], *Matsuri no Genshô-gaku [The Phenomenology of* Matsuri*]* (Kôbundô, August 1990, p. 64.

14. Sonoda, op. cit. (n. 13), pp. 62-63. The French cultural-sociologist R. Caillois calls 'outrageous, blasphemous violence and criminal destruction' observed in festivals 'sacred violation' and sees it in the context of the whole of festivals, whereas Sonoda regards it as corresponding to just one of the two polar aspects of festivals, viz. festivities. In view of this, though he uses a vague expression such as 'synergistic', it is to be understood that Sonoda sees this 'communitas' not in rituals but in festivities ('Shukusai to Seihan' [Festivities and Sacred Violation], op. cit. (n. 13), pp. 94-95).
15. Sonoda, 'Shukusai to Seihan', op. cit. (n. 13), pp. 89-117.
16. Ueda, 'Hôhô toshite no Shingaku' [Theology as Methodology], op. cit. (n. 1), p. 43.
17. Ueda, ibid.
18. Yanagawa, 'Matsuri Kenkyu no Ayumi' [The Progress of the Study of *Matsuri*], *Shukyô-gaku towa Nani-ka [What is Religious Study?]* (Hôzô Sensho 48, Hôzôkan, November 1989), p. 188.
19. Morita, 'Matsuri no Kôzô to Kinô' [The Structure and Function of *Matsuri*], op. cit. (n. 2), p. 155.
20. Morita, op. cit. (n. 2), p. 156.
21. Morita, ibid.
22. Morita, op. cit. (n. 2), p. 158.
23. Yanagita, op. cit. (n. 4), pp. 176-192; also, 'Jinja no koto' [On Shinto Shrines], p. 476.
Toshiaki Harada, *Mura-matsuri to Za [Village Festivals and Parties]* (Chuô-kôronsha, October 1976), p. 237.
24. Masatsugu Kurabayashi, 'Sairei' [Festive Ceremony], *Kôza Nihon no Minzoku Shukyô, 1: Shinto Minzokugaku [A Course of Japanese Folk Religion, 1: Shinto Ethnology]* (Kôbundo, December 1979), p. 156. With regard to how the term sairei was used, Kurabayashi points out that towards the end of the Nara period in the first year of Hôki (AD 770) the term was used in the phrase 'shi-sairei' (personal festive ceremony) in *Neiraku Ibun*, in which case the term was used, he says, in the sense of ceremonial rituals. In its current sense, the term appeared in *Kôfukuji Ryaku-nendaiki [Koufukuji Temple Abbreviated Chronicle]*, the record for the first year of Einin (AD 1293), which referred to Wakamiya-sairei at Kasuga Shrine; also, in the quotation in *Nijuni-sha Chushiki [Notes on Twenty-two Shrines]* from the November 29th Imperial Order in the third year of Katei (AD 1237), which

reads as, 'Wakamiya's festive ceremony is the shrine's spectacular event; special offerings should be made by the Ceremonial Ministry'; further, in *Heike Monogatari [The Tale of the Taira Clan]* we see 'Hiyoshi no sairei' (the festive ceremony at Hiyoshi Shrine), which all leads Kurabayashi to conclude that sairei was taking place before the Kamakura period.

Kami-gamo Shrine and Shimo-gamo Shrine in Kyoto have Aoi Matsuri and Miare Matsuri, respectively, as their regular ceremonies/festivals, with imperial proxies and messengers such as *saio* (unmarried princesses), *togu* (princes), *chugu* (second empresses) and official messengers parading with their followers, which spectacle attract many onlooking crowds. Since *saiin* (the dwellings for the *saio* unmarried princesses who served at the two shrines) were established in the first year of Kônin (AD 810) under the reign of Emperor Saga, we may say that *sairei* as we see today was taking place in the mid-Heian period at the latest.

25. Ueda, op. cit. (n. 1), p. 43.
26. Yoshiharu Iijima, 'Matsuri to Yoru—Yami no Folklore' [*Matsuri* and Night—the Folklore of the Darkness], *Taikei Nippon Rekishi to Geinô, 1: Tachiarawareru Kami — Kodai no Matsuri to Geinô [A Survey of Japanese History and Folk Entertainment, 1: Emerging Deities — Ancient Festivals and Folk Entertainment]*, (Heibonsha, July 1990), p. 110.
27. Sonoda, 'Shukusai to Seihan', op. cit. (n. 13), p. 95.
28. *Kogo-jiten [Dictionary of Earlier Japanese]* (Iwanami Shoten, December 1980), p. 1195.
29. *Kojiki Norito [Kojiki Norito Prayers]*, (Nippon Koten Bungaku Taikei, 1 [Japanese Classical Literature Series, 1], Iwanami Shoten, July 1985), p. 181.
30. Norinaga Motoori, *Kojiki-den [Notes on Kojiki]*, (Motoori Norinaga Zenshû [The Collected Works of Motoori, Norinaga], vol. 11, Chikuma Shobô, June 1976), pp. 15-31.
31. Motoori, op. cit., p. 29.
32. Kazutami Nishinomiya, 'Matsuri no Kokugogaku' [A Linguistic Study of *Matsuri*], *Jôdai Saishi to Gengo [Ancient Ceremonies and Language]*, (Ôfûsha, October 1990), p. 10.
33. *Ruijû Myôgishô [Chinese-Japanese Dictionary]*, Shishu Seiten-tsuki Wakun Shûsei [Japanese Readings with 4-tone Annotations] (Kasama Sakuin Sôkan [Kasama Index Publishing] 45, Kasama Shoin, March 1974), p. 504.
34. Nishinomiya, op. cit. (n. 32), pp. 13-14.

35. Nishinomiya, op. cit. (n. 32), pp. 25-28.

36. Nishinomiya, ibid.

37. Takasumi Senge, *Izumo Taisha [Izumo Shrine]*, (Gakuseisha, May 1992), pp. 124-129.

Izumo Taisha Yuisho Ryakuki [Izumo Shrine's Abbreviated History], (Izumo Taisha Shamusho [Izumo Shrine Office], December 1991), pp. 31-35. 'Izumo Taisha Nenchû Gyôji' [Izumo Shrine's annual events], *Izumo Taisha* (Shinto Taikei, Jinja-hen 37, Shinto Taikei Hensankai, March 1991), pp. 307-315.

38. Takatoshi Senge, *Izumo Taisha* (Kôdansha, March 1980), p. 181.

39. Takatoshi Senge, op. cit., pp. 177.

40. Sonoda, 'Shukusai to Seihan', op. cit. (n. 13), p. 112.

41. Yanagawa, 'Mure no Shûkyô-gaku' [A Religious Study of Crowds], op. cit. (n. 5), p. 71; 'Girei no Kûkan, Girei no Jikan' [Space of Ceremonies, Time of Ceremonies], op. cit. (n. 5), p. 198.

42. Tokutarô Sakurai, *Nihon Saishi Kenkyû Shûsei [Collected Studies of Japanese Religious Ceremonies]*, vol. 2 (Meicho Shuppan, January 1978), pp. 383-384. Sakurai says in his article 'Matsuri no Genten' [The Origin of *Matsuri*], 'It is said that *matsuri* has both (Shinto) ceremonies/rituals and festivities as its components, but *of course rituals are its core component.* The current situation in which rituals are all dropped and people simply have a good, merry time, whereby festivals are all about festivities, is a recent trend; earlier, Shinto ceremonies/rituals were important. *Because there were Shinto ceremonies, festivities came to be*' (emphasis added by the present writer).

43. Shinobu Origuchi, 'Daijô-sai no Hongi' [The True Meaning of *Daijô-sai*], *Origuchi Shinobu Zenshû [The Collected Works of Shinobu Origuchi]*, vol. 3, (Kodai Kenkyû [Studies on Ancient Times], Minzoku-gaku-hen [Ethnology] 2, Chûkô Bunko, November 1975), p. 239. Origuchi divided '*Daijô-sai* that was established and fixed in the Heian Period' into the three parts of 'kusen no shiki' [food offering ceremony], 'naorai no shiki' [partaking with the deity] and 'utage no shiki' [feasting]. Adopting this three-way division, Kurabayashi says that the three-part structure of '*shinsai - naorai - utage*' is 'the basic pattern in *matsuri* and is the fundamental structure common to all kinds of *matsuri*, whatever the scale' ('Matsuri no Kihon Keishiki' [The Basic Structure of *Matsuri*], *Matsuri no Kôzô—Kyôen to Shinji [The Structure of* Matsuri *— Feasting and Shinto Rituals]* (Nihon Hôsô Kyôkai, May 1983), p. 98. In contrast to such theories that simply divide

ceremonies into three parts on the basis of the component elements, Katsunoshin Sakurai notes a sentence in the record on Emperor Richu in *Kojiki* that goes, 'daijo ni zashite toyo-no-akari shitamaishi-toki ni...' [when seated for *daijô-sai* and finished sharing the offered food with the deities...], and says that since it does not say that the Emperor finished *daijô-sai* and then moved on to consuming the offered food, it should be understood that *daijô-sai*, toyo-no-akari food-sharing and feasting are an unbroken sequence and a unified event. This is an agreeable theory. (K. Sakurai, 'Tennô to Sokui Girei' [The Emperor and the Inaugural Ceremony], *Nihon Shintô-ron [On Japanese Shintoism]* (Gakuseisha, September 1990), pp. 269-273.)

44. Shôji Inokuchi, 'Monoimi to Shôjin' [Abstention and Devotion], *Kôza Nippon Minzoku Shûkyô [A Course of Japanese Folk Religion]*, 1 (Shintô Minzoku-gaku [Shinto Ethnology], Kôbundô, December 1979), p. 98. Inokuchi says, 'When abstention was strictly observed, those who did not follow the rule probably could not live in the community. *Matsuri* such as Oimi-san at Kamimae Jinja in Aotani Town, Kedaka-gun, Tottori Prefecture are still supported by simple feelings that Oimi-san is a frightening sacred *matsuri* and that if any *ujiko* should see a torch carried by the priest on the way to the shrine on the night of the matsuri, they say, he or she would die within three years; thus, everyone keeps doors shut and stays inside.'

45. Tatsuo Hagiwara, 'Matsuri no Mikata, Rikai no Shikata' [How to Watch Festivals, How to Understand Them], *Nihon Saishi Kenkyû Shûsei [Collected Studies of Japanese Religious Ceremonies]*, vol. 2 (Saishi Kenkyu no Sai-kousei [Restructuring the Study of Religious Ceremonies], Meicho Shuppan, January 1978), pp. 162-169. Hagiwara says that there are regions where even today oracles as expressions of divine will are taken to be what matsuri is all about: 'At some villages in the Chûgoku mountains, e.g., Daigen- kagura, grand matsuri with oracles is held once in a few years after careful preparation, and similar cases are found in the mountains in Fukushima Prefecture; this makes one realize that matsuri was originally an opportunity for deity-man communication.'

46. Toshiaki Harada, 'Jinja no Hensen' [Historical Change in Shinto Shrines], *Jinja* (Shibundô, November 1966), pp. 42-44. Harada says that 'in its original meaning *kan'nushi* is not the one to serve deity/deities but rather deity him/herself.' Other works that talk about man becoming deity are: T. Harada, 'Kami-sonomono kara Kami ni Tsukaeru Mono he' [From Deity Him/herself to the One to Serve

Deity/deities], *Mura no Matsuri to Sei-naru-mono [Village Festivals and the Divine]* (Chûô-kôronsha, October 1980), pp. 7-25; Ichirô Hori, who wrote about successive generations of *kan'nushi* families who 'became deities every other year' at Wakasa-no-kuni Ichi-no-miya Shrine ('Kami to Arawareru Hito', 'Kami ni Funsuru Hito', *Waga-kuni Minkan Shinkôshi no Kenkyu [A Study of the History of Japanese Folk Religion]*, Sôgensha, November 1953, pp. 709-737); Tarô Wakamori, who wrote about 'one-year *kan'nushi*' of Miho who communicated with deities, was possessed by them and became them ('Miho Jinja no Kenkyu', *Wakamori Tarô Chosaku-shû [Collected Writings]*, vol. 3, Kôbundô, September 1980, pp. 105-106); Iwane Miwa, who wrote about Suwa's Ôhôri, where a certain boy was identified with the deity and, thus, man was deity (*Suwa Taisha*, Gakuseisha, October 1978, pp. 126-138).

47. Morita speaks of 'excessive rules in inconvenient, troublesome, and often tedious rituals' (op. cit. (n. 2), p. 156), and Yanagawa poses a question as follows:

> If one is to observe *matsuri* and to see it through, there are many parts that one will feel tired of. Both the participants and the spectators feel excited only at the climax, and most parts are monotonous, so that one would find it difficult to bear with them. Boredom is caused by the repetitiveness in rituals ...The participants would say that they are not conducting rituals to show them to people, but then the question will be for what purpose are they performed and what significance do they have in the entire *matsuri*? ('Matsuri ni Hisomu Futatsu no Genri' [Two Principles Hidden in *Matsuri*], op. cit. (n. 5), pp. 91-92).

This kind of questions arise because it is not realized that the more difficult the meaning of the 'monotonous, repetitive rituals' is for outside spectators to understand, the more truly the value system of the community is represented. The fact that boredom had to be expressed shows that these observers watched *matsuri* as spectators, and that way one would not be able to reach the true meaning of *matsuri*. The participants are simply doing what they are supposed to do as stipulated, and outside spectators would never understand the hidden meaning.

48. Sonoda, 'Shukusai to Seihan', op. cit. (n. 13), p. 97.

49. Sonoda, ibid., p. 182.

50. Takatoshi Senge, *Izumo Taisha*, op. cit. (n. 38), p. 182.

51. In his paper 'Matsuri ni Hisomu Futatsu no Genri', Yanagawa, introducing Bakhtin's theory of festivals that points out that symbols that appear in festivals

have a vague and ambivalent nature, says that 'what this theory implies reveals the vagueness of the interpretation of 'extraordinariness' in theories of matsuri/festivals proposed so far (which was the weakness of various theories, including Sonoda's and socio-anthropologists') and, further, the inadequacy of many theories that tried to admit the coexistence of contradictions in matsuri in connection with theories of time.' He continues, 'it is not a positive theory that can overcome the inadequacies but rather something that discloses the incompleteness of existing theories' (op. cit. (n. 5), p. 90). He also mentions Durkheim's theory of the sacred and vulgar and points out that there the sacred is defined as 'isolated and tabooed things' but the category of the 'vulgar' is not clearly defined (op. cit. (n. 5), p. 43).

52. Harada, 'Kessai ni tsuite' [On Abstention], *Mura no Matsuri to Sei-naru-mono [Village Festivals and the Divine]* (Chûô-kôronsha, October 1980), pp. 118-119; also, 'Mura- matsuri no Hensen' [Historical Change in Village Festivals], *Mura-matsuri to Za [Village Festivals and Parties]* (Chûô-kôronsha, October 1976), pp. 272-298.
53. Kazuo Higo, 'Matsuri no Shurui—Saigi ni Arawareta Kami' [Kinds of *Matsuri*—Deities that appeared in Rituals], *Shinto-gaku [Shinto Studies]*, vol. 6 (Izumo Fukkan, August 1955), pp. 2-3.
54. Edmund Ronald Leech, 'Basic Cosmology', *Culture and Communication* (tr. by Tamotsu Aoki & Keizo Miyasaka, Anthropology Series, Kinokuniya Shoten, January 1984), p. 147. Leech says in this article, 'The core of the problem is that we are aware that man is mortal and that illness threatens man to death. The central question of all religious dogmas is to deny that the individual perishes by death.'
55. *Koku-shi Dai-jiten [A Comprehensive Dictionary of Japanese History]*, vol. 13 (Yoshikawa Kôbunkan, April 1992), pp. 184-186. For the entry *matsuri*, Tokutarô Sakurai writes, '...later people's interest shifted to such festivities as feasting, singing, music and dancing, performance entertainment and competitions, and the exhibitive tendency increased of the additive elements of mass dancing and performance shows'; 'festivals in cities cater to people's tastes, shifting towards pointlessly stressing feasting, entertainment, parading, etc., and are incapable of stopping the increasing move away from the original sacred rituals.'
56. Takatoshi Senge, *Izumo Taisha*, op. cit. (n. 38), p. 37.
57. Shizuka Shirakawa, *Jitô* [A Chinese-Japanese dictionary] (Heibonsha, December 1984), p. 255. In the entry for *look* (見), Shirakawa says that 'the conduct of

looking means having spiritual interaction with the other party'; '*Man'yo-shu [Collection of Ten Thousand Leaves]* (an ancient Japanese poetry collection) contains many phrases such as miyu 'visible, be seen', *mire-do akanu* 'not tired of looking'. By looking, the spirit of the other appears.'

58. The translation of the poems is from *The Man'yo-shu: A Complete English Translation* (Tr. By Teruo Suga), published in 1991 by Kanda University of International Studies & Kanda Institute of Foreign Languages.